中国人民大学中共党史党建研究院　主办

中国人民大学马克思主义学院中共党史系　编辑

中共历史与理论研究

2017年第1辑
〔总第5辑〕

主编／杨凤城　　执行主编／耿化敏

社会科学文献出版社
SOCIAL SCIENCES ACADEMIC PRESS (CHINA)

本书由中国人民大学教育基金会"中共党史党建学科建设基金"资助出版

目　录

阶级斗争史观的双重视野及其历史整合[*]

——以中国近现代革命化史为例

牛方玉[**]

摘　要　对于阶级斗争，传统马克思主义习惯于从唯物史观的决定论角度加以理解和解释，强调阶级斗争史观与唯物主义史观的一致性。事实上，阶级斗争也是一种伦理诉求，带有强烈的主观意志色彩。这种伦理诉求是否具有现实性、正当性需要接受历史的检验和校正。唯物史观作为马克思主义的社会物理原理，实际构成了阶级斗争史观的物理视野，马克思主义的伦理学原理构成了阶级斗争史观的伦理视野；在无产阶级革命斗争实践中，需要同时把握物理与伦理两种视野，实现物理与伦理两种价值的历史整合。在中国近现代革命化的历史上，以李大钊、陈独秀、毛泽东为代表的共产党人为探索和实践两种价值的整合留下了深刻的经验教训。

关键词　阶级斗争　唯物史观　伦理视野

极性思维大概是人类最容易犯的错误之一。一段时期，阶级斗争史观曾被认为可以直接等同于唯物史观，或者阶级斗争被当成唯物史观当然的逻辑结论和逻辑贯彻，结果在强调唯物决定论、彰显马克思主义的社会物理学视野的同时，造成阶级斗争的伦理学视野被遮蔽的倾向。这种遮蔽所产生的效果可能是双向的：一方面通过将唯物决定论绝对化，把历史发展过程机械化，将迫切的现实的伦理问题放逐于不可期及的未来，从而在实

* 本文系国家社科基金项目"中共党史学学科发展史研究"（项目批准号：16BDJ014）的阶段性成果。
** 山东大学（威海）法学院副教授、东北亚研究中心副研究员。

际上取消了阶级斗争，最终丧失将社会物理与社会伦理进行整合的契机；另一方面，唯物决定论与斗争意志论一致或同一的表达形式，使主观的伦理观念或价值信念获得了一种科学的外观和表征，使我们在从事现实的阶级斗争实践时，丧失了对于伦理价值主观性和客观性的自觉省察，无视甚至拒斥现实历史的检验，将理想的伦理价值绝对化，阶级斗争的作用夸大化，阶级斗争作为手段运用的目的化，导致社会物理与社会伦理整合的严重失效。如何实现社会物理与社会伦理的整合，在中国近现代革命化史上，应该说留下了许多经验教训，虽然我们在现实的历史实践方面已经对过去的许多错误进行了纠正，然而在学理方面，仍然停留在对政治取向的"左"、"右"简单判断上，对于"左"、"右"错误形成的认识机制尚缺乏细致的分析。本文以中国近现代马克思主义的革命化史为例，特别选择三个具有重要历史影响的历史人物的经历，对这个问题做一初步探讨，以激发对中共党史学科领域的主流命题、核心命题之一"革命史观"的再认识，并求教于方家。①

一　李大钊：阶级斗争双重视野的开启

在马克思主义传播阶段和中国共产党早期的革命实践中，李大钊是一个代表性人物。在早期马克思主义的传播过程中，中国革命者所能够凭借的原始的思想资料是极其有限的，有限的经典文本往往又经过了翻译、转译诸环节，译介过程中不可避免地会产生各种歧义甚至误解、曲解或错讹，在这样一个背景下，如何排除各种误解、曲解，如何全面、系统地把握马克思主义的真谛，其艰巨程度不亚于重建一个新的思想体系。那么，在中国近现代，重建马克思主义思想体系的真正困难是什么呢？

在西方，马克思主义的阶级斗争学说是对历史科学的一项重要贡献，但马克思主义的阶级斗争学说是从西方的历史、文化中生长出来的。马克思强调："至于讲到我，无论是发现现代社会中有阶级存在或发现各阶级间

---

① 本文使用"革命化史"一词，区别于流行的"革命史"概念，不是把"革命"当成过去的一个已经结束了的历史阶段，而是把"革命"看成历史过程的一个结构性要素，它贯穿过去、现在和未来，对马克思主义者和共产党人来说，是一个永恒的命题和课题。因此，作为对特定历史过程、历史取向、历史趋势的一种表达，合适的用语不是"革命"，而是"革命化"。与此相对应，笔者把阶级斗争看成与阶级存在同一的历史过程。

的斗争，都不是我的功劳。在我以前很久，资产阶级的历史学家就已叙述过阶级斗争的历史发展，资产阶级的经济学家也已对各个阶级作过经济上的分析。"① 在中国，中国传统的意识形态为儒家孔子道德学说，中国传统的政治是伦理政治，中国传统的伦理道德说教只是在近代，才遭遇了前所未有的冲击。在学理方面，主要是进化论给予的冲击。有进化论广泛传播的背景，马克思主义的阶级斗争学说在引进的过程中，大大减小了阻力。进化论与阶级斗争学说在学理上具有一致性。在经验层面，第一次世界大战造成的惨剧，一度动摇了人们对西方文化的崇拜，进而对进化论和阶级斗争学说都起了疑问。而俄国十月社会主义革命则证明，阶级斗争与伦理诉求并不矛盾。因此，俄国革命又造成了传播马克思主义的契机。不可否认，马克思主义，包括马克思的阶级斗争学说，具有强烈的伦理指向，仅就这一点而言，马克思主义包括阶级斗争学说与中国的传统文化又有相通之处。这也是马克思主义包括阶级斗争学说在中国被接受的一个重要原因。阶级斗争学说在中国传播过程中的遭遇，说明阶级斗争学说本身包含一种内在的矛盾，其与中国传统既冲突又协调的两个方面，就是其内在矛盾的充分表现。对于马克思主义学者来说，揭示其中的矛盾，并把它们统一起来，可以说是深入理解和把握阶级斗争学说的要害之处。

马克思主义由三个基本部分组成，三个部分的内在逻辑在通常的马克思主义教科书中都有解释，值得注意的是，不同于通行教科书的解释，李大钊是着眼于三种不同的时间形态来介绍和甄别三部分内容。"一为关于过去的理论，就是他的历史论，也称社会组织进化论；二为关于现在的理论，就是他的经济论，也称为资本主义的经济论；三为关于将来的理论，就是他的政策论，也称社会主义运动论，就是社会民主主义。"② 沟通三种时间形态、把三大理论内在联系起来的是阶级斗争学说。"他这三部理论，都有不可分的关系，而阶级竞争说恰如一条金线，把这三大原理从根本上联络起来。"③ 从阶级斗争学说的角度分别看马克思的历史论、经济论和政策论，"他的唯物史观说：'既往的历史都是阶级竞争的历史。'他的《资本论》也是首尾一贯的根据那'在今日社会组织下的资本阶级与工人阶级，被放在不得不仇视、不得不冲突的关系上'的思想立论。关于实际运动的手段，

---

① 《马克思恩格斯全集》第 28 卷，人民出版社，1973，第 509 页。
② 《李大钊文集》（下），人民出版社，1984，第 50 页。
③ 《李大钊文集》（下），第 50 页。

他也是主张除了诉于最后的阶级竞争，没有第二个再好的方法"①。基于以上介绍，可以认定李大钊实际是把阶级斗争学说置于马克思主义的核心地位，确切地说，是把无产阶级的阶级斗争学说置于核心地位，所谓"阶级竞争金线说"可以说就是"阶级斗争核心说"。② 理论逻辑是现实逻辑的反映。按照马克思主义的观点，无产阶级的斗争是现实地改变世界、改变自身处境的实践活动。李大钊正是运用过去、现在、将来三重时间维度，准确地表达和揭示了无产阶级斗争活动或者说人类寻求解放的逻辑结构，进而澄清了对马克思主义，包括阶级斗争学说的各种误解。

"马氏学说受人非难的地方很多，这唯物史观与阶级竞争说的矛盾冲突，算是一个最重要的点。盖马氏一方既确认历史——马氏主张无变化即无历史——的原动为生产力；一方又说从来的历史都是阶级竞争的历史，就是说阶级竞争是历史的终极法则，造成历史的就是阶级竞争。一方否认阶级的活动，无论是直接在经济现象本身上的活动，是间接由财产法或一般法制上的限制，常可以有些决定经济行程的效力；一方又说阶级竞争的活动，可以产出历史上根本的事实，决定社会进化全体的方向。"③ 针对这一问题，李大钊强调马氏有"自圆"的说法。"他说自从土地共有制崩坏以来，经济的构造都建立在阶级对立之上。生产力一有变动，这社会关系也跟着变动。可是社会关系的变动，就有赖于当时在经济上占不利地位的阶级的活动。这样看来，马氏实把阶级的活动归在经济行程自然的变化以内。"④ 在这里，生产力作为一种既得的力量，一种决定性的因素，显然是属于历史的因素。李大钊基本肯定了这一观点，但他又说"终觉有些牵强"，他给出的解释是"这全因为一个学说最初成立的时候，每每陷于夸张过大的原故"，其实这是由于有些人包括李大钊在内，对"经济行程的必然性"与"阶级竞争的效力"存在概念上的误解。"阶级竞争"或"阶级斗争"是一种现象层面的活动，而"经济必然性"是阶级斗争活动展开的一种关系或结构。一个是本质表达，一个是现象表达，二者当然有矛盾的地方。李大钊在矛盾中看到了统一，这是其可贵的地方，而真正矛盾的地方

① 《李大钊文集》（下），第 50 页。
② 参见刘培平《论阶级斗争扩大化错误产生的理论原因》，《文史哲》1994 年第 4 期；董德刚《什么是马克思主义的核心》，《学习时报》2008 年 6 月 3 日。
③ 《李大钊文集》（下），第 63 页。
④ 《李大钊文集》（下），第 63～64 页。

却没有做出诊断，这就是阶级斗争经常越出经济行程的必然性的制约，而经济行程的必然性通常是由阶级斗争作用的偶然性作为补充、表现形式并为其开辟道路的。对于阶级斗争可能离开经济行程的必然性的制约，甚至与经济行程产生相反的作用，这是马克思主义者长期忽视的一个问题，此又是后话。

"有许多人所以深病'马克思主义'的原故，都因为他的学说全把伦理的观念抹煞一切，他那阶级竞争说尤足以使人头痛。"① 毫无疑问，马克思主义阶级斗争学说存在明确的伦理指向，但是，阶级斗争作为手段又常常成为非马克思主义学者批评、攻击的一个理由。对此，李大钊的解释是，马克思主义把人类历史分成了两个阶段：人类历史的前史和人类真正历史。在人类历史的前史，"在这建立于阶级对立的经济构造的社会，那社会主义伦理的观念，就是互助、博爱的理想，实在一天也没有消灭，只因有阶级竞争的经济现象，天天在那里破坏，所以总不能实现"。② 强调阶级斗争是一个事实存在。然而人类历史的前史"将与这最后的敌对形式的生产方法，并那最后的阶级竞争一齐告终"，人类的真正历史，即从此开始。所谓"真正历史，就是互助的历史，没有阶级竞争的历史"。③ 显然，伦理的追求同样构成马克思主义的阶级斗争学说不可缺少的一个视野，它同样构成阶级斗争不可缺少的一个因素，而这个因素的正向结果是属于将来的。至此，李大钊确立了阶级斗争的两个视野："我们主张以人道主义改造人类精神，同时以社会主义改造经济组织。不改造经济组织，单求改造人类精神，必致没有效果。不改造人类精神，单求改造经济组织，也怕不能成功。我们主张物心两面的改造，灵肉一致的改造。"④ 同时指出单一视野的局限："当这过渡时期，伦理的感化，人道的运动，应该倍加努力，以图划除人类在前史中所受的恶习染，所养的恶性质，不可单靠物质的变更。"⑤ 两个视野中，李大钊强调了容易被忽视的伦理视野。李大钊做这种强调，是基于中国马克思主义者在相当长的一个历史时期接受的一个现成的马克思主义的结论，这就是资本主义社会发展到了私有制社会的顶点，在资本主义社会

---

① 《李大钊文集》（下），第67页。
② 《李大钊文集》（下），第67页。
③ 《李大钊文集》（下），第67页。
④ 《李大钊文集》（下），第68页。
⑤ 《李大钊文集》（下），第68页。

发展起来的生产力已经准备好了对社会进行彻底变革的物质条件，人类社会面临的是最后的彻底消灭阶级的阶级斗争。李大钊关于中国社会主义的立论，也是基于这样一个前提。很可惜，李大钊的革命生涯仅止于国共合作的大革命时期，当时他已经开始面对令人棘手的国共矛盾，但是国共合作还没有公开破裂，因此，他还没有来得及回答阶级斗争内在的深层矛盾问题，他反复强调了中国国民党是"普遍的国民的群众的党"，中国国民党与代表中国工农阶级利益的共产党的一致性，三民主义与共产主义的一致性，国民运动与农民运动的一致性，革命目标的一致性。可以说，李大钊确立的"物"、"心"或"灵"、"肉"两个视野，如本文所称社会物理与社会伦理，在李大钊心目当中是"互济"的关系，实际这只是社会物理与社会伦理的一面，另一面包含着矛盾、对立和冲突，是一种"互斥"的关系。把这样一种结构性关系做一种划时代的切割，把矛盾、对立、冲突、排斥送入此前的历史，把统一、协调、融合、接济归入此后的将来，这样一种两极化的思维模式所产生的问题，后来在中国革命和世界革命史上所产生的后果，我们都已经看到了。反思错误的根源，不是我们错判了时代的界标，就是我们忽视了社会物理与社会伦理矛盾关系的永恒性。

二　陈独秀：伦理视野的缺失与革命主题的消解

与李大钊不同，陈独秀在大革命时期，作为中国共产党的领袖人物，直接站在了阶级斗争实践的风口浪尖，需要直接面对、处理复杂的阶级斗争关系问题。应该说，陈独秀早在发起新文化运动的时候，就已经触及了伦理问题或者伦理的概念。当时他提出"吾人最后之觉悟"，包含了"政治的觉悟"、"伦理的觉悟"，其中"伦理的觉悟，为吾人最后觉悟之最后觉悟"。而其论述的角度，显然是进化论的角度。他讲"进化公例，适者生存"，"吾人果欲于政治上采用共和立宪制，复欲于伦理上保守纲常阶级制，以收新旧调和之效，自家冲撞，此绝对不可能之事"。① 陈独秀在转向马克思主义之后，从唯物史观的角度阐释了伦理问题。他说："古人所讲的社会主义，都是理想的；其学说都建设在伦理上面，他们眼见得穷人底苦恼是由贫富不均，因此要想把全社会底贫富弄得绝对的平均或相对的平均；至

----

① 《陈独秀著作选》第1卷，上海人民出版社，1993，第178~179页。

于用什么方法来平均贫富，都全是理想，不曾建设在社会底经济的事实上面，所以未能成功；因为已成的社会都有他已成的经济的事实在那种做改革进化底障碍，我们固然不应该跟随着他维持现状，然而也断乎不能够妄想把社会当做米粉团子由我们任意改造。"① 因此，他强调："马格斯以后的社会主义是科学的是客观的是建设在经济上面的，和马格斯以前建设在伦理上面的空想的主观的社会主义完全不同。"② 在这里，陈独秀着意区分了伦理问题的两个层面：现实层面和理想层面。他认为："我们无论主张什么，第一步是问要不要，第二步是问能不能。若是不能，那'要'仍然是一个空想。若问现在能不能讲社会主义，是要研究现在能不能用社会主义的生产分配方法来代替资本主义的生产分配方法。"③ 显然，陈独秀关注的重点是伦理的现实层面。问题是如何区分理想性伦理和现实性伦理，显然，在陈独秀看来，唯物史观提供了如何把握现实性伦理的科学视角。因此，陈独秀对阶级斗争学说与唯物史观做出了统一论的阐释，同时强调"我们对于改造社会底主张，不可蔑视现社会经济的事实"，④ 提出"马克思的社会主义是注重客观的事实，不是主观的理想的；他不独要有改造的必要，还要有改造的可能"，⑤ 意味着陈独秀已经意识到了主观的伦理诉求可能与客观的经济事实发生矛盾的情况，已经触及了马克思主义阶级斗争史观应当把握的双重视野。那么，陈独秀在领导中国共产党推进国民革命的过程中，是如何具体把握和整合经济事实与伦理价值两种视野的呢？

众所周知，导致大革命失败的一个重要原因，是陈独秀的"右倾机会主义"。应当说，导致以陈独秀为代表的"右倾机会主义"错误的原因是复杂的，其中有以斯大林为代表的苏共中央、共产国际方面的原因，但就主观方面来说，陈独秀一贯的思想倾向也是一个不可忽视的因素。在观念层面，陈独秀完全袭用了唯物史观的一个现成结论，所谓"人类社会组织之历史的进化，观过去现在以察将来，其最大的变更，是由游牧酋长时代而封建时代，而资产阶级时代，而无产阶级时代"，这一进化的历程"恒次第不爽"⑥；所谓"社会组织进化的历程，是从渔猎时代酋长时代，进而为农

---

① 《陈独秀著作选》第2卷，上海人民出版社，1993，第241页。
② 《陈独秀著作选》第2卷，第242页。
③ 《陈独秀著作选》第2卷，第243页。
④ 《陈独秀著作选》第2卷，第316页。
⑤ 《陈独秀著作选》第2卷，第471页
⑥ 《陈独秀著作选》第2卷，第446页。

业时代封建时代，由农业手工业时代进而为机器工业时代，即资本主义时代，再由资本主义的工业时代进而为社会主义的工业时代"，"这个进化历程的变迁，纯是客观的境界，不是主观的要求"。① 具体到中国近代的半殖民地半封建社会，陈独秀实际是将其纳入了"资本主义的工业时代"或"资产阶级时代"的分析框架。从资本主义的决定论出发，资产阶级的革命性或革命性的生成就获得了一种必然性的表达，如陈独秀所说："资产阶级究竟革命不革命，当视其经济的历史的发展决定之，不当以其初步积累时懦弱心理决定其全阶级的终身运命。"② 至于其他阶级，例如无产阶级，陈独秀认为"无产阶级客观的力量是随着资产阶级之发达而发达的"，殖民地半殖民地的资产阶级尚没有发展到成为一个独立的革命势力，"无产阶级便是不用说了"。③ 因此，陈独秀对各个革命阶级的力量分析结论是："殖民地半殖民地的各社会阶级固然一体幼稚，然而资产阶级的力量究竟比农民集中，比工人雄厚"，④ 因此，"国民革命成功后，在普通形势之下，自然是资产阶级握得政权"。⑤ 在这里，如果我们把陈独秀社会组织进化与阶级革命性关系的分析框架转化为前面提到的经济事实与伦理诉求关系的框架，便可以得出如下结论：由殖民地半殖民地的社会组织进化历程所规定，只有资产阶级的伦理诉求才是一种接近现实性的诉求，尽管资产阶级在初步积累时其伦理的诉求表现为"心理的懦弱"。在这里，"心理"一词完全可以替换为"伦理"。而同样由殖民地半殖民地的社会组织进化历程所规定，无产阶级、农民阶级的伦理诉求就不免失之于"理想"、"主观"。请注意陈独秀对工人阶级的分析：工人阶级"在心理上因为实际生活所迫，往往易于促进他的决战态度，即在纯粹资产阶级的民主革命中，工人阶级一旦感觉得这种革命于自身亦有利益时，往往成为急进的先锋"；"但同时我们要知道：工人阶级在国民革命中固然是重要分子，然亦只是重要分子而不是独立的革命势力"；"殖民地半殖民地产业还未发达，连资产阶级都很幼稚，工人阶级在客观上更是幼稚了"；"产业幼稚的中国，工人阶级不但在数量上是很幼稚，而且在质量上也很幼稚"；⑥ "极少数最有觉悟的工人，在质量

---

① 《陈独秀著作选》第 2 卷，第 460～461 页。
② 《陈独秀著作选》第 2 卷，第 561 页。
③ 《陈独秀著作选》第 2 卷，第 558 页。
④ 《陈独秀著作选》第 2 卷，第 561 页。
⑤ 《陈独秀著作选》第 2 卷，第 568 页。
⑥ 《陈独秀著作选》第 2 卷，第 564 页。

上虽然很好，在数量上实在太少，其余的工人更是质量上数量上都还幼稚"。① 显而易见，在陈独秀论述策略中，工人阶级的"主观"被资产阶级的"客观"消解了，工人阶级的"数量"又被工人阶级的"质量"所消解，或者反过来，工人阶级的质量被工人阶级的"数量"所消解。在这里，工人阶级鲜活的、生动的伦理诉求被社会组织进化的历程严格"规定"了，马克思主义阶级斗争的伦理视野事实上被遮蔽了，无产阶级领导中国革命的主题被消解了。陈独秀对农民阶级的分析大体遵循同一个路数。他列举农民之疾苦，"外货侵入破坏农业经济日益一日，兵匪扰乱，官绅鱼肉"，认为这四种环境"有驱农民加入革命之可能"。但是，"农民居处散漫势力不易集中，文化低生活欲望简单易于趋向保守，中国土地广大易于迁徙被难苟安"，这三种环境又是"造成农民难以加入革命运动的原因"。② 在这里，陈独秀强调了农民的生产方式和生存环境对于农民阶级心理或伦理诉求的限制作用。更进一步，陈独秀把农民阶级的地位纳入了社会组织进化的一般图式。"在中国，约占农民半数之自耕农，都是中小资产阶级，不用说共产的社会革命是和他们的利益根本冲突，即无地之佃农，也只是半无产阶级，他们反对地主，不能超过转移地主之私有权为他们自己的私有权的心理以上；雇工虽属无产阶级，然人数少而不集中；所以中国农民，必须国民革命完全成功，然后国内产业勃兴，然后普遍的农业资本化，然后农业的无产阶级发达集中起来，然后农村间才有真的共产的社会革命之需要与可能。"③ 可以说，按照陈独秀社会组织进化的逻辑，无产阶级相对于资产阶级来说还不够成熟，而农民阶级相对于无产阶级来说，还有一个无产阶级化的过程，因此，农民阶级的革命性及其作为革命力量的作用，就进一步被降低或贬低。有人可能会说，陈独秀曾经强调过工农革命力量的重要性，强调过工农革命力量在国民革命中的主体地位，并且曾经指出工人阶级在特殊情况下也可以争得政权，在实际行动上，也努力争取过夺得革命的领导权，但是，如果我们进一步辨析陈独秀那些充满"辩证性"的观点，就会发现，只有那些贬低工农阶级革命性、革命力量的观点，那些伸张资产阶级革命性、革命力量的观点才是经过了他所谓的"客观"逻辑论证得出的结论。由此我们就不难理解，陈独秀为什么在争得革命领导权

---

① 《陈独秀著作选》第 2 卷，第 565 页。
② 《陈独秀著作选》第 2 卷，第 563 页。
③ 《陈独秀著作选》第 2 卷，第 563 页。

方面、在重视农民运动方面表现得不够那么一贯和坚决。

实际上，仅仅诉诸一般的社会组织进化的决定论并不能揭示中国近代社会伦理问题的全部实质，也不能解释近代中国革命、近代中国政治变迁乃至现代中国经济变迁的结构性动因。在这方面，毛泽东在《中国革命和中国共产党》一文中已经做了充分的阐述。中国近代一个基本的历史事实是，帝国主义侵入中国，一方面打破了中国的自然经济，造成了资本主义发展的一定条件；另一方面帝国主义又残酷地统治了中国，阻止了中国资本主义的自主发展。因此，对中国来说，最为现实、最为迫切的与其说是发展不足的问题，毋宁说是一个结构不良的问题。然而，中国近代社会的特殊发展环境也造成了中国近代社会特殊的阶级分化、特殊的阶级关系和特殊的阶级属性。毛泽东对资产阶级的两面性做了深刻的分析，对资产阶级领导的民族民主革命、资本主义自由发展的前途都做了否定。也就是说，仅仅诉诸资产阶级的伦理视野，以资产阶级的价值取向作为引领、主导中国革命的主要方向，不能实现民族民主革命的胜利，不能实现中国的现代化发展。如果我们正视中国近代社会的伦理问题，可以说民族的生存、民族的独立和民族的发展构成了基本的伦理问题。民族的生存问题，主要通过人数众多的无产阶级、农民阶级的生活状况反映出来。他们的生活状况决定了他们的伦理诉求，他们生活穷困的程度决定了他们改变社会的政治坚定性，决定了他们成为中国革命的领导力量和主体力量。中华民族要求生存、要求独立的伦理诉求是不是一种现实性的伦理诉求？面对西方强敌，中国经济的落后、武器的落后是显而易见的，要说中国有什么长处，那就是人力，姑且不论人力的质量，起码人力的数量优势是确定无疑的，因此，中国所能做的，只能是以数量占优的人力去弥补物力的不足。而对于无产阶级及其政党来说，它恰恰具有最为广泛、最为强大的社会动员、社会组织的能力。它本身作为无产者的绝对处境，使它能够对其他劳动群众的处境给予同情的理解，同时，马克思主义提供了正确理解历史和把握历史的辩证方法，使无产阶级及其政党能够正确分析和正确对待各个阶级的历史作用和历史地位，包括正确分析和正确对待剥削阶级的历史作用和历史地位，从而可以平衡和兼顾生存、发展等不同层次的伦理价值，协调和整合不同阶级的伦理诉求，重新凝聚中华民族的主体意识和主体能力，最终把这种精神力量转化为争取民族独立的物质力量。中国革命后来的历史也证明了，无产阶级及其政党结成反对帝国主义的最为广泛的统一战线，从而最终赢得了民族独立战争的胜利。

应该说，陈独秀在大革命后期及以后，逐步深化了对中国近代社会特殊性的认识，这其中包括从资本主义向社会主义的过渡性和资产阶级革命与无产阶级革命的冲突性的认识。但是，他对于革命路径模式的探讨仍然没有摆脱所谓社会组织进化历程的束缚，具体来说，没有摆脱俄国革命模式的束缚。他从资产阶级决定论转为无产阶级决定论之后，在他的视野里便只有城市工人阶级的力量，把城市的武装暴动当成革命成功的唯一路径。他直斥"人民愈穷愈革命"的观点为"胡说"，根本否定了挣扎在生存层面的广大农民阶级的伦理主体地位，他甚至认为无产阶级、共产党及其军队脱离城市，长期生活在农村会受农民阶级影响而发生"游民无产阶级化"，从而"断送革命"，如此便根本否定了"农村包围城市"的革命道路。① 在资产阶级决定论的视野内，无产阶级及农民阶级的现实的伦理诉求特别是生存层面的伦理诉求及其力量，被无视或忽视，在无产阶级决定论的视野内，农民阶级现实的生存层面的伦理诉求及其力量仍然被无视或忽视，总之，陈独秀在领导、求索民族民主革命道路和真理的生涯中，看不到无产阶级及其同盟军的强大力量，看不到这个力量得以施展的广阔舞台，找不到革命成功的正确路径，因此，他就在革命遭受挫折的过程中逐渐消解了革命的主题，不可避免地走上了右倾化的错误道路。这就是陈独秀留给我们的经验教训。

三 毛泽东：阶级斗争精神的张扬与 阶级斗争手段的目的化

1915 年 5 月 7 日，袁世凯政府接受了日本帝国主义灭亡中国的"二十一条"，当时还在湖南省立第一师范学校读书的毛泽东写下了"五月七日，民国奇耻；何以报仇？在我学子！"四句话以自警。② 青年毛泽东在接受阶级斗争史观之前，其思想深受其师杨昌济和所选教材、德国学者泡尔生的著作《伦理学原理》一书的影响。有考证认为，毛泽东在湖南省立第一师范学校学习期间，具体时间在 1917 年下半年至 1918 年上半年，认真研读了《伦理学原理》一书。研究毛泽东的早期思想可以发现，伦理情怀、伦理自

---

① 《陈独秀著作选》第 3 卷，上海人民出版社，1993，第 169 页。

② 《〈明耻篇〉题志》（1915 年夏），《毛泽东早期文稿》，湖南人民出版社，2008，第 10 页。

觉构成了青年毛泽东乃至其一生的思想冲动。1917 年 8 月 23 日，毛泽东《致黎锦熙信》提出："当今之世，宜有大气量人，从哲学、伦理学入手，改造哲学，改造伦理学，根本上变换全国之思想。"① 为什么要选择从哲学、伦理学入手？毛泽东认为，"欲动天下者，当动天下之心，而不徒在显见之迹"，而"动其心者，当具有大本大源"。② 这个"大本大源"在哪里呢？毛泽东认为："天下之生民，各为宇宙之一体，即宇宙之真理，各具于人人之心中。"③ 也就是说，这个"大本"是一个精神性的本体，这个精神本体可以与宇宙直接贯通。"盖我即宇宙也。各除去我，即无宇宙。各我集合，即成宇宙。"④ 从"各我"的客观性视角转换为"各我"的主观性视角，"各我"就是"惟我"。"我即实在，实在即我。我有意识者也，即实在有意识者也。"⑤ 从"各我"或"惟我"可以析分出不同能力之"我"。"圣人，既得大本者也；贤人，略得大本者也；愚人，不得大本者也。圣人通达天地，明贯过去现在未来，洞悉三界现象。"⑥ 由本体而主体，由主体构成而价值构成，存在即理由，毛泽东如此推论：既然"各我""以我而存"，"苟无我，何有各我哉。是故，宇宙间可尊者惟我也，可畏者惟我也，可服从者惟我也。我以外无可尊，有之亦由我推之；我以外无可畏，有之亦由我推之；我以外无可服从，有之亦由我推之也。" 在个体与社会结构之间，毛泽东在逻辑上强调了个体优先，由此凸显出毛泽东的伦理取向。"个人有无上之价值，百般之价值依个人而存，使无个人（或个体）则无宇宙，故谓个人之价值大于宇宙之价值可也。故凡有压抑个人、违背个性者，罪莫大焉。故吾国之三纲在所必去，而教会、资本家、君主、国家四者，同为天下之恶魔也。"⑦ 既然"惟我"价值、个人价值是一种客观价值，与此相对应，自利或利己就是一种主观价值。"盖人有我性，我固万事万念之中心也，故人恒以利我为主，其有利他者，固因与我为同类有关系而利之耳，故谓不可不利他可也。利他与我有关系也。"⑧ 个人与群体、利己与利他，

---

① 《致黎锦熙信》（1917 年 8 月 23 日），《毛泽东早期文稿》，第 73 页。
② 《致黎锦熙信》（1917 年 8 月 23 日），《毛泽东早期文稿》，第 73 页。
③ 《致黎锦熙信》（1917 年 8 月 23 日），《毛泽东早期文稿》，第 73 页。
④ 《〈伦理学原理〉批注》（1917~1918 年），《毛泽东早期文稿》，第 204 页。
⑤ 《〈伦理学原理〉批注》（1917~1918 年），《毛泽东早期文稿》，第 243 页。
⑥ 《〈伦理学原理〉批注》（1917~1918 年），《毛泽东早期文稿》，第 74 页。
⑦ 《〈伦理学原理〉批注》（1917~1918 年），《毛泽东早期文稿》，第 132 页。
⑧ 《〈伦理学原理〉批注》（1917~1918 年），《毛泽东早期文稿》，第 123 页。

显然是一种现实的结构性矛盾，如何化解呢？毛泽东事实上强调的是一种发生论逻辑。毛泽东批注："以我立说，乃有起点，有本位，人我并称，无起点，失却本位。"① 对于人性的解释，历来有利己与利人两种主张，利己与利人，可以说既有对立的一面，又有统一的一面。显然，毛泽东借助利己与利人的统一性，消解了利己与利人的对立的一面。无论"利己"与"利人"，应该说既有利肉体一面，又有利精神一面，而毛泽东断然否定了肉体的价值取向。"人类固以利己性为主，然非有此而已也，又有推以利人之性，此仍是一性，利人乃所以自利也。自利之主要利自己之精神，肉体无利之价值。"②"吾人欲自尽其性，自完其心，自有最可宝贵之道德律。"③

青年毛泽东一方面极度张扬了自我本体或精神本体，将自我本体或精神本体绝对化；另一方面，又承认自然规定与自我规定、必然与自由、人格与兽格、善与恶、治与乱、生与死诸种对立结构的绝对性，至于这种对立结构在历史中展开的内在机制，青年毛泽东并没有深究，而是径直赋予了这种对立或对抗结构、变化形式、对立或对抗过程本身一种审美价值。泡尔生认为，"世界一切之事业及文明，固无不起于抵抗决胜也"。青年毛泽东在批注中以诗一般的语言赞美了"抵抗"："河出潼关，因有太华抵抗，而水力益增其奔猛。风回三峡，因有巫山为隔，而风力益增其号。"④ 对于社会治、乱形式变化，青年毛泽东肯定"乱亦历史生活之一过程，自亦有实际生活之价值"，更进一步把"乱"提升为一种审美情趣："吾人览史时，恒赞叹战国之时，刘、项相争之时，汉武与匈奴竞争之时，三国竞争之时，事态百变，人才辈出，令人喜读。至若承平之代，则殊厌弃之。非好乱也，安逸宁静之境，不能长处，非人生之所堪，而变化倏忽，乃人性之所喜也。"⑤ 从宇宙成毁、人之生死到民族革命，青年毛泽东认为种种现象都属于变化，变化为进化所必需，对于变化的崇拜之情从他对生死观的诗意表达来看可以说达到了极致："大风卷海，波澜纵横，登舟者引以为壮，况生死之大波澜何独不知引以为壮乎！"⑥ 可以说，世界、人生、社会的对立性结构存在没有迫使青年毛泽东接受宿命的安排，反而促使他给出了英雄、

---

① 《〈伦理学原理〉批注》(1917~1918年)，《毛泽东早期文稿》，第125~126页。
② 《〈伦理学原理〉批注》(1917~1918年)，《毛泽东早期文稿》，第128页。
③ 《〈伦理学原理〉批注》(1917~1918年)，《毛泽东早期文稿》，第129页。
④ 《〈伦理学原理〉批注》(1917~1918年)，《毛泽东早期文稿》，第159页。
⑤ 《〈伦理学原理〉批注》(1917~1918年)，《毛泽东早期文稿》，第164页。
⑥ 《〈伦理学原理〉批注》(1917~1918年)，《毛泽东早期文稿》，第174页。

豪杰、圣贤出场的理由。"豪杰之士发展其所得于天之本性，伸张其本性中至伟至大之力，因以成其为豪杰焉。本性外之一切外铄之类，彼者以其本性中至大之动力以排除之。此种之动力，乃至坚至真之实体，为成全其人格之源，即此所谓自然之冲动，所谓性癖也。彼但计此动力发出之适宜与否。适宜也，得当也，则保持之，否则，变更之，以迁于适宜与得当焉。此纯出其自计，决非服从外来之道德律，与夫所谓义务感情也。大凡英雄豪杰之行其自己也，发其动力，奋发踔厉，摧陷廓清，一往无前，其强如大风之发于长谷，如好色者之性欲发动而寻其情人，决无有能阻回之者，亦决不可有阻回者"；①"圣人者，抵抗极大之恶而成者也"。② 可以说，《〈伦理学原理〉批注》让我们看到了青年毛泽东汪洋恣肆般的个性，其尽情挥洒处，冲破一切网罗，消除一切界限，转化一切对立的方面。"观念即实在，有限即无限，时间感官者即超绝时间感官者，想象即思维，形式即实质，我即宇宙，生即死，死即生，现在即过去及未来，过去及未来即现在，小即大，阳即阴，上即下，秽即清，男即女，厚即薄。质而言之，万即一，变即常。"③ 这些说法，多多少少使他的思想带上了唯意志论的色彩。但青年毛泽东不是一个空想主义者。他崇尚变化，同时他也感叹，"惟改变之事如何进行，乃是问题"。④

1920 年毛泽东接受阶级斗争学说，认识到"阶级斗争是社会发展的原动力"，"初步得到认识问题的方法论"，⑤ 并开始进入阶级斗争实践。收入《毛泽东选集》的《中国社会各阶级的分析》一文，应当是反映毛泽东早期阶级观点的较为系统的一篇文章，文章写于 1925 年，然而文章收入《毛泽东选集》时做了修改，有学者发现，原稿和修改稿存在较大差异。原稿中，把占有社会财富的多少或者说贫富程度作为划分阶级的标准，对阶级成分做了一种普适性的概括：无论哪一个国内，天造地设，都有三等人，上等、中等、下等，细分则为五等，大资产阶级、中产阶级、小资产阶级、半无产阶级、无产阶级。⑥ 基于这样一个事实，毛泽东揭示了一个阶级的贫穷程度与革命态度、特定阶级性与革命性的一种正向对应关系。这就是被陈独

① 《〈伦理学原理〉批注》（1917～1918 年），《毛泽东早期文稿》，第 192～193 页。
② 《〈伦理学原理〉批注》（1917～1918 年），《毛泽东早期文稿》，第 162 页。
③ 《〈伦理学原理〉批注》（1917～1918 年），《毛泽东早期文稿》，第 244～245 页。
④ 《〈伦理学原理〉批注》（1917～1918 年），《毛泽东早期文稿》，第 177 页。
⑤ 毛泽东：《关于农村调查》，《人民日报》1978 年 12 月 13 日。
⑥ 姜义华、严明：《姜义华教授访谈录》，《历史教学问题》1998 年第 2 期。

秀讥讽的"愈穷愈革命论"。与原稿相比，修改稿在阶级划分的依据和标准方面，显然强调了一个阶级所代表的生产力和生产关系。例如，对于地主阶级和买办阶级的定性，强调"在经济落后的半殖民地的中国，地主阶级和买办阶级完全是国际资产阶级的附庸，其生存和发展，是附属于帝国主义的。这些阶级代表中国最落后的和最反动的生产关系，阻碍中国生产力的发展"；认为中产阶级"代表中国城乡资本主义的生产关系"；关于小资产阶级，"自耕农和手工业主所经营的，都是小生产的经济"；关于半无产阶级，"半自耕农、贫农和小手工业者所经营的，都是更细小的小生产的经济"；"工业无产阶级人数虽不多，却是中国新的生产力的代表者"。修改稿和原稿虽然在阶级划分方面存在不同的标准，但是对于阶级划分方面得出的结论却是相同的，并且各个阶级的属性、对待革命的态度跟原来的阶级成分都是完全对应的。地主阶级和买办阶级这两个阶级与中国革命的目的完全不相容；中产阶级"对于中国革命具有矛盾的态度"；小资产阶级分成三个层次，对革命分别抱有怀疑、中立、附和、参加等不同态度；半无产阶级三个不同的细别也分别具有不同的革命性；只有无产阶级，"是近代中国最进步的阶级，做了革命运动的领导力量"。① 按照马克思主义阐述的基本原理，在无产阶级登上历史舞台之前，真正的革命都是有产阶级发动的，只有到了无产阶级，才兼具了一无所有和彻底革命性的品质。具体到中国20世纪20年代的历史环境，地主阶级是不是已经完全沦落为历史的废物，资产阶级是不是还没有登上历史的舞台便失去了登台的资格，无产阶级独占历史舞台的历史条件是否已经成熟？这些问题，后来的历史已经给出了答案，我们今天需要反思、需要探究的是身处历史舞台的历史创造者寻求历史答案的方式。

毛泽东对中国社会各阶级的分析，虽然基于亲身参与的阶级斗争实践，但显然也受到了传统马克思主义既定理论模式的影响，至少从现象层面可以看出，他对农民阶级做了较多的肯定，对地主阶级、资产阶级做了较多的否定，其价值取向表现出了绝对化的色彩。经历第一次国内革命战争、第二次国内革命战争的失败，到抗日战争时期，毛泽东的阶级斗争策略臻于成熟。其价值取向，强调"一切必须服从抗日的利益"，"阶级斗争的利益必须服从于抗日战争的利益"，承认"阶级和阶级斗争的存在是一个事

---

① 《毛泽东选集》第1卷，人民出版社，1991，第3~8页。

实"，在政策上，提倡"互助互让政策，不但适用于党派，也适用于阶级关系"。① 正是在抗日战争时期，毛泽东形成了新民主主义理论，规划和把握了无产阶级革命的阶段性，辩证地把无产阶级革命与资产阶级性质两重阶级价值结合了起来，有效地整合了各个阶级的力量，战胜了日本帝国主义。正是通过抗日战争，赢得了中国革命最终胜利的基础。然而，似乎正是由于革命的胜利，从而印证、强化了一种观念－信念模式，这种观念－信念模式最终导致了新中国成立之后对于阶级斗争作用的夸大化和绝对化，导致了中国现代化建设的严重挫折。

早在抗战经历一周年之后，在中国共产党领导的革命力量站稳了脚跟，总结出一套系统的战略战术，对中国革命的胜利确立了充分的信心之后，毛泽东就开始表达对中国古代史、中国近代史、中国民主革命历史、中国共产党领导的革命战争史、中国共产党领导的民主革命历史的观点，这些观点最后全部被纳入一个总的"理性框架"。1939年毛泽东写道：民主主义革命的前身是封建主义社会（近百年来成为半殖民地半封建社会），它的后身是社会主义的社会。"若问一个共产主义者为什么要首先为了实现资产阶级民主主义的社会制度而斗争，然后再去实现社会主义的社会制度，那答复是：走历史必由之路"。② 从1840年以来所有的民族抗争一直到抗日战争，都是中国人民旨在争取民族生存权利的斗争，这种生存斗争，在中国近代物质条件极其落后的背景之下，的确考验的是中国人民的生存本能，考验的是中国人民的生存意志，而当民族斗争的实质被当作阶级斗争时，这种生存意志就被当作阶级意志。毫无疑问，革命斗争的胜利，强化了传统马克思主义"理性建构"模式与阶级斗争意志论的一致性表达。"阶级斗争，一些阶级胜利了，一些阶级消灭了。这就是历史，这就是几千年的文明史。拿这个观点解释历史的就叫做历史的唯物主义，站在这个观点的反面的是历史的唯心主义。"③ 在这里，对于阶级斗争史观与唯物主义史观，阶级斗争作为政治斗争的决定性与唯物史观的生产方式的决定性的完全一致性的强调，在用于检视现实的阶级斗争历史实践时，便极容易模糊和忽视阶级斗争意志的主观性与阶级斗争利益的客观性，把历史唯物主义强调的经济决定性，替代为政治决定性。按照唯物史观的公式化表达或理解，

① 《毛泽东选集》第2卷，人民出版社，1991，第525页。
② 《毛泽东选集》第2卷，第559页。
③ 《毛泽东选集》第4卷，人民出版社，1991，第1487页。

按照阶级斗争史观，无产阶级的阶级斗争是最后的斗争，无产阶级的阶级斗争使社会问题得以根本解决，无产阶级的革命将一劳永逸地消灭剥削制度，建立共产主义天堂，于是，在中华人民共和国成立，在无产阶级取得政权，完成政治上的阶级性建构之后，就要面对经济上的阶级性建构了。

按照毛泽东在《新民主主义论》中的规划，中国革命分两步走，第一步是建立新民主主义社会，第二步是建立社会主义社会。面对"一穷二白"的社会现实，如何推进社会主义改造，即使在宏观层面可以依赖马克思主义的社会发展观念和社会进步信念做出长远规划，在微观层面，在具体操作层面，马克思主义者仍然要面对一些具体的"学理"。推进农业合作化，要不要一个技术基础？对于这个问题，毛泽东同样用一个社会发展"公式"化解了许多人的争论和疑惑。他说："既然西方资本主义在其发展过程中有一个工场手工业阶段，即尚未采用蒸汽动力机械，而依靠工场分工以形成新生产力的阶段，则中国的合作社，依靠统一经营形成的新生产力，去动摇私有基础，也是可行的。"据薄一波介绍，"他讲的道理把我们说服了"。①对于这一社会发展"公式"的运用，显然存在一个因果关系的颠倒，时人之所以不能觉察其中的逻辑瑕疵，显然是由于一代共产党人有一个共同的不言而喻的前提，这就是相信阶级意志或斗争意志力量的无限性，而合作化、人民公社化的失败则证明了阶级意志、斗争意志在和平建设时期力量的有限性。在遭遇"三年自然灾害"之后，毛泽东被迫对人民公社的组织形式做出了调整，从强调"一大二公"倒退到"三级所有，队为基础"，他把生产队当作集体经济的基本单位，当作实现社会均等的基本单位，这一步，是他坚守的伦理底线，他是退无所退了。因此，他坚决拒斥"分田单干"的观点和做法，斥之为走资本主义道路。在与"分田单干"的思想和主张做斗争的过程中，又形成了他一整套关于社会主义社会存在阶级和阶级斗争的理论。总之，在无产阶级如何实现经济性建构，如何发展生产力问题上，毛泽东失却了经验理性立场，而代之以绝对化的伦理价值立场。为了提高人们的伦理道德觉悟，便不断地诉诸思想政治斗争，进而把思想政治斗争诉诸所谓的阶级斗争，最后直接把阶级斗争手段当成了目的，发动了一次又一次政治运动。他一生念念不忘"反修防修"，他真诚地要兑现对于千百万烈士的承诺，他急切地要在有生之年建立共产主义天堂，这是

---

① 薄一波：《若干重大决策与事件的回顾（修订本）》上卷，人民出版社，1997，第197~198页。

他的伟大，也是他的悲剧所在。对阶级斗争史观与唯物主义史观一致性的误解或误会，把阶级斗争意志论直接等同于唯物主义决定论，把理想的价值信念直接等同于科学的历史观念，在历史决定论的思维定式下固然可以起到某些鼓舞人心的作用，然而对于伦理视野主观性的遮蔽，使我们丧失了对于伦理价值的主观性和客观性的自觉省察，从而失去了纠正"左"倾错误的机会。这就是新中国成立后我们从事现实的阶级斗争实践，处理现实的阶级关系与阶级矛盾，历史地整合物理价值与伦理价值过程中留下的经验教训。

四　结论

马克思主义历史观的形成过程，包含了一个与伦理史观分离的过程。但是，如何看待伦理在社会中的作用，在马克思主义学者中间，一直是一个有待澄清的问题。考茨基著有《伦理与唯物史观》、《唯物主义历史观》，针对某些争议做过阐述。在中国，在马克思主义的唯物史观传入中国的时候，唯物史观以及阶级斗争史观遭遇的是伦理史观的抵制和冲击。在中国马克思主义者内部，在唯物史观和阶级斗争史观的阐发上，也一度出现了某些偏差。马克思主义者在强调劳动阶级的历史作用，批判剥削阶级剥削和压迫的残酷性和过度性的时候，对于剥削阶级在生产历史中的创造性作用、对于剥削阶级剥削行为的合理性和正当性也进行了否定，其理论实质是以抽象的善恶观念作为评判历史的标准，以一种超历史的伦理诉求作为决定历史的主要因素，实质是形成了一种冠之以唯物史观之名的伦理史观——唯心史观在中国的表现形态。1984 年，丁伟志在《试论马克思主义历史观的形成——兼评"人-非人-人"的思辨公式》一文中，总结了马克思主义历史观与伦理史观的区别，其中提到了伦理史观对中国现代史学的影响。[1] 1988 年，王学典在《文史哲》当年第 1 期发表《关于"历史创造者"问题的讨论》，对伦理史观在中国的形成过程进行了系统的阐述。这些观点，对于澄清唯物史观的本来面目，具有非常重要的意义，同时还应该指出，这一任务仍然没有彻底完成。原因在哪里？除了特定历史时代所形成的观念误区之外，笔者以为主要跟理论本身所涉及的复杂关系有关。

---

[1] 丁伟志：《试论马克思主义历史观的形成——兼评"人-非人-人"的思辨公式》，《关于人道主义与异化问题论文集》，人民出版社，1984，第 235 页。

唯物史观揭示了物质生产力在社会过程中的决定性原理（出于表达简捷的需要，笔者称之为马克思主义的社会物理），它与社会伦理在关系层面的存在具有视野上的对称性，在相互作用的机制上又存在一种转换性，因此，在二者的相互作用力道上很不容易界分，很容易模糊、混淆，从而或对等视之，或选择任一决定关系。需要具体地分析社会物理与社会伦理的作用机制。事实上，马克思的唯物史观有一个人本学前提。生产力的发展具有决定性，然而人本身是生产力的一个构成要素，生产力发展的方向受着伦理规范的根本制约；伦理价值体现着人类社会的发展目的，然而伦理价值的实现程度决定于生产力的发展水平。既要认识二者相互的转换，又要识别二者的界分，关键是要把握生产关系、阶级关系、阶级矛盾、阶级斗争的中介性。对于阶级斗争，传统马克思主义习惯于从唯物史观的决定论角度加以理解和解释，强调阶级斗争史观与唯物主义史观的一致性，事实上，阶级斗争也是一种伦理诉求，带有强烈的主观意志色彩，这种伦理诉求是否具有现实性、正当性，需要接受历史的检验和校正。唯物史观作为马克思主义的社会物理原理，实际构成了阶级斗争史观的物理视野，马克思主义的伦理学原理构成了阶级斗争史观的伦理视野，在无产阶级的革命斗争实践中，需要同时把握物理与伦理两种视野，实现物理与伦理双重价值的历史整合。在中国近现代革命化的历史上，以李大钊、陈独秀、毛泽东为代表的中国共产党人，在探索和实践两种价值的整合方面，留下了深刻的经验教训。

"告别革命"论与重提革命史[*]

——兼论新革命史研究何以可能

常利兵[**]

摘　要　革命可谓20世纪人类发展史上的重大事件，向来为国内外学者所重视和研究。20世纪的中国，在某种意义上是革命展演中的中国。近年来，中国革命史的书写出现了值得关注的新趋势，不仅试图突破传统革命史观的政治架构，也积极地将革命与社会变迁关联起来，以新史学视野重新解读中国革命，为中国史研究的纵深发展开辟了新愿景。本文对中国革命史研究的最新代表性成果进行了评述，在此基础上，又对李泽厚"告别革命"说的主旨及其引发的多种争论做了重新解释；进而提出了重提革命史的必要性和重要性，并对今后新革命史研究的可能走向进行了一些思考。

关键词　"告别革命"　新史学　新革命史

引　言

革命可谓20世纪人类发展史上的重大事件。中国与西方都深处革命时代，诉诸革命，成为最强的时代表征。20世纪的中国，也主要是革命展演中的中国。由晚清向民国转型中，革命不断凸显；1949年新中国成立后，革命更加广泛和深入。两次大的社会转型，均与革命紧密关联。传统帝制

---

　　*　本文系国家社科基金项目"中共党史学学科发展史研究"（项目批准号：16BDJ014）的阶段性成果。

　　**　山西大学中国社会史研究中心副教授。

倒塌，中华民国建立，得益于革命；1949年新中国的建立，同样来自革命的成功。甚至1978年后的改革开放，被称为又一次革命。到20世纪八九十年代，又出现了对革命的全面反思，代表者为李泽厚的"告别革命"。他试图对一个世纪以来的革命实践进行全面彻底的检视和批判，告诫人们，不能再革命了，应走改良的路。李泽厚为什么要"告别革命"？其理由是什么？他能够"告别"吗？取而代之的又是什么呢？事实上，李泽厚的"告别革命"论不可能真正地告别革命，也不是一种积极面对过去和历史的选择。假使真的要"告别"革命，也只有在剖解革命时代的实践逻辑过程中才可能实现；相反，如果只是立足当下去简单地宣扬所谓的"告别革命"，恐怕是难以奏效的一厢情愿罢了。

所以，面对"告别革命"论及其引发的各种争论，我们尚需重提革命史，对革命问题进行再解读，运用新资料、新方法、新视角，超越传统的革命史架构，将革命与具体的时空情境结合起来，注重对革命与政治、革命与社会、革命与文化、革命与观念的综合性研究。只有对革命时代有了全面深入的认识和理解，尤其是对其内在展演的逻辑和理路进行了真正意义上的解构之后，那时，"革命"才可能走进历史的垃圾堆。

当前，学界时有"新政治史"、"新革命史"、"新党史"的提法，① 试图对传统的政治史、革命史、党史国史研究进行解构，而建构出一套新的史观，对政治、革命等问题进行再研究，以重新书写中国近现代史。这既得益于近些年来不断有地域化新资料的发掘与利用，也是现实社会变革的内在诉求使然，正可谓以史为鉴，可以知兴替。本文即是以中国革命史研究的最新代表性成果为切入点，对其史料与史观进行了分析讨论，并通过重新审视"告别革命"说及其争论，提出了重提革命史的必要性与重要性问题，进而对新革命史研究的可能路径提出了系统深入的思考，希望能对深化中共党史学科发展史和中共史学的学术史研究起到抛砖引玉的作用。

---

① 详见李里峰《新政治史的视野与方法》，《福建论坛》2009年第6期；李金铮《向"新革命史"转型：中共革命史研究方法的反思与突破》，《中共党史研究》2010年第1期；曹树基、刘诗古《历史学的研究方向与范式——曹树基教授访谈》，《学术月刊》2012年第12期。

一　"静悄悄"的革命史研究热

近年来，关于 20 世纪中国革命史研究再次成为国内外学界关注的热点。[①] 20 世纪的中国革命主要由三大部分构成，一是辛亥革命，二是国民革命，三是中共革命。王奇生指出："长期以来，国内学界习惯将辛亥革命、国民革命、中共革命视为性质完全不同的三次革命，而很少关注三次革命之间的内在关联，更没有将其作为一个整体性的革命来考察。其实正是这三次革命的相互关联、递进，共同构建了'中国革命'这一历史事件。前一次革命如何为后一次革命'预留'了空间，后一次革命如何在前一次革命的基础上推进。只有将三次革命作为一个整体综合考察，才能洞察 20 世纪中国革命的总体特征。"[②] 就革命史而言，其研究架构大致体现了革命史观（1949 年后的 30 年间）、去革命史观（1980 年后的近 30 年间）、重构革命史（2010 年以来重新审视中国革命）三个相对分明又互有交叉的时代特征。接下来，以第三阶段研究状况为讨论对象，以展现中国革命史研究的最新趋向，尤其是与传统革命史观的异同。

以往有关辛亥革命研究大多集中于宏观性的探讨，如其性质问题即是争论焦点之一。此种争论集中体现在国民党和共产党两种革命史观的影响上。对此，黄克武指出："国民党的革命史观围绕孙中山先生，以及同盟会等革命团体，却忽略了其他革命领袖与社团，如湖南的华兴会与浙江的光复会，以及立宪派的角色。"而"共产党的史观则是典型的马克思主义'社会发展的阶段论'"，也是出于特殊的党派视角。他们认为，中国的封建社会延续到 1911 年，辛亥革命推翻了封建王朝，这是所谓的'旧民主主义'革命，由于资产阶级的民主推翻了封建专制，使'被压迫的无产阶级……认

---

① 主要代表性著作有：王奇生《革命与反革命：社会文化视野下的民国政治》，社会科学文献出版社，2010；高华《革命年代》，广东人民出版社，2010；黄道炫《张力与限界：中央苏区的革命（1933～1934）》，社会科学文献出版社，2011；杨奎松《中间地带的革命：从国际大背景看中共成功之道》、《毛泽东与莫斯科的恩恩怨怨》、《国民党的"联共"与"反共"》、《西安事变新探：张学良与中共关系之研究》，广西师范大学出版社，2012；余英时等《不确定的遗产：哈佛辛亥百年论坛演讲录》，九州出版社，2012；Elizabeth J. Perry, *Anyuan: Mining China's Revolutionary Tradition*, University of California Press, 2012；王奇生《20 世纪中国革命的再阐释》，《新史学》第 7 卷，中华书局，2013。

② 王奇生：《高山滚石——20 世纪中国革命的连续与递进》，王奇生主编《新史学》第 7 卷《20 世纪中国革命的再阐释》，中华书局，2013，导言。

清自己的地位，组织起来，掀起反对资产阶级的世界工人运动'，所以辛亥革命是有功的。但是，辛亥革命是由'资产阶级'领导的革命，因此具有'历史的局限性'"。[1] 这两种史观对辛亥革命的认知均出于党派视角。"此一线性发展的观念都是为了强调在'不成熟'的辛亥革命之后，中国共产党承接孙中山的未完成之志业，继续努力，发动'新民主主义'革命。辛亥之后接续的是1919年的五四运动，它不仅带来了民主与科学，也造就了中国共产党。成立于1921年的中国共产党，自认继承了孙中山民主革命的遗志，进行无产阶级革命，于1949年建立了中华人民共和国。"[2] 由此可见，共产党对于辛亥革命的历史诠释与国民党类似，都是为了阐明自身政权的历史合法地位与政治正当性。章开沅认为"辛亥革命是一次不成熟的资产阶级革命"[3]，而张玉法则坚持辛亥革命是一场"全民革命"，与其展开辩论。

可喜的是，当下重新审视辛亥革命的多重意涵和复杂面相，突破单一的意识形态制约，深入历史细节，已呈现出不同于传统史观的新图景。杨天石对辛亥革命领导阶级问题的讨论就给人耳目一新之感。他认为究竟谁领导了辛亥革命这个最重要也是最基本的问题至今仍未明了。通常流行三种说法：一是辛亥革命是资产阶级领导的，二是由资产阶级革命派领导的，三是由资产阶级中下层领导的。各说法间言词有异，本质上却主张辛亥革命是资产阶级领导的。"这些说法本身存在难以解释的问题有三：一个是反对革命的阶级，被说成了革命的领导阶级；另一个是一种批判资本主义且向往社会主义，反对在中国充分地发展资本主义的政治力量，被说成是资产阶级的政治代表。第三是把在学校里边读书的学生，还有一批新型文化人，勉强定性为资产阶级分子。结果导致有关辛亥革命的理解更加混淆不清了。"[4] 为此，杨天石从活跃于晚清政治舞台上的新型知识分子着手，将其分为"洋务知识分子"、"维新知识分子"、"共和知识分子"、"无政府知识分子"和"共产知识分子"五种类型，并重点通过对以梁启超为代表的

---

[1]　黄克武：《辛亥革命是怎么成功的？回顾与反思》，余英时等：《不确定的遗产：哈佛辛亥百年论坛演讲录》，第95、96页。

[2]　黄克武：《辛亥革命是怎么成功的？回顾与反思》，余英时等：《不确定的遗产：哈佛辛亥百年论坛演讲录》，第96、97页。

[3]　章开沅：《辛亥百年遐想》，《近代史研究》2001年第4期。

[4]　杨天石：《谁领导了辛亥革命》，余英时等：《不确定的遗产：哈佛辛亥百年论坛演讲录》，第163~164页。

维新知识分子与以孙中山为代表的共和知识分子的比较分析,认为共和知识分子才是辛亥革命的真正领导力量。但是因为其天然的历史局限性,得不到民族资本家的有力支持,不能够找到与人数最多、革命潜力最大的农民相结合的道路,更不能够像后来共产知识分子一样有共产国际和苏联作为坚强的后盾,所以其挫折和失败的命运是必然的。显然,"那种认为辛亥革命的领导者是资产阶级及其政治代表的观点与历史事实不符,没有客观依据,其产生主要是由于政治需要,而不是实事求是的历史研究的结果。现有的历史研究要从方法论开始加以改造"。[①]

个人管见,近些年来,杨念群倡导的新史学路径不仅对近现代史研究影响较大,而且对当代史研究范式转换也起到了积极影响。这在其《再造"病人":中西医冲突下的空间政治(1832~1985)》[②] 及《新史学》系列丛刊[③]在学界的广泛影响中均有所体现。以新史学的视野重构中国革命史,王奇生的《革命与反革命》一书堪称典范之作,从视角到史料都给人留下深刻印象。在问题意识上,王书中强调,革命不是孤立发生的,革命史也不应该孤立地研究和书写。20 世纪的中国革命应该放回到 20 世纪中国历史的大背景下考察,放在社会文化的大视野下考察,不仅要研究"革命",同时也要研究"不革命"和"反革命"。只有将革命的主体力量和革命的敌对力量以及局外各方放在同一个历史场域来考察,才能再现其"众声喧哗"的历史本相。例如,"无论是国民党军队,还是共产党军队,其组织结构与运行机制,如军队的层级构成与组织系统,军事集团与山头派系,战略战术与作战能力,武器装备与后勤给养,情报传递与通讯系统,政工制度与兵民关系,以及军官的出身、教育、待遇、人事升迁,士兵的招募、训练、素养、兵饷、晋升机会、官兵关系、生存状态与心理体验等等,均值得进行深入细致的考察。尤其是从社会史的视野研究军队的组织形态,以军事为切入点来理解社会历史,关注武装力量与社会民众之间的关系,均是军

---

① 杨天石:《谁领导了辛亥革命》,余英时等:《不确定的遗产:哈佛辛亥百年论坛演讲录》,第 168、174~175 页。

② 杨念群:《再造"病人":中西医冲突下的空间政治(1832~1985)》,中国人民大学出版社,2006。

③ 《新史学》七卷由中华书局出版,主题分别为:第 1 卷《感觉·图像·叙事》(杨念群主编),第 2 卷《概念·文本·方法》(孙江主编),第 3 卷《文化史研究的再出发》(黄兴涛主编),第 4 卷《再生产的近代知识》(黄东兰主编),第 5 卷《清史研究的新境》(杨念群主编),第 6 卷《历史的生态学解释》(夏明方主编),第 7 卷《20 世纪中国革命的再阐释》(王奇生主编)。

事史研究的可能进路"。① 作者在书中对 1920 年代国民党、共产党、青年党
三大政党对"革命"与"反革命"的话语认知及行动进行的深入剖析，打
破了以往"国共合作"、"一党立场"的传统框架，从观念史层面讨论了不
同政党、派系竞相争夺和垄断对"革命"话语的阐释权，争夺"革命"的
正统，并试图建立各自对"革命"话语的霸权地位，"唯己独革，唯己最
革，唯己真革"，而贬斥对手和潜在同盟者为"不革命"、"假革命"甚至
"反革命"。因此，王奇生认为：1920 年代国民党、共产党和青年党三个政
党都主张革命而否定改良，认为革命是解决国家民族问题的根本手段。这
种对革命的认知和遐想使得革命日趋神圣化、正义化和真理化。革命被建
构成一种与自由、解放、翻身、新生等时代意涵相关联的主流政治文化。
另者，三个政党又以各自的政治利益和意识形态为考量来诠释其"革命"
行径，于是在革命话语渐趋神圣化的同时却又蕴含着强烈的任意性和专断
性因素。此种实践理路最终将"革命"与"反革命"建构为一种"圣与魔、
善与恶、正义与非正义的两极对峙，并借助武力和符号暴力，以不择手段
的方式来削弱对方，乃至剥夺对方存在的合法性，最终激变为你死我活的
血腥屠杀和军事较量"。②

此外，《革命与反革命》中对基层档案文献资料的重视和利用，从微观
个案角度讨论了中共党组织在城乡环境中的发展史。作者指出，1980 年代
以来，中共地方组织的相关文献资料大量汇编出版，为中共党史研究在注
重全局性讨论的同时开展区域性微观研究提供了可能。这些文件不同于中
央高层的理论性、计划性和宣传性的文件，内容多为地方各级组织的工作
汇报、请示材料以及上级党组织有针对性的具体指导性文件和会议决策过
程记录。"它们更多地反映了中共在革命实践过程中所遇到的具体问题以及
路线方针政策在基层的贯彻执行情况。这些文件当时是高度保密的，从未
打算公开甚至保存下来，内中不少出自文化程度甚浅甚至不知名的党内基
层干部之手，行文和内容表述大多直白，未加修饰，有的文句不通顺，错
别字亦不少见，但亦因此而更显生活、鲜活。"③ 众所周知，1927 年 7 月国
共合作第一次失败，中共遭受了重大打击。面对白色恐怖，广东省中共地
下党如何求生存、继续革命，党组织及其路线政策如何在具体历史情境中

---

① 王奇生：《革命与反革命：社会文化视野下的民国政治》，前言。
② 王奇生：《革命与反革命：社会文化视野下的民国政治》，第 95～96、100～101 页。
③ 王奇生：《革命与反革命：社会文化视野下的民国政治》，第 123～124 页。

应变和实施，尤其是外来的组织体制和意识形态如何进入中国乡土社会等问题，王奇生利用六十多册《广东革命历史文件汇集》探讨了大革命失败后中共组织的内部调适，党员、党组织与乡土社会的多重关联以及党与农民在早期革命过程中的互动关系。他认为：广东省委在给下级党委的指示中，鼓励党员通过亲戚、朋友、邻里关系吸收同志，还可以通过诸如结拜把兄弟、开教馆、教拳头、秘密结社、旧式行会、同乡会等去发展组织，甚至要求党员注意训练自己的老婆，发展农妇同志。"由于农民交往圈狭窄，农村党员在发展组织时，基本上是在自己的家族、亲友、近邻和同村村民中进行，借助、依附于传统的社会人际关系网络。资料显示，这个时期中共组织的发展，受到血缘、地缘、亲缘等传统社会关系的制约和影响；在党组织内部，各种社会关系交错混杂，亲戚、邻里、同学、故旧等瓜葛穿插其间。党员的发展明显带有村落性和宗族性。"[①] 从中可以看出，中共早期党组织发展史的多元性与复杂性，也并不像以往人们习惯认为的党员大多为清一色的觉悟者，而是经历了一个多元化的生成过程。

相比之下，杨奎松和黄道炫有关国共两党的革命实践研究以实证见长，注重对革命史实的复原，彰显历史本相。杨奎松的"革命"四书与"建国史"二书是其积数十年之功从宏观视角深入探讨国民革命与中共革命的重要阶段性成果。作者多年沉浸在革命史领域，就是希望把中共历史重新书写一遍。"我要重写中共历史，重写中国现代革命的历史，一个很重要的原因就是传统的或者官方的说法有太多片面性，不能比较完整的反映中国历史发展的进程。……我从来不试图在观点上和传统的、正统的党史说法进行正面的讨论。一个非常重要的原因就是我觉得我们的研究最重要的就是历史学者……最主要的任务第一是'还原'，我们要尽最大的努力来还原历史的真相，如果我们看到的只是片面的历史，无论从哪一个立场、从哪一个角度、从哪一种党派、哪一种民族国家，而忽视另一方面或者更多层面的历史，我们都很难真正了解历史发生的具体情况或者真实的情况。"[②]

就"革命"四书而言，杨奎松在《中间地带的革命》和《毛泽东与莫斯科的恩恩怨怨》中以中共革命的国际背景为考察对象，讨论了俄国革命尤其是苏联等外部因素对中国革命的影响问题。前者注重革命脉络的宏观

---

① 王奇生：《革命与反革命：社会文化视野下的民国政治》，第 165 页。

② 《"直面中国革命"——杨奎松〈革命〉四书发布会》，http://book.ifeng.com/yeneizixun/special/yangkuisonghistorian/detail_2012_08/15/16828671_2.shtml。

政策性梳理与解读，后者则重点说明毛泽东个人在其中的经历与作用。在《国民党的"联共"与"反共"》与《西安事变新探》中，着重讨论的则是国民党和共产党在大陆近三十年分分合合及胜负较量的问题。前者侧重国民党与共产党总体关系变化的解读，后者侧重于国共关系史中影响重大的事件说明。① 可见，作者讨论的对象集中在上层的精英政治层面，没有关注下层民众对来自上层革命行为的各种应对及影响。这一点在其"建国史"二书中也有明显的体现。例如，书中对中共土改政策变动、镇压反革命、"三反"、"五反"、中共干部任用政策以及中苏结盟、抗美援朝、新中国对外政策、中苏边界冲突等上层政治内容的梳理和讨论，就反映了作者自上而下地去探讨由中共创建的新中国是在怎样的一种条件和环境下实现其政治秩序建构的；同时，在革命的逻辑下，中共又是如何处理新中国的国际外交关系以确立自身的国际地位和影响的。② 此种对上层政治精英人物和事件的来龙去脉进行历史还原的做法，为我们自下而上地探讨下层社会民众在遭遇上层政治的外部力量并做出了怎样的回应与思考的问题时，提供了重要参照。正如杨奎松在一次接受记者访谈中提及自己开始研究"建国史"的学术关怀时所指出的：首先，要搞清楚中共到底在中国建立了一个怎样的国家，对旧中国进行了怎样的破坏与扬弃，新中国有着怎样的"新"与"旧"，即在哪些方面保持了"传统"的东西，在哪些方面移植了西方的东西，又在哪些方面制造了中国特色。这些"新"、"旧"、"中"、"西"对新中国及当下造成了怎样的影响，不同阶层人群从中得到了什么，等等，只有通过研究中共的"建国史"，才可做出准确回答。其次，中国之所以要否定毛时代的许多做法，走上改革开放之路，自然是因为毛泽东当年许多事情做得不好，但究竟是哪些事情没有做好，做得怎么不好，为什么做不好，原因到底在哪，都需要靠历史学家把当年历史真实尽可能客观全面地再现出来，让更多的人了解真相，并注意产生一切好坏成败得失的原因所在。③

与杨奎松的研究相比较而言，黄道炫有关 1933～1934 年中央苏区的革命研究在集中讨论上层革命实践展演的同时对基层民众在遭遇革命情境中发生的变化也给予了相当程度的关注，展示了革命在上下层之间的历史画面。首

---

① 详见杨奎松《革命：杨奎松著作集》，广西师范大学出版社，2012，前言。

② 详见杨奎松《中华人民共和国建国史研究》（1，政治）、《中华人民共和国建国史》（2，外交），江西人民出版社，2009。

③ 杨奎松：《谈往阅今——中共党史访谈录》，九州出版社，2012，第192～193页。

先，在对中共革命源流的论述中，作者通过解读大量苏维埃时期的土地调查材料和中共创建中央苏区的历史过程，认为在赣南、闽西地区土地普遍分散，尤其苏区的土地集中程度是最低的，但是革命集中爆发的地区，这种土地占有状况与土地革命呈现的是一种负相关态势，因此，以往人们一般把土地高度集中看作苏维埃革命主要成因的看法是值得商榷的。其次，尽管土地集中程度与苏区革命没有必然联系，但是作者指出理解农民对土地的需求仍具有重要意义。也即是说，在土地革命开展后，没收地主土地然后进行平分，对农民而言具有极大的吸引力。因为土地是农民赖以生存的基础，对土地的渴望便成为农民认知革命和走向革命的直接驱动力。再次，除了土地问题之外，中共给农民宣传自由、平等、权利、尊严、身份等理念也是农民投身革命的政治心理原因。这一对农民精神状态变化的关注，对理解在苏维埃时期并不完全成功的经济变动下农民高涨的革命政治热情提供了新解释。最后一点是，苏区革命的进行又是以强有力的军事武装力量作为后盾的。作者认为这一点也是当时苏区革命面临的最现实的考量。就像毛泽东在八七会议上提出的"须知政权是由枪杆子中取得的"① 著名论断一样，即是突出军事运动对于中共革命成功的重要性。② 毫无疑问，黄道炫对革命源流的四点剖析丰富和推进了人们在这一问题上的理解和把握。

另外，黄著中最精彩的篇章应该是关于中共在创建中央苏区后自上而下全面开展的苏区革命建设内容，集中体现了作者将革命史与社会史结合起来的叙事路径。主要包括苏区的党政建设、民众教育和文化的宣传活动、革命动员下的社会风俗变革、妇女解放、群众团体组织与改造等方面，展示了中央苏区"燃烧的革命"景象。作者写道：在中共革命的话语中，苏维埃革命不仅是一场武装革命、政治革命，同时还是一场思想革命、社会革命，因此，对群众宣传革命理念，改变苏区民众教育文化落后状况，是革命的题中应有之义。宣传中的标语口号简单直接，明白易懂，视听冲击强烈，对文化水平不高的人群宣传效果好。中央苏区的宣传动员形式多种多样，丰富多彩的群众性文艺活动尤为中共所擅长，主要有红色歌谣、工农剧社和苏维埃剧团，以及为群众文化活动提供场所的俱乐部。至于妇女解放，苏区不仅颁布了新婚姻条例，废除封建婚姻制度，实行婚姻自由和

---

① 毛泽东：《在中央紧急会议上的发言》（1927 年 8 月 7 日），中共中央文献研究室编《毛泽东文集》第 1 卷，人民出版社，1993，第 47 页。

② 详见黄道炫《张力与限界：中央苏区的革命（1933~1934）》，第 67~77 页。

一夫一妻制；而且妇女地位的提高激发了她们参加政治经济活动的热情，设立妇女劳动教育委员会，妇女参加犁耙、耕种等繁重的生产劳动。但是，在肯定妇女解放正面效果的同时，也应看到中共的妇女政策对数千年来的社会结构的冲击，造成了不小的社会动荡，如片面提倡妇女解放导致的性错乱现象直接威胁到了农民家庭的稳定。[①] 从黄道炫的苏区革命研究中，我们可以清楚地看到中共在改变着国家、社会、家庭乃至个体时彰显出巨大张力的同时，最终还是要受到具体历史情境和现实环境的制约，不可能轻易越过固有的界限而任意所为。

美国学者裴宜理（Elizabeth J. Perry）的《安源：发掘中国革命之传统》则以安源煤矿为个案，从政治社会学角度对中国革命的传统建构与利用问题进行了再研究。概言之，一方面，展示了中共革命者在 1920 年代如何利用传统文化资源和象征符号进行群众动员，在取得革命成功的同时缔造了一套成熟的本土化革命传统；另一方面，则考察分析了 1949 年后中共领导者如何利用革命传统以建构自身的合法性与正当性问题；最后，则就当下社会中革命传统在国家政权稳定和民众的国家认同感中的重要性进行了多方位的探讨。裴宜理在书中提出了两个关键性概念："文化置换"（Cultural positioning）与"文化操控"（Cultural patronage）。前者指的是中共在获得国家权力之前的革命过程中使用各种文化资源来进行社会动员，为中共革命服务；后者则指革命成功之后，国家主动操控文化资源，乃至各种力量自上而下地利用革命传统资源进行动员，其目的是支持国家力量。[②] 实际上，"文化置换"凸显的是中共在群众动员中如何塑造革命传统与权威的问题，而"文化操控"关联的则是中共在革命胜利后如何发掘革命传统以形成新的支配力量。在此基础上，作者试图进一步讨论的问题是中共革命的展开过程并不是一个只靠阶级斗争论和个人崇拜就可以解释得了的问题，通过安源煤矿的革命史个案研究，揭示出了中共革命在基层组织建设中对人的尊严的重视应该作为探寻中国革命政权建设的重要内容。裴宜理指出，1922年李立三领导安源煤矿工人罢工时提出"从前是牛马，现在要做人"即是安源革命传统的最重要遗产，它彰显了中共当时对人的价值和尊严的关注。"富有理想的年轻革命党人成功地领导了非暴力罢工运动，并且发动了对工

---

① 黄道炫：《张力与限界：中央苏区的革命（1933～1934）》，第 126～127、135、149～150、155 页。

② Elizabeth J. Perry, *Anyuan: Mining China's Revolutionary Tradition*, pp. 4–11.

人、农民及其家庭的各种教育学习活动。这样做的结果就是中共革命实践得到了大量民众的广泛支持。"① 也即是说，中共革命不只是暴力性的夺取政权，它还有一个试图进一步提高无数基层民众的生活水平和权利尊严的理想目标。正是在这一点上，作者对长久以来学界关于革命史研究提出了新的一般性解释。

以上主要就近年来学界关于中国革命史研究的最新著作进行了剖析，篇幅所限，其他涉及辛亥革命、国民革命和共产革命的论著②不便——展开论述。综上所述的研究成果，既有宏观与微观的，也有总体与区域的，还有理论与实证的，这些不同层次的革命史研究都试图重新思考革命在 20 世纪中国的展演过程及其对当今社会造成的或隐或现的影响。前文中指出，从研究进路上看，可以将新中国成立至今的中国革命史概括为前后相继又互有关联的三个阶段，一是以阶级斗争学说为主的革命史观架构，时间为1949 年后的三十年间，二是侧重现代化论的去革命史观架构，时间为 1980年代以来的三十年间，三是对前两种史观进行反思的基础上出现的重构革命史观的架构，近几年来学界重新审视中国的革命实践即为代表。上文中所讨论的内容反映了学界有关重新书写革命史的最新研究动态，在史料运用和史观架构方面都大大丰富了人们的视野。

二 "告别革命"：李泽厚的历史观及其争论

在上述有关革命史研究热的讨论中，作者都或多或少地提到了李泽厚的 "告别革命" 论，③ 大意是说简单的 "告别" 革命一说并不可取，相反，

---

① Elizabeth J. Perry, *Anyuan: Mining China's Revolutionary Tradition*, p. 285.

② 例如：章永乐《旧邦新造：1911～1917》，北京大学出版社，2011；孙明《生逢革命：辛亥前后的政治、社会与人生》，北京大学出版社，2013；梁晨等《无声的革命：北京大学、苏州大学学生社会来源研究，1949～2002》，三联书店，2013；汪晖《阿Q生命中的六个瞬间》，华东师范大学出版社，2014；李零《鸟儿歌唱：二十世纪猛回头》，北京大学出版社，2014；德布雷、赵汀阳《两面之词：关于革命问题的通信》，中信出版社，2014；李金铮《传统与变迁：近代华北乡村的经济与社会》，人民出版社，2014；岳谦厚《边区的革命 (1937～1949)：华北及陕甘宁根据地社会史论》，社会科学文献出版社，2014。

③ 李泽厚、刘再复：《告别革命：回望二十世纪中国》，香港天地图书有限公司，2004。需要说明的是，此书为李泽厚与刘再复的对话录，形式上以刘提问为辅，李的回答为主，所述内容展现了李对一个世纪中国历史演进的哲学思考。考虑于此，为叙述方便，我将 "告别革命" 论这一命题笼统称为李泽厚的历史观。

则应采取实事求是的研究态度，首先去探讨历史是如何发生的，真实再现历史过程才是更加可取的做法。因此，我觉得有必要对曾经争议很大至今仍有影响的这一命题的来龙去脉再加讨论，以展现"告别革命"的原初含义是什么，以及李泽厚为何要"告别革命"和怎样"告别"革命，乃至所引发的广泛争论等内容。在此基础上，文章将进一步讨论重提革命史对于书写中国近代以来尤其是 20 世纪中国史的必要性和重要性问题。

首先，我们来讨论何谓"告别革命"的问题。自《告别革命》一书1995 年在香港初版问世后，便引起了广泛的讨论和争议，在大陆学界表现尤为强烈。除却正常的对话和争论外，不可否认的是，也存在对李泽厚"告别革命"论的简单化倾向甚至是误解、曲解，难免造成了一些混乱现象。因此，仍有必要对其本真的意涵加以讨论。在《告别革命》的开篇序言中，作者就明确指出："影响二十世纪中国命运和决定其整体面貌的最重要的事件就是革命。我们所说的革命，是指以群众暴力等急遽方式推翻现有制度和现有权威的激烈行动（不包括反对侵略的所谓'民族革命'）。……在此新旧世纪之交，许多朋友都在展望二十一世纪，我们也展望，我们的展望就是要明白地说：我们决心'告别革命'，既告别来自'左'的革命，也告别来自'右'的革命。二十一世纪不能再革命了，不能再把革命当作圣物那样憧憬、讴歌、膜拜，从而再次悲歌慷慨地煽动群众情绪，最终又把中国推向互相残杀的内战泥潭。当然中国更不能冒充世界中心而向外输出革命。二十一世纪应当是中国进行自我调整、自我完善、自我壮大的世纪。"[1] 很显然，这是李泽厚在"告别革命"论中想要表达的主旨所在。从对"告别"群众性的暴力革命界定出发，作者将其理性思考放置在了面对 21 世纪的期许和担忧中，这也是我们进一步讨论的起点。正如作者所再三强调的，中国经过一百年暴风骤雨式的急剧变革，付出了巨大代价，而反省 20 世纪中国真正的态度和思路就是对所谓的暴力革命有理和阶级斗争的思路提出质疑、否定。他主张以经济为本，提倡阶级合作、阶级调和、多元共存、渐进改良、舆论开放，乃至重新确立人的价值等。"中国是一个充满潜力的伟大国家，只要打开思路与眼界，它就会赢得光明的将来；反之，如果还陷入二十世纪的一些基本思路，那么，二十一世纪必将要发生可悲的历史重复。我们所以要回望二十世纪中国，就是为了使

---

[1] 刘再复：《用理性的眼睛看中国——李泽厚和他对中国的思考》，李泽厚、刘再复：《告别革命：回望二十世纪中国》，第 31 页。

故国人民从百年风浪中吸取经验教训，避免发生悲剧性的圆圈游戏。"① 所以，"当历史就要跨入二十一世纪的时候，我们所作的告别，其意义在于，我们不要带着二十世纪一个最痛苦、最沉重的包袱，即革命的包袱跨入新世纪之门。我们可以把它放下，说声再见，以期待下一个世纪，不必重复这个世纪的战争、厮杀、政治运动，以创造一种更富有肯定性、建设性的存在方式。这并不意味着否定以往革命的理由和它所起的作用"。②

"告别革命"一经提出，即引发了不少争论，对此，李泽厚又多次发表言论以重申其"告别"革命的立场和态度，并就提出这一历史观的现实因素进行了阐发，由此道出了"告别革命"的理由。他说："我们只是'告别'革命，并不是简单地反对或否定过去的革命。因为像革命这样重要的、复杂的历史事件和问题，持简单的肯定或否定态度都是不妥当的。以往是简单的肯定，凡是革命的都好，所以我们才讲革命带来的负面作用，我们反对或否定的是过去那种对革命的无条件的盲目崇拜和歌颂。我们之所以要告别革命，是为了避免下世纪重复用大规模暴力流血的方式来更换政权。"另外，"告别革命"的一个最现实理由就是当下的中国社会正处于转型时期，千百年来的传统社会开始步入现代化进程，"各种社会矛盾越来越突出，亿万农民脱离土地进入城市，贫富悬殊、阶级分化日趋剧烈，千奇百怪的现象到处可见，旧有秩序或动摇或崩溃，新的秩序尚未建立，各种不满都会呈现，甚至每个阶级阶层都会有各种不满，它们就是酝酿革命的温床。记得托克维尔（Tocqueville）一百多年前便说过，革命（不是指传统的农民革命）不是在最贫穷的时候，而是在经济起飞、人民生活有所改善的时候最容易爆发。今天对现实经济政治体制不满，想要革命的情绪仍然存在，所以我们才觉得应该总结本世纪的经验来'告别'革命，……从而指出历史本可以有另一种选择（改良道路）的可能性。这不是追究过去革命的罪过，或把革命当作'贬词'"。③ 至此，可以很清楚地看出，李泽厚对"告别革命"的申辩，不仅回答了这一命题是什么的问题，也解释了为什么要"告别"的问题，并且提出了中国历史完全可以选择走改良的道路。接下来文章将要讨论的内容，即是他怎样"告别"革命的问题。

---

① 刘再复：《用理性的眼睛看中国——李泽厚和他对中国的思考》，李泽厚、刘再复：《告别革命：回望二十世纪中国》，第 36～37 页。

② 李泽厚、刘再复：《告别革命：回望二十世纪中国》，第 296 页。

③ 李泽厚、刘再复：《告别革命：回望二十世纪中国》，第 296～297 页。

事实上,李泽厚提出"告别革命"历史观的背后潜藏着他对 20 世纪中国反省的基本哲学理念。只有在掌握其哲学观基础上,才能真正明白其在"告别"革命的同时怎样"告别"的问题。所以,在此有必要对李泽厚的哲学思想略加讨论,其中最重要的一点是对经典马克思主义所进行的新解。展开来说,他对唯物史观的阐释和列宁、斯大林、毛泽东的阐释颇为不同,后者把经典马克思主义的精髓解释为阶级斗争——无产阶级专政及无产阶级专政条件下的继续革命,这也是众人熟知的政治性话语;而李泽厚的解释则重点强调的是经典马克思主义理论体系中关于人首先要吃饭,然后才有思想、意识形态、价值观念等精神文化内容,也就是把生产力(科学技术)看作决定性因素,并确认这一因素乃是人类通向自由王国的物质前提和基础。在他看来,所强调的恰恰是列宁、斯大林和毛泽东所忽视的。这种忽视所造成的后果就是"对阶级斗争、意识形态斗争、文化批判、上层建筑革命的迷信,而这种迷信又造成了无休止的政治运动和各种社会浩劫,特别是精神浩劫"。所以,李泽厚在其解释中"一再批评毛泽东的'斗争哲学'和所谓'辩证唯物论'(包括《矛盾论》、《实践论》),而主张'吃饭哲学'和'以经济为本'"。① 李泽厚将其哲学思想概括为"人类学历史本体论"。② 他说:"我的哲学是'人类学历史本体论'。有时我玩笑地把它叫做'吃饭哲学',说它是唯物史观的一种通俗说法。为的是故意采取这种'粗鄙'、'庸俗'的用词,使语言在使用中具有刺激功能,以针对轻视、鄙视物质生存、日常生活,奢谈道德理性、精神生命、灵魂拯救之类的各派理论学说。"③

"吃饭哲学"看似庸俗滑稽,作者却将其看成是对马克思主义唯物史观核心部分的继承和发扬。他认为马克思的理论可分为基础理论和革命策略两大部分。基础理论是唯物史观,其核心即马克思关于生产工具、生产力、科技是人类社会生存延续和发展的最终基础,这一根本观点至今仍是"活着"并持续发展的马克思主义;而包括革命策略理论在内的其他理论,"要么偏激导致错误(如社会革命理论),要么片面性甚大(如剩余价值理论),

① 刘再复:《用理性的眼睛看中国——李泽厚和他对中国的思考》,李泽厚、刘再复:《告别革命:回望二十世纪中国》,第 29 页。
② 详见李泽厚《人类学历史本体论》,天津社会科学院出版社,2008。
③ 李泽厚:《关于马克思的理论及其他》,氏著《李泽厚对话集·二十一世纪》(1),中华书局,2014,第 296~230 页。

要么马克思本人并未展开（如异化理论），要么并非马克思所拥有（如所谓辩证唯物论）"。① 李泽厚强调自己的"吃饭哲学"观点正是建立在对经典马克思主义再解释基础上的，并将其意义等同于马克思所说的人们"为了生活，首先就需要衣、食、住以及其他东西，因此第一个历史活动就是生产满足这些需要的资料，即生产物质生活本身。同时这也是人们仅仅为了能够生活就必须每日每时都要进行的（现在也和几千年前一样）一种历史活动，即一切历史的一种基本条件。……因此任何历史观的第一件事情就是必须注意上述基本事实的全部意义和全部范围，并给予应有的重视"。② 进而又引申出了"使用—制造工具的劳动实践"或"生产力—科学技术是整个人类社会的基础"③ 的另一根本观点，这正是"吃饭哲学"何以可能的根基。李泽厚所指唯物史观的核心就是使用、制造工具（科技和生产力）的社会劳动实践，而且，"它与阶级斗争、无产阶级革命本无逻辑联系，由前者推导不出后者。即便就唯物史观的整体理论说，无产阶级革命也必须发生在资本主义充分发展之后才有可能，人们不能拔苗助长，人为制造革命"。④

　　以上关于李泽厚哲学观的简要讨论，基本可以呈现出其主张"告别革命"论的思想来源及其如何"告别"的取向问题。可以看出，他一再凸显的"吃饭哲学"的根本解决终究是要靠使用、制造工具的劳动实践过程才能变为现实，改良的道路正是确保科技生产力发挥历史作用的必要选择；相反，如果仅靠"革命神圣"、"革命必然"、"革命天经地义"等观念指导下的不断"革命"，只能造成暴力混乱、流血牺牲等巨大代价。所以，李泽厚反复强调自己讲"告别革命"是否定革命被神圣化，是为了能够慢慢地改良，以经济发展来推动政治制度逐步地改变。⑤ 显然，在李泽厚看来，历史总是有革命与改良两种选择的可能性，不是一种可能性，"告别革命"就是要走改良的路，不是阶级斗争而是生产力的发展作为第一推动力才是唯物史观的要旨所在。总之，李泽厚的"告别革命"论背后的哲学基础就是他对经典马克思主义唯物史观核心内核的再把握，即体现为"使用—制造

---

① 李泽厚：《关于马克思的理论及其他》，《李泽厚对话集·二十一世纪》（1），第 262 页。
② 《德意志意识形态》，《马克思恩格斯全集》第 3 卷，人民出版社，1960，第 31～32 页。
③ 有关此观点详细论述可参见李泽厚《批判哲学的批判：康德述评》，三联书店，2007。尤其是第二章、第五章内容从哲学思考层面展现了劳动实践作为"吃饭哲学"第一历史任务的决定性作用。
④ 李泽厚：《关于马克思的理论及其他》，《李泽厚对话集·二十一世纪》（1），第 285 页。
⑤ 李泽厚：《革命不易，改良更难》，《李泽厚对话集·二十一世纪》（1），第 123、127 页。

工具的劳动实践"（科技和生产力发展）的"吃饭哲学"，也就是以发展经济为本，进行渐进的改良。毋庸讳言，此番话语自 20 世纪八九十年代流传至今彰显出了一个哲学思想家对中国改革开放和社会主义市场经济发展的理性关怀和现实担忧。

李泽厚在一次谈及自己的心路历程时曾说：20 世纪在中国是一个充满革命的世纪，先后经历了 1911 年革命、1927 年革命、1949 年革命乃至后来的"文化大革命"等，中国人经历了政治、社会、文化各方面的革命性巨变，革命也随之成了不可亵渎的神圣观念。他自己曾是革命的积极支持者，但"文化大革命"中期以后，开始对《共产党宣言》中所说的"至今一切社会的历史都是阶级斗争的历史"和马克思主义的阶级斗争哲学（革命是阶级斗争的最高形式）产生了怀疑。尽管从古至今存在着阶级斗争的历史现象，但马克思终究还是夸大了它的地位和作用。相比之下，在长期的社会生活进程中，阶级合作和协调可能表现得更为显著。所以，虽然马克思的革命学说与其基础理论有逻辑上的缺失和矛盾，但他仍然重视马克思关于工具、科技、生产力是人类生活和历史过程的基础的唯物史观，对生产关系、上层建筑等理论中许多部分则予以否定。这样，他从 1940 年代对马克思的全面接受转到六七十年代基本舍弃马克思的革命理论和经济学说，肯定其唯物史观的基础部分（不是全部），最终促成了由"革命"向"告别革命"的转变。[①] 这种立足生活经验的思想转变理应是我们评价他"告别革命"历史观的重要前提。

李泽厚还指出，通过对中国近现代思想史研究[②]，试图说明历次中国革命往往都是以集体的名义扼杀了个体的自由、人权、民主，结果却是"救亡压倒启蒙"，[③] 此种革命惯性思维为 1949 年后的中国社会造成了很多问题。由此，他认为，马克思主义在中国长期的革命战争环境中产生了主观唯心论和意志论哲学，并与农民意识的民粹主义和传统道德主义相混合，这已完全离开了唯物史观和马克思的原意。于是只讲辩证唯物论和所谓的"斗争哲学"，最终导致"文化大革命"中"不断革命"理论盛行。"文化大革命"以为改造人心（思想情感）便能改造社会，甚至把"一怕苦、二

① 李泽厚：《课虚无以责有》，《读书》2003 年第 7 期。
② 详见李泽厚《中国思想史论》（中、下），安徽文艺出版社，1999。
③ 李泽厚：《启蒙与救亡的双重变奏》，原刊于《走向未来》1986 年第 1 期（创刊号），收入李泽厚《中国思想史论》（下），第 823~866 页。

不怕死"的"共产主义道德"作为人的道德的最高体现。与此相反，"我的'历史本体论'就是要尖锐地反对这些，回到'人活着'的物质基础，回到马克思的唯物史观，以'吃饭哲学'来对抗'斗争哲学'，反对以各种道德的名义将人的生活和心理贫困化和同质化。……总之，我的哲学不是超然世外的思辨，也不是对某些专业题目的细致探求，而是在特定时代和宏观环境中与各种新旧观念、势力、问题相交错激荡的产物"。①

对李泽厚"告别革命"论是什么、为什么、怎么样及其内在的哲学思想来源进行讨论后，接下来，文章将对这一历史观所引发的广泛争论进行一些探讨，因为它不仅引发了强烈的社会反响，而且有助于重新思考 20 世纪中国历史与现实的深层关联和影响。李泽厚和刘再复曾在书中对"告别革命"所引发的各种争论进行过归纳说明和回应，呈现了争论的问题所在。主要涉及三个方面：一是反省一百年来的激进主义思潮并做出"告别革命"的结论，乃是要取消马克思主义作为中国的主流意识形态。1996 年 6 月 6日，邢贲思在《人民日报》发表《坚持马克思主义不动摇》的文章就持这样的论点。海外一些论者认为他们是坚守"马克思主义的幽灵"、"迷恋马克思主义"、"为邓小平改革开放提供马克思主义根据"等。二是"改良比革命好"的基本价值判断乃是脱离"历史实际"的"历史唯心主义"。革命具有不同的模式，不应笼统否定，特别是当统治者连最起码的改良主张都不能接受的时候，革命便是历史的必由之路。三是解决中国大陆问题的"经济发展一个人自由一社会正义一政治民主"四个逻辑程序，乃是机械的对历史的主观规划。② 作者指出，在这些批评中，有些是平和的求索真理的态度，有的则带人身攻击，不必理会后者，但对其中的一些严肃问题可做进一步探讨。当然，围绕这些要点还可以继续争论下去，本文在此只是想呈现出相关争论的观点是什么，至于孰是孰非，读者应自有判断。

现有争论中，大致可以分为批判性的和商榷性的两类。前者主要以张海鹏、谷方、邢贲思等人为代表，侧重为主流意识形态做坚决的辩护；而后者则多从学术性层面进行对话，以姜义华、李金铮、王奇生、杨奎松等人为代表。张海鹏指出：他们为什么要提出"告别革命"说？反对法国大革命，是为了反对十月革命；反对辛亥革命，是为了反对中国共产党的新民主主义革命。他们要"反省整个中国近代史"，就是这个目的。《告别革

---

① 李泽厚：《课虚无以责有》，《读书》2003 年第 7 期。
② 李泽厚、刘再复：《告别革命：回望二十世纪中国》，第 289 页。

命》一书序言，把"告别革命"说的目的全盘托出，并说"这套思想，恰恰是解构 20 世纪的革命理论和根深蒂固的正统意识形态最有效的方法和形式"。"告别革命"说错在哪里？所谓告别革命，实际上是要告别马克思主义，告别社会主义，告别近代中国人民的全部革命传统。理论的错误，掩盖了现实目的的错误。……发明出一个能够"解构"革命的理论，以便"消解"中国人的革命意识形态，便是最好的贡献了。① 谷方则从哲学角度认为"告别革命"论者彻底否定一切革命，提出了一系列重要理论问题，是不能不辨析清楚的。具体表现在"破"与"立"、"革命情绪"与"革命理性"、"改良"与"革命"、"告别革命"与"告别社会主义"四个问题上。② 他指出，"告别革命"论者把革命只是看作一种破坏性力量，不仅是对革命运动、革命组织、革命政党和革命群众的诬蔑，而且是为真正"破坏一切"的帝国主义和中国反动派开脱罪责。革命是"破"和"立"的对立统一，其本质在于建设和创造。他们认为"革命容易使人发疯发狂、丧失理性"的说法，把革命与改良完全对立起来，用改良否定革命，否定暴力革命和一切革命，也完全不符合事实。因此，"他们提出告别革命就是告别社会主义，我们在革命与社会主义的关系问题上应该表现出高度的警觉性和自觉性"。③ 邢贲思则认为李泽厚"主体性哲学"的提出是对马克思主义哲学的公开挑战，是要以此为武器，打垮辩证唯物主义，攻击中国共产党和社会主义制度。"这已经不是什么学术上的是非之争了，而是维护马克思主义哲学与反对马克思主义哲学之间的一场原则争论。我们必须旗帜鲜明，决不能妥协退让。"④ 至于其历史观，他们任意解释历史，不但反对辩证唯物主义，而且反对历史唯物主义，把历史唯物主义强调生产作用的观点歪曲为"吃饭哲学"，这显然是荒唐的。他们断言历史没有规律，一切都是偶然的，目的是颠倒历史，颠倒革命和改良。这种观点的政治意图很明显，就是要解构马克思主义历史观，解构历史唯物主义对中国近现代史的正确解释，以"消解主流意识形态"。⑤

与上述批判性言论不同的是，一些学者从学理角度进行了商榷性的对

① 张海鹏：《"告别革命"说错在哪里》，《当代中国史研究》1996 年第 6 期。
② 谷方：《评"告别革命"》，《求是》1996 年第 15 期。
③ 谷方：《评"告别革命"》，《求是》1996 年第 15 期。
④ 邢贲思：《马克思主义哲学还是主体性哲学？》，《求是》1996 年第 16 期。
⑤ 邢贲思：《马克思主义哲学还是主体性哲学？》，《求是》1996 年第 16 期。

话。邹谠认为李泽厚的历史观用"迷信意识形态"、"迷信战争经验"来概括新中国成立后一切错误的根源，叙述这些思路为何阻碍和平时期的经济发展、文化提高、社会进步，以及政治的常规化、程序化、制度化、法治化，是值得肯定的。战争时期的"党的一元化领导"加强了一元化的政治，促进政治、文化、道德的一体化，置整个社会于国家绝对控制之下。这样，他们对 1949 年以后各种错误的分析不是一般的评价，而是在整个思想系统中的深入讨论。因为阶级斗争在中国以长期内战的形式出现，战争的经验与战时的战略策略、组织与制度变成了毛泽东思想这个非常具体的意识形态内容。20 世纪的中国，政治、经济、社会、文化又濒于全部崩溃状态，传统道德价值大多失效，新的价值标准尚未建立，所以思想意识形态的正确性和制度行为的正当性与否完全决定于政治行动的成败。于是毛泽东思想与毛泽东本人在多数人心目中不仅有无限的权威，而且有道德上的正当性。另外，邹谠指出了不能同意"告别革命"论的两点内容：一是关于否定革命的问题。即使改良优于革命，但中国革命的"历史沉淀"并不是完全消极的。革命总有不理性、非理性的成分，而中国革命过程中的行动和政策、战略与策略都是很"理性的"。二是不能完全同意"经济发展—个人自由—社会主义—政治民主"四个阶段的逻辑划分。经济发达的国家多半有赖于民主政治、思想自由、庞大的中产阶级，但也有经济不发达、没有庞大的中产阶级的国家，也可以有民主政治。① 姜义华也撰文指出，从他们的对谈和看法中，不难体会到他们试图为中国的改革开放和现代化事业的未来发展提供一个新的理论架构的拳拳之心。但是，"恐怕正由于他们过分急于构建一种新的哲学，在检讨本世纪的历史时，就不免有时不够严谨，离事言理，意之所之，自由发挥。作为一部哲学著作，所讨论的本来应是其中所持的哲理；但这部著作又处处以对历史事实的概括及评价作依据，就不可避免地要引起史学界的关注。因为对众多的历史事实他们都提出了异议而又未加以论证，这就不能不影响到人们对于他们所述哲理的体察及认同"。② 例如，"革命"一词，在 20 世纪的中国，是使用频率最高的一个政治名词。既有民族革命、政治革命、社会革命、农民革命、资产阶级革

---

① 邹谠：《革命与"告别革命"——给〈告别革命〉作者的一封信》，氏著《中国革命再解释》，香港牛津大学出版社，2002，第 265～281 页；后又收入《告别革命：回望二十世纪中国》第 5 版。

② 姜义华：《20 世纪中国革命的事与理》，《学术月刊》1997 年第 10 期。

命、无产阶级革命、新旧民主主义革命、社会主义革命、无产阶级专政下的继续革命等，又有经学革命、史学革命、诗界革命、小说界革命、文字革命、美术革命、文学革命等；此外，还有科技革命、教育革命、家庭革命、产业革命等。甚至中国的改革开放和现代化建设，也被称作第二次革命。那么，所有这些"革命"，是否可以等量齐观，都应置于"告别"之列？因此，姜义华认为："文学家的浪漫主义情怀，哲学家自得其乐的玄想，并不是没有意义，但那只是另一层面即思想史层面上的意义，对于实际运动的发展，它们似乎脱离得过远了一些。"①

杨奎松也指出，正如李泽厚所言，革命是影响 20 世纪中国命运和决定其整体面貌的最重要事件，但是从历史主义的角度看问题，这种革命，无论是指以群众暴力等急剧方式推翻专制统治或腐败政府的造反行动，还是以武装反抗的形式改变本民族屈辱地位的激烈行为，都不是近代中国独有的现象，也不是 20 世纪这一百年的特殊产物。注意到进入 21 世纪后类似的情况在许多国家依然持续出现，不仅很少受到谴责，甚至还会占据国际政治道德舆论的制高点，"我们就更是不能不承认，任何从后见之明的角度来讨论革命的必要与必然与否的问题，其意义本身就大可质疑。从历史的角度考察中国革命，不是要探讨其应否的问题，而是要还原其史实真相，考察其变化逻辑，揭示其内在的种种因果关系"②。王奇生在其书中从方法论层面提出了一些建设性意见。他认为，1949 年以后的数十年间，国内史学界有关中国近代历史的书写，基本上等同于中国革命史的书写。这在很大程度上归因于革命确实是近代中国历史的主调，是主导整个近代中国历史发展的一个重要符码。但是在业已"告别革命"的今天，作为历史研究者，"不能仅仅简单地放弃、淡忘或者否定那些我们曾经长期沉迷的观念，而有必要追问，那些早已熔铸成我们思想价值观念的革命话语和革命政治文化是如何建构起来的？又是如何演变的？由于近代中国革命离我们太近，我们常常因置身其中（主要指观念层面）而对习以为常的问题缺乏敏感性。适度拉开一点距离，以一种'去熟悉化'的眼光来重新检视，也许能引发新的认识和新的思考"③。

---

① 姜义华：《20 世纪中国革命的事与理》，《学术月刊》1997 年第 10 期。
② 《"直面中国革命"——杨奎松〈革命〉四书发布会》，http://book.ifeng.com/yeneizixun/special/yangkuisonghistorian/detail_2012_08/15/16828671_2.shtml。
③ 王奇生：《革命与反革命：社会文化视野下的民国政治》，第 101 页。

　　李金铮也认为李泽厚的"告别革命论"存在三个问题：一是当社会矛盾发展到一定程度，暴力革命非爆发不可之时，是否仍然说它是不合理的或者是错误的？二是中国革命是否就不是历史的必然，必须经过深入的研究才可以下结论，这一点显然"告别革命"论者没有做到。三是"告别革命"论者特别突出了革命的"巨大破坏性"，而对其产生和存在的理由、作用仅是蜻蜓点水，缺乏深入的研究。以上三个问题，难免给人造成价值判断大于实际判断的印象。① 另外，他提醒人们需要注意的一个现象是，有些人没有认真阅读乃至没有读过《告别革命》一书，就人云亦云，或者不着边际地批判一通，或者附和"革命破坏"论，情绪化地厌恶乃至反对革命史研究，这也许是"告别革命"论带来的更大问题。其实，"告别革命"论尤其是附和者忽视或违背了历史研究的一个最基本的方法，即革命不全是一个价值判断问题，不是革命该不该发生，而是革命已然发生，我们应该如何解释这场革命的问题。换句话说，革命为什么发生，革命的对象是什么，怎样进行，如何影响了中国历史进程，这才是历史研究的应有之义。②

　　以上所述基本呈现了有关李泽厚"告别革命"历史观引发的争论问题所在，还有其他一些争论③大同小异，篇幅所限，不再赘述。在我而言，"告别革命"论作为一种对 20 世纪中国历史演进过程的一种哲学意义上的整体思考，并提出对当下社会发展态势的理性关怀，本无可厚非，但其反省历史的基本思路，尤其是以对"革命"一词的狭隘界定作为立论前提，则对近代以来纠葛于内外格局的中国革命的复杂历史过度地简化了，由此导致了历史事实与概念判断之间的冲突和断裂。所以，"告别革命"论实际上从正反两方面促使历史学者更有必要对近代以来中国历史实践中的"革命"主题进行再研究，而不是一厢情愿的"告别"，如此才可以真正达到以史为鉴的目的。近年来再次悄然兴起的革命史研究热，即彰显了这样的学术关怀。

---

① 李金铮：《向"新革命史"转型：中共革命史研究方法的反思与突破》，《中共党史研究》
　　2010 年第 1 期。
② 李金铮：《向"新革命史"转型：中共革命史研究方法的反思与突破》，《中共党史研究》
　　2010 年第 1 期。
③ 例如，李振城《关于历史动力的评价问题——驳〈告别革命〉的几个观点》，《内部文稿》
　　2000 年第 21 期；李毅《"告别革命"论三谬》，《高校理论战线》2005 年第 6 期；吴爱萍
　　《革命是近代中国历史发展道路的必然选择——兼析"告别革命"论》，《清华大学学报》
　　2008 年第 1 期；朱永嘉《辛亥革命前前后后与百年来中国历史的结论：兼评以李泽厚为代
　　表的"告别革命论"》，《探索》2011 年第 1 期。

三 重提革命史：把革命放回到历史现场

表面上看，在当下的和平时期，重提革命史似乎有点不合时宜，但我认为仍有必要将其作为一个问题来加以讨论：一是因为 20 世纪中国史上的革命事件时常会在意识形态制约下被误解、扭曲、淡化、轻视，直至要"告别"，更有甚者，在现代化史观的冲击下，革命史研究被边缘化了。二是出于当前中国社会发展的现实需求，有必要将革命重新放回历史现场，发掘革命传统，总结革命经验，为国家政权建设和认同积累历史根基。正如克罗齐所言"一切真历史都是当代史"①，过去的历史事件只有放置在与现实思索的关联中才会成为"活"的历史，有用的历史。基于此，文章试图从革命概念的基本界定和新革命史如何成为可能的思路对重提革命史的问题意识进行一些讨论。

要重提革命史，首先需要对革命概念的界定问题做一些交代。只有对革命一词准确理解，明确其内涵外延所在，才可能对革命实践的历史进程做出切实的研究和判断，而非随意对其进行裁剪和断章取义的拼接。在中文语境里，"革命"的原初意义来自《周易·革卦·彖传》中"天地革而四时成，汤武革命，顺乎天而应乎人"，喻指改朝换代，是从神权政治观角度对革命做出的解释。这一词义，在以后的两三千年历史演变进程中都没有发生本质性变化。到晚清民国时期，革命的含义在西学思潮影响尤其是日本人对汉语词汇的移译中开始发生变化，具有了现代意义。据史料记载，日本人在德川幕府末期、明治时期借用汉字旧词"革命"意译西方术语"Revolution"，后被流亡日本的中国政治家及留学生译介回中国。在近代日本，以"革命"二字译英语中的"Revolution"一词，意思就是进行彻底的根本变革，另造一个新世界。② 在此背景下，20 世纪初期当"革命"一词在中国流行起来的时候，其意义采用的即是日译"Revolution"之义，而非其原义了。例如，以孙中山为首的革命党人，赋予"革命"以现代意义："前代为英雄革命，今日为国民革命。所谓国民革命者，一国之人皆有自由、平等、博爱之精神，即皆负革命之责任，军政府特为其

---

① 〔意〕贝奈戴托·克罗齐：《历史学的理论和实际》，傅任敢译，商务印书馆，1982，第 2 页。
② 参见梁启超《释革》，《新民丛报》第 22 号，1902 年 12 月 14 日。

枢机而已。"① 另外，梁启超对 "革命" 一词的含义演变也做过论述。他认为，用 "革命" 来翻译 "Revolution" 一词，并不确切，应译为 "变革"。"'革' 也者，含有英语之 Reform 与 Revolution 之二义。……Ref 主渐，Revo 主顿；Ref 主部分，Revo 主全体；Ref 为累进之比例；Revo 为反对之比例。其事物本善，则体未完法未备，或行之久而失其本真，或经验少而未甚发达，若此者，利用 Ref。其事物本不善，有害于群，有窒于化，非芟夷蕴崇之，则不足以绝其患，非改弦更张之，则不足以致其理，若是者，利用 Revo。此二者皆大《易》所为革之时义也。其前者吾欲字之曰 '改革'，其后者吾欲字之曰 '变革'。" 所以，"易姓者固不足为 'Revolution'，而 'Revolution' 又不必易姓。"② 为了进一步澄清 "革命" 的含义，梁启超还解释说："革命之义有广狭，其最广义，则社会上一切无形有形之事物所生之大变动皆是也。其次广义，则政治上之异动与前此划然成一新时代者，无论以平和得之以铁血得之皆是也。其狭义则专以兵力向于中央政府者是也。"③ 可见，梁启超对革命的界定和辨析是为了与当时的革命派党人相区别开来，代表了当时改革维新派的立场和共识。有关这一概念词义演变史的更加详细的叙述，另可参见陈建华、金观涛等人的研究成果。④

此外，我们还有必要了解一下西方学者尤其是马克思主义者眼中的革命概念，因为从词义演变史来看，中文语境中革命一词的现代含义是在直接受到西学思潮影响下而发生根本变化的。一般而言，马克思主义者对革命概念的理解，有三个层次：①革命是阶级矛盾和社会矛盾激化的产物，同时又是解决阶级矛盾与社会矛盾的主要途径和手段。②革命是一个阶级推翻另一个阶级的暴力行动。具体表现为进步阶级只有通过暴力革命以推翻反动落后阶级，才能达到变革社会制度的目的。③革命是政治的最高行动。即革命是人类社会历史发展不可避免的政治行动，它不以人们的主观意志为转移的，而是由社会矛盾运动的客观规律决定的。就像马克思指出的："社会的物质生产力发展到一定阶段，便同它们一直在其中活动的现存生产关系或财产关系（这只是生产关系的法律用语）发生矛盾。于是这些

---

① 参见 1906 年孙中山等人起草的《中国同盟会革命方略》，《孙中山全集》第 1 卷，第 296 页，转引自金冲及《二十世纪中国史纲》第 1 卷，社会科学文献出版社，2009，第 215 页。

② 详见梁启超《释革》，《新民丛报》第 22 号，1902 年 12 月 14 日。

③ 梁启超：《中国历史上革命之研究》，《新民丛报》第 46～48 号，1904 年 2 月 14 日。

④ 陈建华：《"革命" 的现代性：中国革命话语考论》，上海古籍出版社，2000；金观涛、刘青峰：《观念史研究：中国现代重要政治术语的形成》，法律出版社，2009。

关系便由生产力的发展形式变成生产力的桎梏。那时社会革命的时代就到来了。"① 从中可以看出，马克思主义者对革命的认识更多的侧重其暴力性质，这也是与其"至今一切社会的历史都是阶级斗争的历史"② 观点相一致的。

其他一些现代社会学家对革命的认知，在强调其暴力性的同时也指出了它生产性的一面。大卫·罗伯特森（David Robertson）认为，从严格意义上说，革命是政治系统中的一场全面的暴力变革，它不仅改变了社会的权力分布，还将导致整个社会结构的重大改变。吉登斯（Anthony Giddens）也认为，革命是群众运动的领袖通过武力方式取得国家权力，并随之以其发动大规模社会变革。弗兰兹·伯克劳（Franz Borkenau）则指出革命并非只是一个社会过程，同时还是一个（或一系列）涉及夺取、巩固和运用权力的政治事件。因此，阐释革命的一个核心问题就是理解国家的本质，以及社会是如何按政治目标组织起来的。革命不仅是国家的变革，也是社会的变革。③ 阿伦特则从有关人的自由、民主、解放的角度对革命进行了解释。她说，现代意义上的革命，意味着社会的根本性变化，它标志性的一步就是"令无知者启蒙，令全人类中的受奴役者解放"。④ 而且，"革命这一现代概念与这样一种观念是息息相关的，这种观念认为，历史进程突然重新开始了，一个全新的故事，一个之前从不为人所知、为人所道的故事将要展开"。⑤ 所以，"革命不止是成功的暴动。……只有发生了新开端意义上的变迁，并且暴力被用来构建一种全然不同的政府形式，缔造一个全新的政治体，从压迫中解放以构建自由为起码目标，那才称得上是革命"。⑥黄宗智认为以往学者仅将中国革命等同于 1949 年中共成功夺取政权的看法不妥，因为随之还发生了大规模的革命性变迁。"革命之所以和造反或王朝更迭区分，最终是因为革命不仅只是从一个国家机器向另一个国家机器的过渡，而同时是大规模的社会结构变迁。……应将中国革命视为贯穿于

---

① 中共中央马克思恩格斯列宁斯大林著作编译局译编《马克思恩格斯选集》第 2 卷，人民出版社，1972，第 82~83 页。

② 中共中央马克思恩格斯列宁斯大林著作编译局译《共产党宣言》，人民出版社，1997，第 27 页。

③ 〔英〕彼得·卡尔佛特：《革命与反革命》，张长东等译，吉林人民出版社，2005，第 4~5、49~50 页。

④ 〔美〕汉娜·阿伦特：《论革命》，陈周旺译，译林出版社，2007，第 12 页。

⑤ 〔美〕汉娜·阿伦特：《论革命》，第 17 页。

⑥ 〔美〕汉娜·阿伦特：《论革命》，第 23 页。

1946 年到 1976 年的大变迁，自大规模的土地改革开始，经过社会主义改造直到文化大革命的结束。这一替代性改变把分析的焦点从共产党获取权力转移到共产党所发动的结构变迁之上。"① 以上对革命概念的解释将革命的内涵由单纯的政权获得扩展至社会结构的变迁，丰富和深化了我们对革命的理解，对于重新审视中共革命与中国乡村社会的现代转型也具有方法论意义。

除了上述对革命概念的阐释外，还有必要对毛泽东的"革命"观念做一些说明，这也是以往学者不太关注的地方。在《中国社会各阶级的分析》一文中，毛泽东开篇即指出："谁是我们的敌人？谁是我们的朋友？这个问题是革命的首要问题。中国过去一切革命斗争成效甚少，其基本原因就是因为不能团结真正的朋友，以攻击真正的敌人。"② 时隔一年后，毛泽东又在《湖南农民运动考察报告》中写道："……革命不是请客吃饭，不是做文章，不是绘画绣花，不能那样雅致，那样从容不迫，文质彬彬，那样温良恭俭让。革命是暴动，是一个阶级推翻一个阶级的暴烈的行动。农村革命是农民阶级推翻封建地主阶级的权力的革命。农民若不用极大的力量，决不能推翻几千年根深蒂固的地主权力。农村中须有一个大的革命热潮，才能鼓动成千成万的群众，形成一个大的力量。"③ 抗日战争进入相持阶段后，毛泽东先后两次集中地表达了对中国革命的看法，并成为指导中共革命的重要理论武器。1939 年 12 月，他在《中国革命和中国共产党》一文中就中国革命的对象、任务、动力、性质、前途等问题进行了详细讨论。如就中国革命的动力问题，毛泽东指出："所有这些阶级（包括地主阶级、资产阶级、无产阶级、农民阶级、小资产阶级——引者），它们对于中国革命的态度和立场如何，全依它们在社会经济中所占的地位来决定。所以，社会经济的性质，不仅规定了革命的对象和任务，又规定了革命的动力。"④ 1940 年 1 月，毛泽东在《中国文化》创刊号上发表了《新民主主义论》一文，又从新民主主义的政治、新民主主义的经济和新民主主义的文化三大方面

---

① 黄宗智：《中国革命中的农村阶级斗争——从土改到文革时期的表达性现实与客观性现实》，《中国乡村研究》第 2 辑，商务印书馆，2003，第 66 ~ 95 页。
② 毛泽东：《中国社会各阶级的分析》（1926 年 3 月），《毛泽东选集》第 1 卷，人民出版社，1952，第 3 页。
③ 毛泽东：《湖南农民运动考察报告》（1927 年 3 月），《毛泽东选集》第 1 卷，第 18 页。
④ 毛泽东：《中国革命和中国共产党》（1939 年 12 月），《毛泽东选集》第 2 卷，人民出版社，1952，第 632 页。

完整地论述他对于建立一个新中国的宏伟设想。如果说之前他关于革命的看法重在政权获得上,那么,《新民主主义论》则重在政权建设,凸显了革命的生产性。正如毛泽东指出的:"我们共产党人,多年以来,不但为中国的政治革命和经济革命而奋斗,而且为中国的文化革命而奋斗;一切这些的目的,在于建设一个中华民族的新社会和新国家。在这个新社会和新国家中,不但有新政治、新经济,而且有新文化。这就是说,我们不但要把一个政治上受压迫、经济上受剥削的中国,变为一个政治上自由和经济上繁荣的中国,而且要把一个被旧文化统治因而愚昧落后的中国,变为一个被新文化统治因而文明先进的中国。"①

综上所述,通过对革命一词尤其是其现代含义的讨论,可以想象得出革命是极其复杂多样的,绝不简单只是一种政治意义上的暴力行为,更是一种社会结构和社会秩序的转变、再造;同时还涉及人们在价值观念、思维方式和行为上的变化。如翻身农民对地主权力的剥夺是一种革命行为,在这种可以掌握自己命运和当家做主的过程中所形成的"国家观念"和"主人翁"意识反过来又进一步影响了他们的生产生活实践,这同样属于革命的范畴。显然,李泽厚提出的"告别革命"论不只是对革命的复杂性和多样性进行了主观性的切割,而且容易对革命史研究造成相当程度上的混淆视听,正如李金铮所言,这可能是它所带来的更大问题。因此,本文以重提革命史为讨论重点,就是试图立足近年来革命史研究的最新成果,并通过对"告别革命"史观的系统剖析和评论,以期对今后新革命史的研究路径提出再思考,权且当作为 20 世纪中国革命实践正名的一种尝试和努力。

谈论新革命史,从新史学视角研究中国革命史,无论是从方法论层面,还是从具体史实层面,应该是近些年来为这一看似过时的历史性主题注入了新鲜血液和活力。李金铮指出,站在 21 世纪的伟大时代,不仅不能削弱中国革命史研究,而且应该加大革命史研究的力度。在他看来,中共革命史研究的传统模式和问题在于其党派史观的范式,遵循的是"政策—效果"的书写路径,注重对重大历史事件、精英人物的研究,主要呈现的是其政治意义。但历史还有更丰富的社会、经济、文化内容,所以,最应当引起重视的正是中共革命中社会、经济与文化的变迁,或者说中共革命与社会

---

① 毛泽东:《新民主主义论》(1940 年 1 月),《毛泽东选集》第 2 卷,第 656 页。

变迁之间的关系。由此，他认为可以从两个角度突破传统革命史框架，转向新革命史。第一个角度是加强中共革命史与中国乡村史的连接，既要将中共革命纳入乡村史范畴，也要在乡村史研究中重视革命问题的引入。因为"中共革命实际上是农村革命、农民革命，中共政权与农村、农民的关系是最值得重视的核心问题。必须从乡村史视角考察中共革命问题，也只有将中共革命纳入乡村史范畴，才能避免就中共革命论中共革命，从而真正理解中共革命的起源与变迁。反过来，从乡村史而言，不能仅仅限于传统乡村以及向近代转型的近代乡村，还应将中共革命纳入乡村史研究的范畴"。第二个视角是运用国家与社会互动关系的分析架构，从社会史角度，将革命与社会结合起来。但最关键的是研究思维和视角的转换与创新，否则，即使从社会史方向研究中共革命史，仍然会陷入碎化，或者是表面上强调社会史方法，实际上仍未摆脱传统革命史的研究方式。所以，"在新的理论与方法中，从国家与社会的关系即国家政权与民间社会双重互动角度研究中共革命史，是一个值得注意的新的切入点和突破点。以往只强调国家权力对社会单向地施加权力，将政府与社会仅仅表现为二元对立、排斥与冲突的关系。现在，普遍认为二者的关系应该是双向甚至是多向的、重叠的互动，研究政府与社会的关系，就是研究来自政府的自上而下的权力和来自社会的自下而上的力量之间的相互作用。所谓互动既包括两者间的排斥、冲突，也关联到二者的融合与转换，或者排斥中有融合，融合中有排斥，总之是排斥、融合乃至转换的互动过程"。[1] 总之，李金铮通过对中共革命史研究方法的自觉反思，首先从方法论层面提出了向新革命史转型的两大突破点，并提醒研究者要警惕滥用社会史方法导致的"碎片化"现象，具有借鉴意义。

在构建革命史研究的新视角上，王奇生的个案研究和理论方法都值得关注和重视。前文对其已有所交代，在此主要就他对革命史观的再解释做一些讨论，以加深我们对新革命史何以可能的认识与理解。王奇生指出，近年来，新革命史研究的特点和未来走向，大致呈现如下趋势：一是反思既有的革命史观，革命党在革命过程中形成的革命理论、革命话语、革命逻辑、革命价值，不应该直接移用为革命史研究的结论和指导思想，而应作为革命史研究的对象。二是将革命放回到 20 世纪中国政治和社会经济文

---

① 李金铮：《向"新革命史"转型：中共革命史研究方法的反思与突破》，《中共党史研究》2010 年第 1 期。

化变迁的大背景下考察,将革命的主体、客体以及局外各方放置于同一历史场域中探讨,以再现其复杂多元而又关联互动的历史本相。三是不满足于史实重建,在"求真"的基础上进一步"求解"。不停留于革命过程的描述,更进一步探寻革命的原理、机制以及革命的政治文化。[1] 可以说,在相当长的一段时期内,大多数革命史研究依靠革命意识形态话语来加以考释,而新革命史的兴起无论是在史料的利用上还是在史观的建构上都试图超越传统革命史学的套路,对革命进行纯粹学理的实证探讨。此外,学人对当下社会政治的焦虑及未来中国走向的思索,也是新革命史研究热的一个不可回避的现实理由。所以,"当革命成为学术研究的对象时,革命时期的政治话语应一并成为学术研究的对象而不可直接移用为学术论断,但国内主流革命史学界至今沿用中共革命时期的政治话语作为革命研究的定论,不容置疑"。[2]

在如何以新史学的视野重写 20 世纪中国革命史的问题上,王奇生认为:"作为一个历史研究者去评判历史上的革命的时候,主张把革命放置于具体的历史情境中去讨论,不要简单地、抽象地肯定或否定革命。每一场革命的发生与演变,都有具体的、独特的时空背景。研究中国革命,有必要将革命放回到二十世纪中国政治和社会经济文化变迁的大背景下考察,不可在'神化'与'魔化'两极之间简单往复。"[3] 也即是说,既要将革命放回20 世纪中国的历史情境中去"设身处地"地理解,又必须使自己与这场革命保持一定的距离以"冷眼旁观",只有这样,才能客观平实地解读"过去"。历史学者更要注意"设身处地"去理解历史行动者的所思所为,要能够重现他们的思考和选择,既要理解革命者,也要去理解那些不革命者与反革命者,而不是以"后见之明"的眼光指手画脚,或以今天的现实政治与自身立场去任意裁剪历史。[4] 可见,王奇生提出的新革命史观对于 20 世纪中国革命的再阐释而言,在一定程度上起到了更新传统史观并重构革命

---

① 王奇生:《高山滚石——20 世纪中国革命的连续与递进》,《华中师范大学学报》2013 年第 5 期。

② 王奇生:《高山滚石——20 世纪中国革命的连续与递进》,王奇生主编《新史学》第 7 卷《20 世纪中国革命的再阐释》,导言。

③ 《二十世纪中国革命的回顾与反思——唐小兵对话王奇生》,许知远主编《东方历史评论》第 4 辑,广西师范大学出版社,2014,第 20 页。

④ 《二十世纪中国革命的回顾与反思——唐小兵对话王奇生》,许知远主编《东方历史评论》第 4 辑,第 20 页。

史观的作用。例如，传统革命史观认为，辛亥革命、国民革命、中共革命是性质完全不同的三次革命，是不同阶级性质的革命，很少关注三次革命之间的内在关联，更没有将其作为一个整体性的革命来考察。但事实上，在 20 世纪的中国，正是这三次重大革命事件的相互关联与递进，共同构成了"中国革命"这一历史事件，只有将三次革命作为一个整体综合考察，才能洞察 20 世纪中国历史展演的总体特征。我们从本文第一部分的论述中也呈现出了近年来不同于传统史观的革命史研究给整个中国革命史研究带来的新气象和新局面。

所以，文章讨论重提革命史，即是要结合新近研究成果来探讨新革命史的可能路径及其未来走向，相信这也是今后相当长一段时期内以革命为主题的中国现当代史和中共党史研究中其可以大放光彩的正确选择。重提革命史，不仅是革命史研究理论与方法的创新和转换，而且重在开展对革命传统的发掘，对革命遗产的继承和思索，对革命经验的探索和阐释，也只有如此，我们才能真正懂得中国社会近代以来为何会发展到现今这个样子及其历史实践过程。杨念群曾在强调政治史研究的重要性一文中，对近代以来"政治"和"革命"问题进行了讨论，从另一个视角为我们重新思考革命史问题提供了学术参照。他指出，中国近代的"政治"与社会革命密不可分。"政治"之所以在中国人的生活中变得越来越有支配力，不仅与反复出现严重的社会危机有关，也与外来势力的进入不断改变着中国人处理日常经济、政治和文化的状态密切相关。针对这些"三千年未有之大变局"，传统的"政治史"等于"事件史"的简单逻辑和图解方式已很难有更大的说服力和解释力。"即使'革命'被描述为一种简单事件的排列过程，看上去颇有自主性，也无法解释它在普通中国人的生命中到底意味着什么。'地方史'研究方法的介入无疑会更加有效地回答人们脑海里被抽象化的'政治'如何在一些普通中国人的具体行为中发生作用，却又难以回答政治为什么会在超地区的范围内如此前无古人地改变这整个生活世界。"① 在此基础上，杨念群认为"革命"应该是解读近代中国为什么被如此彻底政治化的一把钥匙，但长期以来对"革命"的解释本身就是被意识形态化的领域，因此，要真正想实现"政治史"的突破，我们就需要把"革命"解释的意识形态化过程同样当作"政治史"的研究对象。与革命本身被意识形

---

① 杨念群：《为什么要重提政治史》，《历史研究》2004 年第 4 期。

态化的极端做法一样，另一个极端表现则是把"革命"还原为有血有肉的个人际遇和行为，或者是基层社会破碎的动力之一，"革命"自身作为一种政治形态的表现机制反而被忽略了，或者说"碎片化"了。对此，他指出，可以从两方面入手去避免那种忽视"政治"、"革命"的应有地位或借着社会史名义将其"碎片化"的做法。首先，有必要开展"意识形态"再研究。以往的研究习惯把"意识形态"归到"上层建筑"领域，好像它只是统治阶级在官僚机构层面使用的一种统制策略的表达。实际上"意识形态"更像是一种鲜活的"文化实践"，一系列社会实践、表象和仪式。其次，近现代政治往往与大规模的社会动员联系在一起，这些"社会动员"性质的运动常常有计划地指向特定的政治目标，其范围、规模和程度也都是传统社会所无法想象的，其内在发生机制的跨地区性动员能力显然不是区域社会史研究所能解释的。[①] 杨念群试图重提政治史的目的在于对社会史或区域社会史过于淡化或轻视政治制度因素的批判性思考，即使社会史可以对地方社会表现出多种多样的历史姿态，但它终究替代不了"政治"在跨区域意义上具有的整合作用。他对社会动员问题的强调即融汇了政治与革命的高度关联，它们既是"地方的"，也是"整体的"，既是自上而下的实践，也是自下而上的感受。这些思路对于我们构建新革命史具有重要的启发意义。

因此，本文探讨重提革命史，就是要将革命放回到历史现场，提倡把革命实践与20世纪中国的政治、经济、军事、文化、教育、艺术、科技相结合；把革命与20世纪中国的城市、农村、市民、农民、资产阶级、无产阶级、知识分子、三教九流相结合；把革命与20世纪中国的内部环境与外部环境相结合；等等。这样，原有的那种将革命抽离于社会事实的传统史观很难胜任新革命史研究，相反，从新资料、新视角与新写法的综合路径中才可以使革命史研究丰富多彩。[②] 正如查默斯·詹隼（Chalmers Johson）所言："研究一般革命或任何特定革命，首先需要注意的是：革命的研究必须置于它们所发生的社会体系中。对革命的分析和对具有生命力且发挥功能的社会的分析相互交叠，任何割裂这两个概念的企图，都会削弱它们的

---

① 杨念群：《为什么要重提政治史》，《历史研究》2004年第4期。

② 参见常利兵《资料、视角与写法：关于中国当代社会史研究的再思考》，《中共党史研究》2014年第2期。

作用。"① 周锡瑞在评论 20 世纪八九十年代西方学者的中国史研究由社会史向文化史转变的趋向时，也指出："近年来社会史无疑已经失宠了——特别是在二十世纪中国史研究之中。这反映了在把中国革命从历史舞台中心移开的倾向……我自己也认为我们应当摆脱那种简单地以革命为主题的中国近现代史研究。但现在我怀疑我们是否走过了头。在使革命脱离中心的过程中，我们不应该根本忘掉它，或把它当作某个碰巧一起来祸害中国人民的外部事件。""中国革命在当代意识中的衰微无疑已在中国研究的领域增强了这一趋势（即文化史的流行——引者）。由于革命似乎对目前的中国已经不那么重要了，探求革命的社会起源对于那些想理解过去的人们仿佛也就不那么重要了。"但是，"我认为仅仅文化史不能解答为什么现代中国会走她的一条独特历史道路这样的重要问题。…… 我们必须牢记蒂利（Charles Tilly）所说的'大结构，长过程，大比较'"。② 周锡瑞不仅对缺乏社会史内容的文化史研究进行了批评，并借此强调历史过程的重要性，而革命在这一过程中依旧是不可或缺的。就像他在另一篇关于革命议题的文章中谈到的，"在所有的这些变化中——政治的、经济的、文化的、人口的，以及环境的——中国革命都在转变过程中起到了关键性的作用。然后，历史的进程最终大于革命，因而将革命史置于更大历史变化的模式下是十分必要的。只有这样，我们才能从革命的目的论中摆脱出来，并把理解中国的过去作为了解当代中国的关键"。③

总而言之，通过对革命概念由传统至现代的词义演变分析，更应该受到历史学家重视的则是革命在 20 世纪中国史上造成的社会变迁，甚至革命本身已成为社会变迁的一种特定形式，至今仍影响深远。因此，"革命"的现代意义应该成为讨论近代以来尤其是 20 世纪中国历史演变的重要内容。20 世纪是革命的世纪，20 世纪的中国是革命中的中国，革命是政治的最高表达形式，革命又是扎根在社会土壤中的，我们要打破意识形态化的"革

---

① 查默斯·詹隼：《革命：理论与实践》，郭基译，台北：时报文化出版企业有限公司，1993，第 2 页。
② 周锡瑞：《把社会、经济、政治放回二十世纪中国史》，刘东主编《中国学术》第 1 辑，商务印书馆，2000，第 201 ~ 205 页。
③ 周锡瑞：《关于中国革命的十个议题》，董玥主编《走出区域研究：西方中国近代史论集萃》，社会科学文献出版社，2013，第 213 页。原文题为 "Symposium on Rethinking the Chinese Revolution: Paradigmatic Issues in Chinese Studies," Ⅳ（Jan. 1995），*Modern China*，Vol. 21，No. 1，pp. 45 – 76。

命史"路径,把"革命"放回到"历史现场",把"革命"还给社会及生活于其中的人们。新革命史之所以变得可能,就是要靠研究者突破固有的宏观政治性议题,将视野放大到近代以来的社会演变当中去。就问题意识和方法论而言,笔者认为新革命史研究总体上需要把握四个方面内容:一是革命与政治。主要讨论革命如何造就政治,政治又如何开启了革命的问题。二是革命与社会。旨在把革命作为一种历史语境,去考察分析革命与社会之间的生成关系,即革命与社会变迁的问题。三是革命与文化。侧重革命与文化的关系建构问题。革命中有文化扮演与文化置换,文化塑造中又多有革命影响存在,以彰显革命的合法性与正当性。四是革命与观念。关注革命实践与革命观念的关系生成问题。革命运动的展开过程同时也是一个革命知识传播与建构的过程,革命行为与观念认知紧密关联。

四 结语

文章从近年来革命史研究的新进展切入,然后又对"告别革命"论及其影响进行了详细的讨论,进而对重提革命史的必要性、重要性和可能性的问题进行了探讨,试图在借鉴吸收最新研究成果基础上对新革命史何以可能的问题提出一些具有方法论意义的阐述与思考。重提革命史,就是要在立足当前中国社会现实关怀的基础上把革命放回到历史现场,探寻革命实践在由传统向现代转型的社会变迁中积淀的展演轨迹和经验教训,从而把历史上的革命遗产转变成新时代向前迈进的重要动力。

20 世纪的中国革命生成于往昔,影响至当下,即使在将来,它仍旧是中国特色社会主义建设过程中必须加以审视的重要政治文化资源。正如裴宜理指出的:"无论中国的政治制度最终是否会被证明是经济发展的束缚,但中国革命遗产中的大量因素确实促进了当前的成功。尽管人们勇敢而冷静地努力'与革命告别',但中国的革命历史还没有被扫入历史的垃圾堆。就像费正清在邓小平改革时代的高峰期所警告的:尽管中国实现了引人瞩目的现代化,但它依旧面临着社会革命的问题和危险。"[①] 因此,运用新史学的方法视野,进一步拓展史料与史观,以新革命史的解释框架对革命进行丰富多样化的研究和建构,无论是对于过去还是现在,都会彰显出其不

---

① 裴宜理:《中国政治研究:告别革命?》,《国外理论动态》2013 年第 9 期。原文题为 "Studying Chinese Politics:Farewell to revolution?," *China Journal*, No. 57, 2007, pp. 1 – 22。

容置疑的学术价值与现实意义。

　　总之，革命在20世纪是关乎全球环境格局变动的大事件，中国革命即是在这一"革命的年代"（霍布斯鲍姆语）为精英与大众、国家与社会、城市与乡村、国内与国际等历史主体不断上演"革命戏剧"提供了舞台。对此，历史学家只有在新史学视野中才可能对戏剧中交错纠葛、纷繁多样的命运沉浮和来龙去脉有更为贴近历史真实的理解与书写。这也正是新革命史研究中所要面对的"历史"。

《联共（布）党史简明教程》与延安整风

王也扬[*]

摘　要　《联共（布）党史简明教程》传入中国后，对中共及其意识形态产生了巨大而且深远的影响。本文研究了该书与延安整风的关系，从整风指导思想的形成，整风学习的内容，党史讨论的方式方法，以及在"思想斗争的过程中发现了反革命"，到运动结束，中共中央通过《关于若干历史问题的决议》，从中可以看出这种影响。

关键词　《联共（布）党史简明教程》　延安整风　毛泽东　王明

1939 年 7 月 15 日，前往莫斯科汇报工作的任弼时致电中共中央，要求党中央回答以下问题：

（1）是否收到了中文版《联共［布］党史》1 万册以及该书纸型？

（2）此书发行如何，卖出了多少本？

（3）为学习该书你们采取了哪些措施？

（4）对此书有什么评论？

任弼时还告知中共中央："发行和学习此书是提高党的思想水平的一个转折点和强大杠杆，是保证马克思列宁主义思想深入最广大群众的一个最有力的手段。在兄弟党那里此书的发行进行得很成功。"[①]

---

*　中国社会科学院近代史研究所研究员。

① 中共中央党史研究室第一研究部译《联共（布）、共产国际与抗日战争时期的中国共产党（1937~1943.5）》，《共产国际、联共（布）与中国革命档案资料丛书》第 18 卷，中共党史出版社，2012，第 237 页。任弼时的电报稿上有共产国际负责人季米特洛夫的签字，说明任是按照共产国际的要求向中共中央发出这份电报的。

1939 年 8 月 18 日，中共中央回电任弼时：

（1）联共（布）党史的苏联版本寄来前，在中国已经把该书从俄文译成中文。该书已分两卷出版。第一卷已在重庆、香港、上海和延安出版，印数为 2.5 万册。大部分已经售出。第二卷很快就出版。为了向读者做介绍，我们的《解放》杂志还刊登了第一卷的两章。在上海还出版了译自俄文的第二卷。

（2）苏联版的样书寄到延安时，第二卷已经印出 5000 册。苏联版本的 3000 册运到重庆，不久就已全部售完。你们寄到延安来的 1 万册，主要已分配给华北和西北各地区，一部分留给延安各机关。

（3）我们党中级干部学习小组中，一般县委以上干部都已经开始学习《联共（布）党史》，它成为教学的必修科目。该书是延安所有学校的教科书。此外，在延安还成立了由王明同志领导的《联共（布）党史》学习委员会。在党的报纸和《解放》、《群众》等杂志上经常刊登介绍性的文章和学习《联共（布）党史》必备的材料。我们对于苏联版的译本很满意，尽管某些地方的译文过于欧化。这部书对于提高我们党的马列主义理论水平会起重大作用。现在我们在采取更多的措施来扩大该书的学习范围。

（4）据来自重庆的报告说，这部书在同情我们的无党派人士中间也大获赞赏。一些杂志和报纸刊登了对该书的评论。我们在重庆的机关报编辑部还收到了一些读者的来信，咨询这部书的情况。来自其他地方的报告还没有。①

共产国际将翻译成中文出版的《联共（布）党史简明教程》一万册及印刷纸型送达延安，在当时条件下，这是非同寻常之举。而在延安的中共中央接到来自共产国际的电报后，很快便回电报告。从报告内容可见，党中央对出版发行和组织学习《联共（布）党史简明教程》一书，安排布置得很到位，这也是非同寻常之举。

就在任弼时致电延安了解《联共（布）党史简明教程》学习情况的一

---

① 中共中央党史研究室第一研究部译《联共（布）、共产国际与抗日战争时期的中国共产党（1937～1943.5）》，《共产国际、联共（布）与中国革命档案资料丛书》第 18 卷，第 248～249 页。

个多月前，1939 年 6 月 5 日，共产国际执委会中国问题研究小组①召开会议，会上任弼时提出"应该把小组工作与为即将召开的中共七大准备材料的工作结合起来"。曼努依尔斯基②则提出"与联共（布）党史简明教程的撰写方法和它的丰富思想内容相联系并在其基础上阐明中国共产党的真正历史"的命题。对此，季米特洛夫的意见是：讨论中共党史是中国共产党中央委员会的任务，"在这方面，这里（指莫斯科——引者）的工作对中共中央将具有辅助性质"。他还建议该项工作要放在应对较为紧急的时局问题③之后来进行。④

一本来自苏联的出版物，对其后中共党史的影响由此拉开了序幕。

一

说毛泽东对《联共（布）党史简明教程》如获至宝，一点也不过分。据郭化若回忆，毛泽东曾对干部们说："《联共党史》是本好书，我已读了十遍。"⑤ 我们知道，毛泽东喜爱读书，但在抗战烽火，戎马倥偬之时，一本几十万字的书，能够连续读上十遍，这肯定不是一般的读书行为。毛读书的原则是"为现实斗争服务"，他总是告诫同志们"为了我们的事业和当前工作"来读书，这"比平素我们离开实际专门看书要好得多"。⑥ 那么，是怎样的现实斗争吸引毛泽东如饥似渴地读《联共（布）党史简明教程》呢？这首先需要考察该书是在何种历史环境中撰写的，它的主旨及其内容是什么。

1917 年 11 月 17 日（俄历 10 月 25 日），俄国布尔什维克党成功地发动

---

① 1939 年夏，国共关系出现了一些新情况，"共产党以前的'团结和独立'的口号被新的'团结和斗争'的口号取代"。在这种情况下，共产国际执委会利用中共负责人在莫斯科的机会，决定成立专门的中国问题研究小组，对中共进行指导。参见中共中央党史研究室第一研究部译《联共（布）、共产国际与抗日战争时期的中国共产党（1937～1943.5）》，《共产国际、联共（布）与中国革命档案资料丛书》第 18 卷，"前言"第 22～23 页。

② 时任共产国际执行委员会书记处书记。

③ 即国共关系紧张等问题。从后来的一些历史情况看，季氏的意见基本上得以遵行。

④ 参见中共中央党史研究室第一研究部译《联共（布）、共产国际与抗日战争时期的中国共产党（1937～1943.5）》，《共产国际、联共（布）与中国革命档案资料丛书》第 18 卷，第 146～148 页。

⑤ 郭化若：《在毛主席身边工作的片断》，《解放军报》1978 年 12 月 28 日。

⑥ 参见龚育之等著《毛泽东的读书生活》，三联书店，1986，第 149、208 页。

武装政变，一夜间夺取了政权，史称"十月社会主义革命"。按照马克思主义原理，社会主义革命应该发生在生产力高度发达的国家，且须多国同时成功。这些条件，当时俄国都不具备。其革命成功靠的是列宁对马克思主义的创造性发展，即在理论上提出"一国胜利论"的同时，制定了切实可行的"两步走"策略。先"麻痹"资产阶级、小资产阶级，共同推翻沙皇专制统治，取得政权后，再"不停顿地"迈向社会主义。① 这样，11 月 17 日的行动没有费多大事，软弱的资产阶级临时政府即被拿下。然而在其后实行无产阶级专政之时，却引起了人数众多的小资产阶级及其政党猛烈反抗，残酷的内战持续了好几年。列宁说小资产阶级政党——社会革命党人和孟什维克"已经成为无产阶级的最凶恶的敌人"②，其背景就是如此。列宁逝世后，俄共（布）党内高层爆发斗争，斯大林把与他对立的托洛茨基、季诺维也夫、加米涅夫、布哈林等人看作社会革命党、孟什维克在党内的代理人，认为这一斗争关系党和国家的生死前途。在斗争进入白热化的1931 年 11 月，斯大林发表《论布尔什维主义历史中的几个问题》一文，严厉批评苏联党史界"偷运"和"贩卖"托洛茨基主义。③ 他极为重视党史服务于现实政治问题，用正确的历史结论来统一党内思想，以彻底击败托洛茨基、季诺维也夫、布哈林等反对派，为此便亲自主持，开始撰写《联共（布）党史简明教程》一书。该教程被视为斯大林的"准著作"，作为附录收入《斯大林全集》是有道理的，因为斯大林花费了大量精力，一遍又一遍地修改书稿，并加写了其中长篇幅文字，直至全书完全符合自己的思想。④

研究者一般都肯定《联共（布）党史简明教程》一书写得言简意赅，通俗易懂，然而其真正的高明之处更在于立论高屋建瓴，阐述富于逻辑。首先，它回答了在俄国这么一个生产力落后的国家，何以搞成功了社会主

---

① 列宁在《社会民主党在民主革命中的两种策略》一文中，把"两步走"的策略表述为："无产阶级应当把民主革命进行到底，这就要把农民群众联合到自己方面来，以便用强力打破专制制度的反抗，并麻痹资产阶级的不稳定性。无产阶级应当实现社会主义革命，这就要把居民中的半无产者群众联合到自己方面来，以便用强力打破资产阶级的反抗，并麻痹农民和小资产阶级的不稳定性。"《列宁选集》第 1 卷，人民出版社，1972，第 591 页，这段话在列宁原著中为黑体字。

② 《列宁全集》第 32 卷，人民出版社，1958，第 410 页。

③ 参见《斯大林全集》第 13 卷，人民出版社，1956，第 76~77 页。

④ 在苏联官方出版的《斯大林传略》中，也说斯大林"执笔"了《联共（布）党史简明教程》一书。参见《斯大林传略》，人民出版社，1953，第 135 页。

义革命，那就是列宁没有把马克思主义当作教条，而是把它作为行动的指南，使其与俄国社会的实际相结合，创造了列宁主义，这一新时代的马克思主义。这个论断，使该书建立了自己的理论制高点，在当时苏联国内和布尔什维克党内无人能够否定。同时这也强化了斯大林在与托洛茨基、季诺维也夫乃至布哈林的斗争中的地位，因为后者都是党内公认的马克思主义理论家，而斯大林在当时则被认为是个实干家。接着，《联共（布）党史简明教程》顺理成章地说明俄国社会是一个怎样的实际情况：按照列宁的观点，"俄国是个小资产阶级国家。大多数居民都属于这个阶级"。① 在小资产阶级"千千万万地包围着我们，我们是少数"②的环境中，该书这样宣称："我们党的历史是同各小资产阶级党派——社会革命党、孟什维克、无政府主义者和民族主义者作斗争并把它们打垮的历史。"③ 这就自然而然地引出了《联共（布）党史简明教程》一书的编写主旨，即它是一部如何同小资产阶级敌对势力做斗争的教科书，把孟什维克及其隐藏在联共（布）党内的代理人钉在历史的耻辱柱上是完全正当、非常必要的。书末"结束语"总结了六条党的历史经验，其中与阶级敌人做斗争的最为主要的两条，便是如何战胜党外与党内的社会革命党、孟什维克分子及其代理人。④

当《联共（布）党史简明教程》构建了上述理论高地之后，它已经坚固无比，攻无不克了。但是要想让阐述富于逻辑，还需要解决如何把斯大林在党内高层的对手们一一纳入"孟什维克路线"，进而把他们全部归于小资产阶级敌对势力，也即资产阶级阶级敌人的范畴。这在理论上不难解决，因为布尔什维克党的领袖们，包括斯大林在内，几乎无例外地都出身于小资产阶级家庭⑤——马、恩早就论述过小资产阶级"摇摆于无产阶级和资产阶级之间"⑥ 的特点——这些人如果不能改造成为无产阶级战士，则自然是

---

① 《列宁全集》第26卷，人民出版社，1959，第42页。

② 《列宁全集》第31卷，人民出版社，1958，第384页。列宁的另一说法是：小资产阶级"像空气一样包围着我们"。《列宁全集》第33卷，人民出版社，1957，第3页。

③ 《斯大林选集》下卷，人民出版社，1979，第619页。

④ 《联共（布）党史简明教程》"结束语"所总结的六条党的历史经验（大略）为：要有一个革命的无产阶级政党；要有马克思列宁主义理论指导；不打垮社会革命党、孟什维克等小资产阶级敌对势力，就不会有胜利；不打垮社会革命党、孟什维克在我们党内的代理人，也不会有胜利；要力戒骄傲；要联系群众。详见《斯大林选集》下卷，第613~624页。

⑤ 如托洛茨基出身富农家庭；季诺维也夫出身小牧场主家庭；加米涅夫和布哈林出身知识分子家庭；斯大林的父亲则是作为小手工业者的皮匠。

⑥ 《马克思恩格斯选集》第1卷，人民出版社，1972，第276页。

小资产阶级分子，都存在着变成阶级敌人的可能性。① 可是事实叙述却并不容易，因为布尔什维克党内高层斗争很复杂，阵线是不断变动的，打击面又相当宽泛。列宁患病和逝世以后，先是托洛茨基反斯大林、季诺维也夫、加米涅夫，遭三人联合反击落败。接着斯大林与季诺维也夫、加米涅夫反目，季诺维也夫与托洛茨基形成联盟，对抗斯大林、布哈林，被驱逐出党。继而斯大林又反对布哈林、李可夫、托姆斯基。最后基洛夫被刺事件引发新一轮"肃反"②，致使当年领导十月革命的布尔什维克党中央委员会成员有一半遭处决；1934 年联共（布）十七大选出的中央委员被杀和自杀的则超过三分之二。另外，在党内高层斗争中，双方或多方领导人之间互相攻讦的说辞又都完全一致——指责对方为小资产阶级、社会革命党、孟什维克的代理人，如 1924 年 5 月俄共（布）第十三次代表大会决议，定性托洛茨基反对派是"党内小资产阶级倾向"。③ 接着托洛茨基又被斯大林等人指为"孟什维主义的代理人"。1927 年 4 月季诺维也夫在《关于中国革命的提纲》中，批评斯大林、布哈林让中共加入国民党的决定是"彻头彻尾的孟什维克主义观点"。④ 1928 年 6 月，托洛茨基著《中国革命的回顾及其前途——它给东方各国及全共产国际的教训》一文，抨击斯大林等人在中国搞阶级合作，是"置小资产阶级的孙中山主义于马克思主义之上"。⑤ 同年 11 月斯大林在联共（布）中央全会上，说布哈林也是"托洛茨基主义"、"改头换面的孟什维克"，"两者都是小资产阶级倾向"。⑥ 那么，在这段历史叙述中，如何把斯大林一人摘出混战，说成正确路线的代表，而把其他

---

① 按照马列主义阶级划分的理论，资产阶级与无产阶级的区分主要是物质的，即前者占有后者的劳动及其生产资料；小资产阶级与无产阶级的区分则主要在思想层面，而思想是可以任意分析、"上纲上线"的。因此，在布尔什维克党内，小资产阶级分子变成"阶级敌人"的可能性，不仅在于其本身，还在于其对立面的意愿。

② 在 1917～1922 年的内战中，布尔什维克政权以社会革命党、孟什维克为主要打击对象的"肃反"已经存在。1934～1938 年开展的肃反运动，则以肃清社会革命党、孟什维克在联共（布）党内的代理人为目的，其造成的历史后果广为人知。

③ 参见沈志华、于沛编著《苏联共产党九十三年——1898 至 1991 年苏共历史大事实录》，当代中国出版社，1993，第 239 页。

④ 中共中央党史研究室第一研究部译《共产国际、联共（布）与中国革命文献资料选集（1926～1927）》下册，《共产国际、联共（布）与中国革命档案资料丛书》第 6 卷，北京图书馆出版社，1998，第 56 页。

⑤ 中共中央党史研究室第一研究部译《共产国际、联共（布）与中国革命文献资料选集（1926～1927）》下册，《共产国际、联共（布）与中国革命档案资料丛书》第 6 卷，第 340～341 页。

⑥ 《斯大林选集》下卷，第 99～100 页。

人（尽管他们也曾互相对立）有说服力地打进另册，说他们从来就是一伙的呢？对此《联共（布）党史简明教程》在历史材料的选取上、理论分析的辩证上，确是下了一番功夫的。《联共（布）党史简明教程》得出的结论是，在联共（布）党内，始终存在着两个阶级、两条道路、两条路线的斗争，只有斯大林作为列宁最忠实的学生，继承了列宁的无产阶级道路和路线，同形形色色的孟什维克分子及其代理人作坚决斗争，并战而胜之。因此，在国际共产主义运动的历史上，"可以毫不夸大地说，恩格斯逝世后，最伟大的理论家列宁，以及继列宁之后的斯大林和列宁的其他学生，是唯一向前推进了马克思主义理论、用无产阶级阶级斗争新条件下的新经验丰富了这个理论的马克思主义者"。① 这就牢固地确立了斯大林在联共（布）乃至共产国际的最高领袖地位。

二

毛泽东读《联共（布）党史简明教程》，对他启发最大，使他最觉鞭辟入里，并产生共鸣的，便是书中关于"马克思主义不是教条，而是行动的指南"这一论断。《联共（布）党史简明教程》还论证了那些把马克思主义当成教条的，恰恰是党内的机会主义者。中共六届四中全会以后，王明等人上台，这些人会俄语，经常跑莫斯科，能够直达天听，他们以马列主义理论家自居，钦差大臣满天飞，却没有一点实际斗争经验，而不曾出国、不懂外语，在山沟里浴血奋战的毛泽东们则被认为"出不了马克思主义"，所以"说话没人听"，毛泽东还几次受处分，险些掉脑袋。这样搞的结果是党在白区损失百分之百，苏区损失百分之九十，令毛泽东窝了一肚子气！直到现在，延安学习和解释马克思主义的话语权，仍掌握在王明、博古、张闻天等人手里，他们在党内还有大批追随者②，这种情况再也不能继续下去了。

---

① 《斯大林选集》下卷，第 618 页。据罗伊·梅德维杰夫说，斯大林身边的莫洛托夫等人认为《联共（布）党史简明教程》还应该更加强调斯大林在发展"创造性的马克思主义"中的作用，但斯大林仍用了这样的一段话，在突出了自己的同时，还加了"列宁的其他学生"这样的虚词，这已经足以确立斯大林在列宁之后的最高领袖地位。参见罗伊·梅德维杰夫《斯大林与〈联共（布）党史简明教程〉》，《俄罗斯学刊》2015 年第 2 期。

② 康生甚至说，如果不是搞了整风运动，毛泽东几乎不敢来中央党校做报告。参见《康生在中央党校的报告》（1944 年），中共中央党校党史教研室资料室藏本，转引自杨奎松《毛泽东与莫斯科的恩恩怨怨》，江西人民出版社，1999，第 119 页。

1941 年 5 月 19 日，毛泽东在延安的干部会议上做了一个报告，题目叫《改造我们的学习》，他提出："研究马克思列宁主义，又应以《苏联共产党（布）历史简要读本》为中心的材料。《苏联共产党（布）历史简要读本》是一百年来全世界共产主义运动的最高的综合和总结，是理论和实际结合的典型，在全世界还只有这一个完全的典型。我们看列宁、斯大林他们是如何把马克思主义的普遍真理和苏联革命的具体实践互相结合又从而发展马克思主义的，就可以知道我们在中国是应该如何地工作了。"① 9 月，中共中央发出经毛泽东修改的《关于高级学习组的决定》，指示成立党内高级干部的学习组，"研究马、恩、列、斯的思想方法论与我党二十年历史两个题目"。② 11 月，毛泽东指示各地干部高级学习组着重学习《联共（布）党史简明教程》等著作和苏共关于学习《联共（布）党史简明教程》做出的有关决议。次年初他又做了两个报告《整顿党的作风》和《反对党八股》，指出，怎样以从实际出发的观点而不是以教条主义的观点来对待马克思列宁主义原理，是中共党内路线分歧的焦点。教条主义在思想作风上表现为主观主义，在组织作风上表现为宗派主义，其写出的文章则是一种"党八股"。毛泽东号召，在全党开展一场整风运动，反对主观主义、宗派主义、党八股。③

毛泽东的上述报告和《联共（布）党史简明教程》的"结束语"随后都被列为整风学习的"二十二个文件"④，要求党的干部认真阅读。但务虚容易务实难，对于中共六届四中全会至遵义会议这段历史，党内高层的认识并不统一。毛泽东认为，四中全会上台的领导人推行了一条错误的路线，而张闻天等人却不同意提那时的错误是路线问题。起初毛泽东只好让步，转而效法《联共（布）党史简明教程》，在历史资料的搜集、筛选和编纂上下工夫。

据胡乔木回忆，整风运动开始后，毛泽东亲自主持编辑了三套历史文献：《六大以来——党内秘密文件》、《六大以前——党的历史材料》（以下

---

① 《毛泽东选集》第 3 卷，人民出版社，1991，第 802~803 页。
② 中共中央文献研究室编《毛泽东年谱 1893~1949》中卷，人民出版社，1993，第 329 页。
③ 参见《毛泽东选集》第 3 卷，第 811~846 页。
④ 1942 年 4 月 3 日，中共中央宣传部下达《关于在延安讨论中央决定及毛泽东整顿三风报告的决定》，要求干部在整风中学习包括 "《联共（布）党史简明教程》结束语" 在内的 18 个文件。同月 16 日，中央又在学习文件中补充了 4 个，统称整风学习 "二十二个文件"。《中共中央文件选集》第 13 卷，中共中央党校出版社，1992，第 364~366 页。

分别简称《六大以来》、《六大以前》）和从中抽选的《两条路线》。这项搜集整理历史资料的工作，开始仅是为了筹备中共七大，由多位领导人分头负责，几无进展，且没有将搜集到的资料编辑成书的计划。毛泽东接手后，目的性变得明确，即要在七大召开之前，将党的历史资料编辑成书，供高级干部学习，以统一思想认识，解决政治路线的孰是孰非问题。他布置专人和自己身边的秘书来搜集文献资料，时时督促过问，收集到一份就亲自审核一份，并且对决定利用的某些文献做题目上的修改，使之突出中央决策的线索，如将《请看!!! 反日战争如何能够取得胜利?》改为《中央关于一二八事变的决议》；或者在原有文献的标题后加上题注，如在《中央关于反对敌人五次"围剿"的总决议》后用括号加上"遵义会议决议"几个字。①

毛泽东还在编辑过程中对资料仔细选择，特别对党的领导人的讲话、文章挑选得格外认真、严格。如有一篇刘少奇写的检讨文章，秘书问是否收入，毛说：不必要。《六大以来》汇集了1928年6月中共六大至1941年11月间党的历史文献资料519篇，共约280万字，印成书后存党中央机关，未向个人开放，而对党的高级干部开放学习的是从中又经过筛选的86篇典型文件（后来叫作"选集本"）。这些文件清晰地显示出两条路线：一条是王明代表的"左"倾路线和右倾机会主义路线；一条是遵义会议以后毛泽东代表的正确路线。《六大以来》编纂成功并取得预想成果后，又有《六大以前》和《两条路线》（即《六大以来》的精缩本）的编辑，这是后话。②

平心而论，在共产国际存在的年代，中共作为共产国际的支部，执行的是共产国际下达的路线、方针和政策。所不同的是，王明等"临时中央"时期，共产国际在中国推行的是"苏维埃革命"的政策，前因国民党"清党"屠杀共产党人，斯大林、布哈林联合小资产阶级实行"国民革命"的政策宣告失败，且遭到托洛茨基、季诺维也夫等人的攻击，国际领导层遂展开谁"左"谁革命的竞赛，其时中共不断接到的指示便是同小资产阶级、民族资产阶级敌人进行最坚决的斗争。王明等人则唯上不唯实，一切以莫斯科的"圣旨"是从，即便这种政策使中共步入绝境也不知变通，说他们是教条主义者并不为过。及至毛泽东在遵义会议后进入中央决策层，正赶上共产国际调整政策。鉴于法西斯势力对苏联的威胁日益加剧，共产国际

---

① 参见胡乔木《胡乔木回忆毛泽东》，人民出版社，1994，第175~178页。
② 参见胡乔木《胡乔木回忆毛泽东》，第178~187页。

改变了向各国输出共产主义革命的政策，转而提倡建立世界反法西斯统一战线，于是在中国重新联合小资产阶级、民族资产阶级，建立抗日民族统一战线被提上了日程，毛泽东从中积极发挥了领导作用。结果国共实现第二次合作，中共摆脱了"比较孤立"（毛泽东语）、有可能被消灭的危机，重新获得发展壮大。正可谓两个时期，两种政策，两条路线；前者失败，后者成功，孰是孰非，十分清楚。

当毛泽东把所编体现"两条路线"的文件集（毛泽东称其为"党书"）交到高级干部手上，让大家联系实际进行讨论的时候，那些不承认苏维埃后期路线错误的人便哑口无言、"解除武装"（毛泽东语）了。张闻天说自己太缺乏实际工作经验，主动出延安到外地进行长时间的调查研究，亦即离开了中央决策层。博古也检讨了自己主观主义、教条主义的错误，并说在重庆译校《联共（布）党史简明教程》的时候，就开始有所觉悟。只有王明不做检讨，反指党中央现行路线脱离共产国际精神，这引起了公愤。四年前，王明携带"一切经过统一战线，一切服从统一战线"的国际精神回国，把维护国共合作局面，以拖住日本防其北进，乃至"武装保卫苏联"作为第一要务，而把中共的独立自主、"阶级利益"撇在一边，用毛泽东的话说是"替别人考虑太多了"。1941 年初，相信"一切经过统一战线"的项英所率新四军军部被国民党消灭。这血的教训，更激起延安高层对王明一套的不满，说他是错误路线代表已无人为其辩护。在同年 9 月中共中央政治局会议的摊牌斗争中，毛泽东提议取消王明等人的"理论家"资格，"把过去的一套彻底打碎。研究马、恩、列、斯的思想方法论，以《联共党史》为学习的中心，多看反对主观主义的言论。"①

1942 年 3 月，在中央高级学习组的会议上，毛泽东说，《六大以来》发出到现在，已开始看到了好的结果。"同志们读了之后恍然大悟，发生了启发思想的作用。现在来考虑我们过去所走的路和经验，要有系统地去考虑……研究党史上的错误，不应该只恨几个人。如果只恨几个人，那就是把历史看成是少数人创造的。马克思主义的历史观不是主观主义，应该找出历史事件的实质和它的客观原因。只看客观原因够不够呢？不够的，还必须看到领导者的作用，那是有很大作用的。"这是毛泽东与王明等人较量

---

① 《毛泽东文集》第 2 卷，人民出版社，1993，第 374 页。

决出胜负后所做的一个小结。其时马克思主义理论家的位置已经易位，毛泽东自信满满地谈了怎样研究党史，怎样看待党史上那几个犯路线错误的领导人：既不可抬高他们的历史地位，也不能低估他们的恶劣作用。可以看出，毛泽东对唯物史观和辩证法运用得十分娴熟——不再有人怀疑他是党内最高理论权威，又是掌握着最多历史材料的党史专家的地位。末了他仍然强调："我们读过《联共（布）党史简明教程》，它告诉我们，布尔什维主义以马克思主义作为理论和方法，创造了苏联这个社会主义国家。这个布尔什维主义，这个社会主义国家，从前没有过，这是列宁所领导的党在俄国创造的。列宁把马克思主义的立场、方法与俄国革命的具体实践结合起来，创造了一个布尔什维主义，用这个理论和策略搞了二月革命、十月革命，斯大林接着又搞了三个五年计划，创造了社会主义的苏联。我们要按照同样的精神去做。"①

当然否定王明必须小心处理与共产国际的关系。在斗争过程中，毛泽东几次巧妙回答季米特洛夫的电报，② 并且殷勤关照国际派驻延安的联络员，③ 而整风中大力提倡学习《联共（布）党史简明教程》又有一定的掩护作用，直至1943年共产国际宣布解散。④

应该看到，在王明的路线错误被党内多数领导人肯定之后，如何从理论高度论证其是孟什维克主义，仍有一定难度，因为王明的"令箭"均搬自联共（布），他又把"布尔什维克化"挂在嘴边，对他进行去伪存真的分析鞭挞，需要很高的理论水平。这个任务被刘少奇承担了起来。刘少奇是中共老资格领袖，有长期实际工作经验，又是党的卓越理论家，著述颇丰，威望也高。1943年3月党中央正式确认毛泽东为政治局主席时，刘少奇当选书记处书记，实际上成为党的二把手。同年7月，刘少奇在《解放日报》发表《清算党内孟什维主义思想》一文，研究者大多注意到该文在中共思想史上第一次出现"毛泽东同志的思想"、"毛泽东同志的思想体系"等提法，这非常重要，而全文论证了王明路线是孟什维克路线，在当时的意义

---

① 《毛泽东文集》第2卷，第399、406～408页。
② 参见中共中央党史研究室第一研究部译《联共（布）、共产国际与抗日战争时期的中国共产党（1937～1943.5）》，《共产国际、联共（布）与中国革命档案资料丛书》第19卷，中共党史出版社，2012，第339～340、374～376页。
③ 参见〔俄〕彼得·弗拉基米洛夫《延安日记》，东方出版社，2004。
④ 顾虑到与苏联的关系，王明在抗战期间的"右倾机会主义"路线错误，仍没有在中共中央后来通过的《关于若干历史问题的决议》中写明白。

也非同一般。

刘少奇和毛泽东一样，抓住了《联共（布）党史简明教程》的精义——反对教条主义，这就从认识论的高度拿到了批判的武器，从而摆脱了具体事实的纠缠。他指出，我们党自建立至今所获得的最重要的经验，就是搞清楚了"什么是真正的马克思主义者——什么是真正的布尔什维克这个问题"。他说"马克思主义与马克思主义者，是有真假之分的。这种真假之分，并不以各人的主观自命为标准，而是有其客观标准的。如果我们的党员不了解这种区别真假马克思主义者的客观标准，而不自觉地盲从在一些假马克思主义者之后去进行革命，那是再危险也没有了的事"。"过去我们党遭遇了许多不应有的挫折和失败，走了许多不必走的弯路，最主要的原因，就是在我们党内存在这些假马克思主义者，许多党员不自觉地盲从在这些假马克思主义者之后，以至使这些人占据了某些组织某种运动的指导地位，甚至在某些时候占据了全党的指导地位，因而把革命运动引上痛苦的困难的道路。"

刘少奇用斯大林的话，说明了假马克思主义一派人的特征"是在口头上得意地宣扬马克思主义，他们不会或者不愿意认识马克思主义的实质，不会或者不愿意实行马克思主义，他们总是把马克思主义的活泼的革命的原理变成毫无意思的死板的公式。他们不拿经验，不拿实际工作的计算来做工作的根据，却拿那些从马克思主义著作中摘录下来的语句来做工作的根据。他们不在分析实际生活中去求得指示和方针，却在相同的事情和历史上相像的事情里面去求得指示和方针……这一派人的名字，便是孟什维主义（在俄国）"。而真马克思主义者恰恰相反，他们"将马克思主义化为实际。规定适合于环境的方法和手段来实现马克思主义，因环境发生变更而变更这些方法和手段，就是这一派人所最注意的事情。这一派人不是在历史上相同的事情和相像的事情里面去求得指示和方针，而是由研究周围的情形中去求得指示和方针。在工作时，他们不是拿引证和成语来做根据，而是拿实际经验来做根据，拿经验来审查自己的每一步的工作，在自己的错误中来学习和教导别人去建设新生活……这一派人的名字，就是布尔什维主义"。

刘少奇的论说进而点出了实质性的问题："这两种马克思主义者，在中国共产主义运动中，在中国共产党内，历来也就是存在的。前一种假马克思主义者，在中国，就是陈独秀、彭述之和中国的托洛茨基主义，就是李立三路线，就是内战时期的左倾机会主义，就是教条主义。这些机会主义，实质上就是中国的孟什维主义。后一种真马克思主义者，在中国，就是毛泽东同志以及团结在毛泽东同志周围的其他许多同志，他们历年来所坚持、所奋斗的路线，他们的工作方法，实质上就是中国的布尔什维主义。"他还特别指出了"中国的孟什维主义"的特点，就是他们"在形式上是以'反孟什维主义'出现的，是以'列宁主义'、'布尔什维克'、'国际路线'等等形式和词句出现的。他们在这些美丽的形式和革命的词句掩盖下，来进行实际的反列宁主义的反布尔什维主义的斗争，来宣传与实行实质上的孟什维主义"。这样就把王明等人的嘴巴给堵住了。

刘少奇最后得出结论说："在二十二年长期艰苦复杂的革命斗争中，终于使我们的党、使我国的无产阶级与我国革命的人民找到了自己的领袖毛泽东同志。我们的毛泽东同志，是二十二年来在各种艰苦复杂的革命斗争中久经考验的、精通马列主义战略战术的、对中国工人阶级与中国人民解放事业抱无限忠心的坚强伟大的革命家。"他号召"一切干部，一切党员，应该用心研究二十二年来中国党的历史经验，应该用心研究与学习毛泽东同志关于中国革命的及其他方面的学说，应该用毛泽东同志的思想来武装自己，并以毛泽东同志的思想体系去清算党内的孟什维主义思想"。①

三

延安整风的成果，在1945年4月20日中共六届七中全会通过的《关于若干历史问题的决议》（以下简称《决议》）中，获得了集中体现。这个《决议》，又可以看到《联共（布）党史简明教程》的影子。

毛泽东也像斯大林对待《联共（布）党史简明教程》那样，亲自主持起草、修订《决议》。据胡乔木回忆，毛泽东亲自动手修改至少七次，"改得比较多，加写了许多话"。新中国成立后，出版《毛泽东选集》时，毛泽东又提议将该文作为附录收入，成为他的"准著作"。② 这些都与斯大林的做法差不多。

《决议》在写作方式上也借鉴了《联共（布）党史简明教程》，即根据政治需要，重新富有逻辑性地描述和解释了一段历史。如陈独秀对国民党

① 《刘少奇选集》上卷，人民出版社，1981，第292～301页。
② 参见胡乔木《胡乔木回忆毛泽东》，第325页。

蒋介石的忍让"投降"，执行的本是共产国际的指示，《决议》却把他说成
"拒绝执行共产国际和斯大林同志的许多英明指示"①；六届四中全会上台的
王明辈搞"反富农斗争"，也是从苏联搬过来的，但毛泽东说"共产国际为
什么不提？故意不提的"。② 又如毛泽东在1940年代提出的新民主主义论，
是在共产国际政策调整之后，根据斯大林1937年11月的指示，加上毛泽东
自己的创造性发挥构建而成的。③ 但《决议》的描述是："我们党一成立，
就展开了中国革命的新阶段——毛泽东同志所指出的新民主主义革命的
阶段。"④

前已述及，《联共（布）党史简明教程》把党史上的阶级斗争，主要说成
是与小资产阶级敌对势力——社会革命党、孟什维克及其代理人的斗争。但
这种斗争的理论依据，在书中没有做更深入的探讨，仍停留在列宁关于小资
产阶级问题的论述上。对此，中共的《决议》则有自己独到的理论阐述。

首先，《决议》把小资产阶级思想定位为中共党内不正之风和错误路线
的思想根源。指出"党内历次发生的思想上的主观主义，政治上的'左'、
右倾，组织上的宗派主义等项现象，无论其是否形成了路线，掌握了领导，
显然都是小资产阶级思想之反马克思列宁主义、反无产阶级的表现"。⑤

其次，《决议》从社会根源上对小资产阶级问题做了深刻分析，说明
"半殖民地半封建的中国，是小资产阶级极其广大的国家。我们党不但从党
外说是处在这个广大阶层的包围之中；而且在党内，由于十月革命以来马
克思列宁主义在世界的伟大胜利，由于中国现时的社会政治情况，特别是
国共两党的历史发展，决定了中国不能有强大的小资产阶级政党，因此就
有大批的小资产阶级革命民主分子向无产阶级队伍寻求出路，使党内小资
产阶级出身的分子也占了大多数。此外，即使工人群众和工人党员，在中
国的经济条件下，也容易染有小资产阶级的色彩。因此，小资产阶级思想
在我们党内常常有各色各样的反映，这是必然的，不足为怪的。"⑥

---

① 《毛泽东选集》第3卷，第954页。
② 胡乔木：《胡乔木回忆毛泽东》，第323页。
③ 参见《联共（布）、共产国际与抗日战争时期的中国共产党（1937~1943.5）》，《共产国际、联共（布）与中国革命档案资料丛书》第18卷，第13~15页；〔俄〕亚历山大·潘佐夫《毛泽东传》（下），中国人民大学出版社，2015，第502页。
④ 《毛泽东选集》第3卷，"附录"，第952页。
⑤ 《毛泽东选集》第3卷，"附录"，第996页。
⑥ 《毛泽东选集》第3卷，"附录"，第991页。

进而，《决议》论述了中共党内斗争的性质："必须着重指出：任何没有无产阶级化的小资产阶级分子的革命性，在本质上和无产阶级革命性不相同，而且这种差别往往可能发展成为对抗状态。""党外的小资产阶级愈是广大，党内的小资产阶级出身的党员愈是众多，则党便愈须严格地保持自己的无产阶级先进部队的纯洁性，否则小资产阶级思想向党的进攻必然愈是猛烈，而党所受的损失也必然愈是巨大。我党历史上各次错误路线和正确路线之间的斗争，实质上即是党外的阶级斗争在党内的表演"。①

《决议》关于"小资产阶级分子的革命性"与无产阶级"往往可能发展成为对抗状态"的论断，不仅得自《联共（布）党史简明教程》的启示，也是延安整风的总结。据胡乔木回忆，整风运动中"中央研究院对王实味同志错误思想的揭发转变为对其政治历史问题的审查。这在当时是轰动全延安城的一件大事，对后来整风运动发展为审干运动有直接影响。毛泽东非常关注事态的发展"。毛泽东说："在无产阶级思想和小资产阶级思想作斗争的过程中发现了反革命，展开了革命和反革命的斗争。"② 而《决议》再次把党内"路线斗争"明确为阶级斗争性质，并把小资产阶级及其思想认定是"错误路线"存在的基础，这就为继续在党内外开展以批判小资产阶级思想为特点的"路线斗争"、"阶级斗争"，定下了基调。"从思想斗争中发现反革命"的斗争模式，则被不断重复上演，成为日后党领导下历次政治运动的套路。③

① 《毛泽东选集》第3卷，"附录"，第993页。

② 参见胡乔木《胡乔木回忆毛泽东》，第206、210页。"王实味案"，是1942年5、6月发生在延安整风运动中的事件。受《联共（布）党史简明教程》的影响，特别是根据斯大林、共产国际要求中共坚决清查和斗争托派分子的指示，王实味由于发表文章《野百合花》散布小资产阶级思想，在整风中被批判以至追查为托派反革命分子，最后遭到处决。1991年2月7日，公安部做出《关于王实味同志托派问题的复查决定》，为王实味平反昭雪。

③ 在获得了"从思想斗争中发现反革命"的实际经验后，《中共中央关于继续开展整风运动的决定》（1943年4月3日）说："在领导策略上，各地在今年继续整风的第一阶段，必须极大地提倡民主，公开号召参加整风的一切同志大胆说话，互相批评，提倡各学习单位出墙报写文章，批评领导，批评工作，而一般地（特殊情况例外）绝不加以抑制。"这样做的目的"在于使内奸分子利用我们的民主政策，认为有机可乘，尽量暴露其反党面目"。"对于内奸分子……不要忙于宣布他们为内奸，只把他们当作有错误思想的同志看待，以诱使他们尽情暴露，达到彻底根究之目的。不论同志的错误思想与内奸的反党表现，领导人员对之均要镇静忍耐，不慌不忙，以便冷静地正确地观察与辨别谁是有错误思想的同志与谁是反党的内奸分子。"中央档案馆编《中共中央文件选集》第14册，中共中央党校出版社，1992，第30~31页。上述策略在14年后被再次使用。

　　"路线斗争"及"错误路线的基础是小资产阶级思想"的说法，从联共（布）、共产国际传入中共党内，经延安整风和全党学习《联共（布）党史简明教程》一书，特别是通过了《决议》，终于把它作为党的一种意识形态固定下来。"路线"之谓者，乃实现目标的根本途径；路线分歧，亦即目标一致下的不同途径主张，从词语意义上看不出有什么严重性质。然而发端于俄国社会民主工党内布尔什维克与孟什维克对民主革命的两种不同"策略路线"之争①，却引出了两派后来腥风血雨的厮杀，继而又演绎成布尔什维克党内高层一场场你死我活的"残酷斗争，无情打击"。于是，与同"小资产阶级倾向"绑定的"机会主义路线"做斗争，就带上了严酷的阶级斗争色彩。《联共（布）党史简明教程》告诉读者，如同阶级社会始终存在阶级斗争一样，路线斗争也是共产党内始终存在的斗争，其性质就是阶级斗争在党内的反映。《决议》全盘接受了这一观点，其影响至深且巨，可以说一直延伸到新中国成立后的"文化大革命"。

　　最后，《决议》对党的领袖毛泽东的评价，也采取了《联共（布）党史简明教程》对斯大林评价的方式，但比后者显得要更加高调。《决议》这样说："党在奋斗的过程中产生了自己的领袖毛泽东同志。毛泽东同志代表中国无产阶级和中国人民，将人类最高智慧——马克思列宁主义的科学理论，创造地应用于中国这样的以农民为主要群众、以反帝反封建为直接任务而又地广人众、情况极复杂、斗争极困难的半封建半殖民地的大国，光辉地发展了列宁斯大林关于殖民地半殖民地问题的学说和斯大林关于中国革命问题的学说……到了今天，全党已经空前一致地认识了毛泽东同志的路线的正确性，空前自觉地团结在毛泽东的旗帜下了。以毛泽东同志为代表的马克思列宁主义的思想更普遍地更深入地掌握干部、党员和人民群众的结果，必将给党和中国革命带来伟大的进步和不可战胜的力量。"② 对此，在《决议》通过的时候，毛泽东做了一点解释："决议案上把许多好事都挂在我的帐上，我不反对这个划分。我的错误缺点没有挂上，不是我没有，这是大家要清楚的，首先是我。"③ 这是他在当时不得不做的姿态呢，还是发

---

① 参见《联共（布）党史简明教程》，中共中央党史研究室第一研究部译《共产国际、联共（布）与中国革命文献资料选辑（1938～1943）》，《共产国际、联共（布）与中国革命档案资料丛书》第21卷，中共党史出版社，2012，第310～311页。
② 《毛泽东选集》第3卷，"附录"，第952～953、998～999页。
③ 参见胡乔木《胡乔木回忆毛泽东》，第323页。

自内心的话，只有联系后来的历史来分析了。

在中共七大上，毛泽东再次强调要学习《联共（布）党史简明教程》，说："斯大林主持写的《联共（布）党史简明教程》，比较厚一点。这本书是历史的，又是理论的，又有历史，又有理论，它是一个胜利的社会主义国家的历史，是马克思主义在俄国成功的历史，这本书要读。"[1] 后来，中共七届二中全会决定干部学习 12 本马列著作，《联共（布）党史简明教程》又是其中之一，毛泽东将这批书亲自题写"干部必读"四字。[2] 有统计表明，直至 1975 年，《联共（布）党史简明教程》一书在中国出版发行达一千万册之多，作为"干部必读"书，其社会影响可想而知。

---

[1] 毛泽东在中共七大口头政治报告中，提出读"五本马列主义的书"，除了《联共（布）党史简明教程》，另外四本书是马、恩的《共产党宣言》、《社会主义从空想到科学的发展》，列宁的《社会民主党在民主革命中的两种策略》和《共产主义运动中的"左派"幼稚病》。《毛泽东在七大的报告和讲话集》，中央文献出版社，1995，第 157 页。

[2] 参见龚育之等《毛泽东的读书生活》，三联书店，1986，第 32 页。

乡镇党代会常任制上海"吕巷模式"解构

——上海吕巷18年试点演绎基层政治民主推进的四重条件

郜工农[*]

摘　要　党的基层民主实践具有特定的规律性。本文选取最早试行党代会常任制乡镇——上海吕巷试点，进行分析演绎：一定的社会经济基础、民主政治基础和社会文化基础，构成试点的宏观社会基础，为基层党代会常任制实践提供时空条件；经济发展需要、基层党建状况、上级组织倡导，形成直接动因，奠定基层党代会常任制实践的现实条件；群众基础、策略基础和政策基础，保障了基层党代会常任制的可操作性，构成行为条件；区域联动、资源整合、主体信念内化，考量党代会常任制实践的普适性，构筑深化条件。本文客观地指出了吕巷试点的困惑，对党代会常任制实践"一波三折"理论与政策根源做出分析，并展望基层民主的发展。

关键词　党代会常任制　民主政治　乡镇

上海市吕巷镇地处杭州湾北岸，位于金山区中西部，西与浙江省平湖市交界，全镇户籍数12974户，人口42511人，总面积59.74平方公里。吕巷被誉为"中国蟠桃之乡"。吕巷镇党代会常任制实践开始于2000年1月，是上海市最早推行党代会常任制的乡镇单位，也是全国基层乡镇试行党代会常任制最早单位之一。[①] 以吕巷党代会常任制试点为先声的金山区基层党内民主工作，2001年获"上海市基层党建工作优秀成果评选活动优秀成果

　＊　中共上海市金山区委党校副校长、研究员。

① 深圳市宝安区松岗镇（现为松岗街道）2000年4月试行党代表常任制，试行一年后一度停顿。

奖"。2007 年 6 月 12 日时任市委书记习近平,2008 年 1 月 20 日时任中央政治局常委、市委书记俞正声先后来吕巷视察,对吕巷的工作予以充分肯定。2008 年获"上海市优秀基层党建创新成果一等奖"。总结吕巷试点经验的理论专著《基层党代会常任制推进条件及制度建构研究——上海吕巷镇十年试点演绎》于 2011 年获上海市社联纪念建党 90 周年"优秀著作奖"。2013 年,该镇党代会常任制实践荣获第二届全国基层党建创新最佳案例奖。经过 18 年的探索实践,吕巷镇逐步形成了具有浓郁乡土特点、初具基层党代会常任制实践规模的"吕巷模式"。

2010 年 5 月 29 日,中央组织部党建研究所领导来上海吕巷开展专题调研。党的十八大召开前夕,按照上级要求,该镇党委把试点的相关文件材料上报中央组织部。2012 年 5 月 10 日,中央领导对吕巷镇党委报送、新华社编发的《基层党内民主的有效探索——上海乡镇党代会常任制试点调查》(2012 年 5 月 8 日)一文做出专门批示与充分肯定。党的十八大报告提出"落实和完善党的代表大会代表任期制,试行乡镇党代会年会制,深化县(市、区)党代会常任制试点,实行党代会代表提案制",[①] 以党内文献形式分别对党代会代表任期制、党代会常任制、党代会年会制做出普遍推行、县(市、区)深化试点、乡镇试行的分层次完善党代会制度的总体部署。这是对基层试点的莫大鼓舞!试行以年会制为重点的乡镇党代会常任制,已经成为当前基层党内民主理论与实践中的一个紧迫的现实问题。"任何关于认识发展的研究,凡追溯到其根源的(暂不论它的生物前提),都会有助于对认识之初是如何发生的这个尚未解决的问题提供答案。"[②] 探讨吕巷试点发生的条件,亦即在其发生的时空背景下何以发轫、巩固、深化的内在逻辑,有利于探索党代会常任制实践的规律性,也有助于科学指导未来中共基层民主实践。

一 社会基础:基层党代会常任制实践的可能性

一定的社会现象总是基于特定的社会结构功能作用的外在反映。一定的事件与活动,来自特定的时空生成,具有内在的联系链。基层党代会常

---

①　胡锦涛:《坚定不移沿着中国特色社会主义道路前进　为全面建成小康社会而奋斗——在中国共产党第十八次全国代表大会上的报告》(2012 年 11 月 8 日)。
②　〔瑞士〕皮亚杰:《发生认识论原理》,王宪钿等译,商务印书馆,1981,第 21 页。

任制实践作为政治实验也不例外，源于特定社会经济、文化、政治发展的影响和催生，带有鲜明的时代印记。

（一）吕巷实践的社会经济基础

马克思主义认为，经济和政治相互联系、依赖和作用。我国改革开放社会主义新时期逐步建立起社会主义的市场经济体制，为社会主义民主发展创造了重要的条件。市场经济体现的自由、平等、竞争的原则和精神，必然要求民主政治充分地体现自由、平等、竞争，成为民主政治发展的动力。

1980 年代初，上海吕巷镇①作为传统农业乡镇，产业结构开始出现新变化。1988 年，随着农业产业结构调整步伐不断加快，在吕巷和平果园相继发展了"和平石士浜"、"龙湾"、"寒圩"等 3 个果园，面积约 80 亩。党的十四大推出社会主义市场经济体制改革，促进了吕巷（原干巷）农业产业结构调整力度加大。1994 年，卢秀龙等三位果农经营的"芳心园"、"怡神园"、"沁人园"农场迅速崛起，种植面积扩大到 150 亩。吕巷镇乡镇企业风生水起。1999 年 8 月，金山区委、区政府在吕巷（原干巷）镇召开了乡镇企业改革和发展现场会。

"不同的社会群体和阶层的利益意识不断被唤醒和强化，对利益的追求已经成为人们社会行为的一种强大的推动力。"② 社会主义市场经济像一缕春风，吹拂城市乡村每个角落，也吹开了吕巷镇人竞争、平等、开放的现代理念。基层群众对利益诉求开始强烈起来，对镇党委政府的决策民主化、科学化充满着新的期待。

（二）吕巷实践的民主政治基础

新中国成立 60 年来，我国社会管理体制经历了传统社会管理体制生长、传统社会管理体制趋于解体和现代社会管理体制构建等几个阶段的演变。

在这种社会管理体制的深刻变动中，党在农村社区的治理出现了诸多新情况新问题。

一是新形势要求重构党在农村的民主治理方式。随着农民、农村经济组织化、市场化程度的不断提高，传统的党政组织控制社会一切资源的时

---

① 2005 年，上海设立新吕巷镇，辖区包括原吕巷镇和原干巷镇。
② 桑玉成：《利益分化时代的政治选择》，学林出版社，2002，第 6 页。

代一去不复返了。党在农村的社会管理如果再沿袭以往的依靠行政指令、干预等方式就会走进"死胡同"。① 同时，经济发展必然带来农村利益主体意识的增强，并反映到社会和党内。1999年前后，吕巷（原干巷）镇村级集体资产纷纷转制，村级经济发展出现波动，基层群众的利益诉求趋向强烈，集中到基层党组织如何科学决策这个问题上，客观上要求基层党组织进一步发展党内民主、集聚人心，促进发展。

二是农民主体地位不断增强与农民党员主体地位相对弱化反差凸显，提升农村党员的主体地位成为不容忽视的问题。改革开放30年来，农民主体地位不断提高，农村社会稳定，各项社会事业不断发展；但农村党员的主体地位并没有与日益提高的农民主体地位同步，而且反差鲜明：一些地方农村基层党组织建设严重滞后，村级党组织"空巢化"和农村党员"边缘化"趋势明显。另一方面，农村党建活动重形式、轻内容，重过程、轻结果，重现象、轻本质的问题比较普遍。1990年代末期，吕巷农村部分党员尤其是经过土改和政治运动的农村老党员，出自对党的质朴的感情，纷纷发出关注党员发展、关注党组织发展的呼声。

三是党在农村社会的执政合法性基础亟待加强。由于城乡差距不断拉大，一些农村基层干部的行政短视行为、命令主义、腐败作风，以及村民自治"海选"中处于核心领导地位的村党组织的群众基础不足，等等，使得一些干部群众对基层党组织的执政方式、领导方式产生不满、责难，甚至对基层党组织的执政合法性产生怀疑。如何拓展基层党组织的合法性基础，重新奠定基层党组织的核心领导地位，成为新的历史条件下亟待解决的课题。1999年前后，吕巷（原干巷）镇乡镇企业纷纷改制，村级资产、集体经济出现一些损失和流失，一些村民、基层党员对党组织引领地方发展有些微词，出现一些对党组织表示怀疑、对地方发展信心不足的倾向。

四是以村民自治为重点的人民民主的新发展迫切需要进一步扩大基层党内民主。经过20多年的村民自治实践，村民通过民主选举正成为村级民主治理的主体，以村民委员会为代表的群众性自治组织在村务管理中发挥着越来越重要的作用。人民民主的发展，客观上要求基层党内民主的发展必须与之相适应、相衔接、相配套。1999年3～7月，吕巷（原干巷）镇8个行政村相继完成了历史上第一次对村委会换届的直接选举，社会民主的

① 王长江主编《党内民主制度创新——一个基层党委班子"公推直选"的案例研究》，中央编译出版社，2007，第38页。

潮流也促进了发展党内民主的呼声。

尤其是，1988 年 12 月，经中央组织部同意，浙江省等 5 省 12 个县、市、区先后进行了党代会常任制试点建设，上海工业系统也先后在金山石化公司等 55 家企业中实行党代会常任制。金山石化公司这种积极加入改革开放后全国 12 个试点单位行列的"第二波"试验经历，对金山吕巷人率先进行党代会常任制试点产生直接辐射作用，并注入强大勇气。两者形成了政治上的"蝴蝶效应"。

（三）吕巷实践的社会文化基础

历史文化、地方风土人情对繁衍不息的人群的影响是潜移默化的，渗透到人的灵魂与血液里。党代会常任制实践，作为一项地方政治系统工程，自然离不开当地历史文化因素的影响。

吕巷历史悠久。吕巷集镇在宋已形成，旧称"璜溪"。吕巷人自古义勇、忠贞。据《金山县志》记载，1944 年，干巷乡民蒋阿根、陈志来等 200 多人，因不堪受日伪苛政、地租重压，自发掀起暴动，遭当局镇压。

吕巷毗邻东海，1000 多年前，金山产盐。民风淳朴，大气如海，踏实似盐。特定的区位特征，造就了吕巷人崇尚实用主义。1999 年，吕巷（干巷）人为了推进经济社会快速发展，通过挖掘身边典型，镇党委政府提出"工业经济学车镜，村级工作学张泾"的思路。身边的榜样力量，进一步激发了全镇上下求真务实促发展的工作热情。

境内悠久的历史、丰厚的文化传承，滋养了吕巷人对现代民主的深刻理解，而义勇、忠贞的品格，决定了吕巷人有着一种"敢为天下先"的豪气和情结，并且具有一种负重前行的持久力。

总而言之，宏观政策和现实背景为上海市吕巷镇基层党内民主试点提供了充分条件。

二　直接动因：基层党代会常任制实践的现实性[①]

吕巷虽然已经具有有利于民主的经济和文化条件，但这些因素只是使民主的实现成为可能。"有利于民主的社会、经济和外部条件的出现绝不足

---

① 部分内容源于笔者论文《上海吕巷 10 年试点演绎基层政治民主推进的四重条件》（"上海市纪念中国共产党成立 90 周年"征文优秀作品）。

以产生民主。"① 吕巷试点,之所以能在吕巷这块土地破土而出,具有其特定的内在逻辑和直接动因。

(一) 吕巷实践顺应了经济转型期发展需要

20 世纪末期,吕巷镇的经济社会各项事业出现蓬勃发展势头。同时受当时国家宏观经济政策影响,1999 年前后,吕巷村镇企业纷纷实行了改制。由于多种原因,一些企业在改制过程中资产流失严重,造成了地方经济发展出现较大的波动,地方群众对此很有微词。如吕巷(原干巷)镇白漾村、张泾村在 1997~2003 年,尽管农业产值保持平稳发展,但工业总产值和工业利润出现较大波动,并在以 1999 年出现波谷。当年其他各村经济发展均不同程度地出现类似波动情形。

1999 年前后,吕巷(原干巷)镇基层群众对村级经济发展的各种意见、建议、困惑和怀疑情绪达到相当的程度,对镇党委如何化解发展中的矛盾、进行科学决策给予很高的期待。

(二) 吕巷实践是基层党建制度创新的延伸

吕巷地区党组织创建较早。1928 年,中共浦南特别支部在干巷地区领导农民运动。中华人民共和国成立后,党组织不断发展。基层组织建设开展有声有色。镇党委先后被评为 1997~1998、1999~2000 年度上海市"六好"镇党委,作为 1999 年国防教育先进基层单位,受上海市委市政府表彰。

1999 年春,吕巷(原干巷)镇党委组织开展了"干巷人以什么样的精神状态进入二十一世纪"主题大讨论,并自 1999 年以来开展了"基层党建经常性工作创新方法强化实践活动",努力探寻"基层党建工作的针对性和有效性,使基层党建经常性工作逐步走向制度化和规范化"。② 其中包括党组织和党员"双向汇报"法。

党组织和党员"双向汇报"法的核心,是支部与党员"双向评议"制度。在这里,似乎已经可以发觉一年以后吕巷(原干巷)镇党组织和党员提出并正式试行党代会常任制的内在因子。

---

① 〔美〕塞缪尔·亨廷顿:《第三波——20 世纪后期的民主化浪潮》,刘军宁译,三联书店,1998,第 120 页。

② 中共金山区委:《关于深入开展基层党建经常性工作创新方法强化实践活动意见》,金委组〔2000〕56 号。

（三）吕巷实践源自上级组织的倡导

政治系统论认为，任何政治组织都需要根据外部环境的变化做出相应的调适，以维持自身的生存与发展。政党对环境适应的成功与否，取决于党的领导人能否采取恰当的策略，并赢得党员和选民对该策略的支持。

1999年前后，吕巷（原干巷）镇乡镇企业纷纷改制，村级资产、集体经济出现一些流失，客观上对基层党组织科学决策、引领发展的能力提出了新的要求，同时也暴露出党的基层组织适应基层民主政治发展要求方面存在的一些现实问题。中共吕巷（原干巷）镇党委负责人与中共金山区委主要领导多次商讨发展党内民主、推进党的建设改革的议题，决定把党代会常任制实践作为改进和加强党的基层组织建设的突破口。

经济转型发展、基层党建制度创新、上级组织的倡导等直接因素，为吕巷党代会常任制试点提供了必要条件。

三 实践基础：基层党代会常任制的可操作性

宏观经济环境、人文特质和政治民主发展进程为吕巷试点提供了充分的社会基础，经济转型、组织关怀、党建基础等因素使得试点的可能性变成现实性，这些为吕巷试点提供了政治、组织和思想基础。同时，作为基层政治实验的吕巷试点，必然建立在坚实的实践基础上，才能确保实践得以生根、巩固。从这里不难探究吕巷试点18年而不懈怠的真实原因。

（一）群众基础："摸着石头过河"

基层党代会常任制实践，作为基层党内民主的一种实践载体和基层政治生活创新的新形式，是否赢得广大基层群众的认同，涉及试点的价值标准这个大问题。吕巷，作为传统农业乡镇和上海远郊，如何让常任制工作由"口号和材料"变成实实在在的社会效益，是试点能否具有活力、生命力的根本。

吕巷实践主要立足基层发展热点问题和民生焦点问题展开。

2010年，吕巷镇第二轮延包工作全面展开，涉及10个村，11245户农户，承包经营权人数36772人，承包面积36142.84亩。土地规范流转牵动全镇群众的心。镇党委、政府根据部分党代表的工作调研建议，认真总结以往土地规模经营的成功经验与不足，出台了《吕巷镇关于进一步加强农村土地承包经营权管理服务的实施意见》，顺利完成了 139 家规模经营户和 28854 亩规模经营面积的第二轮粮食规模经营土地流转签约工作。

（二）策略基础："积小胜为大胜"

基层民主实践，涉及实践运作成本和减小风险等问题。如果成本过高，消耗过多的人、财、物力，可能难以为继。吕巷镇党代会常任制试点，按照"积小胜为大胜"的行进方式循序前行，用他们自己的话说，"不把大饼摊得过大"。他们通过探求体制内资源真正激活运作、挖掘制度资源潜能，走体制内"存量改革"和"阻力最小"的路线。

全镇现有镇党代表 146 名，区党代表 27 名，市党代表 2 人，分 9 个日常工作小组及 3 个专题工作小组。

吕巷镇党代会常任制早期试点的基本做法包括：

一是健全"三个小组"。2000 年镇党委成立试点工作领导小组，将党代表按村域划分编入 9 个日常工作小组，同时按代表专业专长编成 6 个专题工作小组。日常工作小组的主要职能是协助基层党组织开展工作；专题工作小组是从党建、经济建设、城镇建设等方面进行专题调研，为党委决策提供咨询，发挥参谋作用；试点工作领导小组体现党委的核心作用。"三个小组"搭建了党代会常任制在推进党委科学民主决策中的基本构架。试点初期，规定成立试行党代会常任制三个日常工作小组，即思想建设、组织建设、作风建设小组。当初，该镇 145 名党代表中只有 30 名参与了小组活动。为改变党代表参与面不广，特别是一线党员代表参与率偏低的状况，2003 年 1 月原干巷镇第十二次党代会将其改为党的建设等六个代表专题工作小组。专题工作小组党代表人数由原来占党代表总数的 20% 增加到 35% 左右，并根据实际需要和区域分布，建立 12 个由全体代表组成的日常工作小组，扭转了党建工作"小循环"的状况。

二是开辟党代表与党委"绿色通道"。镇党委建立党代会闭会期间党代表建议登记受理机制，做到小事当天回复，大事 30 天内答复。

三是搭建载体平台。试行党代表每周"信访接待日"，发挥党代表联系群众的桥梁和纽带作用，实行党代表述职和接受党员群众评议制度。

四是推行党代表"三大监督"。①监督村级事务。试行党代表议事会制度，参与村里重大事务管理。②评议党委和机关部门工作。镇党委定期组织党代表对党委和机关部门进行满意度评议，评议结果作为被评议机关部门年终考核、干部绩效评定、奖励惩处、选拔任用的重要依据。③监督专项工作。党代表每年根据党委政府工作重点、群众关心的热点问题开展专项监督。

近年来，吕巷试点向纵深推进。

一是探索"主题化年会"。吕巷镇党委从2009年起，开始试行"主题化年会"，按照"年会主题化、主题项目化、项目程序化"思路，扎实推进党代会常任制试点。"主题化年会"的项目构成可以概况为"6 + X"，其中"6"涵盖年会的主要议程，另增加"主题实施情况和计划"、"党委和职能部门工作评议"和"党委委员述职与代表询问"等项目。而"X"为自选项目，包括对党代表的积分制考核结果进行通报、上年度党委重大项目落实情况和讨论通过各专题工作组报告。2011年至2015年年会，相继提出加强基层组织建设、加强生态文明建设、落实群众路线、加强法治文化建设、加快经济转型与绿色发展。

二是建立"代表委员联络室（站）"。镇党委以群众需求为导向，将全镇146名党代表、68名人大代表、5名区政协委员和部分工青妇代表，统一纳入这一平台开展活动。镇级代表委员联络室，工作日全天候接待；村居代表委员联络站，每月25日为固定接待日。镇党代表日常工作小组每次安排2名党代表参与周三镇信访接待。通过代表、委员们的调查研究和建言献策，代表委员联络室（站）逐步成为"民情瞭望台"、"民生议事室"和"民意播报站"。

三是实行党代表约见制度。2010年8月，镇党代会常任制领导小组办公室制定党代表约见制度，规定：镇党代表约见对象主要为镇党委委员、党委职能部门负责人，以及政府相关职能部门党务干部。受理部门（镇党代会常任制领导小组办公室）收到上述申请单后，于5个工作日内送交约见的党委委员和党委职能部门负责人并告知约见人。受理部门及时将镇党委处理意见反馈给约见的党代表。2015年共有6名代表约见党委委员。

四是党代表列席党委会并评议党委工作制度。安排党代表列席党委会、评议党委成员和职能部门工作，确保专题工作组党员代表每年列席一次党委会。2015年共有23名党代表列席党委会。2014年党委工作评议满意率为89.4%，2015年党委工作评议满意率为90.84%。在该制度具体执行过程中，分为党员主动申请旁听和基层党组织推荐党员旁听党委会两种形式。

尤其是涉及重大项目、重要干部任免及大额资金使用等事项决策的党委会，都有针对性请党员旁听。目前已有 40 名党员主动申请旁听。这是镇党委贯彻党的十八大提出的"推行党员旁听基层党委会议、党代会代表列席同级党委有关会议等做法"的新探索。

五是推进党代表积分制管理。以日常工作小组为单位，以优秀、良好、合格、不合格四类划分等级对党代表日常工作表现进行考核，考核内容分别是自身建设、履职情况、民主评议等三方面的主要表现，以百分制项目指标进行量化积分考核。从积分优秀等次的党代表中产生年度优秀党代表，并在下届村居班子换届中作为加分条件。对不合格等次党代表，进行谈话教育、限期改正，当年不享受慰问补贴相关待遇。

吕巷实践大致经历了早期试点（2000 年 1 月至 2005 年 3 月）、重点拓展（2005 年 4 月至 2007 年 10 月）和体系构建（2007 年 11 月至今）三个阶段。试点的渐进式既减少了基层先行试点的许多风险，又不超越农村党员思想实际，崇尚"摸着石头过河"的务实作风。如：逐步减少党代表中党员干部的人数，适当保持党代表与人大代表交叉任职的比例；注重搭建运用党内必要的工作载体，又注意将其与镇情民意、地方文化融为一体。此外，吕巷主办蟠桃节、龙狮赛，在产业基地建立党支部，组织跨支部党代表活动等；特色农业的品牌优势不断凸显；试点工作循序渐进，呈现比较鲜明的"草根"性。

（三）政策基础："区域标本"

吕巷试点，一开始就受到上级组织、媒体、实践工作者、学者等多方关注和支持。实践的正效应得到显现。

一是地方党委坚持不懈。基层民主实践创新与继任者的政治品格与执政风格密切关联。有些地方政府很容易受届别影响，受"政绩"影响，喜欢换"思路"，割裂了地方经济社会发展的连贯性，领导思想花样百出，老百姓则被折腾，使得经济社会无序发展甚至处于紊乱状态。吕巷镇试点 18 年间，镇党委书记、党群书记数度易人，其间经历党委数次换届，特别是经历了 2005 年 3 月行政区划调整，但镇党委探索党代会常任制初衷不改，坚持不懈。

二是上级党委关心扶持。该镇从 2000 年试行党代会常任制工作以来，中共金山区委组织部给予了精心和具体的指导。经过辛勤耕耘，其探索成果为市委办公厅、市委组织部等相关部门所肯定。2002 年 8 月和 2009 年 6 月，市委办公厅分别就该镇试点工作印发了《要情专报》。市委组织部于 2004 年 6 月现场召开上海市镇一级党代会常任制试点工作研讨会。

三是外界关注与肯定。试点初始三年，就接待来自上海、江西、重庆、江苏等省市的 18 个党组织到该镇交流常任制工作体会，日本《朝日新闻》记者也来实地采访了常任制工作。特别是 2010 年 6 月 23 日，由中央党校党建教研部、中共金山区委主办的"基层党代会常任制实践与创新研讨会"在金山召开，相关领域高层专家学者云集金山，对"吕巷模式"给予充分肯定。央视 7 套、《人民日报》、《学习时报》、新华网、人民网等 13 家国内大型媒体报道了会议盛况。

四 深化基础：党代会常任制实践的普适性

党代会常任制实践既是一个持续发展的过程，也是一个不断深入的过程。其试点的成效能否得到区域更大范围的广泛认同，是检验试点社会效应、实践生命力的关键。一枝独秀不是春，万紫千红春满园。民主实践只有在更广的范围和层面推进，才能根深茎壮。

（一）单兵独进到区域推进

吕巷试点的推进，促进了金山全区范围党代会常任制的探索。中共金山区委决定，自 2002 年 3 月起在亭林镇、朱行镇、兴塔镇、区卫生局、金山实业公司等 5 个单位扩大试行党代会代表常任制。从 2003 年开始，试点工作逐步扩大至亭林、朱行、兴塔、枫泾、朱泾等 6 个镇及卫生局、金山实业公司 2 家区属单位，2005 年全区 9 镇全面推行。2010 年 5 月 29 日，中央组织部党建研究所有关领导亲临吕巷实地调研并给予充分肯定。

2012 年 5 月，中共上海市第十次党代会要求年内全市所有乡镇普遍实行党代会常任制。

（二）领域拓展，激活资源

基层民主是一个体系化工程。通过机制整合、领域拓展，有助于激活长期处于"休眠"状态的党代会代表政治资源，使得执政党在基层的各种执政资源盘活起来、得以整合。

吕巷实践初期，建立了"镇党委委员联系党代表，党代表联系党员，党员联系群众"的联系网络。镇党委委员每人联系 10 名党代表，党代表每人联系 5 名党员，党员每人联系 4 名群众。在"三个代表"学习教育活动中，镇党委正是通过三级网络，走遍了全镇 171 个生产组，与 518 户农户建立了经常性联系。2009 年结合学习实践科学发展观活动，镇建立"党委委员联系 20 名党代表，党代表联系 5 名党员，党员联系 5 名群众"的三级联系体系。原则上党委委员联系党代表一个月一次，党代表联系党员一个月一次，每次联系的时间、地点、内容必须记录在册，党员联系群众两个月一次。

这些实践成为当今金山区全区推进的"2055 工程"的雏形，即：1 名党委班子成员联系 20 名党代表，1 名党代表联系 5 名党员，1 名党员联系 5 名群众，在党委与广大群众之间编织起党群联系立体网络。目前，"2055 工程"已经覆盖全镇 13190 名党员群众和 163 户困难家庭。此项做法 2013 年起在全区推广。

（三）信念内化

民主应内化为一种信念，而不仅仅停留在制度和行为层面，方能巩固和持久。吕巷试点实践，主要通过主体意识培养、技能培育，内化党员主体参与基层党内民主实践认同、发挥主人翁作用，对于推进党代会常任制具有决定性作用。

在吕巷镇政府大厅，"敢于碰硬、敢于负责、敢破难题、敢担风险，咬住目标决不放松"的吕巷精神特别引人注目。吕巷镇党代会常任制试点实践，注重党员主体作用，立足地方发展实际，关注民众诉求，有效地规避了一些地方试点"一阵风"、"雷声大雨点小"、"内循环"等浅尝辄止的形式主义现象。

1. 主体权利意识培养

1999 年，吕巷（原干巷）镇党委为了进一步增强共产党员责任意识，在全镇 34 个基层党（总）支部 1496 名党员中，全面开展民主评议党员工作；为了进一步增强党员的荣誉感和使命感，在建党 78 周年之际，对全镇 228 名 40 年以上党龄老党员颁发荣誉证书；为了进一步提高党员素质，在党员发展工作中试行助理制和见习制，注重在"一线"、"一流"中选拔建党积极分子。2008 年以来，镇党委在全体企业党员中开展"党员是面旗，旗上五颗星"主题活动,要求每个企业党员联系 3 ~ 5 名职工群众,每年不少于做 5 件好事。主题实践活动 2009 年已在全镇企业中推广。

2010 年 8 月,根据镇党代表调研建议,结合创先争优活动,镇党委建立了由镇党群系统共 32 人组成的党建工作指导员队伍,分组对全镇 221 家实业型非公经济组织党建进行实地指导。通过党建工作指导员队伍,党的工作触角延伸至每个非公经济组织中。上海田野工具(集团)有限公司党支部,通过开展"我是党员我奉献"岗位科技创新活动,对电镀生产线技术进行改造,实现了年度新增产值 5000 多万。

让政治实践由"口号和材料"变成实实在在的社会效益,这是政治实践最强大的活力、最根本的生命力。吕巷实践,在制度设计上的一个显著特点,就是制度的"问题意识"使得制度具有针对性,制度的价值定位重在解决实际问题时"管用"。在当代中国基层,探索政治民主改革,敢于第一个"吃螃蟹"的不多,能够"十八年磨一剑"的更是凤毛麟角。吕巷镇党委却有这样的"担当"和"任性"。

2. 主体民主技能培育

代表民主技能,是代表履职所必须具备的能力和相关水平。当今,一些基层试点单位党代表行权能力不高,除了自身文化水平、专业素质、个人兴趣爱好以及相关需求存在差异性问题外,一个重要的原因和表现,就是代表从事党代会常任制所需要的民主技能不足。

吕巷在试点实践中,积极尝试多种方法提升代表的行权能力。一是主题实践活动。1999 年,在吕巷(原干巷)试行党代会常任制前一年,镇党委结合"开展基层党建经常性工作创新方法强化实践活动",努力探寻基层党建工作的针对性和有效性,从一定程度上,培育和增强了党员主体行权能力。二是代表评议活动。开展党代表评议镇党委和机关职能部门工作。2007 年 4 月和 7 月,党代表开始尝试对机关职能部门所做的工作进行测评,取得了良好的效果。三是邀请党代表列席、旁听党委会。从 2008 年开始,党委分批次邀请部分党代表列席镇党委会议,强化了党代表在镇党委重大决策中的职能作用,促进了镇党委决策的民主化、科学化。

近年来,为发挥党代表联系服务群众的桥梁和纽带作用,镇党委制定了《党代表参与信访接待办法》,安排党代表参与每月领导接访日,协助信访值班领导办理当天的来信来访工作。该镇太平村忆南奶牛场的涉农镇保问题、颜圩村生态林的涉农镇保问题等,虽然具有群体性、复杂性等特点,都是通过党代表参与信访接待工作，得到及时化解。

民主政治与社会发展的关联性，一定程度上是通过民主科学决策实现的。吕巷牢牢把握地方发展这根弦，使得试点实践之根深深扎在土壤里。

2009 年该镇引进的基本投资将超过 14 亿元的中国机械集团"蓝滨"项目顺利落户镇工业园，对于吕巷加速发展具有里程碑意义。该项目成功引进，首先源于镇工业园选址的长远眼光。2005 年两镇合并后，镇党委为培育新的经济增长点，加快发展第二产业，拟设立工业整合点。但在镇工业整合点选址的问题上，出现了不同意见。党委决定请工业经济专题工作小组的代表开展专题调研，由党代表与政府职能部门协作，在征求企业意见、土地开发成本评估、交通情况评估、工业配套设施评估、发展前景论证等基础上，专题工作小组提出了在白漾村工业基地设立工业整合点的建议。党委采纳了这一建议。这一方案也得到了区委的认可。截止到 2008 年 11 月，已有 18 家企业落户，11 家企业已建成投产，年工业产值超过 10 亿元。目前正在引进中国机械集团公司产业基地项目，预计投资超过 14 亿元。

3. 发展愿景激励

乡镇精神是每个人怀着对乡镇的深厚感情，为了建设好乡镇，积极为乡镇的发展贡献力量。乡镇居民关注乡镇发展，热爱乡镇生活是乡镇精神的核心。乡镇精神的缺失使得一些地方在经济发展的过程中动力不足。

近年来，吕巷镇党委政府提出了全力打造"创业吕巷、生态吕巷、和谐吕巷"、建设"生态、宜居、和谐，具有江南水乡独特魅力"的新市镇工作目标。突出"两大主题"，即发展与和谐，着力解决老百姓最关心、最现实、最迫切的利益问题，提高生活品质。实现"三个提升"，即提升产业层次，进一步做精一产、做强二产、做大三产；提升城镇品位，以创建上海市文明镇为重点，丰富新市镇内涵；提升党建水平，深化党代会常任制试点，强化基层民主政治建设。建设高效生态现代农业，已经初步形成万亩蟠桃园、万亩果蔬园、万亩设施粮田、万亩生态林四个万亩的产业格局。"皇母"蟠桃获得上海市名牌产品称号，"皇母"商标被认定为上海市著名商标。吕巷镇党委正团结带领全镇人民，不断探索总结基层党代会常任制试点经验，为建设"创业吕巷、生态吕巷、和谐吕巷"奋力前行！

当今，众多地方和基层党代会常任制实践的启动和阶段性成效，总体上正是上述因素交织发生相关作用的结果。党代会常任制实践何以启动、何以巩固、何以普及？微观剖析吕巷党代会常任制的社会基础、试点动因、行为巩固和探索深化四重推进条件，涉及制度规范、行为激励和心理内化三个层面，以及精英、组织和公众（党员群众）三个主体。其中，三个层面和三个主体分别耦合在党代会常任制的社会基础、试点动因、行为巩固和探索深化的联系链中。宏观社会基础如同阳光雨露，实践直接动因如同种子萌动，实践持续巩固如同培植呵护，实践深化普及如同秀木成林。

五　吕巷模式的延伸

吕巷试点是"摸着石头过河"，镇党委有时也为率先试点摸不到"石头"要不要"过河"犯嘀咕。

在试点目标上，吕巷一度出现党代会常任制试点"红旗能举多久"的疑惑。

在党代表构成上，基层干部代表比例高、党代表与人大代表交叉比例高，一度出现党代表的构成比例"理想化"的急躁情绪。吕巷试点前期，党代表中干部代表（党组织委员、镇机关干部）占代表总数 60% 以上，党代表与人大代表交叉比例也比较高，有一种主张，即加大力度降低干部代表、人大代表在党代表中的构成比例，反映了实践的理想化情结。在基层，民主素养较高的人群有限，决定了一味人为减少交叉比例的非理性。

在思想认识上，党代会常任制实践是否与党委的"核心"作用、党内"看齐"意识相对立？地方党委的核心作用，是建立在党内民主集中制原则基础上的意志统一，保证党组织的决策民主化、科学化，通过不断提高执政能力巩固执政地位。这是党历来强调党委核心作用的真谛，也是防止和反对"过度集中"、"高度集权"的真实意义之所在。要实现上述目标，唯有坚持和完善党代会制度，不断科学推进党代会年会制和党代表任期制。

在机制上，党内基层民主制度怎样"无缝对接"？有一种观点，认为基层党委推进"公推直选"之时，就是基层党代会常任制淡出之日，人为地把两种党内民主制度对立起来、剥离开来。实际上，前者主要解决党内民主选举问题，后者针对党代会地位和党代表职能问题。当然，两者如何衔接，需要研究。

以党代会年会制和党代表任期制作为两大基石的党代会常任制，自然成为完善党代会制度的有机组成载体，其理论意义不言而喻。但理论的应然不等于实践的必然。只有理论上清醒，才能行动上坚定。诸多实践问题需要首先从理论上破题，因为实践中的问题都最终归结为理论和政策问题。

延伸一：党代会常任制实践为什么一波三折，长期处于试点阶段？

党代会常任制又称党代会任期制，其内涵有三：一是党代表任期制（又称党代表常任制），党代表在任期内持续履行代表职责；二是党代会年会制，每年召开党代表会议；三是价值目标，保证党代会在同级党组织中行使党内最高权力和监督权力。因此，党代会常任制与党代表任期制之间，是包含关系，区别存在于党代会与党代表之间。

关于党内最高权力的规定与探索，与党的代表大会制度这个政党民主政治根本性制度一起，与马克思主义政党相伴而生。马克思、恩格斯于1847年参与创建世界上第一个无产阶级政党——共产主义者同盟时，强调党的权力中心在党代表大会，不在中央委员会。在他们积极参与起草的党章中明文规定："代表大会是全盟的立法机关"，"最高权力机关"，"中央委员会是全盟的权力执行机关，向代表大会报告工作"。① 马、恩认为，党代表大会既然是党的最高权力机关，它就必须实行年会制，即每年召开一次党代表大会。为此，党章第三十三条写明："代表大会于每年8月举行。遇紧急状况中央得召集非常代表大会。"同盟章程规定：代表大会是全党的最高权力机关，决定全党的一切重大问题；中央委员会是全党最高权力机关的执行机关，有义务向代表大会报告工作；党代会闭会之后，它制定的党纲、党章和各项决议，必须由中央委员会付诸实行，而且中央委员会不得做出超越党的代表大会决议的其他决策。这就确立了党的代表大会在党内权力机构中的中心地位。

列宁继承了马、恩的建党理论，他反复强调：党的最高权力机关应当是代表大会。1917年十月革命胜利、布尔什维克党成为执政党后，即使有过14个帝国主义国家的武装入侵和国内激烈的内战与叛乱，在腥风血雨的恶劣环境下，列宁始终坚持党的代表大会年会制，从1918年至1923年先后定期举行了六次党代表大会，即党的七大到十二大。每年年会都集中全党智慧，制定施政纲要，再提交苏维埃代表大会审议并具体化，使其成为国家政权机关的决议。

中共是按照列宁主义建党原则建立起来的马克思主义政党。在创建初期的党的一大到六大，基本坚持年会制。后因革命战争环境险恶，1945年4

---

① 《马克思恩格斯选集》第4卷，人民出版社，1958，第574~575页。

月 23 日至 6 月 11 日召开的党的七大与 1928 年 6 月 18 日至 7 月 11 日召开的党的六大间隔 17 年。1956 年 9 月党的八大通过了新的党章，规定党的全国代表大会实行常任制，每届任期 5 年。但由于政治运动等原因，九大直到 1969 年 4 月才召开。

中共对同级党内最高权力的规定与表述也经历一个特定的历史阶段。党的七大党章规定："各级党的组织之最高领导机关，在支部——是全体党员大会，在区、县、市、地方、边区、省——是代表大会，在全党——是全国代表大会。在各级大会闭会时期由各级大会所选出之党的各级委员会，即为各级党的组织之最高领导机关。"① 党的八大党章明确提出："党的最高领导机关是全国代表大会，在地方范围内是地方各级代表大会。"② 党的九大党章规定："党的最高领导机关，是全国代表大会和它产生的中央委员会。地方、军队和各部门党的领导机关，是同级的党代表大会或党员大会和它产生的党的委员会。"③ 后历次党代会沿用至今。

个中表述的变化值得重视，也引起学界的一些关注。21 世纪历次党代会关于党代会常任制的政策规定，也耐人寻味。

党的十一届三中全会后，党中央决定在部分市、县进行党的代表大会常任制试点。党的十六大提出"扩大在市、县进行党的代表大会常任制的试点"。④党的十七大提出"完善党的代表大会制度，实行党的代表大会代表任期制，选择一些县（市、区）试行党代会常任制"。⑤ 党的十八大提出"完善党的代表大会制度，提高工人、农民代表比例，落实和完善党的代表大会代表任期制，试行乡镇党代会年会制，深化县（市、区）党代会常任制试点，实行党代会代表提案制"。⑥

显然，中央对党代表任期制是迅即"实行"并要求"完善"，对党代会常任制重点维持从市、县试点"扩大"和"深化"县（市、区）试点，在乡镇重点"试行"党代会年会制。

① 《中国共产党党章》（中国共产党第七次全国代表大会 1945 年 6 月 11 日通过）。
② 《中国共产党章程》（中国共产党第八次全国代表大会 1956 年 9 月 26 日通过）。
③ 《中国共产党章程》（中国共产党第九次全国代表大会 1969 年 4 月 14 日通过）。
④ 江泽民：《全面建设小康社会　开创中国特色社会主义事业新局面——在中国共产党第十六次全国代表大会上的报告》（2002 年 11 月 14 日）。
⑤ 胡锦涛：《高举中国特色社会主义伟大旗帜　为夺取全面建设小康社会新胜利而奋斗——在中国共产党第十七次全国代表大会上的报告》（2007 年 10 月 15 日）。
⑥ 胡锦涛：《坚定不移沿着中国特色社会主义道路前进　为全面建成小康社会而奋斗》（2012 年 11 月 8 日）。

实际上，自 1956 年党的八大提出并试行党代会常任制，当时全国各省、区、市一级党的代表大会（除西藏外）和 1500 个左右的县都实行了常任制，半年后纷纷中止试点。经过 20 多年长期沉寂，党的十三大提出"在新的历史条件下，在党的建设上走出一条不搞政治运动，而靠改革和制度建设的新路子"的问题后，如何进一步健全党的代表大会制度问题就被提到更高的位置上来了。1988 年 12 月，经中央组织部同意，浙江省台州市椒江区（县级）、绍兴市（地级）先后开始党代会常任制试点工作。此后，黑龙江省林甸县、肇东市，山西省大同市矿区、洪洞县、晋中市榆次区、晋中市和顺县，浙江省永嘉县、瑞安市，河北省辛集市，湖南省衡山县的 5 省 10 个县市先后开展了党的代表大会常任制的试点工作。上海工业系统也先后在金山石化公司等 55 家企业中实行党代会常任制。但到党的十六大前，除浙江和山西等省的 5 个县（市、区）还在试点外，其他 7 个县（市）已停止。党的十六大后，党代会常任制试点又风生水起。

高层对党代会常任制实践的政策谨慎、试点实践的几番搁浅，使得地方和基层党代会常任制实践扑朔迷离，许多试点进退维谷。关于这项工作的重要性和艰巨性，早在 1956 年党的八大上邓小平就做了预判，称之为"根本性的改革"。他在《关于修改党章的报告》中系统地提出和阐述了党的代表大会常任制问题，要"把党的民主生活提高到更高的水平，党中央委员会在党章草案中，决定采取一项根本的改革，就是把党的全国的、省一级的和县一级的代表大会，都改作常任制，多少类似各级人民代表大会那样。"并认为："代表大会常任制的最大好处，是使代表大会可以成为党的充分有效的最高决策机关和最高监督机关，它的效果，是几年开会一次和每次重新选举代表的原有制度所难达到的。"①

推进党代会常任制的制度设计比实行党代表任期制难度大，不在于年会制难落实，而主要在于党代会常任制的价值目标，是保证党代会在同级党的组织中行使党内最高权力和监督。

延伸二：路径依赖上，发挥传统的领导本位和组织本位还是发挥党员主体地位？

忽视党员的主体地位，这是实践中一些试点单位演绎成"政绩工程"、"上头热下面凉"的基本根源。党的基本性质决定了党员是党的主人，理应

---

① 《邓小平文选》第 1 卷，人民出版社，1994，第 233 页。

成为党内生活、党内权力、党内监督和发展党内民主的主体。一些同志认为，既然需要"发挥"党内民主的积极性，那么，党的组织、党的领导干部和领导机关就自然充当"发挥"的主体，进而变成了实践的主体，由此导致普通党员很难在发展党内民主中体现其作用。

当然，领导机关、领导干部的民主素质及民主作风在发展党内民主中的作用不应被低估，但它毕竟不是发展党内民主的根本途径。领导机关、领导干部在发展党内民主中的"主导"作用，演变成党内生活中的"主体"地位，既有党的"理论准备不足"和"党内民主不足"的历史原因，也有领导机关和领导干部领导现代民主能力不高的现实原因；有政党高度集权的体制性原因，也有基层党员群众民主素养培育不够的客观环境因素。

中共十七大第一次以党内文献形式提出尊重党员在党内的主体地位，廓清了在发展党内民主的实际工作中的迷雾，标志着中共在发展党内民主的基本思路上正由传统的义务本位、组织本位和领导本位，向强调党员本位、党员主体过渡的有力调适。

改革开放30年来地方常任制试点单位的选择，如浙江椒江、四川雅安雨城、湖北罗田和宜都以及广东的惠州、深圳宝安、阳东等地单位，之所以被上级党委选定为试点单位，一个共同的因素是，主要考虑试点单位党的主要负责人的思想素质和工作作风以及班子整体水准。试点和试行时期，这种组织主导和领导主导是非常必要的。问题是，相当一部分基层党委更习惯于做"主体"的事，却对"主导"的技能研究很不够，致使一些地方党代会常任制实践至今没有走出"一头热一头凉"的怪圈。

主体动力不足，主要有三方面原因。理论上，这与多年来对党员权利的认知误差有很大关系。党内往往强调，党员权利的享有与行使，要以其履行义务为先决条件和基本准则。应当看到，主体的基本权利是主体得以存在和发展的本质要求。如同公民的权利是公民确立其身份和进行社会交流的基础，党员对其自身权利的关注也很正常。反观一些地方的常任制工作制度，要求党员及党代表履行义务的多，赋予党员及党代表应有权利的少。这种"不相称"，不足以使广大党员和党代表在发展党内民主、推行常任制工作中享有真正的"实惠"和"最大好处"。所以，摆正党员民主权利与义务的逻辑关系，实在是一个至为重要的问题，它涉及党代会常任制的生命力及其真实意义。如果忽视这个问题，基层党代会常任制的建设就可能是"新瓶装旧酒"，甚至可能走向新的形式主义。

当今，基层党员群众的民主素养还有待进一步提高，发展也不平衡，一些基层党组织发展党内民主的技能还不能符合现代社会发展的要求。因此，过高估计基层党内民主的水准，就容易走向"民主狂热"，过分低估党员民主素养，又会阻碍党内民主的发展，以至于犯"左"的错误。"左"和右都会使人们犯错误，但主要是防止"左"。

延伸三：在价值取向上，党代会常任制是发扬党内民主的一种手段，还是应将其置于政党政治、现代国家与公民社会的框架下进行党内民主的体制性改革？

关于党代会常任制的价值取向，即实践的出发点和归宿，当今主要有三种倾向。一是把它仅仅定位为发扬党内民主的一种手段，采取实用主义的态度，合意的就执行，不合意的就不执行，党代会常任制被当作一种地方党组织甚至个别同志的工具。其结果，不但造成党内民主的庸俗化，而且引起基层党员群众对发展党内民主的冷漠，不利于体现以发展党内民主促进人民民主。这种倾向在实践层面还有一定的市场。

较多的情形是持第二种价值取向。把党代会常任制的初衷定位为加强党的领导，或者说是巩固党的执政地位，进而被演绎为加强党的领导的工具。这种在党代会常任制实践中坚持党的意识、执政意识是难能可贵的。

第三种认识是把党代会常任制实践置于现代国家、政党政治和公民社会的大视野中考察，把这项实践当作发展党内民主、以党内民主促进人民民主的体制性改革。党的十四大报告强调"党的团结是党的生命"，党的十七大首次提出"人民民主是社会主义的生命"，拓展了十六大提出的"党内民主是党的生命"的论断。十八届六中全会同时对这两个"生命"予以高度关注，一方面提出要坚决维护党中央权威、维护党的团结统一，另一方面又重申加强党内民主、形成生动活泼的政治局面。这两个"生命"都是保证党和国家事业兴旺发达的命脉所在。这些论断，都有利于避免传统的仅以政党政治为参照系推进党内民主的套路。人们开始在国家和社会的视野下重新审视党内民主和党代会常任制，从而拓展了人们既定的认识发展党内民主的空间。

落实第三种价值取向，需要在党代会常任制中着眼于构建保障党代表和党员群众权利的体制、机制和配套制度，尽快改变一些地方试点的少数干部的"作秀"。

中共是按照列宁主义建党思想和斯大林执政模式组织起来的。列宁主义的建党思想是马克思主义苏联化而非"中国化"。斯大林高度集中的执政模式，容易产生而且果然产生严重的官僚主义、家长制、腐败等问题。20世纪末世界上一批长期执政的一党独大的"老大党"纷纷丧失执政地位，无不与高度集中的领导体制相关联。因此，党内民主的发展必须从改革现行体制机制上寻找突破口。相对于西方竞争性政党，中共作为从革命党演进而成的执政党，在从革命党向执政党转变后，很容易凌驾于国家和社会之上，发展党内民主和人民民主的任务尤为迫切。所以，党面向 21 世纪开展了先进性、纯洁性和执政能力建设新探索，推进政治体制改革的呼声不断。党代会常任制实践就是一种推进政治体制改革的积极尝试。

民主从道义上讲是好东西，不等于民主的一切行为都是好东西。中共高举民主的旗帜"不忘初心，继续前进"，也一度为探索大民主付出惨痛的代价。党代会制度实践有个科学化的问题，省市级、县（市、区）级基层乡镇必须分类指导，突出重点。基层重在惠民生促发展，地方重在强调重大决策科学化，高层重在保证意志统一、步调一致。那种借党代会常任制之名，行大民主之实，是值得高度警惕的。

当今，人们更多地关注浙江椒江、四川雅安等市（区、县）级党代会常任制试点，上海吕巷镇级党代会常任制试点则具有另一番意义，体现某种开拓性、特殊性。客观地说，吕巷试点还有待规范化、体系化，还存在众多问题与困扰，探索还处于初级阶段，但正因为如此，它真实地提供了一个发展乡镇党内民主的原型，其探索意义可能超越探索本身。

再论中国社会主义路径的五次选择[*]

萧冬连^{**}

摘　要　本文是笔者对拙著《筚路维艰：中国社会主义路径的五次选择》主要观点的简要说明，同时回应学者们提出的意见，进一步阐述了笔者的观点。本文从执政党的建国方略、发展模式和基本政策角度，对当代中国的历史轨迹做了一个逻辑梳理，提出一个分析框架，认为1949年以来中国关于社会主义发展路径经历了五次选择，即实行新民主主义、仿效苏联模式、追寻赶超之路、发动"继续革命"、转向改革开放。五次选择呈现两个过程，即从走入传统社会主义（或称苏联模式）到走出传统社会主义。无论怎么定义，中国特色的社会主义与传统社会主义已经相去甚远。笔者认为，路径的选择是受多重因素制约的，包括观念的、历史的、制度的、国际环境的以及个人因素，等等。应当对历史的复杂性抱持一种敬畏，做冷静和理性的分析，而不是做简单的道德和价值评判。本文的意义在于，着重于发掘历史自身的逻辑，分析每一次路径转向的内外因素，为学界的中国当代史研究提供一个讨论平台。

关键词　社会主义路径选择　新民主主义　苏联模式　改革开放

中国当代史有多重面相。笔者2014年出版的《筚路维艰：中国社会主义路径的五次选择》一书，从执政党的建国方略、发展模式和基本政策角度，对当代中国的历史轨迹做了一个逻辑梳理，并提出一个分析框架，认为1949年以来中国关于社会主义发展路径经历了五次选择。这五次选择是：

---

* 本文系作者应邀为中国人民大学重大规划课题"中国共产党思想史研究（系列）"（项目批准号：15XNLG07）写的专稿，受到中国人民大学"中央高校建设世界一流大学（学科）和特色发展引导专项资金"支持。

** 中国当代史研究学者、华东师范大学中国当代史研究中心兼职研究员。

实行新民主主义（1949～1953 年）；仿效苏联模式（1953～1956 年）；追寻赶超之路（1956～1962 年）；发动"继续革命"（1962～1976 年）；转向改革开放（1977 年至今）。

初稿成书后，约稿单位曾邀请党史、国史界几位著名学者做了一次座谈，得到总体肯定，也提出了一些不同看法。有学者觉得提五次选择过细了，实际上中国社会主义道路的探索分为前后两个过程。其实，笔者在书中已经表达过类似的看法："五次选择实际上呈现出两个过程，即从走入传统社会主义（或称苏联模式）到走出传统社会主义，走上一条中国特色社会主义的道路。"① 不过，提五次选择也是从历史中来的，因为前 30 年的路并不是径直走下来的，而是经历了多次重要转向。有学者觉得，笔者这个分析框架还是党史、国史传统的框架。其他人则认为，这不失为一个稳妥的办法，要完全另搞一套很可能弄巧成拙。（见书后附录）对这个问题，笔者持谨慎态度，认为在陈述事实时不能离开当时的语境，硬要重构一套新的话语体系，离真实的历史不会更近反而是更远。

笔者的学术态度是把问题置于当时的历史情境中来考察，着重于发掘历史自身的逻辑，了解当时人是怎么想的，面对怎样的情景，做出那样的选择；而不是做简单的道德和价值评判，拒绝用某种既成框架来框定历史。不是没有反思，但反思的前提是还原，首先弄清楚它是什么、为什么，然后才谈得上评判它的得失，评判得失也不能离开具体的历史条件。鉴于此，笔者的分析始终贴着史料走，收敛过度解读的冲动，力求每一判断背后都以可靠史料作支撑。在写这本小书时，搜集和阅读的资料不下几千份，包括各种不同观点的文章，尽管限于篇幅很少回应，但始终持一个对话姿态。笔者的分析着重于理念，同时顾及政治生态包括权力斗争，但不认同用功利与权斗的观点来解释一切。历史学者追求客观中立，但真正做到不容易，每个人难免有自己的价值和情感取向。当代史研究最大优势在于有现场感，有许多亲历者，但最难之处也在这里，很难避免各自情感的带入。更何况当下中国已经价值多元，不同史观对历史的解读大相径庭。然而，过多地带入个人情感，难免误导自己进而误导读者。

本文简要说明笔者的主要观点，并对学界的不同意见做一点回应。本

---

① 萧冬连：《筚路维艰：中国社会主义路径的五次选择》，社会科学文献出版社，2014，第 1 页。

文主要讨论以下四个问题：（1）中共何以放弃原本认真考虑过的新民主主义，急于仿照苏联模式，向社会主义过渡？（2）在觉察苏联模式的弊端并尝试走中国自己的路之后，为什么引导出一场"大跃进"和人民公社化运动？（3）对"大跃进"的调整和总结为什么没能引出改革，却走上了"文化大革命"的不归之路？（4）"文化大革命"结束后，又是哪些社会力量推动中国走上了改革开放的道路？中国改革何以走得这么远？

一 从实行新民主主义转向仿效苏联模式

在相当长时间内，很少有人谈新中国成立之初有过搞相当长时间的新民主主义的设想。改革开放以后，新民主主义的价值被重新发现。人们看到，现在许多做法，包括发展多种所有制经济，给予私人企业以合法地位，正是当年新民主主义要做的事情。在一些高层官员内心，并非没有"社会主义搞早了"的想法。① 不过，决定历史进程的不是后人的想法，而是当时人的普遍观念。如果回到历史，笔者只能得出这样的结论：新民主主义很难持久，提早结束反而符合其自身逻辑，无论这种选择对以后的发展是否有利。这里说的不是所谓历史必然性，而是新民主主义构想的内在张力及其发展逻辑。

首先应当说，当年设想搞一段新民主主义是经过认真考虑的，不应只把它看成是一个策略性口号。一般认为，提出新民主主义理论是在抗战时期，其标志是 1939 年 12 月至 1940 年 1 月毛泽东先后发表的《中国革命和

---

① 1985 年 6 月，姚依林说过："从今天回头看，新民主主义阶段是否应该长一些？……现在许多事情都是返回去做，为什么那时不就这样做呢？"（姚锦：《姚依林百夕谈》，中共党史出版社，2010，第 298 页）薄一波在回顾历史事件时写道，"如果土改后不急于立即向社会主义过渡，不立即动摇私有制，而是继续实行新民主主义政策"，"那样，不仅对生产力的发展可能更有利些，而且也可能不致于搞成后来那样千篇一律的农业集体化模式"（薄一波：《若干重大决策与事件的回顾》上卷，中共中央党校出版社，1993，第 206 页）。胡绳、于光远、杜润生、李锐等中共党内一些理论权威人士也推崇毛泽东新民主主义社会的理论，认为它是一种独具创造性的社会理论，对过早抛弃新民主主义不无惋惜。参见郑惠《胡绳访录》，《百年潮》1997 年第 1 期；于光远《"新民主主义社会论"的历史命运》，韩钢诠注，长江文艺出版社，2005；《访李锐：一个"社会理论"的历史命运》，张素华、边彦军、吴晓梅编著《说不尽的毛泽东——百位名人学者访录录》，辽宁人民出版社，1995；姚监复《当代中国与新民主主义结构——姚监复根据杜润生谈话整理》，《炎黄春秋》2008 年第 2 期。

中国共产党》和《新民主主义论》。1945年，毛泽东在中共七大《论联合政府》的报告中进一步发挥了这个思想。这有其特定背景。抗战胜利前后，共产党有过在国共合作的条件下建立联合政府，实现和平建国的设想。"联合政府"并不是共产党期望的理想结局，但和平建国是当时的民心所望。基于时局和力量对比，这是近期可以去争取的目标。如果联合政府的目标能够实现，社会革命的任务推延到比较遥远的下一阶段，这是顺理成章的事。然而，很快国共和谈破裂，内战全面爆发，和平建国成为泡影。依章百家的看法，至此"实行新民主主义的基础其实已开始瓦解"。[①] 不过我们看到，中共在即将夺取全国胜利谋划成立新中国时，并没有放弃新民主主义的口号。中共七届二中全会将它确立为自己的建国纲领，随后郑重地写进具有临时宪法性质的《中国人民政治协商会议共同纲领》（以下简称《共同纲领》）中。在起草《共同纲领》时，中共领导人甚至没有接受一些民主人士的建议将"社会主义前途"写入《共同纲领》。这当然有兑现对民主党派承诺的考虑，[②] 但更为根本的考虑是，希望在新民主主义政策下，依靠多种所有制经济的共同发展，完成国家工业化的历史任务，为过渡到社会主义准备条件。依当时人的普遍认识，社会主义必须以一定程度的工业化为基础，即使达到苏联过渡前工业产值占42.1%的水平，中国需要15年或更长时间。联想到俄国十月革命后走过战时共产主义的弯路，中共有一个新民主主义的理念和政纲，对于新政权来说是幸运的，至少抑制了"农业社会主义"思想的冲击，这种思想在一个以农民出身为主体的中共党内有广泛的基础，并且不断地冒出来。

　　然而应当注意，当年毛泽东等领导人设计的新民主主义本身是一个过渡性的制度安排，新民主主义是起点而不是终点。从众多资料看，中共领导人是从两个方面考虑过渡条件的：一是生产力的性质，即工业化发展阶

---

① 转引自萧冬连《筚路维艰：中国社会主义路径的五次选择》，附录，第242页。

② 1949年第一届中央人民政府吸纳了许多民主人士加入，带有"联合政府"的色彩。中央人民政府6位副主席，民主党派占有3位，在56位中央人民政府委员中民主党派约占半数，有两人出任政务院副总理，20人出任政务委员和部长，最高人民法院院长也由党外人士出任。不过这只是外在形式，实质是共产党领导。毛泽东在1949年1月与秘密到西柏坡的米高扬就交了底。毛泽东向米高扬说："虽然政府的组织形式和苏联、东欧国家有所不同，但其性质与宗旨仍然是在共产党领导下的，将来的目标是实现社会主义和共产主义。"《毛泽东年谱（1893~1949）》下卷，中央文献出版社，2013，第450页。

段；二是人民是否准备好接受社会主义前途。① 我们不难发现，前者是一个确定的指标，是人为难以移易的历史发展阶段；而后者带有随机性，取决于力量对比和执政党的动员能力。这种过渡条件的二元视角，对后来新民主主义制度的存废有着重要影响。

事实上，与 1945 年中共七大报告比较，1949 年初中共七届二中全会关于新民主主义的政纲已经有了重要变化。新民主主义经济与社会主义的区别主要是两条：一是保护私有产权，允许私人资本主义和个体经济的存在和发展，二是利用市场机制。但是必须清楚，新民主主义经济不是静态的而是动态的，是以社会主义为前途的。因此不只是强调共同发展，而更加强调社会主义与资本主义的力量消长，强调国有经济的领导地位，对私人资本主义是有限制地利用，同时指出个体农民的方向是社会化。中共七届二中全会前后，毛泽东对于工人阶级与资产阶级之间的阶级斗争的强调比以前更突出了。他提出"民主革命完成以后，中国内部的主要矛盾就是无产阶级和资产阶级的矛盾"。② "基本矛盾"的提出，就埋下了放弃新民主主义的伏笔。我们看到，在各级领导层，急于搞社会主义的想法有相当的基础。周恩来说，一些同志"不相信按照《共同纲领》不折不扣地做下去，

---

① 任弼时在七届二中全会发言说，俄国 1913 年工业占国民经济的比重是 42.1%，而我们现在还只有 10%。当然，我们有苏联的帮助，转入社会主义时，工业的比重总不能少于 30%。所以，全国革命胜利后，我们仍需要有两个到三个五年计划才可转到社会主义。（《任弼时选集》，人民出版社，1987，第 465 页）毛泽东的论证角度与任弼时相同，他在七届二中全会报告中说，中国"现代性的工业占百分之十左右，农业和手工业占百分之九十左右"，这 90% 左右的经济生活还"停留在古代"，这是"革命胜利以后一个相当长的时期内一切问题的基本出发点"（《毛泽东选集》第 4 卷，人民出版社，1991，第 1430 页）。刘少奇在 1949 年 2 月 8 日写的《新中国经济建设的方针与问题》中说，东欧国家过渡了 3 年，中国可能是 10 年到 15 年。但如果有国际干涉，有资产阶级暴动，则要立即过渡。（《中国赫鲁晓夫刘少奇反革命修正主义言论集》，人民出版社资料室，1967，第 188 页）周恩来在解释为什么现在不把社会主义前途写进《共同纲领》时说："这个前途是肯定的，毫无疑问的，但应该经过解释、宣传特别是实践来证明给全国人民看。……所以现在暂时不写出来，不是否定它，而是更加郑重地看待它。"（《周恩来选集》上卷，人民出版社，1980，第 368 页）

② 刘少奇在 1948 年 9 月的会议上最早提出："在新民主主义经济中，基本矛盾就是资本主义（资本家和富农）与社会主义的矛盾。在反帝反封建的革命胜利以后，这就是新社会的主要矛盾。"（《刘少奇论新中国经济建设》，中央文献出版社，1993，第 4 页）毛泽东完全赞同刘的观点，他在会上说，"现在点明一句话，资产阶级民主革命完成之后，中国内部的主要矛盾就是无产阶级和资产阶级之间的矛盾，外部就是同帝国主义的矛盾"（《毛泽东文集》第 5 卷，人民出版社，1996，第 145~146 页）。1949 年 3 月中共七届二中全会上，毛泽东再次申明新中国社会的基本矛盾是资产阶级与无产阶级的矛盾，并将这一观点写进中共七届二中全会决议，成为全会的共同观点。

社会主义的条件就会逐步具备和成熟", 总是"急于转变到社会主义"。① 这种"急于转变"的情绪不断地冒出来。根源就在于, 社会主义理想与新民主主义政策之间存在紧张关系。即使不是 1953 年, 也不能设想那一代革命者有耐心等待几十年, 在他们有生之年见不到社会主义。

在新民主主义制度存废的问题上, 最终取决于毛泽东的意向。1953 年 6 月 15 日, 毛泽东在中央政治局扩大会议上完整表述了过渡时期总路线, 即"要在十年到十五年或者更多一些时间内, 基本上完成国家工业化和对农业、手工业和资本主义工商业的社会主义改造"②。过渡时期总路线提出, 所谓"新民主主义阶段"的概念就已经消失了。为什么毛泽东改变了原来的设想? 这就涉及前面提到的新民主主义社会论逻辑前提的二元论。虽然毛泽东说过不能跨越资本主义经济发展阶段的话, 但对资本主义在历史上何以推动了生产力的巨大发展, 并没有进一步的阐述。真正对毛泽东的选择起决定性影响的, 是社会主义目标的牵引以及对力量对比的估计, 相对于这一终极目标, 一切阶段性政策都具有策略性。具体说, 有三重因素推动毛泽东提前放弃了新民主主义。

第一, 对资本主义影响的担忧。新中国成立后出现的两个情况, 使毛泽东觉得, 新民主主义搞长了可能不利于向社会主义发展。一个是在农村, 各级领导机构无不关注土改后出现的新的分化现象。与此相联系, 在是否允许土地自由买卖和租佃、是否允许自由借贷和雇工, 尤其在是否允许中共党员雇工的问题上出现了分歧。根据当年的资料, 所谓老区农民的分化, 大量的是"中农化"而不是"富农化", 多数土改前的贫雇农上升为新中农, 这本来正是土改的成果。然而领导机关不是欣喜而是担忧。令他们忧心忡忡的, 主要不是产生了多少新富农, 而是如果农民尝到了个人发家致富的甜头, "习惯了新民主主义秩序", 就不想社会主义了。担心党员干部个人发家致富了, 将失去向社会主义过渡的基本力量。党内这种倾向正契合毛泽东本人的想法。一个是在城市, 1951 年底、1952 年初的"三反"、"五反"运动在毛泽东脑子里形成了两个认识: 一是加深了对共产党干部道德危机的担忧, 二是强化了对私人资本主义的负面印象。这场运动使毛泽东下定了逐渐消灭资本主义的决心。1952 年 6 月, 毛泽东下面这段批示正

① 周恩来:《发挥人民民主统一战线积极作用的几个问题》(1950 年 4 月 13 日),《周恩来统一战线文选》, 人民出版社, 1984, 第 169 页。
② 逄先知、金冲及主编《毛泽东传 (1949~1976)》(上), 中央文献出版社, 2003, 第 254 页。

是在中共中央统战部有关"五反"运动的文件上做出的："在打倒地主阶级和官僚资产阶级以后，中国内部的主要矛盾即是工人阶级与民族资产阶级的矛盾，故不应再将民族资产阶级称为中间阶级。"① 这个批示首次透露出毛泽东"从现在起"进行转变的想法。

第二，推进国家工业化的考虑。因朝鲜战争而强化的安全考虑和苏联工业化援助的到来，是促使决策者推行"一化三改造"整体部署的重要因素，这或许是更直接的原因。中国的社会主义工业化是从苏联援建 156 个项目起步的。1953 年 5 月 15 日，有关苏联援助中国的协议在莫斯科签订，6 月 15 日毛泽东即在党内完整表述了过渡时期总路线。这不是时间上的巧合，说明毛泽东是把工业化和三大改造联系起来考虑的。这正是苏联走过的道路，苏联 1929 年推行全盘农业集体化，首先不是出于意识形态上的考虑，而是加速工业化的一个制度安排。从逻辑上说，赶超型工业化必然是国家主导的，必然导致对市场的排斥和对计划的依赖。当然，从今天的经验看，即使优先发展重工业，也不一定需要消灭一切私有经济。可以国家集中搞重工业，民间资本发展轻工业。当时一些资本家就是这样想的，党内也有人认同这种想法。但陈云首先反对，他说："现在有些资本家有这样的想法：政府搞重工业，他们搞轻工业，政府搞原料工业，他们搞制造工业，包袱都要你背，他们赚钱。我们当然不能这么办。"② 毛泽东批评党内有这种想法的人是"反映了资本家的一种意见"。③ 他的解决办法是提早向社会主义过渡，消灭一切私有制，把全国的资源集中到国家手里，纳入集中计划，投资于国家选定的工业化项目。

第三，力量对比的变化。经过 3 年的准备，大陆全部解放，经济得以恢复、新区土改完成、基层政权全面建立、朝鲜战局也趋于稳定。与 1949 年面对诸多敌人不同，现在已经没有任何力量可以对新政权构成实质性的挑战。在经济结构上，从国民政府接手的国家资本和官僚资本，事实上就初步确立了国有经济的主导地位。新中国成立之初为恢复经济建立了如下制度：（1）统制外贸，实行进出口许可证、外汇管制和保护性关税等制度。（2）成立中央财经委员会，统一全国财经，建立起中央集中管理体制的雏形。（3）通过接管国民党"四行二局一库"，建立以中国人民银行为中心的

① 《毛泽东选集》第 5 卷，人民出版社，1977，第 65 页。
② 《陈云文选》第 2 卷，人民出版社，1995，第 136 页。
③ 《毛泽东文集》第 6 卷，人民出版社，1999，第 288 页。

金融体系；1952 年底，率先完成私人钱庄全行业公私合营，实行资金统一配置。（4）统一调度重要物资。1952 年，政府统一调度的物资已达 55 种，包括重要工业生产资料和粮食、棉花等重要农产品。（5）国家统筹安排就业。这些制度性架构的建立，都在强化经济的计划性和国有经济力量。到 1952 年底，国家垄断了金融、统制了对外贸易、掌握了包括铁路和矿山等在内的经济命脉，半数以上的私人工商业已经纳入加工订货和代购代销等形式的国家资本主义轨道。这种结构性变化是中共领导人原来没有想到的。特别是"五反"运动后，私营企业的生存空间已经十分狭小。1952 年 9 月 24 日，毛泽东在中央书记处会议上说，资本主义的"性质也变了，是新式的资本主义"，"他们已经挂在共产党的车头上了，离不开共产党了"。[1] 这使得全面推行计划经济几乎不会遇到什么障碍。

这里谈到刘少奇对新民主主义的看法。刘少奇对新民主主义政策坚持的时间最长。1953 年，毛泽东批评了三个提法，一是确立新民主主义的社会秩序，二是由新民主主义走向社会主义，三是确保私有财产。[2] 随后又批评了"公私一律平等"的新税制和"四大自由"。其实这些口号和政策都是依据了新民主主义政纲。这说明党内许多重要领导人包括刘少奇没有完全跟上毛泽东的节奏。但是有两个问题需要注意：一是刘少奇的思想前后是有变化的。[3] 二是刘少奇并没有坚持自己的观点，很容易被毛泽东"说服了"。[4] 我们知道，苏联全盘集体化之前在斯大林与布哈林之间发生了一次真正的路线之争，但在中共党内有认识分歧而没有正面争论，历史上没有

---

[1] 薄一波：《关于过渡时期总路线提出问题致田家英的信》（1965 年 12 月 30 日），《党的文献》2003 年第 4 期。

[2] 逄先知、金冲及主编《毛泽东传（1949 ~ 1976）》（上），第 254 ~ 255 页。

[3] 比如无产阶级与资产阶级的矛盾是土改后国内的基本矛盾和主要矛盾的提法，首先是刘少奇在 1948 年 9 月会议上提出来的，毛把它接过来，成为七届二中全会的基本提法。刘少奇的变化是到天津以后发生的，因为他接管城市面临一个严峻问题，就是资本家停工停业、转移资产，他要稳住资本家。从那以后，刘在思想上有很大变化，更加重视资本主义在发展经济中的作用而不是着眼于限制资本主义。

[4] 1951 年 4 月 17 日，山西省委提出"把老区的互助组织提高一步"，应当是逐步地动摇、削弱直至否定农村的私有基础。华北局和刘少奇明确表示，不同意山西省委和长治地委的意见。刘少奇批评说："这是一种错误的、危险的、空想的农业社会主义思想。"但是，毛泽东明确支持山西省委的意见。他找刘少奇谈话说，既然西方资本主义在其发展过程中有一个工场手工业阶段，即尚未采用蒸汽动力机械而依靠工场分工以形成新生产力的阶段，则中国的合作社，依靠统一经营形成新生产力，去动摇私有基础，也是可行的。薄一波后来说：他（毛泽东）讲的道理把我们说服了，刘少奇收回已经下发的讲话。薄一波：《若干重大决策与事件的回顾》上卷，第 191 页。

形成一条所谓刘少奇路线。原因在于当时党内所有人都有一个清晰的目标：搞社会主义就是走苏联的道路，当时的口号是"苏联的今天就是中国的明天"，分歧只在实现这个目标的时间和步骤。刘少奇1954年9月在关于宪法草案的报告中明确讲："我们所走的道路，'就是苏联走过的道路'"，"苏联的道路是按照历史发展规律为人类社会必然要走的道路"。① 当年学苏联并非屈于外部压力，而是自觉的。客观地说，学苏联有得益的一面，中国大规模的工业化建设是从苏联援建的156个项目开始的，由此奠定了中国工业化的初步基础。但从苏联接受过来的体制很快暴露出问题，加上1956年苏共二十大第一次把苏联的内幕揭露出来，才引出改革的话题。

二　从思考改革转向追寻赶超

1956年2月，赫鲁晓夫在苏共二十大的秘密报告，破除了斯大林神话和苏联神话，引发毛泽东等领导人"以苏为鉴"、走中国自己道路的思考，并在经济改革与扩大民主两方面进行了有价值的尝试。毛泽东关于经济改革的思考，集中体现在《论十大关系》中。其中5个问题讲经济关系。如何处理重工业和轻工业、农业的关系，是毛泽东思考的首要问题。毛泽东并没有否定优先发展重工业，但鉴于苏联的教训，他提出适当调整投资比例，较多地发展轻工业和农业，以适当兼顾民生改善。毛泽东还提出，"二五"期间适当放慢国防工业步子，降低军事费用以加快经济建设；利用好沿海优势，办好沿海工业。这两大方针关涉对未来战争的估计，表明此时对国际局势持一种谨慎乐观的判断，毛泽东估计可以争取到12年左右的休战期来搞国内建设。毛泽东提出的国家、企业和个人关系，中央和地方关系两个问题涉及体制问题。毛泽东的基本思路是地方适当分权。他特别提到美国制度中的分权特色，说"我们也要扩大一点地方的权力"。②

中共八大对于经济体制改革的思考有所深化。背景是：计划经济体制初步建立起来以后，暴露出一系列新问题。陈云认为，资本主义大范围内不合理，小范围内合理；社会主义大范围内合理，小范围内有不合理之处。要使两个方面都合理，就应当在国家市场指导下允许自由市场存在，没有

---

① 《刘少奇选集》下卷，人民出版社，1985，第154～155页。

② 参见薄一波《若干重大决策与事件的回顾》上卷，第488～489页。

自由市场，市场就会变死。① 陈云在八大会上提出了一个"三个主体，三个补充"的总体设想，即国营和集体经营为主，个体经营为补充；按计划生产为主，自由生产为补充；国家市场为主，自由市场为补充。② 这是一种改良型计划体制的构想，即在计划经济中引入市场机制；在公有制占绝对优势情况下，允许少量非公有经济存在。陈云的主张在八大决议里有所反映。从文献看，体制问题成为八大讨论的一个热点，不少发言都涉及经济体制问题。八大后毛泽东也有"可以消灭资本主义，又搞资本主义"的说法。当然，当时的思考并没有突破苏联计划经济模式，只是希望为这种模式增加一些灵活性。

扩大民主的尝试直接基于对斯大林问题的反思，提出"百花齐放，百家争鸣"和"长期共存，互相监督"的方针，发动一场"百花运动"，动员知识界展开学术争鸣。在体制上也做了某些改革尝试，在国家体制上提出两项措施：一是发挥人大代表的监督作用。周恩来把这视为对"西方议会的某些形式和方法"的借鉴。③ 二是试行行政体制改革，适当扩大地方管理权力，实行中央与地方相互监督。中共八大在党的体制上也做了两项改革：一是将党的代表大会改为常任制，二是设立中央书记处，增设几个副主席和一个总书记，意在加强集体领导。有一段时间，毛、刘、周等人对美国政治都流露出少有的开放心态，考虑过借鉴西方民主的"某些形式"来弥补制度上的缺陷。④ 当然从来没有设想过实行西方式的多党制和议会政治。在吸取斯大林教训上，看起来毛泽东比赫鲁晓夫走得更远，在国外引起很大反响，甚至引起赫鲁晓夫的担忧，其实他们都没有理解毛泽东。

然而，这种探索被"波匈事件"与随后国内反右派斗争打断了，而且转了向。据薄一波回忆：匈牙利事件对毛泽东和中共高层的"震动太大了，

---

① 《陈云文集》第 3 卷，中央文献出版社，2005，第 74、99 页。
② 《陈云年谱》中卷，中央文献出版社，2000，第 334 页。
③ 《周恩来选集》下卷，第 208 页。
④ 据薄一波回忆，毛泽东在《论十大关系》的口头报告中说："美国这个国家很发展，它只有一百多年就发展起来了，这个问题很值得注意，我们根美国那个帝国主义，帝国主义实在是不好的，但它搞成这么一个发展的国家总有一些原因。它的政治制度是可以研究的。"不只是毛泽东，周恩来、刘少奇等人都谈到过这个问题。周恩来说："资本主义国家的制度我们不能学，那是剥削阶级专政的制度。但是，西方议会的某些形式和方法还是可以学的。"《周恩来选集》下卷，第 208 页。刘少奇在八届二中全会上也说，"资产阶级革命初期所采用的一些民主比我们现在的一些民主办法甚至更进步一些，我们比那个时候不是更进步了，而是更退步了"。他甚至以美国开国总统华盛顿功成身退为例说："这样的办法，我们是不是可以参考一下，也可以退为平民呢？"中央档案馆编《共和国五十年：珍贵档案》上册，中国档案出版社，1999，第 518 页。

仿佛中国也存在着这种现实的危险"。仅在 10 月 21 日到 11 月 9 日的 20 天
时间内，"中央常委和中央政治局连续召开十三四次扩大会议讨论波匈事件
及有关问题……往往是通宵达旦，不分昼夜"。① 毛泽东从来都没有放松过
对阶级斗争的警惕，不过当时估计，中国的反革命不多了，刮不起匈牙利
那样的"七级台风"。"现在的阶级斗争，一部分是敌我矛盾，大量表现的
是人民内部矛盾。"② 有人认为，动员民主党派和知识分子帮助共产党整风，
完全是毛泽东亲自伏设的一个"诱敌深入、聚而歼之"的大罗网。另有研
究者依据史料说明，毛此时还没有形成"引蛇出洞"的策略。整风是真想
解决党内"三风"（官僚主义、宗派主义和主观主义）问题。③ 从史料出
发，笔者认同后一种分析。不过需要补充一点，毛泽东始终是留有后手的。
他鼓动"大鸣大放"，等于放了一把火，结果烧出了他划定的边界，于是掉
转方向，"后手"变"先手"，从整风转向反右。1957 年的政治演进就是如
此。反右的直接后果是中断了扩大民主的尝试，重新回到阶级斗争轨道。
1956 年关于引入市场因素和少量自由经济的改革设想也被彻底抛弃，而且
走上了消灭一切私有制残余和公有制不断升级的相反轨道。

从 1956 年到 1958 年，在思考方向和路径选择上有一个重大转向。不过
毛泽东的一个根本想法并没有改变，这就是追寻赶超之路。还在苏共二十
大之前，毛泽东就谋划如何把合作化高潮的势头转到经济建设上来。从内
部影像资料中知道，早在 1955 年 3 月中共全国代表会议上，毛就提出了赶
上美国的宏大目标。有一段时间，毛不断地重复着这个话题，甚至说如果
五六十年还不能超过美国，"那就要从地球上开除你的球籍！"④ 苏联问题的
暴露增强了毛泽东的自信和赶超意识，希望中国可以比苏联走得更快更好。
如果不拘泥于词句，那么早在 1955 年底就开始酝酿和发动一场"跃进"
了。1956 年上半年，全国各地各行业出现了浓厚的"跃进"气氛，只是由
于周恩来等人提出反冒进，这种"跃进"气氛受到暂时抑制。1957 年底，
国际国内两方面的形势给毛泽东的赶超战略提供了新的动力和支持。苏共
二十大提出"和平竞赛"之后，苏联、东欧出现了一股赶超西方的浪潮。

---

① 薄一波：《若干重大决策与事件的回顾》下卷，第 631、575 页。
② 《毛泽东选集》第 5 卷，第 357 页。
③ 参见沈志华《思考与选择：从知识分子会议到反右派运动》（香港中文大学当代中国文化
　研究中心，2008）第七、八章。
④ 《毛泽东选集》第 5 卷，第 296 页。

1957 年 9 月，赫鲁晓夫在莫斯科会议上提出 15 年赶超美国，毛泽东旋即提出中国 15 年内"赶超英国"的目标，① "超英赶美"遂成为发动"大跃进"的动员口号。毛泽东公开的口号是赶超英国，实际瞄准的目标是美国与苏联。他在 1958 年 3 月中央政治局扩大会议上说："中国应当成为世界上第一个大国。"② 自然，最终是要超越美苏的。在某种意义上说，1958 年的"大跃进"是 1956 年初被暂时抑制的"跃进"的延时发动。1958 年的体制下放也延续了 1956 年的思路，但把一个合理的命题推到了极端。下放权力、调动积极性，正是毛泽东《论十大关系》讲话的精神。毛泽东对刻板的计划并不满意，但并没有导出对市场的兴趣，他的《论十大关系》讲了五大经济关系，唯独没有讲计划与市场的关系，这并不是疏忽。他的思路是中央向地方适当分权，更多地发挥地方积极性，通过发动群众运动，最大限度地动员民力来突破计划的平衡和填补资金的缺口，创造高速度。"大跃进"就是这个发展思路的一次大试验。毛泽东还从反右运动找到了一种新形式，就是用"搞发动群众、搞阶级斗争"的方法来发动"大跃进"，他自信地认为这可能是与苏联建设社会主义不同的"另一种方法"。③

如果要找一个毛泽东心目中的中国模式，那就非"大跃进"和人民公社化莫属。这个模式具有双重赶超的意义：一是用全民动员的办法创造增长奇迹，赶超英美；二是通过建立"一大二公"的人民公社超越苏联，为社会主义国家提供一种向共产主义过渡的新模式。不过与"大跃进"酝酿已久不同，人民公社化运动并不是事先设计的，它是"大跃进"的伴生物。在 1957～1958 年冬春的农田水利建设中，一些跨村的工程建设遇到了社与社之间的矛盾，以及面临劳力和资金方面的困难，于是一些地方自发地把小社合并成大社，试图以此解决资源瓶颈。1958 年 4 月，中央政治局专门下发了一个文件，要求各地把小社适当合并为大社，随后许多省出现并社热潮。1958 年 8 月和 12 月，毛泽东曾两次说到人民公社"是群众自发的，不是我们提倡的"，他说他"没有想过 1958 年搞人民公社，也没有想过搞公共食堂"。④ 这反映了一部分事实，但如果没有中央的大力提倡，不可能出现一个席卷全国的人民公社化运动。当各地出现并大社、办公共食堂等

① 《建国以来毛泽东文稿》第 6 册，中央文献出版社，1992，第 635 页。
② 1958 年 3 月 10 日，毛泽东在中共中央政治局扩大会议上的讲话。
③ 1958 年 5 月 17 日，毛泽东在中共八大二次会议上的讲话。
④ 《毛泽东年谱（1949～1976）》第 3 卷，中央文献出版社，2013，第 424～425、563 页。

"新事物"时，在高层引发出一片乌托邦热，把它看作共产主义的新因素。1958 年 8 月北戴河会议决议宣称："看来，共产主义在我国的实现，已经不是什么遥远将来的事情了，我们应该积极地运用人民公社的形式，摸索出一条过渡到共产主义的具体途径。"《决议》列出了全国向全民所有制过渡的时间表：短则三四年，长则五六年。① 这时毛泽东似乎认为，中国有可能比苏联更早进入共产主义。②

"大跃进"的失控与当年的政治生态密切相关。1957 反右派斗争彻底堵塞了党外人士的建言之路，1958 年对"反冒进"领导人的严厉批评，以及在党内开展的一系列运动，使党内不同意见也难表达了。与此相伴随的是个人崇拜的升级。在 1958 年 3 月成都会议上，对于毛泽东的颂扬不绝于耳。有人公开声称"对主席就是要迷信"。柯庆施有两句"名言"："我们相信主席要相信到迷信的程度，服从主席要服从到盲目的程度。"③《毛泽东传》作者评论说："党中央的一些最重要的领导人如此集中地颂扬毛泽东个人，这是在新中国成立以来从未有过的。"④ 并不是没有不同意见，但在这种气氛下谁都不敢说，包括陈云这样地位的人都不说话。⑤ 1959 年庐山会议对彭德怀的错误批判及此后在全党开展"反右倾机会主义"的斗争，使党内气氛更趋紧张。陈云在 1962 年说，当时党内是"逢人只说三分话，不敢全抛一片心"。⑥ 如果说 1958 年乌托邦热情起了某种作用，那么 1959 年特别是庐山会议以后的继续"大跃进"，就只能靠强制。以政治斗争压制各种不同意见，结果是个人意志左右全局，无论进退都倚仗于一人决断。真正的危险不在因缺乏经验而犯错，而在于因阻塞批评而丧失纠错的能力。

当然，把"大跃进"的错误归于一人也不符合事实。1980 年 4 月，邓小平在谈到"大跃进"时说："'大跃进'，毛泽东同志头脑发热，我们不发

---

① 中共中央文献研究室编《建国以来重要文献选编》第 11 册，中央文献出版社，1995，第 446~450 页。
② 参见李锐《"大跃进"亲历记》，南方出版社，1999，第 359 页。
③ 薄一波：《若干重大决策与事件的回顾（修订本）》下卷，人民出版社，1997，第 1332 页。
④ 逢先知、金冲及主编《毛泽东传（1949~1976）》（上），第 802 页。
⑤ 1958 年 8 月北戴河会议前后，薛暮桥等人曾私下劝陈云向毛泽东进言，陈云说，现在热度高，提不同意见没人听（孙业礼、熊亮华：《共和国经济风云中的陈云》，中央文献出版社，1996，第 150 页）。12 月，陈云觉得六中全会提出 1959 年 1800 万~2000 万吨钢的指标太高，他要胡乔木向毛泽东反映，不要公开发表这个数字，乔木不敢去说（胡乔木：《胡乔木回忆毛泽东》，人民出版社，1994，第 15 页）。
⑥ 《陈云年谱》下卷，第 106 页。

热？刘少奇同志、周恩来同志和我都没有反对，陈云同志没有说话。"① 这话不只是要为毛泽东开脱责任。在1958年，中共领导人太渴望出现奇迹了，刘少奇在八大二次会议的报告以"一天等于二十年"来形容当前中国经历着的"伟大时期"。在"大跃进"和人民公社化运动中，从中央到基层的各级干部都发挥了他们的主动性，贡献了他们的"想象力"。特别是几十万县级以上领导干部，地位极为重要。1956年毛泽东说过："县委以上的干部有几十万，国家的命运就掌握在他们手里。"② 他们出于邀功或避责等不同动机，往往把毛泽东的一些想法加以发挥，添油加醋，生出各种奇思妙想。"放卫星"、办食堂、军事化、撤村并户、男女分住，消灭家庭等等做法，都是干部们"创造"出来的。当时许多领导人与毛泽东一样对共产主义抱着炽热的憧憬。譬如刘少奇，整个夏天都在讲一个主题就是"共产主义"，对各地出现的公共食堂、供给制、托儿所、幸福院、家务劳动社会化、妇女解放、半工半读等新事物抱有极大热情，认为这都是共产主义生活的雏形。③ 邓小平在北戴河会议上说，向共产主义过渡的最好形式是人民公社，"看来基本道路解决了"。④ "大跃进"期间，省委书记们不只是受毛泽东想法的支配，他们同时也影响着毛泽东，甚至走到了毛泽东的前面。1959年初当毛泽东开始考虑退却的时候，吴芝圃等人还鼓动着要搞一个《人民公社发展纲要四十条》，核心是如何向共产主义过渡。柯庆施说："大家心里都想早一点搞（共产主义）才好。"⑤ 直到1960年初读苏联政治经济学教科书时，刘少奇还和毛泽东一样，以很大兴趣谈论从社会主义向共产主义过渡的问题。⑥ 只有当大饥荒降临时，党内许多高层领导干部才冷静下来。

三　从全面调整转向"继续革命"

20世纪60年代初，对"大跃进"的调整和总结，有没有走上改革的机会？从当时的情况看，由调整引发改革的可能性极小。1961～1962年虽然

① 《邓小平文选》第2卷，人民出版社，1994，第296页。
② 《毛泽东年谱（1949～1976）》第3卷，第34页。
③ 《刘少奇同志视察江苏城乡》，《人民日报》1958年9月30日。
④ 参见武市红、高屹编《邓小平与共和国重大历史事件》，人民出版社，2000，第55页；刘金田《邓小平对人民公社的历史思考》，《党的文献》1999年第3期。
⑤ 《毛泽东年谱（1949～1976）》第3卷，第613页。
⑥ 刘少奇在讨论《政治经济学》教科书时的发言。《中国赫鲁晓夫刘少奇反革命修正主义言论集》，第115、123页。

采取了许多非常措施，如大规模压缩工业和基建规模，下放 2000 多万城镇职工和人口等。但是从思考的角度看，没有达到 1956 年的深度，更没有提出市场取向的改革话题。为什么呢？部分原因在于，这场危机的发生不是因为实行了计划经济，恰恰是因为破坏了计划经济。因此，调整就是要修复计划体制，向中央集权回归，所有 1958 年下放给地方的权力统统收回。这是当时挽救危机唯一可能采用的办法，但并没有走出计划经济"一统就死、一放就乱"的循环，它带来一个社会性后果是，更加严格地限制农村人口向城市流动，强化了城乡分割的二元体制。

当然，调整即使难以引向改革，也没有理由引向阶级斗争。1962 年以后，之所以从全面调整急速转向，重回以阶级斗争为纲的轨道，笔者以为与两件大事有关，一是"大跃进"失败引出的党内分歧，二是冷战背景下的中苏分裂。

党内的分歧实质是什么？就是在大饥荒面前，党内许多高层领导干部已经从 1958 年那种狂热情绪中冷却下来，回归到常识理性。这个常识理性就像田家英感慨的"饥饿比资本主义更可怕"，[1] 社会主义首先要让老百姓吃饱肚子。因为有这个认识，所以很多人认为应该采取更加灵活的政策，包括包产到户。这个问题触及了毛所允许的底线，他认为党内许多人在暂时困难面前发生了政治动摇，对中央一线产生严重不信任。

毛泽东并非否定调整的必要，事实上，人民公社体制的退却是他亲自组织的。1960 年底到 1962 年初，毛泽东主持制定"农业六十条"，在人民公社政策体制上退了四步：第一步，有限度地恢复自留地、家庭副业和农村市场。第二步，大大缩小了人民公社和生产队的规模。第三步，解散公共食堂，取消供给制。第四步，把基本核算单位下放到生产队。毛泽东从"大跃进"的失败中是得到了一些教训的。至少有两条，一是认识到所有制过渡不能那么急，二是搞经济建设不是那么容易。[2] 但是，毛泽东的退却不是放弃总路线，而是通过调整制定一套具体的方针政策来完善总路线，巩固人民公社制度。

然而，多数中央常委与毛泽东的想法拉开了距离。部分原因是下农村

---

① 丁伟志：《跟随田家英调查"包产到户"》，《百年潮》1998 年第 5 期。

② 毛泽东在七千人大会上还说过一段话，他说：搞经济"别人比我懂，少奇同志比我懂，恩来同志比我懂，小平同志比我懂。陈云同志，特别是他，懂得较多。"可惜后来整理讲话并印发党内时，这段最能体现毛真性情的话全部删去了。逢先知、金冲及主编《毛泽东传（1949～1976）》（下），第 1203 页。

调查让他们对农民正在经历的大饥荒有了切肤之痛。1961年，毛泽东倡导全党搞调查研究，形成了一个前所未有的调查运动，虽然了解真实情况并不要如此兴师动众，但这种方式对于各级领导干部思想的转弯起到了重要作用。刘少奇、周恩来、陈云等人直接走到农民中间去，面对受灾百姓，内心产生了强烈愧疚感，这可能是他们倾向于采取现实主义政策的情感来源。相比较而言，毛泽东本人仍然只听汇报，并没有这种切身的感受。这种距离首先反映到七千人大会上。大家都说要总结经验教训，刘少奇的态度比较坚决，要求"错误要摆开讲"。① 然而，七千人大会并没有做到"摆开来讲"。有两个问题没有解决，一个是"三面红旗"问题，一个是彭德怀问题，这就决定了七千人大会的反思十分有限，实际上是一锅夹生饭。不是说大会没有议论和质疑，对"三面红旗"，可以说是"议论纷纷"，对几年来过火的党内斗争的批评更多。分歧更发生在七千人大会之后。毛泽东赞同调整，但底线是不能触动1958年以来的路线。刘少奇等人对形势的估计和所采取的全面退却的举措触动了这个大前提，引起毛泽东强烈不满。毛泽东认为出现了"黑暗风"、"翻案风"、"单干风"和"三和一少"路线。而其中所谓"单干风"即包产到户问题是引发毛反击的直接导火线。退到以生产队为基本核算单位是毛泽东的底线，但农民强烈要求再退一步，搞包产到户。1962年上半年，有更多的高级干部由反对包产到户转向支持包产到户。事实上刘少奇、周恩来、邓小平、陈云等中央一线同志多数赞同包产到户，作为帮助农民渡过灾荒的权宜之策，其中陈云和邓子恢态度最明确。毛泽东十分恼怒，认定"分田单干"是中国式的修正主义。毛泽东警告说："如果全部闹单干，或大部分闹单干，我是不赞成的。如果那样搞，党内势必分裂。"② 在8月北戴河会议上，毛泽东重提阶级斗争，点名批评田家英、邓子恢，没有点陈云的名。其实毛泽东的批评所指不只是他们，包括处在一线的中央常委，尤其是刘少奇。7月上旬在中南海游泳池边，毛泽东当面质问刘："你急什么？压不住阵脚了？为什么不顶住？""三面红旗也否了，地也分了，你不顶住？我死了以后怎么办！"③ 问题提到两

---

① 吴冷西：《同田家英共事的日子》，《党的文献》1996年第5期。
② 1962年8月5日，毛泽东同柯庆施、李葆华、陶铸、王任重等人谈话。逄先知、金冲及主编《毛泽东传（1949~1976）》（下），第1237~1239页。
③ 《刘少奇之子刘源上将谈毛、刘分歧》，深圳新闻网，2010年11月24日。摘自王光美、刘源等《你所不知道的刘少奇》，河南人民出版社，2000。

条道路的高度，许多人感到震撼，杨尚昆在日记中说："我觉得事态很严重！！十分不安！"① 刘少奇迅即转向，在北戴河会议上承认自己对困难估计过重，刘说：农业是关系我国命运的问题，非搞社会主义大农业不可。只能这么想，不能有其他想法。②

20 世纪 60 年代，没有什么能像中苏大论战那样对中国国内政治走向发生如此重大和深远的影响。中苏从同盟走向分裂，原因复杂。对外战略利益上的冲突，两党关系不平等带来的屈辱感，两个毗邻大国根深蒂固的不信任，对世界革命中心和领袖地位的争夺，以及毛泽东与赫鲁晓夫的鲜明个性，都是导致中苏分裂的因素。然而，意识形态的分歧绝不可轻视，所有上述公开争辩的或隐藏在背后的因素，也都披上了意识形态的外衣。中共批评苏共"三和路线"（即和平共处、和平竞赛、和平过渡），其背后隐含着两国在对外战略利益上的矛盾冲突。但在理论上，中方固守"战争引起革命，革命制止战争"的逻辑，坚持世界大战不可避免和世界革命的观点，不能不说是对时代的误判。中苏论战的核心问题是，"什么是社会主义、怎样建设社会主义"。中国还在追寻一种"一大二公"的纯粹的社会主义形态，而苏联东欧开始寻找一种改革的道路，在计划经济中间引入某种市场机制。这一进一退的历史势差，就使意识形态的争论难以妥协，中国批评苏联是修正主义，苏联批评中国是教条主义。撇开细节不说，这场大论战实质是经典社会主义同社会主义改革的一次激辩。20 多年后，邓小平在会见苏联领导人戈尔巴乔夫时说，当年论战"双方都讲了许多空话"。③然而，在当时并不如此轻松。反修论战是被看作"关系到各国革命和人类命运"，"也关系到我们这个国家的命运"的头等大事来对待的。④ 形成了全党同仇敌忾的政治氛围。在中苏论战中，跟中共走的并不多。除了坚定的阿尔巴尼亚、骑墙的越南、朝鲜和居中调停的罗马尼亚，其他社会主义国家执政党和德、法、意、英、西等共产党都站在苏共一方，批判中共。毛泽东由此得出结论："全世界 100 多个党，大多数的党不信马列主义了"，⑤领导国际共产主义运动的任务历史地落到了我们身上。当然，前提是中共

① 《杨尚昆日记》（下），第 196 页。
② 逄先知、金冲及主编《毛泽东传（1949~1976）》（下），第 1243~1245 页。
③ 《邓小平文选》第 3 卷，人民出版社，1993，第 291 页。
④ 1963 年 2 月 25 日，刘少奇、毛泽东在中央工作会议上的讲话，逄先知、金冲及主编《毛泽东传（1949~1976）》（下），第 1271 页。
⑤ 1966 年 7 月 8 日，毛泽东给江青的信，参见《建国以来毛泽东文稿》第 12 册，第 72 页。

自己不变修。问题的严峻性在于，毛泽东对于中国出不出修正主义，给出了近乎宿命的结论：不注意会出，注意也会出，而且已经出了。为了"反修防修"，"必须还有一个政治战线和思想战线上的彻底的社会主义革命"。从国际"反修"到国内"防修"，是符合逻辑的延伸。

关于"文化大革命"发动，第一个需要回答的问题是毛泽东的动机和目标。"文化大革命"公开宣称的目标是"反修防修"，许多人对此持强烈质疑态度，断定所谓"反修防修"不过是一套说辞，毛泽东的真实意图是打倒刘少奇，清洗政治对手，夺回失落的权力，并以此来掩盖"大跃进"犯下的大错，避免斯大林死后被清算的结局。这是典型的权力斗争解释，但它不具有完全解释力。仅仅为了夺回权力，毛泽东为什么要冒全国大乱的风险发动群众起来造反？何以要将自己一手建立起来的体制打烂重建？笔者赞同另一种说法，毛的动机是一个矛盾的复合体。首先，肯定有权力斗争的因素。从"四清"运动转向"文化大革命"，一个重要因素是毛、刘冲突。按毛泽东后来的说法，引起他对刘少奇的"警惕"是在 1964 年底制定"二十三条"的时候。[①] 到 1965 年，毛泽东对于"四清"运动基本失去了兴趣，认为这些运动不能解决全局的问题，尤其是中央出修正主义的问题。不过"文化大革命"不只是为了打倒刘少奇这么简单，他要清理的是一大批人，是一个派别，即所谓"走资本主义道路的当权派"，要改造这个党。其次，也不能否认毛泽东有对官僚化特权化的担忧。与以往革命的对象不同，所谓"继续革命"除了传统的"敌人"外，主要是针对共产党自身的，也就是林彪说的"文化大革命是革革过命的人的命"，反官僚化反特权也是"文化大革命"最有号召力的说辞。笔者认为，这里面存在一个很大的悖论，毛泽东在经济上追求"一大二公"，政治上强调一元化领导，另一方面他又不能容忍这种体制不可避免的后果。官僚化趋势正是高度集中的权力结构的必然产物，但在他看来，官僚主义不是体制内生的东西，而是受外在的资产阶级思想的影响，所以他要诉诸群众运动和阶级斗争来解决这个问题。他从新中国成立时起发动了一系列运动，从 1952 年的"三反"运动，1957 年的整风运动，1960 年的整社运动，1964 年的"四清"运

---

① 1966 年 10 月 25 日，毛泽东在中央工作会议上说，在制定"二十三条"的时候就引起了他的"警惕"。1970 年 12 月 18 日，当斯诺问毛从什么时候明显感到必须把刘少奇从政治上搞掉时，毛说是制定"二十三条"那个时候。薄一波：《若干重大决策与事件的回顾》下卷，第 1134 页。

动，一直到"文化大革命"，搞了一系列的党内运动，结果是伤人无数，却无法根除官僚主义的痼疾。最后，"文化大革命"也是一场乌托邦式的社会改造运动。"文化大革命"期间毛泽东没有提出一个建设性的纲领，但从他的几次谈话和指示中大体可以看出，他的理想社会实质上是一个平均主义的空想社会，这与人民公社化时期是一脉相承的。不过一则"文化大革命"始终没有实现"由天下大乱，达到天下大治"，二则鉴于大饥荒的教训，毛泽东深知"资产阶级法权"只能限制无法取消，不敢贸然在制度上有大动作。因此，"文化大革命"展现给世人的是"破"而非"立"。但它所宣传的无等级社会模式曾经吸引了无数人的狂热追求。

第二个问题是，中央领导集体能不能阻止"文化大革命"的发生？笔者感觉这可能是一个伪命题。为什么呢？因为从当时党内状况看，这个问题提不出来。中共高层在如何建设社会主义上隐约形成两种思路：一种思路更加强调把发展生产力放在首位，主张采取较为灵活的政策；另一种思路把发展置于平等目标之下，追求"一大二公"的理想社会主义。从一定意义上说，刘少奇代表了第一种思路，毛泽东代表了第二种思路。然而这并不是一贯的状况，每当毛下决心扭转政策方向时，包括刘少奇在内所有人都放弃原有主张，追赶毛的步伐。对毛的个人崇拜由来已久，所有人包括刘少奇都为此做出了"贡献"。在党内，刘少奇、周恩来、朱德、陈云、林彪、邓小平等人都有很高威望，但没有人可与毛泽东比肩而立，没有任何人有挑战毛泽东权威的能力，更没有这种力量。从另一角度说，刘、周、邓等人是否有抵制"文化大革命"的自觉，也是大可怀疑的。"反修防修"是举国头等大事，这在全党是有高度共识的。在毛泽东导演的中苏论战和"四清"运动两场大戏中，刘少奇和邓小平分别扮演了仅次于毛本人的重要角色。邓小平说，自己在中苏论战中"扮演了不是无足轻重的角色"，他是中苏谈判的中方团长，并主持撰写"九评"。虽然思想主要来自毛，但没有根据说邓与"九评"观点有抵牾。刘少奇是国际"反修"国内"防修""两面都管"。[①] 最难解释的是刘在1964年下半年对形势的估计和对运动的做法何以如此"左"，似乎并不是完全为了"迎合毛"。"文化大革命"以反修防修相号召，任何人都提不出反对理由。只是对所要解决的问题各自有不同看法，周恩来把"文化大革命"看成城乡社教运动的自然延续，是

---

① 逄先知、金冲及主编《毛泽东传（1949~1976）》（下），第1272页。

一场"挖修正主义根子的斗争"。① 彭真也这样理解。② 如果没有毛的干预，刘少奇领导的"文化大革命"可能是又一次反右派斗争。"文化大革命"中引起党内高层强烈反弹的不是"文化大革命"本身，而是"打倒一切"的做法。

　　第三个问题是，群众为什么狂热地参与到"文化大革命"中来。"文化大革命"被称为"史无前例"，就在于它自下而上发动群众起来"造反"。没有红卫兵和群众组织及其"造反夺权"运动，就没有"文化大革命"。现在有"两个文革"说法，一个是毛泽东的"文化大革命"，是党内的权力斗争；一个是人民的"文化大革命"，就是趁机"造反"，反对共产党。这后一种说法笔者认为找不到充足的根据。如果说在全国六七亿人口有那么一些人想趁机造反也是难免的，但它绝不是主流。主流是奉命"造反"，而不是趁机"造反"。人民对于用巴黎公社原则来革新社会制度是充满幻想的，认为打倒了"走资派"，就能建立一个人人平等的美好社会。这并不是否认"文化大革命"前积累了各种矛盾，特别是群众对干部的官僚特权化的不满，借着这个机会集中发泄出来。不过客观地说，"文化大革命"前积累的矛盾远没有达到激起"造反"的程度。"文化大革命"中反映出来的问题，有现实的一面，也有虚拟的一面。就是因为长期的阶级斗争和平等主义观念的植入而被放大了，激发出一种莫名的仇恨和愤怒。还有一类矛盾，即各级权力机构内部的权力之争，借助于上层的政治动员开展自己的权力斗争，这是历次政治运动获得动力的原因之一。"文化大革命"前的外部环境和社会体制也赋予了群众动员的条件。而高度政治化的社会体制，使政治上的竞争成为向上流动唯一可能的途径，因而政治运动从来不缺乏"积极分子"，历次运动都造就了大批运动"积极分子"。

四　从"文化大革命"转向改革开放

　　从"文化大革命"转向改革是一次带有根本性质的路径转向。这个转向是如何实现的呢？大家首先想到的是，因为有一个"文化大革命"。

　　关于"文化大革命"与改革的关系，人们已经说得很多了。笔者要说

---

① 陈扬勇：《周恩来对"文化大革命"认识与态度》，《党的文献》1998年3期。
② 彭真在中央书记处会议上说，干部十年未搞"五反"，很多人手脚不干净，革命意志衰退。过去干革命准备牺牲，现在有权有势，容易产生腐蚀作用。现在如何恢复朝气，是个重要问题。《薛暮桥工作笔记》下册第二本，未刊，第28页。

的是，改革发生在"文化大革命"后，改革的因子已经在"文化大革命"期间伏下了。一般认为，1971年林彪叛逃事件标志着"文化大革命"的理论和实践的破产。其实"文化大革命"的破产是一连串事件的结果。一场以理想主义为标榜的政治运动，异化为普遍的暴力、持续的派性斗争和诡谲的党内权争，"文化大革命"的正当性由此而丧失殆尽，1971年"九一三事件"只是加速了这一进程，它在党内及社会上引起了巨大的思想震撼，使得"文化大革命"的解释体系漏洞百出，催生了人们的思想觉醒。1976年清明节前后，被称为"四五运动"的抗议活动，呈现出同以往运动完全不同的特性，它是一次真正自发的群众运动，表面看是发泄对"四人帮"的愤怒，背后却是指向"文化大革命"的。参加抗议的主力正是全程参加"文化大革命"的青年工人和知识分子，他们借地下读书活动讨论时政，意识到"文化大革命"已经走入末路，开始思考"中国向何处去"的大问题。不只是年轻人，还包括党内一些老干部。胡耀邦说："从1969年到1976年以前，表面上看来好像风平浪静了。实际上在底下、在人民的心中和私下交往中，真是波浪滚滚、汹涌澎湃。"[1] 毛泽东想通过"文化大革命"改造"旧政府"，但治理国家别无选择，还得靠老干部。事实上即使在中共九大前，政府工作也是由"解放"出来的领导干部操办的，虽然不见得是同一些人。林彪事件后，更多老干部被"解放"出来。然而，这批人不可能如毛泽东所愿接受"文化大革命"路线，正确对待自己的不幸遭遇。毛泽东很清楚，对"文化大革命""拥护的人不多，反对的人不少"。[2] 1975年邓小平主持的全面整顿实质上是在当时形势允许的限度内纠错"文化大革命"、扭转颓势的一次努力。

现在人们把中国改革的起点划在1978年，这有以人画线的味道。笔者认为，对于改革来说，1976年甚至比1978年更重要。1976年，毛泽东去世后，以一种非常规的方式结束了"文化大革命"，改革的机会已经出现。这里涉及如何认识华国锋。华国锋主政期间出现的"两个凡是"广受诟病，但平心而论，他毕竟是一位务实领导人，对搞经济建设比搞阶级斗争更有兴趣。我们看到，从1977年开始，出现了一连串的变化，制定现代化规划，大规模引进，派人出国考察，批准开办特区，说明华对发展经济的急切心

---

① 郑仲兵主编《胡耀邦年谱资料长编》（上），香港：时代国际出版有限公司，2005，第499页。

② 逢先知、金冲及主编《毛泽东传（1949~1976）》（下），第1781~1782页。

情，以及对改革开放的积极态度。这也从侧面说明，即使是"文化大革命"期间上来的那批领导人，也都急于想摆脱"文化大革命"后遗症。

"文化大革命"带来了两大灾难性后果：一个是伤人太多，它把所有的阶层，特别是精英阶层都伤害了。第二个是老百姓生活太苦了，民生问题已经成为重大的政治问题。这两个问题促使党内和知识界对于我们过去所走过的道路做一种深刻的反思。"文化大革命"结束后，思想闸门在逐步打开。在党内和民间形成了一个思想解放潮流。在中共党内，其标志是 1978年由胡耀邦组织的关于"实践是检验真理的唯一标准"的大讨论。这场讨论的直接起因，是在各条战线的拨乱反正中，特别是在解放老干部和平反冤假错案问题上遇到了阻力。正是由于这场舆论战，突破了许多重大禁区，推动了 1979 年后全国范围的平反和解决一系列历史遗留问题的进程，数以千万计的人获得了政治上的和身份上的解放，在党内和社会上产生了巨大的松绑作用。1979 年以后，思想解放引向对历史的全面反思。这种反思在1979 年初的理论工作务虚会和 1980 年 10 月关于历史问题的 4000 人讨论中达到了高峰，最后形成了一份《关于建国以来党的若干历史问题的决议》。这份决议彻底否定了毛泽东发动"文化大革命"的理论和实践，对毛泽东思想做重新诠释，实质是要以"发展主义"取代"阶级斗争"确立为新的意识形态，这为改革预留了试验空间。

经济改革是危机"倒逼"的。不可否定，20 世纪 50 年代以来，依靠国家的强制动员和全国人民"勒紧裤带"，初步建立起了一个工业体系，走过了工业化原始积累的最初阶段，还有一些社会成就也不应忽视。但中国长期走的是高积累、高投资、低消费的路子，从统计数据看增长率不低，但人民长期得不到实惠。①"文化大革命"结束时，至少两亿农民的温饱问题没有解决，许多农民甚至还处在赤贫状况。这种境况，令许多直接接触农民的干部深感愧疚和焦虑，城市中工资、住房、就业等许多民生问题都具有"爆炸性"。邓小平、陈云的两段话集中反映了高层的集体焦虑感。1978 年 9 月，邓小平对地方负责人说："我们太穷了，太落后了，老实说对不起人民。"② 陈

---

① 1977 年 12 月，李先念在全国计划会议上说，"文化大革命"对经济造成的损失达 5000 亿元，相当于新中国成立 30 年全部基本建设投资的 80%。1978 年 2 月，华国锋在五届全国人大一次会议政府工作报告中称"整个国民经济几乎到了崩溃的边缘"。

② 1978 年 9 月 16、17 日，邓小平听取吉林、辽宁省委常委汇报时的谈话，参见《邓小平思想年谱》，中央文献出版社，1998，第 80～81 页。

云在 11 月中央工作会议上说："建国快 30 年了，现在还有要饭的。老是不解决这个问题，农民就会造反。支部书记会带队进城要饭。"① 所有领导人都表露出一种急切心情，想办法尽快把经济搞上去。最初的改革如放宽农村政策让农民休养生息、扩大企业自主权以调动企业和职工的积极性、发展非国有经济以缓解就业压力等等，都是应对危机的举措。

在高层酝酿改革的过程中，有一个新的因素起了重要作用，就是大批官员出国考察。对许多人来说，1978 年是第一次走出国门，第一次"身临其境"观察资本主义和现代化的当代发展情况。这次出国考察，使中共高层官员大开眼界，也引起了思想震动。20 年间，当中国关起门来搞运动的时候，世界经济和科学技术突飞猛进，中国被远远地甩在了后面。人们没有想到，当代世界现代化会发展到如此程度，中国与发达国家之间的发展差距会如此之大。② 这使中共高层产生了强烈的紧迫感，邓小平说，"越看越感到我们落后"。③ 另一方面也得到一种信心，德国、日本以及亚洲"四小龙"的现代化都是在十几年时间内实现的，中国为什么不能在未来 23 年实现现代化？④ 当时日本、西欧各国出于政治和经济双重考虑，都希望加强同中国的经济合作，争相要借钱给中国。⑤ 这是很难得的机会，中国的现

① 《陈云年谱》下卷，第 229 页。
② 访欧代表团报告，西德一个年产 5000 万吨褐煤的露天煤矿只用 2000 名工人，而中国生产相同数量的煤需要 16 万名工人，相差 80 倍；法国马赛索尔梅尔钢厂年产 350 万吨钢只需 7000 名工人，而中国武钢年产钢 230 万吨，却需要 67000 名工人，相差 14.5 倍；法国农业人口仅占全国人口的 10.6%，生产的粮食除了供国内消费外，还有 40% 的谷物出口，丹麦农业劳动生产率更高，农业人口仅占总人口 6.7%，生产的粮食、牛奶、猪肉、牛肉可供三个丹麦人口的需要。《关于访问欧洲五国的情况报告》（1978 年 6 月 22 日），房维中：《在风浪中前进：中国发展与改革编年纪事（1977～1989）》第 1 分册，未刊，2004，第 121～122 页。
③ 1978 年 9 月，邓小平访朝时同金日成谈话，参见《邓小平思想年谱》，第 76 页。
④ 1978 年 6 月 30 日，华国锋在听取谷牧访欧情况汇报后说："出去的同志回来后，自信心更强了。去日本、去西欧的同志回来，都提高了信心；对我说了，我的自信心也更强了。原来认为二十三年很快就过去了，一考察，日本搞现代化只有十三年，德国、丹麦也是十九年。我们有优越的社会主义制度，有九亿人口，资源丰富，有正反两个方面的经验，只要路线、方针、政策正确，安定团结，调动各方面积极因素，可以赶上去。"房维中：《在风浪中前进：中国发展与改革编年纪事（1977～1989）》第 1 分册，第 128 页。
⑤ 谷牧等人从西欧五国带回来的信息是：西德黑森州副州长卡里表示，可提供 200 亿美元存入中国银行供我们使用。北威州州长屈恩在宴会上提出，如愿意接受 50 亿美元，可以马上定下来，接受 200 亿美元，宴会后谈判一小时就可以定下来。法国巴黎银行在代表团回国后就派人来北京商谈提供 25 亿美元存款事宜。这说明他们解决资金过剩的急切心情。参见《关于访问欧洲五国的情况报告》，房维中：《在风浪中前进：中国发展与改革编年纪事（1977～1989）》第 1 分册，第 124 页。

代化不需要从头摸起，可以"把世界最先进的科研成果作为我们的起点"。[①] 1978年7月到9月，国务院召开务虚会广泛议论了改革开放问题。从文献记录看，在要不要改革问题上，高层似乎没有发生什么争论。当时大家都希望尽快摆脱"文化大革命"的影响，把耽误的时间抢回来。可以认为，如果没有出国考察感受到的压力和得到的启示，达成共识会困难得多。

当然，启动改革是一回事，改革能走多远是另一回事。社会主义国家改革并不是从中国开始的，然而通过改革实行市场化转型，鲜有成功的先例。改革之所以很难突破，除了既成利益格局的阻力，关键在于意识形态障碍。传统的社会主义有三大原则：第一是坚持公有制，第二是坚持计划经济，第三是坚持按劳分配。换句话说存在三个"戒律"：一不能搞私有产权，二不能搞市场经济，三不能搞雇工剥削。这些观念是根深蒂固的。中国80年代的分歧大部分也是意识形态之争。

这些信条是怎样被逐步打破的呢？这与中国的改革路径有关。首先，最初理解的改革是有限的，以中国领导人和知识界的认知程度，改革之初不可能提出一个清晰的路线图，只能走一步看一步，试探着来。正因为目标具有模糊性，也就容易取得共识。我们设想一下，如果1978年就有人提出搞市场经济，允许私有制大发展，在党内百分之百通不过。其次，邓小平的策略是绕开意识形态争论，鼓励和支持大胆试验，以有利于发展，为改革提供正当性，以改革的成效争取更广泛的支持。中国没有采取任何一揽子解决方案，而是"摸着石头过河"，在微观层面进行不断的试验，在宏观政策上采取了一系列双轨过渡的方式，整个1980年代对国企改革做了许多探索，但回避了私有化的敏感话题。改革率先在农村、乡镇企业、城乡个体私人经济和对外开放等"体制外"领域取得意想不到的突破，逐渐改变了中国的经济结构，在计划体制之外形成了很大一块市场经济，这就造成一种竞争态势，倒逼国有部门改革。因此有人认为中国改革，与其说是渐进式改革，不如说是"体制外先行"的改革。渐进式改革尽管不是一个理想的改革模式，但它是一个可行的改革模式，可以分散风险，减少阻力，

[①]　1977年9月29日，邓小平在会见英籍作家韩素音时说："我们损失了二十年或者三十年的时间……再加上不搞关门主义，不搞闭关自守，把世界上最先进的科研成果作为我们的起点……那末，我们就是有希望的。"《邓小平思想年谱》，第44页。

同时给执政党、干部队伍和普通民众一个学习和适应的过程。最后，中国的改革之所以能走这么远，有一个大背景，它是在一个开放的环境下进行的。开放本身就是改革，开放又推动了改革。对外开放中国"经济奇迹"的贡献是显而易见的。对外开放在引进外资的同时也引进了新的规则和制度。1978 年以来，中国一直在向西方学习，当然，中国决策层始终坚持自主选择的原则。

五　路径的选择受多种因素制约

路径的选择是受多重因素制约的，包括观念的、历史的、制度的、国际环境的以及个人因素，等等。应当对历史的复杂性抱持一种敬畏，做冷静和理性的分析。

个人作用及其局限影响路径选择。当代史带有很大的个人色彩，人们把改革开放前称为毛泽东时代，改革开放后称为邓小平时代。这样说，在特定意义上是可以的。在中国这样的体制下，最高决策者的作用是巨大的，特别是毛泽东时代，在几个转折关头，毛的个人意志都左右着中国的政治走向。然而，历史不是一个人的独角戏，事情的发展也不是依一个人意志而行的。我们看到，"大跃进"以失败告终，"文化大革命"以悲剧收场。可见历史的力量是巨大的。历史有可为之事，有不可为之事，不可为而为之必将带来灾难。笔者相信恩格斯说的，历史是合力的结果，各种方向的力量在其中起作用。中国当代史也当如是观。如果真的只有一种方向的力量，那就不会有那么多的党内分歧和斗争了。极而言之，每一个人都参与了对历史的塑造，当然，不是平摊责任。笔者说每个人都参与了形塑历史，不单指高层，还包括普罗大众。举例说，我们过去考察农村变革只关注高层政策，在一般人的看法中，农民只是被动的顺应者和承受者，他们的行为无足轻重，不足以影响历史进程。事实并非完全如此，无论是集体化运动狂飙式兴起，还是它溃堤式终结，都有来自底层的原因，集体经济的运行效率在很大程度上取决于农民的行为模式。而在包产到户问题上，政策意志与农民意愿之间经历了几次重大较量，最终在 1980 年代最高决策层顺应了农民意愿。至于"文化大革命"期间狂热的个人崇拜，也有深厚的中国文化基因，并不完全拜宣传所赐。

历史因素对路径选择的影响显而易见。笔者赞成章百家的看法，研究中国社会主义的发展演变，应当注意追溯它的历史来源。① 20 世纪的连续性，尤其表现在革命问题上，"不断革命"成了革命后的持续主题。革命的传统对 1949 年以后中国的影响极为深刻和持久，包括道德信念、战争经验、思维方式、工作作风等，例如"延安精神"肯定是维持新中国成立后廉洁政治和良好党群关系的重要因素。但成功经验也会发生时空错置，如以革命的方式解决革命后的问题。毛泽东时代的政治生态和一系列政策都带有革命战争年代的经验印记。不了解中国革命，就不可能真正理解中国当代史。20 世纪的另一种连续性，就是对国家现代化的追求。一位日本学者说，整个 20 世纪"始终有一个连绵不断、贯穿中国政治空间的深层底流"。② 从某种意义上说，当代中国问题仍然是近代中国问题，甚至解决中国问题的思路也可以从 20 世纪前期的历史中找到渊源。举例说，中国走上计划经济道路，固然来自对苏联经验的仿效，但许多学者都提到计划经济的本土资源，认为中国采用计划经济制度始于 20 世纪 30～40 年代国民政府资源委员会时期，国民党统治时期留下的产业、制度和思想遗产对 1949 年以后有重要影响，呈现明显的路径依赖性。③ 民族危亡之际，中国精英们都有一个强国梦，盼望中国迅速实现国家工业化。依当时的认识，似乎要短期内实现工业化只有一条路，就是发展国营企业、实施计划经济。其大背景是，20 世纪 30 年代苏联的快速工业化与西方的大萧条形成鲜明对照。主持资源委员会的翁文灏和钱昌照都认为，发展经济必须遵循三个基本原则：一是中国经济建设必须以工业化为中心；二是工业化必须以重工业建设为中心；三是重工业建设必须以国营事业为中心。④ 很难说中共领导人是否受这种历史观念的影响，但可以肯定的是，50 年代推行计划经济和赶超式工业化，不难得到社会各界的呼应。

　　每个时代的观念都是当下的，都是对历史大事件的回应，因而都可能是有局限性的，人类的认识不会止步于某一时点。今天的人们普遍认同了

---

① 转见萧冬连《筚路维艰：中国社会主义路径的五次选择》（附录），第 241 页。

② 〔日〕西村成雄：《历史连续性与二十世纪中国的政治空间》，《二十一世纪》（香港）1998 年 12 月号。

③ 参阅程麟荪《中国计划经济的起源与资源委员会》，《二十一世纪》（香港）2007 年 8 月号；黄岭峻《30～40 年代中国思想界的"计划经济"思潮》，《近代史研究》2000 年第 2 期。

④ 吴兆洪：《我所知道的资源委员会》，《回忆国民党政府资源委员会》，中国文史出版社，1988，第 106 页。转引自薛毅《国民政府资源委员会研究》，社会科学文献出版社，2005，第 140 页。

市场经济，这是经历了几十年计划经济不成功的实践之后得出的认识。依迄今的人类经验，市场经济是不可替代的，计划经济是行不通的。但市场经济也有多种模式，西方在政府干预与自由放任之间存在一种周期性钟摆现象。20 世纪 20 年代末的全球性危机，使早期自由放任经济模式宣告终结，代之以凯恩斯主义和罗斯福"新政"，其核心是强调政府的全面干预。1973～1983 年西方世界发生了以"滞胀"为特征的经济危机，凯恩斯主义成了众矢之的，以"撒切尔主义"与"里根经济学"为代表的新自由主义经济模式再度崛起。历史似乎已经宣告新自由主义经济模式的最终胜利，没有料到 2007 年夏季美国爆发了 20 世纪 30 年代大萧条以来最严重的金融危机，波及全球，西方国家出现了许多"反思资本主义"的声音。① 这场危机对世界带来的震荡远没有结束，或者说才刚刚开始。资本全球化引发的广泛而深刻的不平等以及民粹主义的兴起，对我们是另一种警示，在市场化改革的进程中绝不可无视社会公平正义，当然中国还有其特殊的问题。

国际因素对路径选择的影响不可忽视。离开了对中国所处国际背景的认知，不可能对中国社会主义路径的多次转向得到完整理解。即使是封闭年代也可清晰地看到国际因素对国内政治趋向的重大影响。除了上面提到的中共深受苏联观念和模式的影响之外，所谓国际背景，笔者认为主要有两大因素：一是冷战，二是全球化。新中国成立伊始，就处于东西方冷战对峙的国际格局之中。这种战后格局不仅制约了中国的外交政策选择，而且对中国国内政治走向有着重要影响。后来的几次重大政治转轨都可以看到国际因素的影子。在 1953 年，被封锁禁运的国际环境，因朝鲜战争而强化的安全考虑和苏联工业化援助的到来，是促使决策者推行"一化三改造"整体部署的重要因素；1956 年至 1959 年中国政治多次戏剧性地转向，更可以看到苏联东欧局势演变的直接影响；60 年代的"反修防修"则直接导源于中苏分裂和论战。外部因素的引入对中国的改革和发展产生的影响更大，如果说 50 年代初东西方冷战格局下的封闭环境是中国加速选择苏联计划经济模式的根源之一，那么 70 年代末以后的开放环境，则成为推动中国一步一步趋向市场化的重要因素。对外开放在引进外资的同时，也引进了市场规则和制度；国际竞争的引入，倒逼国内企业转型；开放还提供了搞市场经济的思想资源和客观参照，引出关于中国改革和发展的新想法。融入全

---

① 参见萧冬连《政府和市场关系的周期性钟摆现象》，《当代中国史研究》2016 年第 1 期。

球化是中国经济增长的引擎之一，也使中国面对完全不同的环境和挑战，对于中国的路径选择将构成更大约束。

目标和理念在路径选择中起主导作用。章百家、王海光都谈到当代中国路径演进的随机性。章百家指出，中国社会主义所走的具体路径，有很多意想不到的因素在发挥作用，当事人的主观意愿未必有后人认定的那么大的作用，客观条件会像无形的手左右历史进程。王海光直接说，"历史是一个歪打正着的结果"。[①] 这里涉及目标和理念在历史演进中究竟起什么作用。历史不会完全按当事人的主观意愿行进，想的是这样，结果却是那样，出现这种情况是常事，"大跃进"运动、"文化大革命"运动都是，合作化运动的速度也超出当事者的预料。毛泽东想通过"文化大革命"达到的目标一个都没有实现，"文化大革命"一搞十年也完全不在毛泽东的预设之内，到了后期，"文化大革命"本身成了毛泽东需要竭力维护的首要目标。当然，也有出乎预料的正面结果，如中国的市场经济转轨，站在 1970 年代末的起点上，笔者认为没有一个人能够预料到会走得这么远。市场机制具有为自己开辟疆域的力量，观念和政策的突破往往是对事实的追认，所谓"与时俱进"也可称之为"顺势而为"。在许多情况下是实践推动政策走，观念和政策的突破往往是对事实的追认。

然而，所有这些都不能否定目标和理念在路径选择中的主导作用。谁都不会否定，中国共产党是一个意识形态和目标感都十分强烈的政党，毛泽东时代尤其如此。诚然，任何一次路径转向都有当时的客观情况，但究竟选择哪种应对之策则取决于当事人的目标和理念。如果都是被客观形势牵着鼻子走，就不可能有 1953 年的总路线和"一化三改造"，不可能有 1958 年的"大跃进"和"人民公社化"运动，更不可能有 1966 年的"文化大革命"。许多人都回忆说，新中国成立以后，毛泽东总是在一个任务完成之际，先人一步提出新的愿景，牵引人们追赶他的步伐。笔者认同韩钢的说法，新中国成立以后中共高层有两大目标是贯彻始终的，一是对工业化目标的追求；二是对社会主义理想的追求，这也是美国学者施拉姆较早提到的。笔者想说，同时追求两大目标并不是没有矛盾的，领导层总要在意识形态目标与现实性目标之间做出权衡。二者孰轻孰重、孰先孰后的问题，成为高层分歧的一个重要原因。不能说毛泽东对现代化不热心，尤其

① 转引自萧冬连《筚路维艰：中国社会主义路径的五次选择》，附录，第 219、242 页。

在 1950 年代。他相信二者可以相互配合和促进。但本质上说，他是把发展置于平等目标之下的，追求"一大、二公"的社会主义，越到后来越远离经济目标而着重意识形态斗争。由于路径选择脱离了中国现实，必然遇到社会的反弹甚至抵抗。毛泽东时代发动了无数次的运动，大都无关乎政权稳固，更多的是用阶级斗争的手段为强制性的制度变革开辟道路。1979 年以来的社会转型，在很大程度上根源于执政党的政策目标调整，把现代化目标置于首位。邓小平的发展观核心是发展，强调"发展是硬道理"，由此引出改革开放的新路径，并重新界定社会主义。无论怎么定义，中国特色的社会主义与传统社会主义已经相去甚远。

新中国成立初期外交部组织人事问题的历史考察

赵　诺*

摘　要　与近代中国中央政府相对照，新中国外交无疑出现重大转变。这种转变既体现于外交战略、外交政策方面，也体现于外交制度层面。新中国成立初期外交部的组织创设、人事安排自然是考察此时期外交制度的重点之一。在对革命战争年代中共外事机构源流、人事渊源进行梳理的基础上，本文从外交部组建与新中国外事机构的基本状况、外交部初建期部内高层人事问题、驻外使团组成情况三个方面对外交部的组织人事问题进行具体考察。本文认为新中国外交部的基本架构与自近代以来中国外交机构激进化与集权化的演变趋势是一致的，模仿苏联的程度不宜估计过高；但也有明显的颠覆性，一度中断了外交领域组织人事的专业化传统。同时，外交部在中共的整个组织体系中具有一定特殊性，但外交干部在中共干部队伍中总体处于较边缘位置。

关键词　新中国　中国共产党　外交部　组织人事

就中国近现代外交之演变历程而言，新中国成立无疑是重大转捩点。在外交上出现如此巨大变革，不仅在中国近现代史上，甚或于世界近现代史中都很难找到近似的例子。即便在十月革命后，新生的苏维埃政权最终也承认沙俄与其他国家先前签订的大部分条约，接收、继承了沙俄大多数外交机构，长期留用大量沙俄外交官，甚至与德国签订承认"帝国主义"战争现状的《布列斯特条约》。[①]　相形之下，新中国外交则对民国外交彻底

---

* 中国社会科学院近代史研究所博士后，本文所使用的档案均为外交部档案馆公开档案。

① Ivo J. Lederer, *Russian Foreign Policy: Essays in Historical Perspective*, New Haven and London: Yale University Press, 1962.

否定，是一种颠覆性的断裂。这也是各种外交史或政治史叙述中的一个基本论断。当然，也有学者注意到新中国外交具有延续性的另面。①

　　一般看来，这种变化集中表现于所谓的三大外交原则。其中，"另起炉灶"有两方面内涵：一是不继承国民党政府与外国建立的外交关系，各国须重新经过双边谈判方能与新中国建交；二是创建全新外交机构、外事制度，建立一个不再"跪着办外交"的外交队伍。② 如周恩来所言，"决不能依靠旧外交部的一套人马办外交，必须'另起炉灶'创建新的外交队伍"。③本文即瞄目于此处之第二方面内涵。

　　关于新中国成立前后的外交史研究总体已较充实，有诸多优秀著述问世。④ 但史学界多关注高层对外关系决策过程（如朝鲜战争）、重大外交事件、外交政策、领导人外交理念等方面，对新中国外交领域之组织体系、制度规范则着墨不多。国际政治和外交学领域的学者虽对外交制度问题讨论稍多，也有很好的理论分析，但因学科定位不同，对史实问题考察简略。⑤ 时

① 如牛军先生指出："很长时间以来，中国学者的有关研究成果均强调新中国外交与以往中国外交在各个方面的截然不同之处。事实上新中国外交与以往的中国外交在深层次上是有连续性的，这种连续性主要表现为它的'内向性'。这里所谓的'内向性'是指中国的对外政策总的说来是为达到国内政治目标而制定的。"参见牛军《新中国外交的形成及主要特征》，《历史研究》1999年第2期。
② 中华人民共和国外交部、中共中央文献研究室编《周恩来外交文选》，中央文献出版社，1994，第5页。
③ 凌青：《从延安窑洞到北京外交部街》，宗道一等编《从延安窑洞到北京外交部街》，中国财政经济出版社，2004，第69页；曲星：《中国外交50年》，江苏人民出版社，2000，第24页。
④ 目力所及，依出版时间论，具有代表性的专著主要有：牛军《从延安走向世界：中国共产党对外关系的起源》，福建师范大学出版社，1992；Chen Jian（陈兼），*China's Road to the Korean War：The Making of the Sino-American Confrontation*，New York：Columbia University Press，1994；Odd Arne Westad（文安立），ed.，*Brothers in Arms：The Rise and Fall of the Sino-Soviet Alliance*，*1945 - 1963*，Stanford University Press，1998；杨奎松《毛泽东与莫斯科的恩恩怨怨》，江西人民出版社，1999；戴超武《敌对与危机的年代：1954~1958年的中美关系》，社会科学文献出版社，2003；牛军《冷战与新中国外交的缘起》，社会科学文献出版社，2013；沈志华《毛泽东、斯大林与朝鲜战争》（此书主要内容此前已在香港出版，这一版增加了不少内容和史料），广东人民出版社，2013；沈志华《冷战五书》（共五册，收录沈志华先生1994年以来多数重要论文，部分内容与前书有重叠），九州出版社，2013；等等。
⑤ 代表论著主要有：Samuel S. Kimand and James Hsiung，eds.，*China in the Global Community*，New York Praeger，1980；Doak Barnett（鲍大可），*The Making of Foreign Policy in China：Structure and Pocess*，Boulder：Westview Press，1985；冈部達味『中国外交：政策決定の構造』日本国际问题研究所、1983；赵可金《当代中国外交制度的转型与定位》，时事出版社，2012。还有部分论文涉及新中国外交外事系统的组织人事问题，如郭伟伟《共和国外交制

至今日，我们对这支外交队伍始终印象模糊，不少研究者对新中国外交部的基本组织机构和人员构成都缺乏了解。

因此，本文欲围绕新中国成立初期形成的外交部档案，结合各种已刊材料，以新中国外交部的内部情况特别是组织人事问题为研究对象，尽力将零散模糊的史实进行串联，并对其中一些线索和问题进行梳理和分析。在此基础上，笔者希望从部门史的角度来为新中国成立之初外交史及政治史的叙述做出局部的修正或细化。

一　外交部前史中的组织人事问题

欲讨论新中国外交部的情况，自然需要对其组织源流加以梳理。过去已有部分论著对共和国外交部的前身做过一些介绍，[①] 笔者在这里并不追求面面俱到，而更多强调一些不大为前辈学人所关注的情况或某些令人迷惑的吊诡之处。需要指出的是，仅就正规的制度、组织来说，新中国外交部并非中国革命时期外事系统简单的组织变容或扩展，但在 1949 年以前的历史中，却有诸多因素对新中国外交部的制度，特别是组织人事产生不容忽视的影响。

早在 1927 年广州起义开始后，广州苏维埃政权建立过程中也曾设有人民外交委员一职，并将苏维埃职员名单印在海报上张贴于市内。当时此职由中共五届中央候补委员、工运领袖黄平担任。黄平英文甚佳，做过李大钊的英文翻译、英文报纸校对，又曾留学莫斯科中山大学，俄文也不错，新中国成立后曾长期任教于复旦大学外语系。当然在当时的情形下，所谓的外交更多是纸面上的宣传而已。[②] 但此后几年里，全力开展工农武装革命的共产党人极少关心"外交"问题。他们认为，国家间"只有弱肉强食和

度研究》，中国人民大学博士学位论文，1999；李学耀《试论周恩来对新中国外交干部制度建立的贡献》，外交学院硕士学位论文，2009；王昊《浅谈建国前中共外事机构的发展》，复旦大学硕士学位论文，2009；魏文珊、蒋昌建《从中国外交部机构的演变看我国外交工作的转变和发展》，《理论界》2013 年第 7 期。这些论文均属国际政治、外交学领域，在史实叙述上多比较简略。

① 参见牛军《从延安走向世界：中国共产党对外关系的起源》，福建师范大学出版社，1992；王庭岳《崛起的前奏：中共抗战时期对外交往纪实》，世界知识出版社，1995；王真《没有硝烟的战争：抗战时期的中共外交》，广西师范大学出版社，1995；等等。

② 中共中央党史资料征集委员会编《广州起义》，中共党史资料出版社，1988，第 664 页。

压迫与被压迫的关系，真正意义上的和平外交是不存在的"。① 因此，中共对外政策的核心论点化约为"反帝"，而刻意排斥帝国主义国际体系下的"外交"观念。

当然，虽拒绝与帝国主义国家实行"敦睦外交"，② 但中共仍认为有必要建立苏维埃政权下的外交外事机构。而且在中央根据地逐渐巩固后，建立较完整的政治制度成为可能。在1931年11月初的中华苏维埃全国代表大会上，王稼祥当选中革军委副主席、总政治部主任，同时在人民委员会中兼任外交人民委员。③ 应该说这次会议上所做出的制度设计基本照搬苏联，所以也相应设立外交人民委员会，作为苏维埃政府的组成部门。一般认为当时苏区并无太多外交事务，但外交人民委员会还是发挥着比较特殊的作用。外交人民委员会一方面负责与国统区的民主人士和苏区周边少数民族进行交往联络，另一方面负责对苏、对共产国际的联络工作。中国共产党长期把自己定位为共产国际的一个支部，所以中共对外关系事务长期针对共产国际、苏共和其他一些国家的共产党。比如当时共产国际和其他国家的共产党人进入中央苏区，都必须由外交人民委员会内设机构——联络总站负责安排行程和路线。④ 另外，潘汉年当时也属于外交人民委员会的编制内人员，后曾以外交人民委员会副委员长的身份从事统战和情报工作。⑤ 这些零碎的历史细节并不能组成相对完整的历史链条，也极少引起研究者的注意，但还是透露出一些信息：王稼祥在与苏联和共产国际的联络上占有举足轻重的地位，而负责安排共产国际来华人员和外国共产党友人进入苏区在那时同样意义重大。王稼祥当时负责与李德的日常联系，这是王稼祥地位迅速上升的重要原因。与此相应，中共与联共（布）、共产国际的联络管道也掌握在博古、王稼祥等人手中。总之，尽管内涵局狭、定位特殊，苏维埃时期的"外交"仍旧反映着党内权力分配的状况。

经长征到达延安后，中共中央设立中华苏维埃中央政府西北办事处，统一领导陕甘宁边区的行政工作。王稼祥继续担任中华苏维埃西北办事处

---

① 参见杨奎松《新中国的革命外交思想与实践》，《史学月刊》2010年第2期。

② 问友：《中国革命中之对帝国主义的策略问题》，《红旗》第5～6期，1930年8月19日。

③ 施昌旺：《王稼祥传》，安徽人民出版社，1998，第90页。

④ 刘多寿：《"红都卫士"阚中一》，福建省老区办编著《八闽开国将军》第4卷，中央文献出版社，2005，第356～357页。经介绍，作者曾经访问阚中一将军本人，此段史料可信度还是比较高的。

⑤ 宜兴市政协学习和文史委员会编《宜兴文史资料》第33辑"潘汉年专辑"，2006，第187页。

外交部部长，后因伤病原因转赴苏联担任中共驻共产国际代表，西北办事处主席博古兼任外交部部长一职。① 由于中共中央一度与共产国际失去联系，这一时期所谓"外交部"的工作范围大大缩减，基本只是苏维埃政府作为独立政权的象征性机构。嗣后，重新恢复的对苏联络通道也渐为毛泽东所掌握，原有的联系共产国际驻苏区代表等工作已从外交部的职掌范围中移除。

张浩带来共产国际七大关于实行统战新政策的关键指示，令陕北苏区的"外交"又有了新工作。值得注意的是，当时位于保安的名义上的苏维埃外交部的日常工作是由李克农负责主持（外交部部长博古实际并未履职）。据当时住在外交部院子里的作家朱正明回忆：

> 在保安时期，外交部部长是博古（1939 年我到桂林办事处时，博古仍是外交部长），李克农是副秘书长，也有人说他是秘书长，大家都称他李部长或李副部长。博古没到外交部来过，至少我没看见他来过。周恩来副主席来过一次。外交部的工作，事无论大小，全由李克农负责处理。凡是到外交部来联系的人，都找他商谈，解决问题。实际上他是外交部的负责人。保安时期外交部的任务，同新中国成立后的外交部大不相同，那时主要是接待从白区来的各方面的代表和宾客们，或我党的地下工作人员等，他们进行的联系或任务都是秘密性质的，别人不知。至于公开接待的外宾，当时恐怕只有斯诺一人。斯诺说他在保安的时候，住在外交部招待所……②

实际上李克农的本职是中共中央联络局局长，为方便工作对外常利用苏维埃外交部领导身份进行活动，特别是在"东北军工作"上。③ 不难理解，外交外事系统与情治系统一直是有横向联系的，李克农更是长期与外交外事工作结缘。

应该说，随内外形势变化和中共政策调整，中共的外事活动逐渐囊括于统战工作范畴内。这一时期，周恩来逐步成为外事机构的主要领导人，取代了过去留苏归来的王稼祥、博古。这似乎是一个比较自然的过程，因

---

① 王健英等编著《中国共产党组织史资料汇编》，红旗出版社，1983，第 245 页。
② 朱正明：《在李克农同志身边》，时事出版社，2000，第 8 页。
③ 刘培植：《西安事变前后争取东北军工作的回忆》，《中共党史资料》1982 年第 2 辑。

为对外交往工作的对象变了，中共内部的高层人事也变了。此前周恩来并未直接负责与联共（布）、共产国际的联络，但一直参与领导中共的情报机构，并多次成功领导与国民党内反蒋势力、地方军阀的秘密谈判，接手此业务本无不便。另外，黄埔军校政治部主任的身份、人格魅力、善于周旋的性格特质都让周恩来在此领域如鱼得水，成为中共在谈判桌上、话筒前对付国民党、外国人，联系民主人士、各色人物等工作上的不二人选。杨尚昆曾回忆道："那时（指延安时期）没有总理也不行呵，国民党的这一套也只有总理能对付呵，没有一个人可以代替总理。"①

1938年初，周恩来撰文指出："我们应估计到国际上的同情增长，要以全国统一的对外宣传，有计划、有系统、有组织的材料，向全世界供给，要以各党各派各团体联名的通电、联合的组织，派遣到国外去，并配合华侨的活动，取得各国人民物质上、技术上的援助。"② 在四五月间，中共中央长江局（武汉）即设立国际宣传委员会，由王明、周恩来、博古、王炳南、凯丰、吴克坚等组成。③ 同时设办事机构，周恩来领导，王炳南、陈家康等负责日常工作。需要指出的是，此时中共中央分管统战工作的是王明，长江局也由他领衔，国际宣传委员会的班底也和王明颇有渊源。王明失势后，国际宣传委员会中与他亲近的干部流失不少，他们有的转做其他工作，有的甚至脱离革命队伍。④

武汉沦陷后，中共在重庆设立南方局统一领导南方各省党组织，为适应统战工作和对外宣传的需要，南方局正式设立外事组（由宣传组改称），组长王炳南，陈家康、龚澎（后来增补）为副组长。⑤ 当时章汉夫、乔冠华在重庆办报，也经常参加外事组的会议。在这段时间里，党中央还指派王安娜（德国人，王炳南之妻）、廖梦醒在宋庆龄组织的"保卫中国同盟"工作，刘尊棋、孟用潜、韩幽桐等人则被安排考取了美国大使馆新闻处的职位。这些干部均受南方局外事组领导。南方局外事组虽没有响亮的招牌，却比此前的涉外工作机构在运作上规范了许多，也有比较明确而与时局相适应的指导思想。当时外事组工作的重大问题都是由周恩来和南方局其他

---

① 张培森等整理《杨尚昆1986年谈张闻天与毛泽东》，《炎黄春秋》2009年第3期。
② 周恩来：《怎样进行持久抗战》，周恩来等：《怎样进行持久抗战》，抗战知识社，1938。
③ 中共中央文献研究室编《周恩来年谱》（1898~1949），中央文献出版社，1998，第420页。
④ 《李某某在太行党校甄别会议上的发言》（1945年），革命历史档案，山西省档案馆藏，档案号：A01-03-003-014。
⑤ 王炳南：《中美会谈九年回顾》，世界知识出版社，1985，第34页。

领导人讨论，提出意见，报请中共中央决定，重大的外事活动也都由周恩来等南方局领导人亲自出面。①

1943 年 3 月 20 日，中共中央政治局通过了《中共中央关于中央机构调整及精简的决定》，文件规定：

> 在两次中央全会之间，中央政治局担负领导整个党的工作的责任，有权决定一切重大问题。政治局推定毛泽东为主席，凡重大的思想、政治、军事、政策和组织问题必须在政治局会议上讨论通过。书记处是根据政治局所决定的方针处理日常工作的办事机关，它在组织上服从政治局，但在政治局方针下有权处理和决定一切日常性质的问题。书记处由毛泽东、刘少奇、任弼时组成，毛泽东为主席。书记处所讨论的问题，主席有最后决定之权。在中央政治局和书记处之下，设立宣传委员会和组织委员会，它们是政治局和书记处的助理机关。②

为统一各地区的领导工作，延安的政治局委员进行了分工。在外事上具有重要意义的是毛泽东直接分管八路军重庆办事处（包括南方局）的工作。与国民党当局及各色在华外国人的联络、交往之重大事务在周恩来之上还须毛泽东最后审决。可以说，经历整风运动和中共七大，以毛泽东为核心的中央领导机关体制的确立和规范化，为外事机构体制的建立奠定了基础，未来外交系统的顶层设计也得到制度上的初步确认。③

另外，在延安的外事相关部门也有发展。1942 年，中共中央创建了俄语学校，后来又增设英语班，以培养外事干部、翻译为目标。到 1944 年扩建为外语学校。这些年轻人很多成为新中国第一代一线外交官，活跃于外交舞台上。当时校长为曾涌泉。④ 1944 年夏天，美国向延安派出军事观察组并驻足八路军控制地区一年多，等于在延安设立了半官方的联络机构。这对于中共自我审视和扩大影响都非同凡响，意味着在国际道义上、国内政治现实中，中共政权都取得了比较广泛的认可和合法性。在此段时间内，

---

① 南方局党史资料征集小组外事组：《南方局外事工作概况》，《南方局党史资料：统一战线工作》，重庆出版社，1990，第 329 页。
② 金冲及主编《毛泽东传（1893～1949）》，中央文献出版社，1996，第 649 页。
③ 金冲及主编《毛泽东传（1893～1949）》，第 650 页。
④ 周横溢：《新中国外交诞生记》，《党史天地》1999 年第 6 期。

中共中央下达由周恩来起草的文件《中央关于外交工作指示》，明确指出：这是我们外交工作的开始。在中共六届七中全会的主席团会议上，毛主席和周恩来提议杨尚昆兼任组长，王世英和金城为副组长，主要任务实际上是做接待美军观察组的工作。杨尚昆对外以"军委秘书长"身份出面。① 在外事组任科员的凌青后来回忆：

> 成立以后四个科：第一科是联络科，科长就是陈家康；第二科是研究科，科长是柯柏年；第三科是翻译科，科长是黄华；第四科是行政科，科长叫杨作材。当时除了行政科以外，其他科搞业务的干部很少，我去了以后也只有三四个人，不久，陈家康调去重庆，联络科科长由黄华兼任，一个人又搞联络又搞翻译，就在那儿顶着。柯柏年偏重于研究，马列主义根底比较好，研究美国问题。我几个科的事都做，没有主要负责的项目。实际上就是打杂，哪个科事急，去哪个科。甚至还要管外国人的娱乐什么的，反正没有那么多干部，也不一定老有那么多事。有需要联络的时候就联络，需要翻译的时候就翻译，没事的时候就去研究。当时所谓研究，就是柯柏年从美国人那里搞了一点资料，在柯柏年的领导之下，把这些资料翻译翻译。②

如此看来，当时的外事组都仍可定义为临时的专门办事机构，并没有稳定的机构设置、人员编制、工作章程。③ 延安的"外交"，仍然是局限在极小空间内的、有针对性的甚或带有一些随意性的对外交往工作。

抗战后，马歇尔来华调停国共冲突，在美国监督下国共双方设立北平军调部，北平军调部又先后设立 36 个执行小组在各地执行调处任务。曾经参与军调工作的中共方面的干部、军官，后来又不少在新中国成立后被调入外交部或从事外交外事工作，如耿飚、黄镇等人。

国民党还都南京后，中共中央在南京设立南京局取代过去的南方局，其中专设外交事务委员会。在国共关系完全破裂、胡宗南部又进攻延安的

---

① 参见凌青《从延安窑洞到北京外交部街》，宗道一等编《从延安窑洞到北京外交部街》，第 50、52 页。

② 参见凌青《从延安窑洞到北京外交部街》，宗道一等编《从延安窑洞到北京外交部街》。

③ 王世英、金城作为副组长都在完成最初接待任务后很快调离，凌青在回忆时表示，他随后调去时二人已经离开了，他从未见过两位副组长。参见凌青《从延安到联合国：凌青外交生涯》，福建人民出版社，2008，第 22 页。

情况下，南京局的一批外事干部被周恩来特意安排集中撤离至山西省临县三交镇。① 在那里，以这些外事干部为主设立了中共中央外事组，叶剑英为主任，王炳南担任副主任负责日常工作，其中还有黎巴嫩裔美国籍的中共特别党员马海德担任顾问（见表 1）。应该说这些人即共产党内新中国成立初外交战线最具外事经验和理论水平的基干力量。

表 1　中共中央外事组结构及主要负责人

主　任：叶剑英（1947.5 ~ 1949.8）	
副主任：王炳南（1947.5 ~ 1949.9）	
顾　问：马海德（1947.5 ~ 1949.9）	
编译处（国际宣传处） 处　长：徐大年（即徐永煐，1947.5 ~ 1949.8） 　　　　龚澎（1949.8 ~ 9） 副处长：章文晋（1947.5 ~ 1949.8）	
新闻处 处　长：柯柏年（1949.5 ~ 8） 副处长：张香山（1947.5 ~ 1948.10）	
政策研究室（处） 处　长：董越千（1947.5 ~ 10）	
国际问题研究处 处　长：乔冠华（1949.8 ~ 9）	
外语学校 校　长：浦化人（1948.8 ~ 1949.9） 副校长：董越千（1948.8 ~ 1949.9）	

资料来源：中共中央组织部、中共中央党史研究室、中央档案馆编《中国共产党组织史资料》第 4 卷"解放战争时期"，中共党史出版社，2000，第 66 ~ 67 页。

　　由于以往已经有较多著述对外事组的情况做过记叙，本文不再多谈。② 但笔者要说的是，外事组的一般制度和组织架构几乎完全没有被新中国外交部所沿用，外交部也不是外事组机构上的扩充或增容。但此时形成的一

---

① 据凌青回忆，周恩来认为这些人今后是新中国搞外交的骨干，不要走散了，走散了再召集起来就困难了。他指示一定要成立个机构，把这批人保留下来。成立外事组就是这个目的，并不是真正有什么外事。周恩来当时就已预见到全国要解放，要准备一批外事干部，以应付全国解放后开展外交工作的需要。参见凌青《从延安窑洞到外交部街》，宗道一等编《从延安窑洞到北京外交部街》。

② 宗道一：《摇篮里的新中国外交部》，《周南口述：遥想当年羽扇纶巾》，齐鲁书社，2007，附录部分。

些人事上的格局、人物间的关系、外事活动的习惯却影响深远。①

二　外交部组建与新中国外事机构的基本状况

1949 年 10 月 1 日，中华人民共和国中央人民政府成立，相应的，中央人民政府政务院的组成部门——外交部也成立了。

一个部门的建立自然不是一蹴而就的。1949 年春，随着解放区的范围迅速扩展，中国共产党需要思考并处理许多过去并不熟悉的问题。而在渐次攻占大城市的过程中，中国共产党开始以前所未有的规模与外国人打交道，而中国共产党的领袖们也开始全盘考虑中国的外交事务问题。在 1949 年 1 月，中共中央在召开政治局会议讨论外交问题后，多次向全党发出外交工作方面的指示。除确定当时对外工作的基本原则外，同时提出要设立各级外事机构，比如：凡有外国侨民居住地方的城市，公安局内设外国侨民管理科；在规定的城市市政府内，设外国侨民事务处；在规定的城市军事管制委员会内设外交问题研究组；东北华北两大解放区应于政府内设外国侨民事务管理处，并兼一个市的外国侨民事务处；等等。② 但正如文件中所提到的，最重要的目标就是"取得经验"。③

而这个文件出现的背景既有中共领导人对于外交问题的安排，也是中共筹组外交机构过程中的重要环节。在毛泽东等人的外交外事构想指导下，当时作为主持外事组实际工作的副组长王炳南开始在周恩来的领导下具体负责筹划组建新中国的外交部，那么要组建中央外交机构，自然需要针对当时革命迅速扩展到大城市和沿海城市的情况，建立地方外事机构，积累经验、培养干部。④ 于是各地的外事机构先后成立，各地外事处处长都是由中央任命指派的，受中央和地方双重领导。1949 年其设置情况见表 2。

---

① 例如，在表 1 中，王炳南为外事组副主任，龚澎、柯柏年、董越千、乔冠华为处长，章文晋为副处长，中华人民共和国外交部成立后王炳南为办公厅主任，地位仅次于副部长，董越千为办公厅副主任兼司长，龚、乔、柯等都是司级干部，上级还曾想让乔以亚洲司副司长的职务代理司长，章文晋虽曾出任天津外事处处长，但 1954 年回部工作时，则调任亚洲司副司长。应该说至"文化大革命"前，这样的职级高低次序，基本没变；只是乔冠华地位逐渐上升，1964 年王炳南回部继续担任副部长，乔也在这段时间被任命为副部长，龚澎升任部长助理，其他人都还是司级干部。
② 中央档案馆、中央文献研究室编《中共中央文件选集》第 18 册，第 48~49 页。
③ 中央档案馆、中央文献研究室编《中共中央文件选集》第 18 册，第 49 页。
④ 程远行：《一位老外交家的足迹：我所知道的王炳南》，人民日报出版社，1998，第 340 页。

表 2   1949 年各地外事处设置情况

地　　点	处　　长
北京外事处	柯柏年
天津外事处	章文晋
上海外事处	章汉夫
武汉外事处	李梄华
广州外事处	曹若茗
沈阳外事处	陆　曦*
南京外事处	黄　华

* 当时陆为东北外事局局长，兼任沈阳外事处处长，1955 年调回外交部担任领事司副司长。
资料来源：程远行著《一位老外交家的足迹：我所知道的王炳南》。

可以说，王炳南在外交部组建乃至新中国成立之初外交部工作中发挥了关键作用。因为组建基本班底、选调干部、选定办公地点等工作都基本由他来负责。而外事组主要的工作也围绕着组建全新的外交部而紧张开展。董越千、柯柏年、龚澎、乔冠华、赖亚力、杨刚等人是重要参与者。1949 年 9 月 27 日，《中华人民共和国组织法》在政治协商会议上通过，外交部在政务院 27 个组成部门中排名第二。值得注意的是，只有外交部、情报总署、华侨事务委员会三个部门由政务院直辖，其他部门均被划分于财经、政法、文教、监察四个委员会指导之下。也就是说外交外事工作基本由周恩来直接负总责。

1949 年 9 月 30 日，外事组解散，全员准备并入外交部；1949 年 10 月 1 日，中华人民共和国中央人民政府成立，而外交部赫然出现于中央人民政府政务院的组成部门之列。可以说从这一天起新中国外交部也成立了。[①]

外交部成立伊始，周恩来和外交部办公厅即在部内下发了《中央人民政府外交部试行组织条例》（以下简称《条例》），在《条例》开篇即明确指出："中央人民政府外交部掌理外交政策、外交事务、国家对外交涉及关于在外华侨在华外侨等涉外事项。"[②] 紧接着《条例》又规定了外交部部长和副部长的职权范围，首先说明了领导职数为一正三副，外交部部长"由中央人民政府委员会任命之"，并在"中央人民政府主席、中央人民政府委

---

① 徐京利：《解密外交档案》，中国档案出版社，2005，第 78 页。
② 《中央人民政府外交部试行组织条例》，中华人民共和国外交部档案馆，档案号：102 - 00033 - 02。

员会领导之下，承政务院总理"履行相应职责。而副部长则负责"协助部长执行职务，部长因故不能执行职务时，由副部长依次代行其职务"。①

这一组织条例看似平淡无奇，但细细读来却仍有耐人寻味之处。《条例》用词比较考究，与当时中共中央的很多文件相对大众化的语言风格不同，也毫无意识形态化的语言。倒是与三四十年代国民政府外交方面相关组织条例的行文风格更为接近。此类重要却并非机密的文件，起草者定是一个写作班底，应有熟悉民国外交制度的原国民政府外交人员参与，并主要以民国外交文书作为参考。新中国成立初期外交部办公厅的一位普通工作人员后来回忆道："我们那时候是真不懂那些文书怎么写，过去写个文件给大家看看还行，但搞外交啊，写在纸面上反映在国际上，连外交到底包括什么，其实大家都不太懂，我就照着国民党的文件抄上些套话，当然得改成我们的意思。"②

新中国成立初期的外交部机构设置也在这份条例中列明，分别为办公厅、苏联东欧司、亚洲司、西欧非洲司、美洲澳洲司、国际司、情报司、外交政策委员会以及条约委员会（职能划分大致情况见表3）。根据旁证，这些机构的排列本身是有次序的，是周恩来和内定的外交部高层干部一起商定的。③

表3 新中国成立初期外交部各机构职能

机 构	大致职能	备 注
办公厅	主要负责秘书、机要、礼宾、签证、行政等项事务，为综合部门	内设秘书处、交际处、机要处、人事处、总务处
苏联东欧司	负责苏联、东欧地区的外交事务，指导中国在该地区各国使馆（团）的工作，处理该地区各国驻华使馆（团）的交涉事项，研究该地区各国情况	内设苏联科、东欧科
亚洲司	负责亚洲地区的外交事务（其他类比于苏联东欧司）	内设日本科、南亚科、东南亚科等（页面太模糊，待查）
西欧非洲司	负责西欧、亚洲地区的外交事务（其他类比于苏联东欧司）	内设英国科、法语国家科等

① 《中央人民政府外交部试行组织条例》，中华人民共和国外交部档案馆，档案号：102 - 00033 - 02。

② 材料来自笔者对新中国成立初期外交部办公厅一般干部刘某的访问，访问时间：2009 年 2 月 23 日。

③ 参见徐京利《解密中国外交档案》，第 86 页；王立诚《中国近代外交制度史》，甘肃人民出版社，1991，第 233 页。

续表

机　　　构	大致职能	备　　注
美洲澳洲司	负责美洲、澳洲地区的外交事务（其他类比与苏联东欧司）	内设一科（北美科）、二科（拉美科）、三科（澳洲科）等（其他待查）
国际司	负责联合国及其他国际组织、会议及其所属的地域型组织、会议事项，主管国际友好活动并统一掌握各种国际友好活动情况、国际各种协约公约事项	内设一科、二科（职能划分不详，待查）
情报司	负责外交情报信息的搜集、研究和处理，有关外交业务的图书报刊的收集、管理；负责联络和管理外国新闻记者和外国通讯社	
外交政策委员会	由部长、副部长、办公厅主任、各司司长及其他有关人员组成，主要负责研究我国和其他主要国家外交政策，系统地总结外交经验，研究并分析国际专门问题，向各国使领馆提供我国外交政策的有关资料	设顾问、专员，并无固定机构
条约委员会	由部长聘请委员若干人构成，以部长或副部长为主任委员，主要负责条约的审查、废除、修改、重订和缔结事项，关于条约的法律研究的解释事项，国际公法和国际私法的研究	设委员、专员、顾问，并无固定机构

资料来源：《中央人民政府外交部试行组织条例》，中华人民共和国外交部档案馆藏，档案号：102 - 00033 - 02。

同时我们可以把国民党执政时期外交部机构设置与新中国外交部的机构设置加以对照。1943 年 7 月后，南京国民政府外交部机构设置为：亚东（东亚）、亚西（苏联、西亚）、欧洲、美洲各司掌有关地区的政治、通商、经济财政、军事等交涉以及保侨、在华侨民保护和取缔；条约司掌国际盟约、国际会议、条约协定研究、模拟和解释以及国际法的研究；情报司掌搜集情报、对外宣传及新闻出版事务；礼宾司掌递交国书、驻华使领馆人事或设置变更勋位、国际典礼、接待外宾及护照签证事务；总务司掌收发保存文电、公布部令、典守印信、张罗经费出纳及庶务。此外，还设有人事室、会计室、统计室、机要室。另外也有驻北平、上海的联络单位和各种委员会（如条约委员会、人事审查委员会等）。[①]

加以分析，可以看出如下几个问题。

第一，新中国外交部基本按照现代外交机构的一般划分原则，即主要

---

① 国民政府外交部的机构设置、人员编制也屡有改易，到 1943 年时大致稳定下来，直至败退台湾。参见王立诚《中国近代外交制度史》，第 232 ～ 234 页。

业务部门按区域或国家划分司局，辅以特殊职能部门和综合部门；新中国的外交机构设置基本上沿袭了国民政府时代的划分标准（但标准不同）和制度创设的基本概念。

第二，因新中国在国家发展模式上选择和"一边倒"的外交决策，新中国成立初期主要的建交国集中于苏联东欧的社会主义国家，苏联东欧司被集中于一司，最受重视，而且在新中国成立初期直至1952年中联部成立前的一段时间内苏联东欧司还作为政府机构负责与苏联东欧共产党特别是苏共的党际交往活动。

第三，大致说来，新中国外交部的办公厅相当于国民政府的总务司，但职能范围要更广（后来在机构改革中，办公厅还是被拆分，类似于1943年国民政府的做法）。

第四，新中国其实沿袭了聘用顾问、专员的做法。国民政府的顾问、专员一般也由非国民党资深外交官或北洋时代成名的外交专家担任，对这些人的政治立场、是否倾向革命外交也多有考察，已和北洋时代大不一样。中国共产党在新中国成立初期也主要留用国民党外交人士，只是中国共产党意识形态色彩强，组织坚固、敌我界限分明，因此极少让这些老官吏变成新党员。新政权对广大普通外交人员并无优待，审查整肃也基本是针对中低级外交官。[①] 这与共和国其他部门、领域的情况其实类似，均受中央的统战大方针影响，只是开展人员清查的具体时间有稍早稍晚之分，新中国外交部的这方面的特殊性其实没有一般记述中那样大。

第五，新中国外交部的条约委员会与国民政府条约委员会有本质之不同，应该说新中国外交并不服从于国际条约体系。在新中国成立后最初的一段时间里，外交部还成立了由王炳南牵头，柯柏年、宦乡、乔冠华等参加的"清除帝国主义残余势力"小组，作为临时性机构，一手抓废除不平等条约，一手抓清除帝国主义国家在华特权。[②]

作为中国共产党领导的国家，外交部自然也确定了党管外交的体制。在外交部成立大会上，外交部党组正式建立。[③] 由周恩来任书记，李克农、

---

① 《处理伪外交人员办法和外交部干部配偶调北京处理办法等》，中华人民共和国外交部档案馆藏，档案号：122 - 00048 - 05。

② 程远行：《风云特使：老外交家王炳南》，中国文联出版社，2001，第171页。

③ 严格地说，此时部党组叫作"党组小组"，几个系统的委员会党组被称为分党组，党组只是政务院一级，但一般简称为外交部党组。

章汉夫为副书记，作为常务副部长的王稼祥只是党组成员（主要与王稼祥留驻苏联不能参加部党组会有关）。① 在新中国成立之初，政务院党组干事会是整个中央人民政府内党的最高一级组织。中共中央对中央人民政府的领导，主要是通过政务院党组干事会进行的。② 无论是毛泽东的个人意见还是书记处酝酿、经政治局讨论通过的决定，从程序上都一般要经过政务院党组干事会知会或下达至各部委，各部委的信息也往往需要通过党组干事会传递回中共中央。在党组干事会中，总理兼外交部部长周恩来自然还是书记，李克农也是党组成员之一。这种组织结构给中共中央特别是毛泽东对行政部门的领导多少会造成些不便，也引起了毛泽东的不满，他曾在表扬中财委汇报及时的同时批评政务院的部委对自己搞封锁。③ 后经两次机构调整，才基本理顺这方面的关系，形成毛泽东通过中央书记处可高效辖制行政部门的领导体制。只是这已超出本文论述范围，须另文探讨。

过渡时期，为强调新民主主义政治的性质，党组织在行政部门中的领导作用，在纸面上多少还是被刻意淡化的，所以并不为人们关注太多。但在人事问题上政务院内各部门的主要领导，甚至司局级干部的选任都是由政务院党组干事会提名并审查的。而在外交部内，副司级以下的干部任用大权自然也集中于党组，也就是主要集中于周恩来。④ 当然，周在人事问题上是谨慎的。一直为周所赏识的乔冠华，在抱怨自己迟迟得不到提拔时，认为关键就是周恩来在人事上"压"和自己（指周）工作过的人。⑤ 应该说，在新中国成立初期的外交部里，周恩来主要是通过抓好党组来全面掌控外交部的工作，其实也就是抓好人事权、处理好一些外交大事。为此周恩来还专门设立部党组秘书，负责党组会议决定的文件形成、协调党政关系。后文还会论及周恩来在外交部发挥的作用，故在此不再赘述。

党组不仅是决定部内重要事务的领导核心圈，也负责发动领导群众运动、组织开展批评与自我批评、领导外交部的各级分党委的工作等等。在

① 《中国共产党组织史资料》第 5 卷，中共党史出版社，2000，第 87 页。
② 李格：《1949～1954 年中央人民政府组织机构及其调整》，《纪念中国社会科学院建院三十周年学术论文集：当代中国研究所卷》，当代中国出版社，2007。
③ 《关于检查督促政府各部门向中央报告工作的批语》，中共中央文献研究室编《建国以来毛泽东文稿》第 1 册，中央文献出版社，1987，第 513 页。
④ 《外交部人事制度（草案）》，中华人民共和国外交部档案馆藏，档案号：102-00106-06。
⑤ 参见何方口述《在外交部工作的日子》，邢小群整理，刘瑞林主编《温故》第 7 册，广西师范大学出版社，2006。

新中国成立后，中国共产党先后发动了许多次运动，日常工作也是在运动中进行的，各种运动对于外交部的工作状况实际影响不小。从抗美援朝运动到"文化大革命"，外交部党组（1958年后改为党委）也领导了历次政治运动，往往是党组出面组建运动领导小组，在党组直接领导下进行动员、组织政治运动。每次或多或少都有一些人被"整"，干部们运动中的表现也会对政治前途产生重大影响。① 而党组会平时经常以"务虚会"的名义召开，这种会自然常常是要开展批评与自我批评的，这对工作改进是很有利的，有助于在相互提意见、讲道理的过程中达成对外交部工作思路上的一致；但往往也成为政争的载体，例如外交部曾连开四次部党组会，揭发乔冠华、龚澎夫妇的"右派"问题，乔被陈毅在会上指为"外交部右派头子"，但1950年代中期之前尚大体平稳。② 而作为部一级党的机关，自然要领导部属的各级单位的分党委（司局、使领馆）。另外，党委也负责统战、工会、保卫等工作。特别是保卫工作，一直是由党务干部进行领导。

与中央的外交机构相对应，新中国自然要在解放战争后期建立的那些地方外事机构基础上继续增设或扩充。一般看来，地方外事是国家对外事务的组成部分。虽然外交政策高度集中，地方无权擅自就外交表态，然而地方政权又是国家政权的组成部分，因此，地方外事具有一定的官方性质，是地方官方行为。③ 但其关键在于地方外事的诉求应是经济贸易、社会文化上的，而不能有自身的政治、军事方面的企图。1949年前的地方外事则常常带有地方势力挟洋以自重的倾向。新中国外交自然也需要在外交权集中于中央的前提下，发展地方外事工作。

起初，中央政府在几个大城市设立了外事处。在一般叙述里对于外事机构设置的描述基本是一次性的，且让人感到似乎就是那七八个城市有外事处。而且大多可能是用的相同的材料来源，所以这个问题始终是模糊不清的。继续挖掘史料，会让我们感到尚有不小的疑惑。

在解放军胜利进军的过程中，新中国的地方外事机构也在不断扩展，至1950年初，已经在全国各地有16处地方外事机构（见表4）。总体来说，这些机构各自有其针对性，都是因事设处（局），并非科层制支配下因制度惯性而设置，这部分反映着当时中国共产党政权是组织简洁、具有较高效

① 参见何方口述《在外交部工作的日子》，刘瑞林主编《温故》第7册。
② 参见何方口述《在外交部工作的日子》，刘瑞林主编《温故》第7册。
③ 赵丕涛：《外事概说》，上海社会科学院出版社，1995，第22页。

率的，却仍带有比较浓厚的军事性特征；而且这些机构的设置大多尚未实现正规化和常规化。具体说来，这些机构的名称似乎比较随意，有处有局，并无标准；而且所属的政权机构的级别并不平衡，甚至差异甚大，总体上说来，华北、东北解放区稳定时间较久，政建工作相对成熟，所以大多称为××市人民政府外事处（局），而南方地区的外事机构还多是由大区的军政最高机关军政委员会直接领导，沿海大城市里军管会也仍然存在，可以说这种差异是与军政环境不同、外交工作对象不同相联系的（不能说是决定的）。另外，边疆地区的外事机构（新疆、西藏、云南）自然有不同工作目标，主要是涉及边疆地区比较特殊且复杂的外交环境和外交、边境的历史遗留问题（云南可能略有不同）；而满洲里成为联络处，自然主要是作为对苏联络的中继站而出现。[①] 比较有趣的是，东北人民政府的某些特殊性则的确部分存在。

表 4　新中国成立初期各地外事机构情况

名　称	处（局）长姓名	所在地
外交部驻满洲里联络处	曾远辉	满洲里
北京市人民政府外事处	马振武	北京
天津市人民政府外事处	章文晋	天津
东北人民政府外事局	陆曦	沈阳
沈阳市人民政府外事处	陈克	沈阳
哈尔滨市人民政府外事处	杨佐青	哈尔滨
旅大市人民政府外事处	朱新阳	旅大
上海市人民政府外事处（上海市军事管制委员会外事处）	黄华	上海
青岛市人民政府外事处	王绍洛	青岛
山东省人民政府外事处	徐中夫（副处长，主持工作）	济南
云南省人民政府外事处	刘柯	昆明
新疆省人民政府外事处	邓力群	迪化
广州市军事管制委员会外事处	曹若茗	广州
中南军政委员会外事处（武汉市军事管制委员会外事处）	李棣华	武汉

[①]　杨国良：《中国驻斯里兰卡兼马尔代夫大使张联外交生涯始于满洲里》，政协满洲里市委员会文史资料委员会编《满洲里文史资料》第 5 辑，1994，第 174 页。

名　　称	处（局）长姓名	所在地
西南军政委员会外事处	温剑风 （副主任，主持工作）	重庆
西藏军政委员会外事处	杨公素	拉萨

资料来源：《建国初期外交部》，世界知识出版社，2005，第60页。

在1949年12月21日，周恩来有一封给时任华南分局第一书记、广东省政府主席叶剑英的信，信上称：

> 外交部拟在国内各重要地区建立特派员公署，特派员即由各地行政负责首长担任。两广特派员拟由你兼，请你即提出一至二名副特派员，由中央审查决定。①

这个"外交部特派员公署"在有关新中国成立初期历史的其他各种普通记述里应该从未曾出现过，1949年以后的历史记述中，再次出现这个机构名称已经到了香港回归以后（外交部驻港特派员公署），而在此前的民国史中，外交部特派员公署一直是国民政府外交部特殊地区（比如边疆地区或需要对外交涉的战区）的外派机构，常有特殊的外交任务，比如外交部甘肃特派员公署其实主要业务只有与苏联驻兰州领事馆打交道。② 这样看来，当时的中央曾经有过在特别地区建立外交部特派员公署的动议，以行政首长兼任，既然两广地区是由叶剑英兼任，则说明这种特派员机构规格是很高的。但目前只看到这一条孤证，故笔者只能推断这个动议的初步实施仅限于两广，甚至是临时的，当时华南分局可能面临处理留在广州的外国使领馆人员问题（苏联使馆此前迁穗，也有遗留机构），③ 且处理香港方面事务，以及接收国民党在港人员和财产以方便与港英政府进行交涉，因此中央一度决定在广州设置外交部特派员公署。比如在12月9日周恩来、李维汉电复香港工委并叶剑英、方方，同意对陈纳德民航队采取的方针。④

---

① 周恩来：《关于外交部两广特派员人选问题的电报》，《建国以来周恩来文稿》第1册，中央文献出版社，2008，第709页。
② 黄雁：《抗日战争时期的外交制度研究》，复旦大学出版社，2002，第176页。
③ 中国人民解放军军事科学院编《叶剑英年谱》下册，中央文献出版社，2007，第577页。"12月18日条"提及叶剑英出席中苏友协华南分会、广州分会庆祝斯大林生日活动的情况。
④ 中国人民解放军军事科学院编《叶剑英年谱》下册，中央文献出版社，2007，第578页。

不过在一段时间内还有叫作外交特派员办事处的机构存在于边境少数民族地区（过去国民党也曾设特派员办事处），① 而且新中国成立初期中国共产党已考虑在香港设立一个外交特派员办事处，但后来没能得到英方同意。② 这些事情看似也没有什么特别之处，但实际均反映着建立外交部前后，中共或曾想利用过去国民党政权地方外事机构的基础，③ 抑或对国民党政权的外事机构存在着制度上甚至名称上的模仿或者局部的延续。这种制度设计思路上曾经出现的小范围的一致性或者相似性，一直极少被记载，以至于此前的任何史学论著中都没有提及这几种地方外事机构名称。但它们并不应该为外交大方针、大原则上的巨大改变而被完全湮没。也只有这样才能让我们了解中国共产党外交事务上面对的"总体上之转捩点"的境地。在这种交叉路口时，选择并非瞬时的，靠领导人说几句话、开几个会就解决了的，而是需要各种各样的试验。对某些细节问题进行发覆才能更好地理解中国共产党在新中国成立初期地方外交机构设置上的种种选择和实践，那些看似吊诡的历史信息却很可能藏着共和国建国史的机锋。

三　外交部初建期部内高层人事问题

按通常的思维，外交部建立的同时，外交部的机构设置和人事安排问题自然也相应产生。但实际上外交部的高层人事安排直到 12 月 5 日，才由外交部提请政务院任命。④ 这距离外交部成立已经两个月有余。而这个时间差在一般的历史记述中都是没有被关注或刻意被隐去的，这一时间错落问题几乎从来无人关注。

在 1949 年 12 月 5 日提请任命、12 月下旬完成任命程序的外交部人事安排（笔者在这里自己加上了部领导），见表 5。⑤

---

① 《外交特派员办事处、办事处规程暨编制表》，中华人民共和国外交部档案馆藏，档案号：122 - 00057 - 02。

② 李谷城：《前哨面谱》，繁荣出版社有限公司，1992，第 34 页。

③ 参见广东省地方史志编纂委员会编《广东省志·外事志》，广东人民出版社，2005，第 147 页。

④ 《外交部提请政务院任命人员名单》，中华人民共和国外交部档案馆藏，档案号：102 - 00094 - 02。与此情况相对比，中财委及下属相关部门则在人事安排上要迅速许多。参见迟爱萍《中财委的创立和组织机构》，《近代史研究》2009 年第 1 期；刘美玲、赵月琴《中央财政经济委员会成立始末》，《当代中国史研究》2002 年第 9 期。

⑤ 参见《建国初期外交部》，第 20 页。

表 5　外交部初建期的人事安排

	负责首长	备　注
部领导	部　长：周恩来 副部长：王稼祥、李克农、章汉夫 （有排名先后）	王稼祥先期赴苏，李克农在 1950 年朝鲜战争爆发后的大多时间从事谈判工作
办公厅	主　任：王炳南 副主任：阎宝航　董越千　赖亚力	
苏联东欧司	司　长：伍修权	伍修权赴朝鲜参与停战谈判后，柯柏年兼任
亚洲司	司　长：沈端先（即夏衍）	
西欧非洲司	司　长：宧乡 副司长：温朋久	
美洲澳洲司	司　长：柯柏年	1950 年初，徐永煐调京后任副司长
国际司	司　长：董越千（兼） 副司长：龚普生	
情报司	司　长：龚澎	
外交政策委员会	主 任 委 员：周恩来（兼） 副主任委员：乔冠华 秘 书 主 任：杨刚	
条约委员会	章汉夫（兼）	

资料来源：《外交部提请政务院任命人员名单》，中华人民共和国外交部档案馆藏，档案号：102 - 00094 - 02。

在外交部的正式人事安排出来前的 11 月 3 日，周恩来召集主要干部开会讨论建部的问题。会议首先决定：成立联合办公室，由周恩来、李克农、章汉夫、王炳南、伍修权、宧乡、柯柏年、龚澎、乔冠华、杨刚、赖亚力等人参加联合办公室；外交部设顾问及专门委员，聘请有关专家何思敬、周鲠生、钱端升，以及原海牙国际法院大法官梅汝璈为专门委员。① 而前面的联合办公室成员其实就是新中国成立后外交部实际运作的核心层人员。后来人事安排的关键岗位和职能部门领导也基本就是由这些人担任。但外交部在人事安排上还是曾出现了一些问题。

当时，周恩来希望调在上海担任文教委副主任的夏衍回来担任亚洲司司长，但上海方面没有放人。为此夏衍后来回忆这段往事称：

————————————

① 参见徐京利《解密中国外交档案》，第 86 页。

　　我被任命为外交部亚洲司司长这件事，见报之前陈毅同志就知道了，他用带点责备的口气对我说：上海还有许多事情要你做，现在还不是撂挑子的时候。我说这是总理决定的，他说，这好办，我去和总理说。当然，我对上海也有一些留恋，所以这之后尽管章汉夫和陈家康（他是亚洲司副司长）一再来信催我，我还是一直挂名，没有到任。①

　　于是，周恩来决定让乔冠华任亚洲司副司长、代司长，可乔冠华对于这样的职务安排多少有些意见。② 乔大约觉得一方面自己只是担任没有实体机构的外交政策委员会副主任委员，另一方面又在夏衍不来赴任的情况下，自己被安排长期代理。这种情绪是正常的，而且以乔的性格来说也容易理解。不过乔冠华后来赴朝鲜参与领导谈判工作，接任亚洲司司长的是陈家康。当然，外交工作对党内干部们的吸引力本身也比较有限，连章汉夫、徐永煐等人也是在周恩来催促下才被华东局方面同意北上"加盟"外交部。③ 外交干部之稀缺可见一斑，周恩来不愿轻易放弃一个人选的心情是不难体会的。

　　大体说来，这些干部基本全都有外事、统战工作经验，在党内来说具有较高学历。原中央外事组的成员王炳南、柯柏年、龚澎等人应该说普遍成为外交部的骨干。但总体看来，先前追溯源流时提到的外宣、外事方面的各路干部们，其实大多并没来外交部或其他外事系统供职。④ 同时，这些人普遍和周恩来有着比较深的渊源。如章汉夫在抗战时是《新华日报》主编，同时是周恩来的秘书；龚普生是章汉夫的妻子，在重庆时也长期在周恩来领导下工作；龚澎是龚普生的妹妹，也曾是周恩来秘书，在重庆时就是新闻界的知名女记者；而长期从事办报、写文章工作的乔冠华则是龚澎的丈夫。而此时，这四个人全都在外交部担任要职。⑤ 伍修权在抗战前就在周恩来领导下从事统战和情报工作，此后又有很多共事经历。⑥ 王炳南为周恩来一手提拔起来的杰出外交人才；杨刚也做过周恩来秘书；柯柏年则在

① 夏衍：《懒寻旧梦录》，三联书店，2000，第430页。
② 张颖：《外交风云亲历记》，湖北人民出版社，2005，第18页。
③ 《关于章汉夫等调京工作事给华东局的电报》，《建国以来周恩来文稿》第1册，第535页。
④ 笔者将容易找到的外事组干部简历查阅一遍，发现即便是中央外事组的干部也有1/3以上在新中国成立后未从事外交外事工作，如王光美等人都在此列。
⑤ 乔松都：《乔冠华与龚澎：我的父亲母亲》，中华书局，2008，第86～89页。
⑥ 伍修权《回忆与怀念》（中共中央党校出版社，1991）的相关章节。

第一次国共合作时就担任东征军总政治部社会科副科长，直接受周恩来领导；即使是看似与周恩来没有多少关联的前北方大学教授温朋久，其实早在天津早年的学生运动中就和周恩来一起作为谈判中的学生代表，而后他留学德国时又与乔冠华是好朋友，他成为赵寿山将军的秘书也靠王炳南的帮助。①

由此推及，周恩来自抗战前夕起在中共对外交往领域逐步积累了丰富的人际资源，后来在中央书记处书记中分管外事（起初为毛泽东分管）。虽然新中国成立后因革命外交的决绝姿态，大量在过去统战、外事工作中建立的来自国外甚至敌营的外交资源短期内不可能被再利用了，但周恩来长时间的领导地位、实践经历、个人魅力对这批党内外交、外事、外宣干部仍构成巨大的向心力。

另一方面，李克农作为中央情报部部长，同时担任外交部实际地位仅次于周恩来的副部长。这反映着中共革命运动中外事、情治不分家的惯性，过去的"外交"基本是服务于革命斗争甚至很重要的内容是要为军事斗争服务，如前所述，李克农作为情报领域的领导人长期以中国共产党外交机关的领导身份活动并参与很多外交外事活动。虽然情治机关和外交机构往往都联系紧密，但直接任命著名的情报主官担任外交部副部长的例子并不多见。② 需要指出的是，与苏联长期形成的制度习惯不同，新中国的外交并不受制于情治系统，中国的外交部从一开始就是作为总理亲自担任主官的具有较大自主性的机构，其中的外交家并非苏联的某些"职业外交家"。③

另外，当时中国共产党以新民主主义作为建国纲领，其政权应对新民主主义多有体现，连军事方面都要成立国防委员会安排民主人士、起义将领。但一般看来，外交部却是例外，似乎并无民主人士跻身领导层。笔者在此并不能给予完整之解释，外交思想和价值取向问题并不是本文讨论的重点，但还是可以做组织人事方面的回应。首先，外交部并不能代表所有外交、外事机构，中国人民世界和平拥护委员会、中国人民外交学会、中

---

① 温朋久口述《风云护圣人》，姚杰整理，十七路军中共党史资料征编领导小组主编《丹心素裹》第 2 册，中国文史出版社，1989，第 261~268 页。

② 王稼祥当时只是作为驻苏联大使，并不负责部务；李克农虽因为主持情报工作不能常在外交部办公，但在重大事务上，明显比王稼祥起的作用更大，在重大场合，李均会现身并起到关键作用。

③ 参见谢瓦尔德纳泽等著、宋以敏选编《苏联外交反思》，世界知识出版社，1989；葛罗米柯《永志不忘：葛罗米柯回忆录》，伊吾译，世界知识出版社，1989。

国人民对外友好协会都主要是由民主人士担任领导职务（郭沫若、张奚若、楚图南等），尤其后两个团体基本属于实体机构。其次，在当时的外交部中，一方面聘用了国民政府里的少数外交人士做顾问、专员，另一方面名义上是存在一些民主人士的，即个别几位没有暴露身份的中共秘密党员，组织上要求他们继续保持民主人士身份，比如担任外交部办公厅副主任的阎宝航，到1952年才公开党员身份，[1]又如准备外派出国参加国际会议代表冀朝鼎等人也都是以民主人士身份参与外交活动。另外在当时外交部的提请任命名单中有一个有趣的现象，即在那些被提名人名下都会有一个个人说明。王炳南下面注明了"中国共产党"（部长副部长此时非政府任命，上面也出现，标注中国共产党），但之后阎宝航只是注明此前为辽北省人民政府主席，其后也都是大多只写此前行政职务或社会身份，如温朋久则写"前北方大学教授"、杨刚只标注"前《大公报》编辑"。[2]这张名单是要拿到中央政府委员会上讨论的，从而容易想到这是因为考虑照顾各方情绪、体现新民主主义政府的组成理念而采取的技术性做法，微妙程度耐人寻味。

　　应当注意的是，在人事安排上另一个需要解决的问题是周恩来由总理兼任外交部部长而产生的高层工作分工问题。如前所述，周恩来主要靠党组会作为领导外交部的主要形式。1952年制定的《外交部会议及领导暂时分工的规定（草案）》对部内会议做了规定：

　　　　一、部务会议为本部最高领导机构，由各司、会、处负责同志参加，必要时得指定专人列席，每星期三举行会议一次，其任务为：

　　　　（一）讨论、批准各单位工作报告与计划；

　　　　（二）部内部常务问题的处理；

　　　　（三）有关业务及政策之专题报告。

　　　　二、政策委员会，为本部最高政策研究机构，由政策委员参加，遇必要时，得请部外有关人员列席，每两周举行会议一次，其任务为：

　　　　（一）研究国际形势的发展；

　　　　（二）讨论具体政策问题；

　　　　（三）研究斗争策略问题。

---

[1]《将军、外交家、艺术家黄镇传》上册，中央文献出版社，2007，第289页。

[2]《外交部提请政务院任命人员名单》，中华人民共和国外交部档案馆藏，档案号：102-00094-02；王泰平主编《新中国外交50年》，北京出版社，1999。

三、党组会议，每两周举行一次，其任务为：

（一）掌握全部思想领导及政治领导；

（二）领导部内群众运动，并总结经验；

（三）重大人事问题处理；

（四）领导同志间的批评与自我批评。

四、联合办公会议，由各司、会、处负责同志参加，每星期一、五举行，其任务为：

（一）传阅文件电报；

（二）汇报紧急问题；

（三）临时解决有关问题。①

而领导的分工则为：章汉夫负责常务，每周主持部务会议；伍修权负责党组会议，王炳南负责联合办公会。而周恩来通常安排每二到四周在中南海西华厅周恩来办公室附近组织一次党组扩大会，进行总体的领导。这样就是在制度上希望平时以部务会议作为处理外交部一般事务的平台，实施集体领导；以党组会（党组扩大会议）作为周恩来处理重要外交工作的一般形式，也方便讨论部内组织人事问题，实践党管干部之原则。

以此安排，依常理推断，外交部在高层职权分配上应大致为：重大问题（指部内，排除中央最高决策）应由周恩来负责，其他领导从旁协调；一般问题特别是未超部内职权范围的事务性问题则一般由主持常务工作的副部长负总责，根据领导分工安排，指导、监督并把工作最终落实于基层办事机构。但在一次党组务虚会上，由于之前周恩来反复向大家征求意见，张闻天讲了自己对于周总理在外交工作上的缺点的看法，其中第一条便是认为"总理对具体工作、细节抓得多，对形势、政策、大政方针研究不够。在具体事务、技术方面抓得多，就没有时间研究方针政策问题。而第二条意见则是"党组会开得少，且多用来办案子"。② 张闻天提的意见恐非无的放矢。翻检史料，我们会发现在外交官的头脑中，对周恩来的印象深刻的的确大多是因为具体事务中的细节，即使有战略上的思考，也基本是外交事务中的行为准则之类，少有重大外交事件中的决策。张闻天的意见提的

---

① 《外交部会议及领导暂时分工的规定（草案）》，中华人民共和国外交部档案馆藏，档案号：102 – 00106 – 04。

② 张培森主编《张闻天年谱》，中共党史出版社，2000，第 1096 页。

不是不对，但他不知是有意还是无意间，忘记了周恩来这么做，在一定程度上是有意为之。概言之，在整风运动、中共七大后，以毛泽东为决策核心的"内部程序"已经建立，中共的制度目标因此"内部程序"而改易、偏离、弃置的例子屡见不鲜，新中国外交部自不能规避此"内部程序"。

四　驻外使团的组成情况

外交部领导的除了内设机构、地方外事机构（双重领导），还有另一支规模大、任务重的队伍——驻外机构工作人员。如果如周恩来所说的那样，外交人员是"文装的解放军"，那么这些驻外使团的外交官和使馆工作人员则可以说是长年奋战于外交战场的第一线。

虽然王稼祥在1949年外交部成立大会之前已经出使苏联，但从整体上说，新中国第一批大使的派出是一个比较缓慢的过程，除王稼祥这位独一无二的驻苏联大使之外，其他14位大使的派出从1950年5月一直绵延至1951年5月。这说明派出驻外使团并非一件轻松的事。对于派遣大使的一般过程，已有一些纪实类书籍、文章做了比较生动的介绍，[①] 所以在这里笔者并不准备对大使的外派工作再进行重复的笼统介绍，而是把重点放在使馆工作展开的最根本因素——完成使馆（团）的组成上。

首先自然是谁来做大使的问题。

1949年2月初，米高扬到西柏坡访问。毛泽东在与米高扬会晤时提出新中国成立后将派王稼祥出任第一任驻苏联大使。[②] 而当时的王稼祥还在东北担任东北局宣传部代部长。在党的七届二中全会上，王稼祥递补成为中央委员。会后，毛泽东约谈王稼祥，讲了未来对王稼祥的工作安排。[③] 很快，王稼祥接受了担任驻苏联大使的安排。王稼祥早年留学莫斯科中山大学，俄文甚好，理论修养也很不错，党内地位也比较高，且曾任中共中央驻共产国际代表，是苏联能够接受的人选。比较有趣的是，王稼祥的妻子朱仲丽以带有文学性的笔调记录了王稼祥在与毛泽东谈话归来，对朱仲丽

---

① 如徐京利《解密中国外交档案》。
② 参见徐则浩编著《王稼祥年谱》，中央文献出版社，2001。
③ 这次谈话内容有两种说法，一是《王稼祥年谱》中记载的，毛泽东直接提出准备让王稼祥出任驻苏联大使；第二种说法是王稼祥妻子朱仲丽在回忆性文章中讲的，毛泽东给王稼祥两个选择，一是当中宣部长，二是当驻苏联大使。参见朱仲丽《疾风知劲草——毛泽东与王稼祥》，中共中央党校出版社，1999，第231页。

说的一段话：

> 我在共产国际任过中共代表，对苏联党的情况熟悉，俄语不成问题。除此，我了解党中央和毛主席的心，王明是不能胜任的。康生呢？不叫他去。张闻天呢？毛主席也会想到的。独独叫我去，这是对我的高度信任。①

这段话虽然并未涉及多少机密，但反映了一个基本事实，作为党内高级干部的王稼祥自己也对当时的情况有所把握，他想到的人选都是留苏派的重要代表人物，其中除张闻天外另外三人都曾做过驻共产国际代表。可以说，合适人选就是那么几个人。因此对于驻苏联大使人选问题中共领导层是十分谨慎的，也是有特殊的考虑的。第一位大使就如此产生。

除了特殊的驻苏联大使的选任，我们会笼统地想到"将军大使"的传统叙述，即使很多人知道其中还有其他几位不是"将军"的大使，还是习惯性认为中央选择大使的出发点是这批人可靠，也可以把部队的好传统带到外交部门来，同时是尽量挑选了一批有文化、有少许外事经验的将领。②但实际情况并非如此简单（见表6）。

表6　新中国成立初期驻外使馆（团）大使名单

使馆（团）	大使姓名
驻苏联大使馆	张闻天（接替王稼祥）
驻保加利亚大使馆	曹祥仁
驻罗马尼亚大使馆	王幼平
驻匈牙利大使馆	黄镇
驻朝鲜民主主义人民共和国大使馆	倪志亮
驻捷克斯洛伐克大使馆	谭希林
驻波兰大使馆	彭明治
驻蒙古国大使馆	吉雅泰
驻德意志民主共和国外交使团	姬鹏飞
驻缅甸大使馆	姚仲明

---

① 朱仲丽：《疾风知劲草——毛泽东与王稼祥》，第231页。此段话的可信度还是比较高的。
② 参见云水《出使七国纪实：将军大使王幼平》，世界知识出版社，1996，第6页。

续表

使馆（团）	大使姓名
驻印度大使馆	袁仲贤
驻丹麦大使馆	耿飚
驻瑞典大使馆	耿飚
驻芬兰大使馆	耿飚
驻瑞士大使馆	冯铉
驻印度尼西亚大使馆	王任叔
驻巴基斯坦大使馆	韩念龙（当时尚未赴任）

资料来源：《我驻外使馆（团）一览表》，《建国初期的外交部》，第 40 页。

　　从作为最终结果的这份名单看，15 位大使中有 11 人来自军队，"将军大使"的说法也由此而来。在这 11 人中，真正从事军事工作长时间担任军事主官的只有倪志亮、谭希林、彭明治、袁仲贤、耿飚五人，其余六人中王幼平、黄镇、姬鹏飞、韩念龙都是长期担任政治工作的军队政工干部，而曹祥仁、冯铉都是情报系统的高级干部。另外接替王稼祥的张闻天也曾留学苏联，在党内地位更高，理论素养也比王稼祥要好些。吉雅泰是资历较老但年龄不大的蒙古族党务干部，① 王任叔是作家，之前在统战部工作，② 姚仲明也是党务干部。我们应当不难理解的是：中央决策层、组织部门、外交部对于大使的设立是有一定程度的针对性的，驻苏联大使是中国和中共最主要的外交、外事对象，任务艰巨、情况复杂，所以选派的自然是能够赢得苏联方面尊重、信任，能够代表中国共产党在一线协调对苏关系的人，其作用举足轻重，这样的人的确如前文王稼祥的那段话所讲，合适人选只有那么几个。王任叔被派往印尼则主要是考虑到他在印尼政府中有不少朋友，尤其是在印尼华侨中有较高声望；出使蒙古自然容易锁定像吉雅泰这样的蒙古族共产党干部，而乌兰夫向中央的推荐作用也是关键性的。③ 而在这些将军中，当时职务最高的三野代参谋长袁仲贤则被派往对新中国

① 参见《塞原播火人：记首任驻蒙古大使吉雅泰》，乌嫩齐主编《一代英豪：建党初期的蒙古族共产党员》，民族出版社，2001，第 108 ~ 130 页。

② 王任叔即作家巴人，并无任何外事经验，但他抗战时曾在印尼和当地的抗日武装一起出没于密林之中，和当地华侨建立了比较深厚的友谊。参见外交部外交史研究室编《当代中国使节外交生涯》第 1 辑，世界知识出版社，1995，第 104 页。

③ 《拟派出国人员名单》，中华人民共和国外交部档案馆藏，档案号：102 - 00132 - 04（1）。档案原件上吉雅泰名字后，特别在"备考"一栏里标注是乌兰夫介绍。

成立初期外交事业有重要意义的印度。至于相对容易胜任的东欧社会主义阵营的兄弟国家，则派出了有些外事经验的"将军大使"们。

中组部曾给华南分局组织部关于外交人员（大使、公使、领事）选派条件的电报谈及调配标准：政治上忠实可靠；有相当丰富的知识，能懂外国语更好；谨慎周详，能坚决执行政策，服从领导；师团级以上干部。周恩来则对此电报做了批示、修改，于是这也基本上成为选调使馆高级外交官的大致标准，被转发各处。① 由此可以看出，至少在开始阶段，中央并没有强调要选用所谓"将军大使"；因此，说这是中央早有安排，似乎尚不能成立。但不可否认的是，在新中国成立初期，中国共产党面临严重的干部短缺，特别是专业领域的各种人才。就外交战线而言，也是如此，这并非此领域独有。总体来说，党内的外交外事人才稀有，有外交外事经验的也没有多少。② 除了过去外事系统的一些骨干，军队内过去在军调处或军调小组里积累过一些外事活动经验的人的确已经算是相对合适的人选了，而且军队的政工干部转为中央或地方的文职干部在那时并不稀见，转入其他部门的将领、军官们面临的工作性质的跨度、工作内容的挑战程度其实也不见得就小。过去外事系统及统战、情报部门里的干部并不可能被大量调配给外交部，他们中的很多人被分派到其他具有相关职能的机构中去了，即使是外交外事口也还有外经贸部、贸促会、中苏友协、对外友协等机构。另外，在新中国成立初期，我国外交外事的"工作面"其实并不大，外交事务也相对集中。比如朝鲜战争停战谈判、与苏联的各项大大小小的谈判等等。所以，准确地讲，使馆（团）的工作任务并不算重。驻苏联大使并负责领导驻东欧各国使馆的张闻天在刚刚赴任后，就发现有些人发牢骚："大使馆，大使馆，就是大使的（公）馆，大使可以在这里休息养病，或者说大使馆只需要四个人就够了，因为四个人可以凑一桌麻将。"③ 这或许部分表达对王稼祥的意见，但也反映使馆平时工作还是比较清闲甚至无聊的；苏联使馆尚且如此，其他使馆（团）的情况可推知一二。概言之，就当时的使馆（团）的组建而言，中央并没有投入多少一流的外交人才（至少是

---

① 《中组部关于外交人员选派条件的报告》，《建国以来周恩来文稿》第 1 册，第 710 页。
② 《外交部长周恩来召集处长以上人员谈话记录》，中华人民共和国外交部档案馆藏，档案号：102 - 00094 - 06。
③ 《1951 年驻苏联大使馆工作总结》，中华人民共和国外交部档案馆藏，档案号：102 - 00043 - 02。

在当时，不计未来之成长），而在选择这批大半是将军的使节时更多强调的
是政治觉悟、组织纪律问题。① 这既是当时比较合理的选择，也是无奈的
选择。

对外交部选调干部一事，地方上的配合度也比较有限。王幼平在得到
调令后，去二野司令部询问情况，邓小平对王幼平说，上面指名要调阎红
彦、刘志坚、王幼平三人，阎红彦申请不去得到批准，这样就不好交代
了。② 而这些大使们自己自然也对出国做大使极不情愿。王幼平曾回忆：当
时有个顺口溜说，"第一次出国高兴，第二次出国扫兴，第三次出国凭党
性"；耿飚曾为此与伍修权副部长发生争执，如果批准他调离外交部，他可
以在部门口磕三头；王幼平也屡次去找中组部副部长帅孟奇希望能够更换
工作。再加上政权稳固下来后，地方上的干部更容易选调，也更适合从事
外交工作，所以在第一个任期结束后，这第一批大使中有一部分人便离开
外交战线。

另外，中央曾经考虑调用的人选还有韦国清、张爱萍、阎红彦、孙志
远、苏井观、刘志坚等人，③ 但都因故没有实现。④ 不过从人选个人的特点
来看，中央的考虑基本是前后一致的。比较特殊的是，当时还有一些资本
主义国家在很早就承认了中华人民共和国，中共中央也考虑派遣大使，后
来因为各种原因被推后了。⑤ 比如中央一度确定了驻英国大使的人选，即时
任二十兵团司令员的杨成武，且已报请中央批准。⑥ 杨成武基本属于纯粹的
职业军人，且早年也没有读过多少书，只是短暂在北平军调部工作过。对
中共中央而言，选任驻英国大使绝不是件小事，必定是曾慎重遴选的，但
杨成武这个人选却让人多少还是有点困惑。当然，我们至少可以推想，杨
成武的政治素养肯定在此时已得上级认可，他后来在军内屡获拔擢便不难
理解。

总体上看，中国共产党基本上将真正的外交人才集中于部内（中央），

---

① 云水：《出使七国纪实：将军大使王幼平》，第 21 页。
② 孙津：《新中国外交启示录》，广东人民出版社，1998，第 4 页。
③ 《在三野前委关于干部调动事电报上的批语》，《建国以来周恩来文稿》第 1 册，第 673 页；
　云水：《出使七国纪实：将军大使王幼平》，第 4 页。孙志远事见《拟派出国人员名单》，
　中华人民共和国外交部档案馆藏，档案号：102 - 00132 - 04（1）。
④ 韦国清参与领导援越顾问团其实也部分算是做外交工作。
⑤ 参见裴坚章主编《中华人民共和国外交史（1949 ~ 1976）》，世界知识出版社，1994，第
　308 ~ 309 页。
⑥ 《拟派出国人员名单》，中华人民共和国外交部档案馆藏，档案号：102 - 00132 - 04（1）。

青年干部（包括外事学校、外语学院毕业的甚至是在读的学生）频繁转岗锻炼，一旦遇到外交上的重大事件（即使在国外），往往由部内的业务骨干组成团队，四下出击。外交上的关键问题也大都以这样的方式解决。比如朝鲜战争谈判代表团由李克农领衔，以乔冠华副之，并配备浦山、薛谋洪等拔尖专业干部；后来调王炳南担任驻波兰大使即主要是为了方便对美的大使级会谈。几乎所有历史记录下来的外交大事上只有为数不多的几个人的名字。这既是当时干部短缺的表现，也部分体现着外交权高度集中于中央的特点。正如周恩来反复强调的"外交工作授权有限"，要求大使们多请示、多汇报，外交行动的决定始终要由中央来做。这或许也可看作一种"计划外交"。

除了大使，当然还需配备大使馆其他各级干部、职员。在选定派往苏联的外交人员问题上，中国共产党还是比较谨慎的。一方面，在最初留用驻外使馆的少数国民党外交人员（起义人员）负责短期维持使馆的基本运作，[1] 同时坚决在选择国内派出出使人员时看重"政治清白"。虽然在不同场合外交部的领导强调人才难求，不看出身，看个人表现，但在实际的普通干部录用上却始终把阶级队伍的纯洁性作为选用外交官、出使随员的第一原则，外交部是坚决不录取原国统区政治色彩较浓的学校培养的那些原本要担任外交官的学生的。当时一心想要外交报国的金庸收到新中国外交部顾问梅汝璈的邀请，辞去在香港的编辑工作，北上进京谋职，但终被曾经的友人乔冠华拒绝。他要求金庸先去中国人民大学受训入党，金庸的国民党国立政治学校的教育背景是其最大障碍。[2]

另一方面中共中央、外交部也努力调配领事、参赞以下各类干部，周恩来更是在具体的人选问题上多次表态。由于时间仓促，驻苏使馆人员调配主要还是由中组部和外交部来做，王稼祥在苏联也可以提出人选。[3]

但后来大使馆的人员选派工作似乎就没有这么慎重了。据王幼平回忆：

> 那个时期，新中国百业待兴，干部很缺。特殊时期，采取特殊政策。驻外使馆干部，中央和外交部只管大使人选，其他外交官则由大

---

① 《关于接收原国民党政府驻苏使领馆问题给戈宝权等的电话》《建国以来周恩来文稿》第1册，第427页。

② 冷夏：《文坛侠圣：金庸传》，广东人民出版社，1995，第40~42页。

③ 《关于在苏联设立领事馆问题给王稼祥的电报》，《建国以来周恩来文稿》第1册，第483页。

使自己找。周总理对使节们说，现在干部很缺，各个使馆的干部请各位大使自己解决。方法是：大使物色、提名，然后将名单报请中央组织部下调令。①

于是乎，各位大使就不得不各自组建使馆班底。那么这些大使们又选了一些什么样的人呢？笔者根据档案整理出了 1950 年 6 月至 1950 年 10 月间中华人民共和国准备派出外交人员的名单（三个使馆，详见表 7）。

表 7 1950 年 6～10 月新中国所派外交人员名单

姓　名	担任职别	入党年月	此前任职情况	备　注
驻罗马尼亚大使馆				
王幼平	大使	1931 年春	五兵团政治部主任	
刘靖宇	一等参赞		旅顺地委副书记	
林亮	二等参赞	1937 年	十八军政治部组织部部长	
赵政一	一等秘书	1944 年	河南省政府交际处处长	
李炳泉	二等秘书		新华社国际部编辑	
史洪潮		1943 年	武昌公安局治安科副科长	
苏英		1950 年 3 月	天津市公安局人事处组织科做青年工作	
驻蒙古国大使馆				
吉雅泰	大使	1925 年	中共内蒙古分局候补委员、宣传部部长	
符浩	一等参赞	1938 年 5 月	师政治部主任	
德勒格尔	一等秘书	1943 年	内蒙古骑兵一师政治部副主任	
戈更夫	二等秘书	1947 年	内蒙古骑兵三师团政委	
（名字隐去）	三等秘书			由乌兰夫推荐
任秀贞	女眷	1945 年		吉雅泰妻
乌力吉孟孙	会计	1950 年 4 月	呼和浩特市某厂出纳	
驻瑞、丹、挪大使馆				
耿飚	大使	1929 年	十九兵团副司令兼参谋长	
钟正浩	一等参赞		一野二兵团六军十六师参谋长	
张一鸣	二等参赞		十九兵团作教科科长	
盛之白	二等参赞		十九兵团宣传部部员	
余震	一等秘书		十九兵团队列科科长	

---

① 云水：《出使七国纪实：将军大使王幼平》，第 13 页。

续表

姓　　名	担任职别	入党年月	此前任职情况	备　　注
			驻瑞、丹、挪大使馆	
钟岳	三等秘书	1948 年 6 月	十九兵团首长办公室秘书（耿飚秘书）	
孙一新	三等秘书	1946 年	上海外事处研究室秘书	
刘保存	随员		十九兵团司令部管理员	
赵凤湘	女眷	1944 年	十九兵团	耿飚妻

资料来源：《拟派出国人员名单》，中华人民共和国外交部档案馆藏，档案号：102 - 00132 - 04（1）。

　　在这些外交人员中，除三位大使及两位女眷外，共有 18 人。这 18 人均是中共党员，政治上应该是可靠的，但写明有外事工作经验的，似乎只有赵政一、孙一新两人；这些人普遍比较年轻，像林亮、符浩这样的"三八式"干部，受教育程度比较高，都是受"一二·九"运动影响参加革命的青年学生，此时已经是党内的中高级干部；① 还有一些比较容易看出是解放战争中后期参加革命的年轻人。另外，可以看出耿飚找来的干部较多来自自己原来任职的十九兵团，其中很重要的原因是，十九兵团当时部署在北京附近，容易调来；而王幼平虽是兵团政治部主任，分管组织人事，却似乎只是辗转找到一些干部，这恐怕也是因为其老部队尚部署于南方，想找到老部下和熟人就困难多了。而其中那个隐去姓名的可能是被派去从事情报工作的人，此类现象在这些名单中他处也能看到，比如派去印尼的一等参赞李菊生为情报部副处长，名字写上又被涂去（仍能大致认出），选调过程之仓促可见一斑。即使情报工作主要由军委任命的武官负责，② 负责搜集信息的外交人员在现代国家的驻外使馆中也是普遍存在的，目前看到的这些拟派出人员中仍缺乏得力的搜集情报人员，以至于周恩来屡次指出要提高情报工作质量。

　　同时在新中国初期的大使馆里，也缺乏党务工作人员，大使馆的党组织发展状况并不太好。当时大使一般兼任使领馆"特别党委"的书记，是使馆绝对的"一把手"。参赞中的一人会担任主持党务工作的副书记，是

---

① 据王幼平大使回忆，林亮为清华大学毕业生，能力很强，但因为已经入藏，所以没有被调入外交部。参见云水《出使七国纪实：将军大使王幼平》，第 13 页。而符浩为西安师范学生，后入抗大，参见郝瑞《黄土地上走来的外交家：符浩》，解放军出版社，2001。

② 《关于驻外使、领馆工作人员任免办法的暂行规定》，中华人民共和国外交部档案馆藏，档案号：102 - 00132 - 05。

"二把手"，除此之外还有特委委员若干。使馆的党组织工作并不复杂，主要是管组织工作（馆内的干部的提拔、考察，发展党员）和政治学习等等。① 比如张闻天担任驻苏大使时，使馆的特委书记即张本人，他的夫人、老资格的党务工作干部刘英担任政务参赞和特委副书记；他们二人都有丰富的工作经验，且能力都比较强，所以驻苏联大使馆的党务工作是搞得比较好的。但很多使馆的情况就完全不同了。不少大使与担任副书记的参赞关系不睦。

另外，使馆（团）还需要一些事务性工作人员和勤杂人员，在新中国成立初期人手不足的情况下，共和国驻外使馆还是普遍在当地雇了一些人。中方对此保持了较高的警惕性，1952 年曾经专门制定《关于驻外使领馆雇用人员的暂行规定》：

> 一、为保守国家机密，在驻资本主义使领馆内应尽可能不雇外籍人员、华侨、中国留学生和起义之伪外交人员。现已大量雇用上述人员之使领馆应逐渐慎重解雇，并注意避免发生对外不良影响。解雇后的人员缺额由外交部按统一编制统一配备。
>
> 二、驻苏联及各新民主主义国家使领馆可根据具体情况酌情雇用驻在国的人员。
>
> 三、如因工作需要必须在驻在国雇人时，使领馆对其历史情况、政治面目、家庭经济状况、国内外社会关系等均须进行严密审查，作出详细结论，报部批准后始可雇用。
>
> 四、雇员不得参与使领馆任何有关机要性的工作及会议。
>
> 五、所有在当地雇用之人员，以不住宿使领馆内为原则，倘因工作需要须住馆内时，应经馆长批准。
>
> 六、对已雇用之人员，应定期（六个月）审查，并将审查结果报部，发现有问题时，应立即解雇，或经批准后送回国内处理。②

此规定向我们透露了几个重要信息。第一，外国使馆中直至 1952 年还

---

① 《外交部在职干部学习制度》，中华人民共和国外交部档案馆藏，档案号：102 - 00106 - 17；《外交部干部科工作细则目录》，中华人民共和国外交部档案馆藏，档案号：122 - 00070 - 06。

② 《关于驻外使领馆雇用人员的暂行规定》，中华人民共和国外交部档案馆藏，档案号：102 - 00106 - 08。

存在一定数量的"起义之伪外交人员",此信息非常重要;第二,对于驻资本主义国家和社会主义阵营的国家使馆,是有区别的,对资本主义国家有很高的警惕性;第三,由于最后提及"送回国内处理",因为如果是外籍人士,即使解雇并采取措施予以处理在所驻国也不是很容易办到,当地政府也很难同意,所以这可能侧面表明,这些雇佣人员中应该主要是中国籍的,甚至主要是原国民政府外交人员。可见在 1951 年下发《对起义或投效之伪外交人员处理办法》要求逐步清理使馆所雇原国民党使馆工作人员后,直至 1952 年此情况可能仍然较普遍存在,其中原因尚难给予很好解释,虽然容易推断原因之一是大使馆在处理某些专业事务上经验不足或缺少必要知识技能。

五　小结

"另起炉灶"是凡讨论新中国外交开端时,必定会提到的说法之一。但另起的新炉灶是什么样子,我们长久以来不甚了了。笔者所要强调的是,新的炉灶是建起来了,旧的炉灶是砸掉了,但并不该认为新炉灶的"新"只在于砸掉了旧的,本文即希望从常态史之角度对作为新外交体制重要环节的组织人事问题有所回应。

笔者认为,新中国外交部的基本架构仍然是与自近代以来中国外交机构逐步发展的方向相一致的,就组织人事问题来看,是有着内在的发展逻辑的。这主要体现在两个方面,一是激进化色彩越来越浓厚,其潜在指向是外交要为建立一个现代的民族国家而服务。这也是中国近现代社会始终存在的历史线索。从民国建立后逐步收回部分治外法权,到国民政府"革命外交",再到国民党政权抗战中颇有成绩的外交斡旋,最后到新中国外交,都大致遵循着这个中国社会、政治的发展趋向。新中国的国家意识形态构建、政权建设也是这个趋势的继续发展。例如,自武汉国民政府时期,国民党方面设立了外交部条约委员会,旨在废除不平等条约。新中国外交部在沿袭条约委员会的机构设置之外,又设立废除帝国主义参与恶势力小组。

二是集权化程度不断强化。中华人民共和国外交部建立伊始就将外交权力集中于中央,而且这种集中的程度也大大高于民国时期。这是近代外交事务出现以来,中国的每个中央政府的重要目标。当然,新中国外交的"集中"指的不仅仅是所谓外交的最高决策权集中于中央政府甚至领袖,而且包括外交事务中的重要问题绝大多数集中于外交部或是中央外事部门。当然，这一方面是由于最高层对外派使节"外交工作授权有限"而形成的，另一方面是因为适应外派的外交人员的外交才能和外交经验都不高。从很多材料中，我们可以看到部里的干部们总是非常忙碌，而使馆（团）却主要是在请客吃饭、送礼应酬。① 后来中央也只是尽量要求注意搜集所在国信息、研究所在国问题。② 可见，外交官的职业技能层面，新中国外交官与国民政府的外交官还尚有差距。

当然，我们也必须意识到，就组织架构、人事安排而言，新中国外交仍有明显的颠覆性，尽管这种颠覆性是不稳定、多变的。如前述驻外使团人事安排即完全改变了自清末以来外交界职业化、专业化的传统，而以革命经历、政治可靠度作为使节选择的基本标准，即便放弃有些工作职能也在所不惜。虽有人才匮乏的条件制约，但也主要是中共高层主动选择的结果。前述条约委员会外设立废除帝国主义参与恶势力小组，也是例证。可以说，新中国外交在某种程度上也具有"反外交"特点，且一度呈现长期化、常态化趋势。

对于新中国成立初期外交部在制度上模仿苏联的问题，由于掌握材料有限，笔者做不出全面的评估，但目前看来，不能估计太高。周恩来在外交部成立大会上讲："我们虽然可以翻译几本兄弟国家如苏联的外交学，或者翻译一套资产阶级国家的外交学，但前者只能做为借鉴，而后者从马克思列宁主义的观点来看，是不科学的。唯有经过按照马克思列宁主义观点整理的，才算是科学。从前者我们可以采用一部分，从后者我们只能取得一些技术上的参考。"③ 大致看来当时总体上的地域分司是国际上的通例，中国共产党对于苏联的一定程度的模仿，其实也可算作向外国学习。而苏联外交部长期受制于克格勃，苏联驻外使馆中来自克格勃的某个参赞往往是实际的最高领导。④ 事实证明，中国共产党在外交部的人事工作上对此是持摒弃态度的。以至于在1952年情报总署并入外交部情报司后，周恩来还

---

① 参见刘英《不寻常的大使：忆张闻天出使莫斯科》，外交部外交史研究室编《当代中国使节外交生涯》第2辑。

② 《出国人员须知》，中华人民共和国外交部档案馆藏，档案号：122 - 00070 - 07。

③ 中华人民共和国外交部、中共中央文献研究室编《周恩来外交文选》，中央文献出版社，1990，第1页。

④ 参见亚历山大·卡兹纳切耶夫《苏联大使馆内幕：一个俄国外交官在缅甸的经历》，沈苏儒、梁于华等译，世界知识出版社，1963，第38页。

曾指示驻外机构需要大力加强国际情报斗争，认为过去很不成功。这起码说明新中国的驻外使馆不是情报挂帅的。1954 年 12 月 10 日，张闻天即将回国担任外交部常务副部长的时候，他还特地去了解苏联的外交机构状况和工作经验，希望作为回国后外交部组织建设和业务建设的参考。这侧面证明中国此前外交部在制度建设上并没有沿用太多苏联模式，否则没必要在新中国建立五年后再这样泛泛地学习。① 况且当时的外交人才储备也不足以让新中国学习苏联外交官职业化的模式，因为这种做法并非只是一个政策上的追随就能复制的。

外交部的内外机构在组建和初步展开的过程中，与中央其他部门相比具有一定的特殊性。这种特殊性体现在人员结构方面。由于外交外事人才缺乏，外交部的老干部较少，青年学生多，洋派作风人物多，极左人物和工农干部基本没有，大量骨干是来自周恩来多年领导的外事系统干部，甚至可以说，外交部的干部在中共干部队伍中多处于相对边缘的位置，这与历史上形成的人事渊源有一定关联，也与外交部门职能定位有关。这些干部相互间多有长期交谊，关系不算太复杂，外交部中高级领导层一直相对稳定。直至"文化大革命"初期，外交部在历次运动中还是相对平稳的。那时，这种特殊其实多少与外交部最初的某些"旧"因素相关，也是被毛泽东批评过的。不过，这似乎已不打紧，因为后来的"文化大革命"却从或许最有"新意"的中宣部和文艺界发动，因为那里倒被认为是最"陈旧"的"阎王殿"。

总括言之，在新中国成立初期外交部的组织人事问题的安排和处理上，新生政权的外交拓展、对外交涉的水准和质量以及外交干部配置优化都并不是中国共产党的主要考量标准和决策依据。这并不是要说，中国共产党的领导同志在外交问题处理上是缺乏务实态度的，他们也对这几个方面有所关注；而是要强调在新中国成立之初，中国共产党的领导人在处理部门问题时最根本的决策依据往往是外于部门的，是根据一个总体上比较模糊的方针政策来笼统地规范局部的问题，但同时领导人（如周恩来，另外，在一些关键问题上毛泽东亲自处理）又往往能直接控制部门中最具体的事务和活动。就是在这样一种意识形态色彩浓厚的外交团队组建方针和细部高密度的不断微调相互作用下，新中国外交部初步的机构设置与人员配备逐渐完成，新的炉灶就算大致建成。

---

① 张培森主编《张闻天年谱》，第 902 页。

中国地方档案馆和企业档案馆小三线建设藏档的状况与价值[*]

徐有威[**]

摘　要　小三线建设系 1960~1980 年代三线建设的重要组成部分，是以战备为中心、以地方军工和工业交通设施为主的全国性经济建设战略。小三线企事业单位分布在全国一、二线（沿海沿边）28 个省区市的腹地，依靠地方自筹资金进行建设。时至 1985 年底，全国小三线拥有 229 家企事业单位。小三线建设研究是中国当代史研究的新课题，本文介绍了收集和整理有关小三线建设的政府和企业档案的近况，以及这些档案的开发和利用在推进当代史学科发展中所发挥的不可替代的作用。作者认为，只有在尽可能完整收集利用相关档案的基础上，同时辅以其他各类史料，才有可能开展对小三线建设全方位和严谨的科学研究，令其得到持续健康的发展，最终拓展为中国当代史学科的重要分支。同时作者呼吁档案管理部门要与时俱进，尽可能地整理公布中国当代史方面的档案资料。

关键词　小三线建设　地方档案　企业档案　中国当代史

小三线建设系 1960~1980 年代全国三线建设的重要组成部分，是以战备为中心、以地方军工和工业交通设施为主的全国性经济建设战略。小三线企事业单位分布在全国一、二线（沿海沿边）28 个省区市的腹地，依靠地方自筹资金开展建设。时至 1985 年底，全国小三线拥有 229 家企事业单位，职工人数 25.65 万人，工业总产值 17.2 亿元，固定资产原值 31.5 亿

---

* 本文系 2013 年度国家社科基金重大项目"小三线建设资料的整理与研究"（项目编号：13 & ZD097）阶段性成果。在此，向参与本研究项目的所有同仁和鼎力相助的原小三线建设亲历者和知情者致谢。
** 上海大学历史系教授。

元，建筑总面积 1377 万平方米，国家累计投资 29 亿元，累计实现利润 15.9 亿元。① 时至 1980 年代中期，全国小三线建设进入调整阶段，这个工作持续 10 多年后得以全部完成。

小三线建设属于三线建设的一部分，在过去几十年中因为其军工企业身份而秘不示人。2011 年 8 月，上海社科院历史研究所主编的《史林》杂志，出版了由笔者访谈的《我在皖南小三线的经历——许汝钟先生访谈录》，将小三线这三个字首次公布于世，从此曾经一度轰轰烈烈的小三线建设开始进入国内外学术界和公众视野。2013 年笔者的研究课题"小三线建设资料的整理与研究"荣获国家社科基金重大项目资助，由此小三线建设研究成为国家级课题，从各方面为笔者的研究提供了极大的便利。笔者这个研究团队多年来不断努力，全力以赴地收集和整理小三线企事业单位的档案资料，至今已经取得了一定的进展。笔者计划在本文中重点介绍已知的各地小三线档案资料的馆藏情况，以及笔者研究团队依据这些资料进行研究的心得。

一　政府档案中的小三线

小三线建设是 1960～1980 年代全国 28 个省区市主导下的重大经济建设，因此 28 个省区市档案馆收藏的政府方面的档案资料，自然成为笔者寻觅的首选对象。

1965～1988 年，在全国各省区市小三线建设中，上海小三线建设是门类最全、人员最多、规模最大的一个以军工生产为主的综合性的后方工业基地。1988 年，上海将在皖南和浙西的上海小三线 81 家企事业单位无偿移交给安徽省和浙江省。上海市档案馆由此收藏了数量巨大的相关档案资料。

据上海市档案馆编著的《上海市档案馆指南》下卷《上海市档案馆馆藏全宗名册》，上海档案馆馆藏的有关上海小三线建设的卷宗按照相关领导机构检索，包括上海市人民政府国防科技工业办公室（B66，1971～1973、1977～1986，794 卷），上海市小三线协调办公室（B78，1984～1992，79

---

① 《地方军事工业》，中国兵器工业总公司，1992，"绪论"，第 6～7 页。全国小三线建设始于 1965 年，一直处于发展和调整过程中，1979 年底企事业总数曾多达 268 家。笔者的研究以 268 家为准。参见《地方军事工业》，第 26 页。

卷）。按照管理机构检索，包括上海市后方基地管理局（B67，1966～1991，3587 卷），上海市后方轻工业公司（B68，1970～1988，2112 卷），上海市后方机电工业公司（B69，1969～1991，1531 卷），上海市后方仪表电讯工业公司（B70，1966～1992，2082 卷），上海市后方化学工业公司（B71，1970～1992，1285 卷）。按照具体的企事业单位进行检索，包括上海金星化工厂（5305 厂）（G1，1971～1988，2105 卷），上海卫星化工厂（5355 厂）（G2，1970～1988，1919 卷），上海红星化工厂（5345 厂）（G3，1970～1988，3203 卷），上海燎原模具厂（5323 厂）（G4，1969～1984，918 卷），上海光辉器械厂（5304 厂）（G5，1970～1979，377 卷），上海万里锻压厂（5313 厂）（G6，1970～1986，185 卷），上海红光材料厂（5313 厂）（G7，1974～1985，73 卷），上海光明机械厂（5303 厂）（G8，1970～1986，977 卷），上海前进机械厂（5317 厂）（G9，1960～1969，74 卷），上海永红机械厂（5327 厂）（G10，1978，10 卷），上海胜利机械厂（5303 厂）（G11，1960～1969，561 卷），上海协作机械厂（9383 厂）（G12，1969～1986，22 卷），上海红旗机械厂（G13，1971，81 卷），上海联合机械厂（526 厂）（G14，1962～1980，40 卷），上海协同机械厂（9337 厂）（G15，1979～1986，218 卷），上海五洲电机厂（5337 厂）（G16，1971～1978，6 卷），上海八五钢厂（G17，1974～1978，8 卷）。以上卷宗共计 22247 卷。①

目前该馆已开放的上海小三线档案包括 B1、B66、B67、B68、B103、B109、B112、B119、B127、B135、B146、B154、B156、B189、B198、B246 和 B248 等卷宗，涉及上海小三线建设的军品生产、配套生产、后勤服务、与当地的互动和调整等方面，具体内容包括各类上级批复文件、单位请示报告、年度总结报告、上级指导文件、情况反映报告、会议总结报告、生产计划及财务报表等。②

上海小三线 81 家企事业单位分布在安徽徽州、安庆、宣城三个专区下属的贵池、东至、绩溪、旌德、宁国、泾县、歙县、黟县、祁门、休宁、屯溪和黄山，以及浙江临安境内。作为上海小三线曾经的驻地，这些地区

---

① 上海市档案馆编著《上海市档案馆指南》下卷，中国档案出版社，2009，第 856、872～873 页。

② 霍亚平：《上海档案馆藏上海小三线建设资料介绍》（上），徐有威、陈东林主编《小三线建设研究论丛》第 1 辑，上海大学出版社，2015，第 387～393 页；杨帅：《上海档案馆藏上海小三线建设资料介绍》（下），徐有威、陈东林主编《小三线建设研究论丛》第 1 辑，第 394～399 页。

的政府档案资料也是非常重要的。笔者已查阅安徽的宣城、宁国、旌德、泾县、绩溪、安庆、贵池、东至、黄山、屯溪、徽州、祁门、歙县、黟县、休宁及浙江临安等 16 个县市区的上海小三线档案资料，共计 228 卷，以及各地的分散资料近 1800 张。其中宣城市档案馆 500 余张，宁国市档案馆 47 卷，旌德县档案馆 81 卷，安庆市档案馆 5 卷，池州贵池区档案馆 7 卷，东至县档案馆 12 卷，黄山市档案馆 39 张，屯溪区档案馆 5 卷，徽州区档案馆 300 余张，祁门县档案馆 9 卷，绩溪县档案馆 3 卷，东至县财政局 56 卷，贵池招商局 600 张，东至龙江水厂 346 张，浙江临安档案馆 3 卷。

这些档案中有政府公文、工作会议纪要，有调整改造工作的报告和总结，有领导干部会议发言、视察工作报告，亦有征用土地申请报告、协议书及批复等，还有交接协议书、物资财产移交细目等，有对小三线建设单位的概况介绍，也有小三线建设调整改造的方案和利用情况汇报等。这些档案全方位多层面地展示了上海小三线调整改造的历史细节，为研究上海小三线提供了珍贵的档案资料。但是因为上海小三线建设的主体是上海方面，安徽和浙江的档案资料比较零散，不成系统，集中在上海小三线后期调整问题上的资料较多。①

小三线建设也是 1960～1980 年代北京的重大事件，北京市档案馆中也有不少的资料。这部分档案有 100 多卷，可以分为以下几类：

（1）关于小三线建设基本情况的档案。关于北京市小三线建设基本情况的档案（即以"三线建设"、"三线"、"小三线"等为关键词进行搜索）共有 20 多卷档案，时间跨度从 1964 年 1 月 1 日至 1973 年 12 月 31 日。这一部分主要是北京市计委、市革委会、市劳动局等单位关于中央在一线地区城市后方开展小三线建设的号召下进行建设规划的文件、通知以及保密规定等，参考价值很大。其他卷多为文字后附计划表格形式的档案，其中涉及小三线建设迁厂问题，有关三线建设的计划、投资，国家计委、经委、华北局计委下达小三线建设三年规划项目和交通战备动员计划、军工生产计划，一机部关于加强三线建设的保密规定，以及其他部门支援三线建设的情况等资料。

---

① 徐有威、李云、杨华国、胡静、杨帅：《皖浙两省地方档案馆藏上海小三线建设档案资料概述》，上海市档案馆编《上海档案史料研究》第 17 辑，上海三联书店，2014，第 345～360 页。

（2）北京市小三线建设过程中重点建设的工厂，分布在北京远郊区县的房山、门头沟、昌平，以及河北省蔚县和赤城等地。目前从北京市档案馆中查询到8个工厂的档案资料7卷，很有价值。

（3）北京市小三线建设的重点在国防产业，1964年北京市小三线建设启动后，国务院有关部委、华北局有关委办局、北京市有关委办局就军工企业的迁厂、基本建设、生产计划、经费拨付等问题，下发过许多文件。目前从北京市档案馆可查阅的档案来看，有60多卷，其中有些档案对于深入研究北京市小三线建设中国防产业的发展具有重要史料价值。

（4）北京市小三线建设中迁厂问题是一个重要的问题。在北京市档案馆的档案材料中有一些是关于北京市小三线建设中迁厂问题的。如1964年北京市计委下发的《关于小三线建设迁厂问题的有关文件》（005 - 001 - 01380），1965年市计委、统计局转发五机部《关于建立地方军工定期统计报表的通知及迁厂情况汇报》（005 - 001 - 01219），1965年市计委下发的《关于迁厂、迁校问题的通知》（005 - 001 - 01383），等等。①

在其他的各省级档案馆中小三线资料同样很多。如笔者所见，1960～1980年代江西省小三线建设的企事业单位多达60多家，在全国范围内数量仅次于上海。江西省档案馆馆藏的1965～1983年公布的小三线建设档案有4773件。② 山东省档案馆收藏的山东省小三线资料，卷宗数和上海的相差无几。山西省档案馆和河北省档案馆也有丰富的馆藏。宁夏回族自治区曾有过两家小三线企业，也收藏不少相关资料。

在各省区市以下的地级市档案馆中，同样也收藏着不少政府档案。江苏小三线曾经在江苏省境内有过9家企业，其中9395厂等5家隶属于淮阴市国防工业办公室，其部分档案目前收藏于江苏省淮安市档案馆内。淮安市档案馆已开放的《淮阴市国防工业办公室1984～2000年目录》显示，该馆共藏各类小三线档案资料7975卷，共计21804页纸质文件。按照发文单位划分，其中有国防科工办文件（包括江苏省国防科技工业办公室、淮阴市国防工业办公室发文）2633卷，计有8817页纸质文件；政府类文件（包括江苏省、淮阴市、盱眙县人民政府及其下属各机关发文）1281卷，计有

---

① 耿向东、李晓宇：《北京市档案馆馆藏有关北京小三线建设档案资料情况概述》，徐有威、陈东林主编《小三线建设研究论丛》第2辑，上海大学出版社，2016，第380～388页。

② 《江西军事工业志》，2005，第18～28页；张志军：《江西三线建设研究正式启动课题组第一次工作会议召开》，徐有威、陈东林主编《小三线建设研究论丛》第1辑，第472页。

3475 页纸质文件。淮安市的 5 家小三线工厂 9395 厂（淮河化工厂）文件 919 卷、9489 厂（滨淮机械厂）566 卷、9305 厂（天明化工厂）789 卷、925 厂（永丰机械厂）809 卷、5315 厂（红光化工厂）782 卷。此外，该馆还馆藏 935 厂档案文件 75 卷、淮阴市光学仪器厂 67 卷、9315 厂 4 卷、9259 厂 2 卷、9485 厂 2 卷、9495 厂 2 卷、9205 厂 1 卷、996 厂 1 卷、9385 厂 1 卷、9350 厂 1 卷、9359 厂 1 卷、945 厂 1 卷、95 厂 1 卷、5375 厂 1 卷。另外还有 84 卷文件，比较分散，难以归类。

在当前开放的这 7975 卷档案资料中，根据其内容划分主要包括各类企业的年度总结报告、企业年度生产计划、年度工作要点、企业年度经济指标规划及其完成概况、职工工资改革情况表、劳动工资统计表、基层党组织年报表、党建党委会议、基层党员发展情况表、各类整党材料、各类会议记录会议讲话材料、企业生产设备采购、职工教育和岗位培训以及工伤事故安全生产类资料。此外，还有大量涉及个人的任职通知、调动介绍信、党员名册相关资料。其中不乏重要价值的文件，如企业年度总结类的资料较多，包括淮阴市国防工业办公室下辖的五个小三线工厂的年度工作总结文件，如淮阴市国防工业办公室发布的《关于一九九一年工作总结和一九九二年工作意见的报告》《关于地方军工系统上半年工作情况》《江苏省国防工业一九九二年主要经济指标完成情况简报》、国营红光化工厂的《一九八七年工作总结和一九八八年工作计划》《国营滨淮机械厂一九八七年上半年工作总结》《国营九四八九厂一九九二年度工作总结》《国营九三九五厂一九九二年度工作总结》《国营九二五厂党委一九九三年工作总结》等。这部分档案文件主要反映了江苏省淮阴小三线企业的全年生产经营状况，从中可以总结小三线企业的整体形势。这些文件中有大量淮阴国防工业办公室和江苏省各级人民政府的发文 3914 卷，占总量的一半左右。这些政府文件里有许多对小三线企业总结类的信息和涉及小三线的决策类信息，具有重要价值。① 该档案馆还藏有《国营九四八九厂厂志（1970～1988）》和《国营九三〇五厂志（1965～1985）》两种，非常珍贵。

四川省南充市档案馆收藏着四川省境内两家小三线企业——国营长城机械厂和国营燎原机械厂的档案，其中仅长城机械厂 1968～2003 年的档案

---

① 江苏省淮安市档案馆整理《江苏淮安地区小三线建设史料选编》，徐有威、陈东林主编《小三线建设研究论丛》第 2 辑，第 355～379 页。此为国内地市级政府档案馆第一次公布的小三线档案。

就多达 1538 卷，内容丰富。1980 年代中期，两厂都曾经编纂过厂史《燎原厂厂史（1964～1985）》（第一稿）和《国营长城机械厂简史》，这些为南充市档案馆收藏，成为研究四川小三线企业的绝好资料。据悉，在江西省宜春市档案馆中，也存有宜春地区的江西小三线资料。总之，全国各省区市凡是历史上存在过小三线企事业单位的，其政府档案馆中必定多少存有小三线的各类资料，这是笔者长期研究得出的结论。

二　小三线企业档案

如果说政府档案资料虽然丰富多彩但是密存档案馆中不易寻访，那么存于小三线原企业中的企业文件，相对比较容易寻找和利用。

正如上文笔者提及的，全国小三线建设始于 1965 年，1979 年底企事业总数曾多达 268 家。近年来，笔者按照《地方军事工业》编辑委员会主编的《地方军事工业》一书显示的原小三线企事业单位名录，已经走访了位于上海、安徽、湖北、广东、北京、江苏、山西、河南、山东和江西等省市的数十家原小三线企事业单位。承蒙它们的关爱，以及各方面当事人和知情人的鼎力帮助，查看到了大量的企业档案。与此同时对这些原小三线企事业的干部职工进行口述史采访，收获巨大。在此谨介绍其中最具代表性的档案。

如果说全国各省区市小三线中，上海小三线是门类最全、人员最多、规模最大的一个以军工生产为主的综合性的后方工业基地，那么其中的八五钢厂，则是上海小三线 81 家企事业单位中最大的企业。该厂 1968 年开始选点，1972 年全面投产，国家历年投资 9205.5 万元，固定资产原值 8200万元，累计上缴利税 9359 万元，1985 年职工人数达到 5328 人。由此推断，八五钢厂名列全国 268 家小三线企事业单位之首。

令人感慨的是，八五钢厂不但昔日在贡献小三线建设方面令人敬佩，而且在保存档案方面，同样走在了全国小三线的前列。上海小三线八五钢厂的档案资料现存于上海宝钢集团上海五钢有限公司档案室，卷宗始于1970 年从上海去安徽贵池基建，截至调整回到上海的 1987 年，共 716 卷，20 个档案箱，极为完整。同时还留有 1982 年原八五钢厂党委办公室袁德祥同志主笔的 198 页的《上海八五钢厂大事记》。该大事记是根据八五钢厂文书档案资料整理撰写而成，具有极高的史料价值。

　　八五钢厂的档案资料内容涵盖了八五钢厂的建设、产品生产、工作计划总结、工人生活等各方面，包括各类上级通知、上级批复文件、单位请示报告、上级指导文件、后方情况汇报、会议纪要、产品生产计划及其质量情况分析等，这些档案资料对于全面研究上海小三线乃至全国小三线建设是不可或缺的。

　　特别值得介绍的是，在八五钢厂的档案中，完整保留着《八五团讯》和《八五通讯》这两种八五钢厂自办的企业报，这在全国小三线企事业单位中，可谓绝无仅有。同时八五钢厂档案中还保存有厂办主编的《情况简报》，同样很有价值。

　　《八五团讯》由八五钢厂团委主编，始于 1976 年，结束于 1984 年 12 月。前后历时八年，共出版 371 期。高峰期是 4 天一期，春节除外，也有 2 天、3 天甚至 8 天一期的，大多是 4 天一期。1980 年后，每期间隔 3~4 天。设有报道、体会、散文、诗歌和小评论等栏目，反映了八五钢厂青年职工的婚姻、文化娱乐、思想教育和工作等各方面的情况。《八五通讯》由八五钢厂宣传科主编，创刊于 1979 年 7 月 1 日，结束于 1986 年 12 月 31 日。前后历时 7 年，共出版 272 期，150 余万字。每月刊二三期，每期为八开二版。该通讯通过短新闻、法制教育、读者来信、学习园地、精神之花等栏目，反映了全厂职工在厂党委的领导下，贯彻党的路线、方针、政策，交流经验，互通情况，扶持正气，发扬新风。[①]《情况简报》由上海八五钢厂办公室编，不对外发行，每月 2~5 期不等，每期推送一篇报道或事件。从 1980~1987 年，现存的情况简报 175 期，内容涉及八五钢厂生产情况汇报的居多，其中也不乏钢厂开展活动情况的总结和介绍。

　　通过《八五团训》、《八五通讯》和《情况简报》等通讯类档案资料，我们可以全方位地了解八五钢厂这个上海乃至全国小三线最大企业的职工的思想动态、经济形势和日常工作开展情况等。

　　上海小三线的另外一家企业新光金属厂的档案资料保存也非常完整，现存于上海宝钢集团上海五钢有限公司档案室。从 1966 年建厂至 1991 年调整改造，共计 380 卷。其中包括各类统计报表、年报表、财务决算报表等表

---

　　① 鉴于《八五团讯》的史料价值，笔者已经整理出其全部目录予以陆续出版，见《上海小三线八五钢厂【团讯】目录（1）》，徐有威、陈东林主编《小三线建设研究论丛》第 1 辑，第 400~430 页；《上海小三线八五钢厂【团讯】目录（2）》，徐有威、陈东林主编《小三线建设研究论丛》第 2 辑，第 389~429 页。

格类资料，企业年度工作总结和工作计划，工作报告类资料，基层党组织统计，整党资料等。就现存的档案资料来看，新光厂与其他小三线工厂的档案资料相比较，其突出的特点是表格类资料丰富，尤其是基建生产报表、财务决算报表、劳动工资年报表、厂干部统计年报表等，同时还有一本上海市新光厂厂史编写组 1986 年编写的《上海市新光金属厂厂史（1965～1986）》（打印稿）。

上海小三线胜利机械厂档案也比较有特色。1969～1988 年档案共有 776 卷，档案内容涉及企业的生产、财务、劳资、安全保卫、党团组织、行政、教育等方面。其中档案文件中比较多的有企业的党委会会议记录、各年度的生产规划及年度总结、财务统计表、整党整风材料、劳动工资包括工调方面的文件、职工及子弟教育的文件等。尤其是该厂的档案中还保留了一些在其他档案中比较少见的文件。比如反映胜利机械厂"文化大革命"时期的总结资料有《七〇届学生"文革"中表现情况的专卷》、《部分支内职工及外省市调进厂内的"文革"情况专卷》、《上海胜利厂"文革"大事记》、《各车间工人"文革"情况分析表》、《中层以上干部"文革"情况分析表》等，以及小三线支援农业方面的文件《支援农业支援地方的情况》等文件，这些在上海小三线其他工厂档案中比较少有，对于小三线资料的搜集是一个重要的补充。该档案藏于上海电气电站设备有限公司上海汽轮机厂档案室。

上海小三线前进机械厂 1970～1988 年的档案资料共有 301 卷，内容涵盖了前进机械厂的建设、产品生产、生活等各方面内容，包括工作总结、生产计划、上级指导文件、会议纪要、产品生产计划、劳动工资和奖惩等类。该档案现存于上海电气集团上海锅炉厂有限公司的档案室。另外，笔者还收集到了分别藏于有关企业档案室内的江西省新民机械厂、广东省国营南江机械厂和上海协同机械厂等的部分档案，都具有一定的史料价值。目前分布在上海、河南、湖北、江西和江苏等省区市的不少原小三线企业，愿意向笔者的研究团队提供档案资料，对于本研究将大有裨益。

另外值得一提的是，有一定数量的小三线建设的各类资料，为小三线建设的亲历者个人收藏。这些资料包括文件和会议纪要等。①

---

① 笔者已经整理公布了部分类似的文件，诸如陈耀明《上海小三线自强化工厂厂部会议记录（1）》，徐有威、陈东林主编《小三线建设研究论丛》第 2 辑，第 244～270 页。

三 小三线档案资料的利用和小三线研究

俗话说得好，巧媳妇难为无米之炊。小三线档案资料对于小三线建设研究的价值，无疑就是笔者所需的不可或缺的"米"。以笔者为首的小三线建设研究团队，依据档案资料以及口述史资料和其他相应的文献资料，从2011年8月以来，已经出版有关小三线的论著和译文等近60本（篇），同时指导以小三线建设为主题的硕博士学位论文九篇。① 研究论文多次为《新华文摘》、《中国社会科学文摘》和人大复印资料《中国现代史》等转载。由上海大学出版社出版的"小三线建设研究论丛"出版了两本，约100万字，已成为国内外小三线建设研究交流平台。笔者所在的上海大学历史系2012年和2013年连续两年主办全国性的小三线建设学术研讨会。2013年笔者主持的"小三线建设资料的整理与研究"项目成功申报国家社科基金重大项目后，笔者应邀赴日本、澳大利亚，以及港台等地交流小三线建设的研究成果。笔者依靠以上研究成果，协助2016年度全国政协委员的三线建设提案，帮助位于四川攀枝花的中国三线建设博物馆筹建小三线分馆，在上海大学举办"上海小三线建设图片展"。如果没有上述的各类档案资料的支撑，这些全方位成果的展现，是无法想象的。

小三线建设的研究，绝对离不开档案资料的利用，尤其是昔日小三线建设利益各方档案的综合使用。以上海小三线和安徽以及浙江关系的研究为例，笔者的研究团队全面利用了上海市档案馆、安徽和浙江有关地方档案馆档案，以及上海小三线原企业档案，出版了比较深入的研究成果，引

---

① 自2012年以来，笔者已经指导完成的有关小三线的博士学位论文包括崔海霞《上海小三线社会研究》（2013年）、李云《上海小三线建设调整研究》（2016年）；硕士学位论文包括吴静《危机与应对：上海小三线青工的婚姻生活——以八五钢厂为中心的考察》（2012年）、胡静《上海小三线的调整与改造——以安徽省贵池县为例》（2013年）、李婷《上海媒体报道与上海小三线建设（1965~1988）》（2014年）、杨华国《从计划到市场：国企生产与管理的研究——以上海小三线建设为中心》（2015年）、邬晓敏《妇女能顶半边天：小三线建设女性研究——以上海为中心》（2015年）、霍亚平《在革命与生产之间：上海小三线建设研究（1965—1978）》（2016年）。上海大学之外的硕士学位论文包括：北京师范大学李晓宇《北京小三线建设初探》（2015年）等。目前上海大学和北京师范大学正在撰写的以小三线为主题的硕士学位论文涉及环保、职工和企业子弟教育、后勤、医疗和社会生活等。如果没有上述这些档案资料，这些学位论文的完成是不可想象的。

起学术界的关注。① 这些档案的价值主要体现在以下几个方面。

（1）档案资料为窥探当时的上海小三线建设与安徽和浙江当地、三线职工与当地民众的关系提供了资料来源。有关两地的矛盾现象，安徽宁国档案馆里保存的有关征地资料中有几处提到因土地测量不明、四止界线不明确等引发村民与小三线单位的不愉快；宁国发电厂的排污造成当地水源的污染，引起当地村民的不满。另外，在交接过程中，上海方面以种种借口拖延不交，致使交接工作停滞，造成了机器设备因长期停用严重锈蚀的现象；关于小三线资产的交接，沪皖双方没有明确"以账面为准"，因此作为交方的上海不同意提供账、表、据，在交接中产生扯皮现象，从而对交接工作造成了一定的影响，延误了交接的进度等。皖方称，上海方面留少数人与皖方搞疲劳战术，寻找种种借口拖延交接，想方设法转移物资，并占用大量资金拖延不交等。

档案中也可见到两地相互援助的资料。根据上海市委提出的"小三线要支援农业"的要求，上海后方基地党委做出"主动支援农业、支援地方"的决定，因此，便有了上海小三线建设支援当地农业、农村用水用电的记载。另外，皖南当地对上海小三线建设的土地支援，数量不少的征用土地协议书即可说明这个问题。上海小三线在皖南的土地上建立起了工厂、宿舍、食堂、学校、医院等，当地的支援使小三线在皖南有了一个生存与发展的地域空间。这些资料与研究上海小三线的其他材料相互印证，可以发现，在研究两地相互支持和援助的同时，这些资料还对小三线建设和调整时期双方关系的研究提供了素材，但与我们采访的口述资料是存在矛盾的。

（2）有助于探讨上海小三线的基本建设问题。安徽地方有关上海小三线的征地协议等资料主要包含征地面积、征地类别和征地目的等，从征用土地的类别和所在地理位置等内容来看，上海小三线的选址和建设基本贯彻了"靠山、分散、隐蔽"的方针和"不占高产田，少占可耕地，不迁居

---

① 徐有威、陈熙：《三线建设对中国工业经济及城市化的影响》，《当代中国史研究》2015 年第 4 期；陈熙、徐有威：《落地不生根：上海皖南小三线人口迁徙研究》，《史学月刊》2016 年第 2 期；李云、杨帅、徐有威：《上海小三线与皖南地方关系研究》，《安徽史学》2016 年第 4 期；张秀莉：《皖南上海小三线职工的民生问题研究》，《安徽史学》2014 年第 6 期；徐锋华：《东至化工区建设述论——上海皖南"小三线"的个案研究》，《安徽史学》2016 年第 2 期；徐有威、杨华国：《政府让利与企业自主：20 世纪 80 年代上海小三线建设的盈与亏》，《江西社会科学》2015 年第 10 期；徐有威、李云：《困境与回归：调整时期的上海小三线——以新光金属厂为中心》，《开发研究》2014 年第 6 期。

民，便利居民"的原则。从征用土地的面积、目的及协议书内容来看，其初期的征地基本用于建厂，到后来逐步建立医院、学校、公路等配套设施。可见，上海小三线建设贯彻了"先生产，后生活"的原则。厂房、生活用房等设施的扩建，足以说明小三线工厂规模的扩充和职工人员的增多。同时，我们还可以据此进一步思考：这些现象为什么会产生？又是在什么背景下出现的？上海小三线的建设对当地又有什么影响？又将如何评价上海小三线的建设？总之，关于上海小三线基本建设问题的研究，除了安徽地方的档案资料外，还需要结合上海档案馆所藏资料，才能反映上海小三线建设的规划、决策、建设过程等。

（3）有助于深入对上海小三线建设、调整、改造过程的研究。从已有的档案资料看，有关调整改造的资料所占比重最多，这部分资料有助于对小三线建设、调整、改造阶段的过程、特征、得失等问题的探讨。从这些资料出发，既可以从宏观层面探讨上海小三线建设的调整任务的提出、调整方针的制定、调整内容的展开及呈现的特点等，又可以从微观上进行个案分析，如宁国胜利水泥厂、东至自强化工厂的成功改造利用，上海八五钢厂的复产经营及停产关闭。通过调整改造中一些企业成功或失败的案例，总结经验和教训，可以为地方经济的发展提供借鉴。皖南小三线的调整改造不仅是个经济问题，同时也是一个政治问题和社会问题。因此，我们还可以在利用这些档案的基础上，结合其他资料，对一些问题进行考察，如在小三线调整改造的过程中，政府扮演着什么角色？它的决策又是怎样的？调整改造的具体实施又如何？这些都是值得进一步研究的课题。

（4）有助于深化对上海小三线建设调整改造结果的研究。安徽省接收上海小三线企业后，秉承充分、合理地改造利用小三线企业的原则，但不同企业的改造利用却出现不同的结果。一部分企业发展成为当地的支柱产业，促进了皖南当地经济的快速发展。如1988年，安徽省利用小三线企事业单位资产已办成全民企业50个、乡镇企业25个，拥有职工1.5万人，其中新招职工5532名。上述企业中，有25个将成为县的骨干企业。皖南小三线企事业经过接收、利用、改造，实现工业产值在1986年为4400万元，1987年9000万元，1988年预计能达到2亿多元，占移交前1984年总产值的60%。技改项目达产后，年产值可达4亿多元。单就安徽宁国而言，到1989年的上半年，14个沪属小三线企事业单位中，90%的小三线事业单位已利用改造，80%的小三线企业已利用搞活，1988年已创产值6138万元，利税 887 万元。1989 年 1 ~ 6 月实现产值 4294.07 万元，创税利 492.66 万元，为宁国的工业发展做出一定的贡献。另外，随着经济体制改革的深入，一部分企业改造后经营不善，纷纷转让或关停。如安徽东至县财政局存有改造后小三线企业的资产报废、固定资产重估、工厂设备转让等有关资料。出现这种情况的原因是什么？小三线建设调整改造后的效应如何？通过对这些档案资料的分析，我们就可以有把握地回答这些问题。

（5）将小三线建设档案资料与其他资料结合，可以深入探讨上海小三线与皖南地方经济发展的关系。上海小三线建设分布在皖南 12 个县市，每个县市的历史环境和经济基础都各有不同，各县市的上海小三线建设调整改造情况亦有不同。从已有的研究成果和档案资料来看，上海小三线建设的研究还不够深入，仍有很大的拓展空间。

发掘第一手的档案，填补以往研究的空白。环境史是时下最受追捧的新研究领域，处于 1960 ~ 1980 年代的小三线企业自然身处其间，但是苦于缺乏第一手资料。笔者游走于上海、河北、北京、江西、山东、陕西、安徽和海南等省市，遍寻政府和企业档案以及其他相关资料。从周恩来总理 1960 年代有关环保的指示，到小三线基层企业的环保报告，以及亲历者、目击者的口述史资料，由此勾勒出小三线企业环保问题的前世今生，完成了题为"为了祖国的青山绿水：20 世纪 70 ~ 80 年代小三线企业的环境危机与应对"的文章，填补了这方面的空白。[①]

从社会史的角度研究小三线这个"飞地"小社会，是一个非常有趣也非常有价值的课题。笔者充分利用了企业档案特别是其中的企业报，诸如上述上海小三线八五钢厂的《八五团讯》和《八五通讯》等。这些企业报也许不起眼，但是它们具备了全景式反映小三线日常生活的功能，最大限度地复原了历史的原生态，笔者将这些企业报的内容和其他档案相结合，指导硕士、博士研究生完成了若干学位论文，部分研究成果已经出版，给读者留下了印象。[②]

在研究过程中，档案资料必须和其他史料综合使用，互相印证互相纠

---

① 徐有威、杨帅：《为了祖国的青山绿水：20 世纪 70 ~ 80 年代小三线企业的环境危机与应对》，《贵州社会科学》2016 年第 10 期。

② 邹晓敏：《妇女能顶半边天：小三线建设女性研究——以上海为中心》，上海大学历史系硕士学位论文，2015；霍亚平：《在革命与生产之间：上海小三线建设研究（1965 ~ 1978）》，上海大学历史系硕士学位论文，2016；徐有威、吴静：《危机与应对：上海小三线青年职工的婚姻生活——以八五钢厂为中心的考察》，《军事历史研究》2014 年第 4 期。

正，才有可能做出靠得住的研究成果。这里的其他史料包括口述史、地方志和报刊等文献资料。在收集整理档案资料的同时，笔者亦有计划地收集整理这方面的资料。以上海小三线为例，笔者已经出版了一些成果，引起学术界和社会各界的关注。① 同时笔者在此基础上开展研究。例如上海拥有数量上全国领先的众多媒体，它们对上海小三线有超过50万字的报道。笔者以此为素材，结合档案和口述史资料，研究媒体和小三线建设的互动关系，取得了良好的效果。②

小三线档案的寻找，是一个极为艰苦的工作。首先，由于1980年代小三线全面调整后，绝大部分企事业单位已经关停并转。其上级领导机构几十年来也是变化巨大，因此目前根本不清楚这268家的昨天和今天。在这种情况下，笔者只能设法走遍这268家小三线企事业单位，才有可能进行彻底的了解，特别是弄清它们档案的所在。

其次，出于众所周知的原因，中央档案馆收藏的档案笔者根本无法目睹。全国小三线所在的省区市的档案馆，虽然收藏有几近海量的档案，研究者目前绝对不可能看到全部，即便是卷宗目录也因为保密而无法查阅，这给研究带来了无法逾越的困难。这个问题，近年来有愈演愈烈之态势。因此，研究者无法了解小三线建设过程中中央层面的决策以及省区市层面的情况。即便我们从已经公布的政府档案中看到只言片语，同时了解到一部分小三线企事业单位基层的情况，但是也无法融会贯通地了解从中央到省区市到基层企事业单位方方面面的内情。

---

① 徐有威选编《上海小三线报刊资料选编（1976～1987年）》，华东师范大学冷战史研究中心主编《冷战国际史研究》第11辑，世界知识出版社，2011，第215～267页；徐有威编《有关上海小三线建设报刊资料选编（1979～1986年）》，上海地方志办公室等主编《上海研究论丛》第20辑，上海书店出版社，2012，第305～356页；徐有威选编《上海小三线口述史选编（一）》，华东师范大学冷战史研究中心主编《冷战国际史研究》第12辑，世界知识出版社，2011，第253～282页；徐有威选编《上海小三线口述史选编（二）》，华东师范大学冷战史研究中心主编《冷战国际史研究》第18辑，世界知识出版社，2014，第267～304页；徐有威：《上海小三线口述史选编（三）》，华东师范大学冷战史研究中心主编《冷战国际史研究》第21辑，世界知识出版社，2016，第445～474页；徐有威主编《口述上海——小三线建设》（第3版），上海教育出版社，2015；徐有威、霍亚平：《上海首轮新编地方志中的上海小三线建设》，俞克明主编《现代上海研究论丛》第11辑，上海书店出版社，2014，第126～131页。

② 徐有威、李婷、吴静：《散落在皖南山区的海派文化》，李伦新等主编《海派文化的创新发展和世界文明》，上海大学出版社，2012，第171～186页；徐有威、李婷：《上海小三线与媒体的互动初探——以生产和婚姻为例》，张瑾主编《"城市史研究的新疆域：内陆与沿海城市的比较研究"国际学术会议论文选编》，重庆大学出版社，2016，第154～169页。

　　总之，小三线建设的研究从 2012 年笔者出版第一篇论文至今不过 5 年时间，如果说取得了一些成绩，在学术界和社会各界赢得了一些声誉，都是因为笔者及其团队想方设法阅读到了部分少量政府档案和若干企业档案。但现在遇到的瓶颈，已经影响到了研究的广度和深度。这类档案利用和开发过程中遇到的困难，应该是中国当代史研究者普遍遇到的问题，值得深思。

社会主义下的茶馆：成都公共生活的衰落与复兴（1950～2000）[*]

王　笛[**]

摘　要　本文对中国社会主义时期公共生活的研究进行了一个概括的考察，主要讨论了如下问题：社会主义国家下的公共生活、公共生活与政治文化、社会主义政治与文化、资料的评价与利用等。我们看到，1949年以后的公共生活经历了从繁荣到衰落、再从衰落到繁荣的过程。由国民党到共产党政权的更迭，改变了城市的公共生活，人们的日常生活也不可避免地受到政治运动的影响。改革开放给人们公共生活的复苏创造了条件，在现代城市中，茶馆将会再次寻找一条生存和发展的途径，并继续成为公共生活的重要组成部分。另外，当研究社会主义时期公共生活时，对使用的资料需要具体分析，从中发现被隐藏或被扭曲的历史。

关键词　成都茶馆　社会主义　公共生活　政治文化

就像前现代时期中国社会中的大多数公共空间一样，茶馆仍然是中国大众文化的一个持久性象征，它在深远的政治变革、现代化以及全球化之中继续发展。更深入地去了解茶馆的社会、文化和政治角色，能进一步帮助我们理解整个中国城市社会，以及中国城市社会与社会主义政治变革之间的广泛联系。对茶馆和社会主义下公共生活的研究，有助于我们去了解

---

[*]　本文根据 *The Teahouse under Socialism：The Decline and Renewal of Public Life in Chengdu，1950 - 2000* 的导言部分修改而成。该书将由美国康奈尔大学出版社出版，中文版将由北京大学出版社出版。2016年11月1日，笔者应邀在中国人民大学胡华大讲堂就此题目进行了演讲，感谢耿化敏副教授敦促我将讲稿翻译稿交由中国人民大学中国共产党历史与理论研究院主办的学术集刊《中共历史与理论研究》首次发表，并将本文列为该研究院"海外中国（共）研究汉译学术计划"成果。

[**]　澳门大学特聘教授、历史系主任。

这种微小的城市空间和公共生活在整个 20 世纪下半叶是怎样发生变化的，怎样展示了现代中国的政治文化。

引 言

1949 年的最后一天，成都寒冷且阴沉，居民照样在住家附近的茶馆中闲聊和避寒。但 12 月 31 日这一天也是成都历史的一个转折点，关于城外战场的新闻纷至沓来，报纸头条宣布了国民党部队的垮台和即将到来的成都政治转型。① 仅仅几天之前，人们还不断听到远处传来的隆隆炮火声，但在 12 月 27 日，人民解放军兵不血刃地进入了成都，避免了成都居民所恐惧的巷战。在所有这些政治剧变发生的同时，城市居民的日常生活仍在继续，茶馆不仅照样开张，并且顾客盈门。日常生活几乎没被影响。② 茶客们可能注意不到，在这年的最后一天，新政府组建了在成都市军事管制委员会下的文教接管委员会，而这一措施将会永远改变茶馆与公共生活。③

人们仍然去街坊邻居的信息中心——茶馆热切地打听关于战争的最新消息。12 月 31 号这一天，堂倌像往常一样热情地招呼客人坐下，擦桌掺水，收拾茶碗，甚至无暇打扫地上的花生壳和烟头。他们所关心的是，共产党与新政府是否带来社会和经济的稳定，政权的更迭是否最终结束内战、剧烈的通货膨胀和国民党一党专制的时代。普通人们并不太关心新政权的政治理念，只是渴望稳定与安全，在他们的眼里，政权的更迭也许并不是一件坏事。

当夜幕降临，评书开场，白天谈论的新闻被暂时搁置，茶馆里更拥挤了。说书人很快把听众引入另一个奇幻的世界：《封神》、《三国》、《说岳》……这些引人入胜的故事，把听众们带到了一个过去与现实交错、古今悲欢离合、英雄和鬼怪驰骋的梦幻世界，使人们从日常生活的压力与忧虑中得到了短暂的释放。④

评书一般在二更结束，大多数听众散去，但有的老主顾会待到更晚，

---

① 《新新新闻》1949 年 12 月 31 日。

② 李宪科：《解放成都》，《四川党史》1995 年第 5 期。

③ 成都市地方志编撰委员会编《成都市志》，四川辞书出版社，1999，第 40 页。

④ 这些是茶馆说书人经常讲的历史或神话故事。关于茶馆观众，详见 Di Wang, *Street Culture in Chengdu: Public Space, Urban Commoners, and Local Politics, 1870 – 1930*. Stanford: Stanford University Press, 2003, pp. 77 – 79。

因为并不感到疲倦，白天已经在竹椅上打了若干个盹。① 在深夜，附近店铺、饭馆打烊后，师傅和学徒们也要到茶馆里来放松一阵，以便从漫长的一整天的工作中获得解脱，在茶馆里洗脸洗脚，消除疲劳。这些茶馆的常客们可能没有意识到，这是一年的最后一天。不过，对他们来说，一年又一年，又有多大的不同呢？根据他们祖辈传下的箴言，管他天翻地覆，改朝换代，小民还不是要喝茶吃饭？当明天他们再来到这里时，将会是另外一年。

在这个时刻，如有任何人回顾一下20世纪以来的茶馆，他们可能会发现，茶馆就像成都所有的事物一样，在20世纪上半叶已经有了巨大的不同，城市的布局和景观在这段时期内也发生了明显的转变。世纪之交的那一年，义和拳乱、八国联军进京，倒没有伤成都多少毫发。但辛亥年改朝换代，兵变中焚烧和抢劫成都的经济中心，然后又是难以回首的1917年和1932年内城巷战。② 八年艰苦抗战，逃过了日寇铁蹄的践踏，除了那巷战的短暂时间里，在大多数年代中，人们仍然可以继续他们的茶馆生活。茶馆业在半个世纪的惊涛骇浪中，居然安然无恙。无论这个世界发生了什么，无论他们的命运是多么凄苦和难以预测，茶馆给了他们以安慰，给了他们以寄托。一切恍如过眼烟云，事过境迁。

当堂倌上好最后一块门板，已是午夜之后，喧闹了整整半个世纪的茶馆又一次安静下来，这不过是它日常周期的一个短暂喘息，历史已不知不觉地溜进了1950年，即多灾多难但又丰富多彩的20世纪的中点。③ 不过对那些日出前即作、日落还不息的堂倌们，好像也并没有什么特别的意义。这时的瓮子匠也正忙着用炭灰把炉火盖住，以便明天清晨把火捅开，即可开堂烧水。待一切收拾停当，堂倌把汽灯最后捻灭，已经使用电灯的茶馆，则只需要一拉灯索，茶馆顿时像外面的天空一样，变得漆黑。

疲劳了一天的堂倌和瓮子匠们回到家后（有些甚至就住在茶馆里），倒

① 关于晚清与民国时期的茶馆娱乐，详见 Di Wang, *The Teahouse: Small Business, Everyday Culture, and Public Politics in Chengdu, 1900 - 1950.* Stanford: Stanford University Press, 2008, Chaps. 4 and 5。

② 关于这两场巷战，详见 Di Wang, *Street Culture in Chengdu: Public Space, Urban Commoners, and Local Politics, 1870 - 1930*, pp. 221 - 225; Di Wang, *The Teahouse: Small Business, Everyday Culture, and Public Politics in Chengdu, 1900 - 1950*, p. 20。

③ 关于日常秩序详见 Di Wang, *The Teahouse: Small Business, Everyday Culture, and Public Politics in Chengdu, 1900 - 1950*, Chap. 3。

头便进入了梦乡。这是他们一天的黄金时间，只有他们才体会得到身体放松那一刻的快感。他们只有几个小时可睡，便又得挣扎着从热被窝里爬出来，开始一天漫长的营生。虽然他们大多数不敢梦想有朝一日会锦衣玉食，但会在梦中祈求一家人粗茶淡饭，平安度日。他们甚至可能梦见，当世道平安，他们或许能积攒几个辛苦钱，有朝一日也能在街面上开一间小茶铺，虽然是小本生意，但也可确保一家人衣食有着。对那些没有当小老板野心的堂倌们，至少在这个晚上可以睡一个安稳觉，因为根据他们祖祖辈辈的经验，不管谁当政，茶馆还不是要照开吗？只要有茶馆，他们就有生计。

虽然我们不可能进入他们的脑海，发现到底他们真正梦见的是什么，可是我们知道，他们无论如何也梦不到，他们赖以为生的茶馆业，已经好景不长。就在不远的将来，他们将眼睁睁地看着一家家茶馆从成都的街头巷尾消失，他们也不得不离开他们记不得已经讨了多少年生活的地方。眼前所熟悉的、活生生的茶馆和茶馆生活的衰落，很快就要成为不可改变的现实。几个小时以后，他们尽管仍然会像五十年前世纪开始的第一天那样，把茶馆的门板一块块卸下，但他们不知道成都和其他中国城市一起，已经踏入虽然是轰轰烈烈但不再属于茶馆和茶客的另一个完全不同的时代。

一 社会主义国家下的公共生活

笔者之所以选择社会主义制度下的成都茶馆作为探索公共生活的对象，是因为如社会学家 W. H. 怀特（William H. Whyte）在讨论公共场所时所指出的那样，茶馆类似咖啡馆，是一个"小的城市空间"。① 笔者于2008年出版的《茶馆：成都的公共生活和微观世界，1900～1950》一书中，曾经强调过，在20世纪上半叶的成都，很少有其他公共设施像茶馆一样，对人们的日常生活那么重要，也没有其他的中国城市像成都一样有那么多的茶馆。② 笔者探索了晚清和民国时期发生在茶馆中的经济、社会、政治和文化转变，提供了一幅作为公共生活基本单位——茶馆的日常文化全景图。那本书的主题是：经久不衰的地方文化不断地对抗着无情的西化大潮、现代

---

① William H. Whyte, *The Social Life of Small Urban Spaces*. New York：Project for Public Spaces, 1980.

② Di Wang, *The Teahouse：Small Business, Everyday Culture, and Public Politics in Chengdu, 1900 - 1950*, p. 1.

化的转型、国家在公众生活中越来越重要的作用以及文化的日趋同一性。也就是说，国家权力的上升与地方文化的衰弱这两个趋势，与城市改革和现代化是并存的，而这两种趋势都可以明显地在日常文化的主要组成部分——茶馆中看到。

尽管笔者的新著继续关注成都的茶馆，但它解决的议题与回答的问题和《茶馆：成都的公共生活和微观世界，1900~1950》是不一样的，因为这完全是在新的社会和政治背景之下。今天成都仍然拥有超过其他中国城市的茶馆数量。在 20 世纪下半叶，茶馆在城市中的角色和重要性发生了明显的变化，与晚清和民国时期相比，现在中国城市里有着更多的公共空间，今天的茶馆不得不与其他场所争夺顾客，室外的公共空间如街道、广场、人行道、自由市场、购物中心、公园等等，室内的公共空间如剧院、电影院、画廊、博物馆、展览馆、拱廊、餐馆、咖啡馆等等。然而，就像前现代时期中国社会中的大多数公共空间一样，茶馆仍然是中国大众文化的一个持久性象征，它在深远的政治变革、现代化以及全球化之中继续发展。因此茶馆仍然是一个非常有价值的历史研究课题。深入地了解茶馆的社会、文化和政治角色，能进一步帮助我们理解不仅仅是成都，甚至整个中国城市社会，以及中国城市社会与社会主义政治变革之间的广泛联系。此外，对茶馆和社会主义下公共生活的研究，有助于我们去了解这种微小的城市空间和公共生活在整个 20 世纪下半叶是怎样变化的。

新著从共产党政权的建立开始，按照研究中国的历史学家和社会学家的分期法分期：毛泽东时代的中国（1949~1976），我称之为社会主义初期阶段；后毛泽东的改革时代（1977~2000），我称之为社会主义后期阶段。这个研究聚焦于成都的微观历史，观察这个城市公共生活的进程，探索其中的故事以及变化的程度。从人民解放军接管成都开始，到经历了早期社会主义时期疾风暴雨般的政治运动，这些运动影响了人们的日常生活，有时甚至带来暴力的、悲惨的结局。这个研究的第二个部分，是后毛泽东的改革时代，我们看到了公共生活令人振奋的复兴。

茶馆生活是成都公共生活的一部分，但并不是全部，与这个国家的其他组成部分一样在不断的变化。在这个研究中，我们将会看到茶馆在日常生活中的重要性，以及为什么这种传统的、最基层的文化单位，在飞速发展的现代化过程中，在面临其他各种公共空间挑战的情况下，继续焕发着活力，甚至日趋兴旺发达。此外，以茶馆生活作为着眼点观察政治和社会的变化，我们将看到改革开放给公共生活的复兴提供了一个重要的机会，创造并促进了公共领域的发展。约翰·加德纳（John Gardner）在其 1950 年代早期"五反"运动的研究中指出："对这个政权来说，中国的资本家似乎并不是真正的问题，尽管没有关于他们态度的实际分析，但资本家们似乎对社会主义经济体制框架里的运作颇为满意。"① 的确，那个时代的学者很少有人预测到，中国在后毛泽东时代会转向市场经济。共产党现在面临着怎样运用政治力量，把市场经济植根于社会主义体制之中的问题。改革开放后的中国在经济上实际已经是一个复杂的体制。我们看到私营企业的发展，日益扩大的贫富差距，所以西方的一些学者，不再使用"社会主义"这个词，而更多地称之为"晚期社会主义"（late socialism）或"后社会主义"（post-socialism）。② 改革开放以后，社会主义的意识形态随着时代的发展而不像过去那么重要。一方面，党和政府密切关注着一些至关重要的部门，如主流媒体、教育、出版物等等；另一方面，他们放松了对一些领域，如小商业、大众娱乐和商业文化的直接控制，于是留给茶馆更多的空间，以供人们开展公共生活与社会活动。

新著通过考察 20 世纪下半叶的成都茶馆，试图去回答如下问题：国家权力怎样介入小商业的经营？社会主义娱乐是怎样在地方社会中被建立起来的？传统行会发生了怎样的变化、最后怎样走向死亡？政治运动怎样改变了茶馆和公共生活？在改革开放时期，茶馆是如何走向复兴的？公共生活是怎样影响城市形象，国家和人民又是如何看待这一问题的？等等。通

---

① John Gardner, "The Wu-fan Campaign in Shanghai," Doak A. Barnett, ed., *Chinese Communist Politics in Action*. Seattle: University of Washington Press, 1969, p. 539.

② Marlene R. Wittman, "Shanghai in Transition? Implications of the Capitalist Intrusion," *Issues and Studies*, No. 6 (1983): 66 – 79; Dorothy J. Solinger, "Capitalist Measures with Chinese Characteristics," *Problems of Communism*, No. 1 (1989): 19 – 33; Lance L. P. Gore, "Dream on: Communists of the Dengist Brand in Capitalistic China," in John Wang and Yongnian Zheng, eds., *The Nanxun Legacy and China's Development in the Post-Deng Era*. Singapore: Singapore University Press and World Scientific Publishing Company, 2001, pp. 197 – 219; An Chen, "Capitalist Development, Entrepreneurial Class, and Democratization in China," *Political Science Quarterly*, No. 3 (2002): 401 – 422; Christopher A. McNally, "Sichuan: Driving Capitalist Development Westward," *China Quarterly*, No. 178 (2004): 426 – 447; Li Zhang, *Strangers in the City: Reconfigurations of Space, Power, and Social Networks within China's Floating Population*. Stanford: Stanford University Press, 2001, p. 2; Nina Bandelj, and Dorothy J. Solinger, eds., *Socialism Vanquished, Socialism Challenged: Eastern Europe and China, 1989 – 2009*. New York: Oxford University Press, 2012.

过回答这些问题，我们可以深入对共产党国家机器下的成都公共生活和政治文化的理解，并通过成都反映出其他中国城市的一些普遍面貌。

笔者在其中贯穿了四个核心论点。

第一，在社会主义初期，国家对社会进行了严密的管控，使得个人缺乏发展的空间。国家控制了公共生活的场所以及休闲活动的各种形式与内容。当解放军进入成都后，新政权立即采取行动，开始对日常生活与大众娱乐进行控制。在晚清至民国期间，大众文化一直抵制精英和国家的控制。在1949年以后，我们仍然可以看到这种抵制，但是与中国历史上最强大的国家机器进行对抗时，这种抵制却是软弱无力的。随之而来的结果便是，许多娱乐与大众文化的传统形式逐渐消失了，因为它们不被"革命文化"与社会主义宣传所认同。

第二，改革开放是公共生活的一个转折点，因为国家把重心放到发展经济上，弱化了对人们的控制，减少了对日常生活的介入。在经济和社会发展的同时，公共生活也逐渐复苏并变得越来越自由。虽然仍然在社会主义政治体制下，但日常生活更多的是被广泛的开放市场和经济改革所支配，很大程度上来说，公共生活与我们过去熟知的社会主义不同。复苏后的公共生活与之前有很大的区别，新兴的商业文化对茶馆和茶馆生活产生了重要的影响。作为本土文化的代表，茶馆在面临全球化的进程中，也需要去寻找一条适应自身发展的道路。

第三，笔者想指出的是，毛泽东时代和改革时代也并不是截然分离的，而是作为一个政治体系的两个方面，这两个时代体现了社会主义国家政策的延续性，并影响到现今中国社会的各个方面。周杰荣（Jeremy Brown）和毕克伟（Paul Pickowicz）在他们对1950年代中国的研究中指出，在改革开放后，人们也开始赞颂1950年代，给我们提供了关于那个时代的美好记忆。后毛泽东改革时代的出版物宣扬1950年代早期的积极记忆，这两个时期有惊人的相似之处，但并不是巧合。中华人民共和国在1949年10月成立之后和1970年代毛泽东逝世之后都出现了农民进城大潮，私营工厂与国营大公司和平共存，教会和非政府的组织在共产党领导下运作，资本家和其他无党派人员支持共产党政权并参与国家政策的制定。[①]

---

① Jeremy Brown and Paul G. Pickowicz, "The Early Years of the People's Republic of China: An Introduction," in Jeremy Brown and Paul G. Pickowicz, eds. , *Dilemmas of Victory: The Early Years of the People's Republic of China*. Cambridge, MA: Harvard University Press, 2007, pp. 1 – 18.

　　尽管有这些相似之处，笔者要指出的是，1950 年代和改革开放时代是朝两个不同的方向发展的。前者是从少有国家干预的自由市场经济转向国家控制加强的计划经济的一个时期。尽管农民能进城务工，但国家强制把一些城市居民送到农村（详见第一章与第二章）。国家后来又设立户口登记制度来防止农民迁入城市。改革开放时代的发展方向与 1950 年代是相反的，即从国家紧密控制的计划经济逐渐转向减少了国家干预的市场经济。

　　第四，社会主义国家从未完全置身于社会和文化生活之外，它仍然力图去施加影响。所以张鹂（Li Zhang）在研究后社会主义转型中的城市外来工人时，提出人们认为市场经济的发展是"国家的退出"和"市场与资本主义的胜利"，是一种错误的设想。① 王瑾（Jing Wang）也持有相似的观念，她指出在 1989 年之后一些年里，国家也积极参与消费和经济文化。她试着去解释"作为一个政治和经济资本可以被累计的国家，在 1990 年代中，文化是怎样被重新建构的"。她发现"后社会主义国家"运用了不同的策略去维持它的影响力，"国家不仅参与到了文化建设之中，也通过市场提高了其影响大众文化的能力，特别是在话语层面"。因此，"国家重新发现，它能够像运用新兴的科技到经济之中一样，也可以把其作为治国策略之一，这是从中华人民共和国创立以来最富创造性的手段之一"。②

　　但是笔者认为，中国在后毛泽东时代不过是找到了一种新的更微妙的方式去影响文化与娱乐。尽管新的消费文化无疑比之前更加丰富多彩，但地方文化的特质越来越弱，而更多的是呈现出乏味的同一性，而非充满生气的丰富多彩，这反映了一种统一的国家文化的胜利。当然这种国家文化可能被现代化、商业化以及政府所驱动。国家的城市发展政策有利于统一文化的形成，但同时地方文化的生存面临挑战，并不断地被削弱。虽然自从改革开放以来，相较而言，国家的参与已经减少很多，这便是张鹂所称的"社会主义国家治理方法"（socialist governmentality）——管理中国的策略与方式的改变，但国家的影响力仍然是十分巨大的。虽然人们有更多的

---

① Li Zhang, *Strangers in the City*: *Reconfigurations of Space*, *Power*, *and Social Networks within China's Floating Population*, p. 11.

② Jing Wang, "Culture as Leisure and Culture as Capital," in Jing Wang, *Chinese Popular Culture and the State*: *A Special Issue of Positions*: *East Asia Cultures Critique*, No. 9（2001）: 71; Jing Wang, "The State Question in Chinese Popular Cultural Studies," *Inter-Asia Cultural Studies*, No. 2（2001）: 35 – 52.

自由去公共空间，并享受公共生活，但是国家其实也积极参与到大众文化的创造之中。

二　公共生活与政治文化

前近代中国存在着一种"公"的概念，它涉及官与私之间的领域，尽管人们利用公共场所进行活动，但学者们还几乎没有进行过关于中国社会"公共生活"的学术讨论。[①] 但在西方，关于公共生活的研究已经有了深厚的基础。R. 桑内特（Richard Sennett）在其极有影响的《公共人的衰落》（1977 年）一书中便指出，如今的"公共生活已经成为一项正式的职责"。[②] 这里，他把作为现代概念的"公共生活"视为一个人的政治生活，在某种意义上指公共服务、政治上的地位以及选举。但是在前现代的欧洲城市中，桑内特认为公共生活是发生在公共场合的，即"家庭和密友之外的"的"公共领域"，而在家庭和密友领域中的活动经常是看不到的。他还指出要研究"公共生活"，人们得找到谁是"公众"，他们身处何时何地。在 18 世纪早期的伦敦与巴黎，资产阶级日趋"较少去掩盖他们的社会身份"，城市也变成了"一个不同社会群体开始互相接触的世界"。[③] R. 特雷克斯勒（Richard Trexler）在他的《文艺复兴时期佛罗伦萨的公共生活》（1980 年）一书中有不同的着眼点，他考察了"古典的公共仪式"。他的"公共仪式生活"的概念包括"边缘群体"的斗争和他们对"传统社会与仪式组织"的挑战。他的研究与桑内特所提出的"公共人衰落"（fall of public man）的观点是不相符合的。[④]

简而言之，桑纳特和特雷克斯勒对公共生活的限定可以视为是狭义的，而另一些学者采取的是更广泛的定义。例如，J. 福雷斯特（John Forster）在他的《批判理论与公共生活》（1988 年）一书中，把"公共生活"一词置于哈贝马斯的社会交流批判理论（critical communications theory of society）

[①]　William T. Rowe, "The Public Sphere in Modern China," *Modern China*, No. 3（1990）: 309 – 329.

[②]　Richard Sennett, *The Fall of Public Man: On the Social Psychology of Capitalism.* New York: Vintage Books, 1977, p. 3.

[③]　Richard Sennett, *The Fall of Public Man: On the Social Psychology of Capitalism*, p. 17.

[④]　Richard C. Trexler, *Public Life in Renaissance Florence.* Ithaca, NY: Cornell University Press, 1980, p. 23.

之下，并把其定义为"在工作场所、学校、城市规划过程以及更广阔的社会、政治与文化背景之下的日常生活与社交行为"。① 不过，Y. 那瓦若－雅辛（Yael Navaro-Yashin）给了公共生活最广义的描述。在其《国家的面孔：土耳其的世俗主义与公共生活》（2002 年）一书中，她把"公共生活"分析为"公共领域"、"公共文化"、"公民社会"以及"国家"，然后讨论这些领域中的"权力"与"抵抗"。她根据这种公共生活的概念，认为"人民和国家并不是相反的范畴，而是在同一个领域"。②

　　笔者的这个研究中所说的公共生活更接近桑内特的定义，即人们在家庭和密友以外的生活。③ 与那瓦若－雅辛不同，我认为个人和国家是对立的范畴，特别是在中国，在社会主义体制之下，公共生活与国家朝相反的方向发展。国家机器越强大，公共生活就越衰落，反之亦然。与发生在家中和其他隐匿于公众视野的私人生活相对而言，我把公共生活看作每天在公共空间中发生的社交、休闲与经济活动。我所讨论的公共生活的概念包含以下几个方面：（1）人们在共享的公共空间中的活动；（2）在这些地方，人们对隐私没有期待；（3）人们的活动可由社会、休闲或政治原因所驱动；（4）公共生活中的活动可被政治形势和政治文化所影响；（5）本研究的着眼点是自发日常公共生活，并不讨论在公共场所中经常发生的由国家主导的各种活动。

　　通过对 20 世纪下半叶成都茶馆与政治文化（political culture）的研究，新著展示了中国的经济、社会、文化和政治环境的转变。G. 阿尔蒙德（Gabriel Almond）与 G. B. 鲍威尔（G. Bingham Powell）把"政治文化"定义为"在一定时期内，对一个国家现有政治的一系列态度、信仰与感受"。④ 1971 年，政治学家索乐文（Richard H. Solomon）出版了《毛泽东的革命与

---

① John Forester, "Turn in Contemporary Critical Theory," John Forester, ed. , *Critical Theory and Public Life*. Cambridge, MA：MIT Press, 1988, p. 9.

② Yael Navaro-Yashin, *Faces of the State：Secularism and Public Life in Turkey*. Princeton：Princeton University Press, 2002, p. 2.

③ 其他关于公共生活的研究，详见 John Keane, *Public Life and Late Capitalism：Toward a Socialist Theory of Democracy*. Cambridge：Cambridge University Press, 1984；Stephen D. Reese, Oscar H. Gandy, and August E. Grant, eds. , *Framing Public Life：Perspectives on Media and Our Understanding of the Social World Mahwah*. NJ：Lawrence Erlbaum Associates Publishers, 2001；Hwa Yol Jung, *Comparative Political Culture in the Age of Globalization：An Introductory Anthology*. Lanham：Lexington Books, 2002。

④ Gabriel Almond, "Comparative Political Systems," *Journal of Politics*, No. 3（1956）：391 – 409；Gabriel Almond and G. Bingham Powell Jr. , *Comparative Politics：System, Process and Policy*. TBS, 1978, p. 25.

中国的政治文化》，他以"政治文化"这个术语去探求"影响政治行为的中国人的社会态度、情感关注与道德规范"。他对政治文化这一概念运用了政治学的解释，即"关于社会与文化体系的学说"。① 索乐文的"政治文化"无处不在，例如，它体现于一个"社会的社会化实践"、"父母教育孩子的方式"、"教师对于学生如何应对他们将会步入的成人世界的指导"等之中。② 相似的，L. W. 派恩（Lucian W. Pye）在其文章《文化与政治科学：政治文化概念的评价问题》（1972 年）中把"政治文化"认为是态度、信仰、情感、政治进程、管理行为、政治理想、公众观点、政治意识形态、基本共识、价值观与政治情感。③ 这些研究广泛地描述了什么是政治文化，从"感受"到"道德规范"直至"意识形态"。

　　大概自 1980 年，另一种关于研究"政治文化"的历史学方法在林·亨特（Lynn Hunt）的著作中已经成形。不同于政治学家的比较广义的定义，亨特的政治文化概念相对狭义。亨特在早期的《法国大革命中的政治、文化与阶级》一书中，考察了"革命中的政治文化"并揭示了"政治行为的规则"，包括"表达和塑造了集体意图与行动"的价值观、期望与潜在的规则。亨特认为，政治文化吸收了"革命政治行为的逻辑"与"实践的标志"，如语言、想象与姿态等。④ 彼得·伯克（Peter Burke）也看到了政治

---

① Richard H. Solomon, *Mao's Revolution and the Chinese Political Culture*. Berkeley：University of California Press, 1971, p. 2.

② Richard H. Solomon, *Mao's Revolution and the Chinese Political Culture*, p. 13.

③ Lucian W. Pye, "Culture and Political Science：Problems in the Evaluation of the Concept of Political Culture," *Social Science Quarterly*, No. 4（1972）：285 - 296.

④ Lynn A. Hunt, *Politics, Culture, and Class in the French Revolution*. Berkeley and Los Angles：University of California Press, 1984, pp. 10 - 13. 关于法国革命中的政治文化，见 Keith Michael Baker, *The Political Culture of the Old Regime*, in the French Revolution and the Creation of Modern Political Culture. Oxford：Pergamon Press, 1987。关于一般的政治文化，见 Lucian W. Pye and Sidney Verba, *Political Culture and Political Development*. Princeton University Press, 1969；Brown and Gray, *Political Culture and Political Change in Communist States*. Princeton：Princeton University Press, 1965；Edward Weisband and Courtney I. P. Thomas, *Political Culture and the Making of Modern Nation-States*. Boulder, CO：Paradigm Publishers, 2015。关于中国政治文化的研究，见 Thomas A. Metzger, "Chinese Communism and the Evolution of China's Political Culture：A Preliminary Analysis," *Issues and Studies*, No. 8（1979）：51 - 63；Jonathan R. Adelman, "The Impact of Civil Wars on Communist Political Culture：The Chinese and Russian Cases," *Studies in Comparative Communism*, No. 1 - 2（1983）：25 - 48；Peter Zarrow, *Anarchism and Chinese Political Culture*. New York：Columbia University Press, 1990；Jin Jiang, "Socialism and Tradition：The Formation and Development of Modern Chinese Political Culture," *Journal of Contemporary China*, No. 3（1993）：3 - 17；Jeffrey N. Wasserstrom and Elizabeth J. Perry eds. , *Popular Protest*

文化运作的不同范围。他指出这个概念涉及两个范畴：一是"政治态度或不同群体的理念"，二是"表达这些态度或理念的方式"。[①] 而在我的这个研究中，我将增加一个领域，即社会主义国家机器，它运作于具有各种理念的集团之上，并可直接利用其权力把政治文化植入人们的日常生活。从这个对1949年以后的中国公共生活的研究中，我们将会对那个激进的、意识形态化的时代有更深入的观察。

在这个公共生活的研究中，笔者或多或少地采用了亨特的研究取向，并没有使用政治学家们的那种广义的概念。亨特发展了"政治文化"这个工具概念去研究法国大革命中的"革命的政治文化"，而我用它去研究中国的日常生活，特别是从1950年到1977年以及随后的改革时代（1977～2000年），观察公共生活是如何被政治所塑造的。我试图表达的是，"政治文化"就是共产党的政治文化。通过茶馆这个微观世界，去考察社会主义中国的政治文化，探索苏联模式的国家机器是如何利用政治权力管理中国社会的方方面面，政治权力是怎样决定了人们的日常生活与文化生活，以及社会主义政治与文化是如何渗入广阔的公共生活的。我们还将看到共产革命和其他政治运动在多大程度上影响了人们之间的关系以及个人与国家之间的关系。当前许多关于中国政治文化的研究关注的是国家政治、政策制定、国家意识形态以及政治精英的活动，但通过这个研究，我们将进入政治与文化的最底层，去观察在最基本的社会单位上，政治与文化的交互作用。

三 1949年以后的城市：社会主义政治与文化

研究1949年以后的城市，有三种研究取向。第一种，主要是政治学家和社会学家经常使用的，提供中国城市的一个宏观视角，他们讨论各种与城市政治和社会相关的问题。这种研究更多地强调政府政策而不是社会本

---

and Political Culture in Modern China. Westview Press，1991；Moody，"Trends in the Study of Chinese Political Culture，" *China Quarterly*，No. 139（1994）：731 – 740；Howard L. Goodman，*Ts'ao P'i Transcendent：The Political Culture of Dynasty-founding in China at the End of the Han.* London：Routledge，1998；Shiping Hua，ed.，*Chinese Political Culture*，1989 – 2000. Armonk，NY：M. E. Sharpe，2001；Aihe Wang，*Cosmology and Political Culture in Early China*. Cambridge：Cambridge University Press，2006；Yang Zhong，*Political Culture and Participation in Rural China.* Cambridge：Cambridge University Press，2006。

① Peter Burke，*What Is Cultural History？*. Cambridge：Polity，2008，pp. 1051 – 1206.

身。在 1980 年代之前有少量的关于 1949 年以后的中国城市的研究，政治学家薛理泰（John Wilson Lewis）在 1971 年编辑出版了关于早期社会主义阶段中国城市的控制与转变的论文集，这本论文集涵盖了公安局、城市干部、工会、商业、教育、人力资源管理等问题。[①] 在 1984 年，社会学家怀默霆（Martin King Whyte）与白威廉（William L. Parish）出版了第一部关于社会主义中国城市生活的专题著作《当代中国的城市生活》，它旨在回答政治、经济、安全、服务、婚姻、家庭结构、妇女地位、城市组织、犯罪、社会控制、政治控制、宗教、社会价值观和人际关系等一系列问题。[②] 几年后，怀默霆为《剑桥中国史》的第 15 卷写了题为"共和国的城市生活"一章，在这一章中，他分别描述了中国 1949~1956 年、1957~1966 年、1967~1976 年、1977~1980 年的城市生活。从怀默霆的研究中，我们可以看到人们对共产党接管城市的回应、苏联模式与城市发展、城市精英与普通群众的关系、城市组织与政治运动如"大跃进"与"文化大革命"引起的城市生活的混乱等问题。怀默霆也涉及了改革开放初期的城市问题，包括重新恢复高考制度、实行独生子女政策、控制犯罪、对异见的压制等。总之，他并不认为共产党成功解决了一系列的城市问题。[③] 怀默霆是迄今为止第一

[①] 这本书从政治学的角度考察了社会主义城市的管理，使我们理解共产党政权是怎样获得对城市及基层的控制，并把居民都置于被城市监管的网络之下（John Wilson Lewis, ed., *The City in Communist China*, Stanford：Stanford University Press, 1971）。中间大部分论文都是国家视角，但是也有几篇研究上海。其中应该特别注意的论文有孔杰荣（Jerome Alan Cohen）的《草拟人民协调法规》，讨论了"人民调解系统"的建立；沙真理（Janet Weitzner Salaff）的《伴随文化大革命的城市居民社区》，可能是第一本研究社会主义中国城市基层社会的书（Jerome Alan Cohen, "Drafting People's Mediation Rules," in John Wilson Lewis, ed., *The City in Communist China*. Stanford：Stanford University Press, 1971, pp. 29 – 50; Janet Weitzner Salaff, "Urban Residential Communities in the Wake of the Cultural Revolution," in John Wilson Lewis, ed., *The City in Communist China*, pp. 289 – 323）。在 1979 年，薛凤旋（Victor Fung-shuen Sit）出版了《社会主义改造过程中中国城市的邻里店铺》，这本书从全国的角度第一次从社区层面考察了城市小商店。见 Victor Fung-shuen Sit, "Neighbourhood Workshops in the Socialist Transformation of Chinese Cities," *Modernization in China*, No. 3（1979）：91 – 101。

[②] 大部分数据来自于中国内地 50 个城市中 133 个个体的采访录，多数是 1977~1978 年从岭南地区到香港的人，因为作者在开展对他们的研究时，还不能接触到中国内地的资料。见 Martin King Whyte and William L. Parish, *Urban Life in Contemporary China*. Chicago：University of Chicago Press, 1984, p. 5。

[③] 怀默霆指出："1949 年以后，当局在相当大程度上认为依靠紧密的组织系统与坚定的意识形态，将成功解决城市问题。这种假设忽略了大众价值观与期望对当局政治的影响。"参见 Martin King Whyte, "Urban Life in the People's Republic," in MacFerquhar Roderick and John K. Fairbank, eds., *Cambridge History of China*, Vol. 15. Cambridge：Cambridge University Press,

个系统地研究中华人民共和国城市生活的学者，他关于 1949 年以后中国城市生活的研究成果，迄今仍然是最全面的研究。

　　第二种取向则通过实证的、档案资料的分析，更多地关注共产党领导下的个人的经历。采纳这个取向的学者几乎都是历史学家，他们的研究几乎都是在 2000 年以后出版的。其中重要的成果是由周杰荣与毕克伟编辑的《胜利后的困境：人民共和国的初期》。①历史学家与政治学家、社会学家以

1991, p. 740。关于这个时期城市经济的研究，可参见 Dorothy J. Solinger, *Chinese Business under Socialism*：*The Politics of Domestic Commerce in Contemporary China.* Berkeley：University of California Press, 1984；Arlen V. Meliksetov, "'New Democracy' and China's Search for Socio-Economic Development Routes, 1949 – 1953," *Far Eastern Affairs*, No. 1, 1996, pp. 75 – 92。一些中国史学家写的中共党史也采取这种取向。迄今为止最系统最全面研究 1950 年代中国的著作是杨奎松的《中华人民共和国建国史研究》，涉及 1949 年以后主要的政治与管理问题，例如土地革命、镇反运动、"三反"和"五反"运动、干部任命政策、工资制度、对民族资产阶级的政策。这本书主要是从全国的角度，虽然也用两章描述了上海的镇反与"三反"和"五反"运动（杨奎松：《中华人民共和国建国史研究》，江西人民出版社，2009）。金观涛主编了 10 卷 600 万字的《中华人民共和国史，1949 ~ 1981》，以编年的形式叙述了主要的政治运动、经济和外交史（金观涛：《中华人民共和国史，1949 ~ 1981》，香港中文大学出版社，2009）。然而，这两部书都讨论城市生活、休闲和娱乐。何一民主编的《变革与发展：中国内陆城市成都现代化研究》，为研究成都历史做出了贡献，但 1949 年到 1976 年的历史完全被忽略了。这本书分为两部分，第一部分从古代谈到共产革命的胜利，但第二部分便直接从改革开放写起（何一民：《变革与发展：中国内陆城市成都现代化研究》，四川大学出版社，2002）。为什么要跳过早期社会主义阶段呢？资料的缺乏与至今仍然对这个时期缺乏研究，应该是主要的原因。

① 这本书分为四部分，"城市接管"部分的三篇文章是魏斐德（Frederic Wakeman）研究上海新秩序，裴宜理（Elizabeth Perry）研究工人阶层，温奈良（Nara Dillon）研究私人慈善事业的文章（Frederic Wakeman, "'Cleanup'：The New Order in Shanghai"；Link Perry, "Masters of the Country? Shanghai Workers in Early People's Republic"；Nara Dillon, "New Democracy and the Demise of Private Charity in Shanghai," in Jeremy Brown and Paul G. Pickowicz, eds. , *Dilemmas of Victory*：*The Early Years of the People's Republic of China*, pp. 21 – 58, 59 – 79, 80 – 102）。在"占领边缘"部分，两篇文章讨论了早期社会主义的娱乐。林培瑞（Perry Link）指出相声是讽刺性的，这种形式和其他任何形式相比，不容易受到批评。但是相声表演者积极参与到革命文化的建设之中，却仍然与新政权的理念发生冲突。毕克伟在考察石辉的命运时，展示了一位著名的电影演员试图参演革命电影，结果却在反右运动中自杀了。周锡瑞（Joseph Esherick）与高加农（Sherman Cochran）揭示了 1949 年以后的知识分子与资本家的命运。周锡瑞讲述了北京叶氏兄弟的故事，指出"对于叶家兄弟来说，中华人民共和国早期生活是在战争与革命姗姗来迟后最值得瞩目的正常生活"。但是"政治逐渐渗入，就像逐渐扩大的阴影终会使将来的岁月变得灰暗"（Joseph W. Esherick, "The Ye Family in New China," in Jeremy Brown and Paul G. Pickowicz, eds. , *Dilemmas of Victory*：*The Early Years of the People's Republic of China*, p. 336）。在高加龙的研究中，我们看到资本家刘鸿生与共产党的合作，"不仅没有使他遭受损失反而受益良多"。高加龙总结道："刘鸿生关于社会主

及人类学家不同（后面我将会讨论这个问题），他们在研究 1949 年以后的中国城市时，使用的主要是档案资料。在周杰荣与毕克伟著作的导言中，他们讨论了研究 1949 年以后中国城市的困难性："直至中国大陆对外国研究者的开放，对 1950 年代早期的研究资料只限于使用报纸和到海外人员的口述。这种情况在毛泽东去世后改变了，对新材料的发掘彻底改变了对毛泽东时代的看法。"改革开放后，随着收集档案渠道的逐渐放开，更多的历史细节被揭示出来，所以我们对共和国史有了一个更深入的了解。"尽管各地接触档案的渠道和馆藏都不尽相同，一般来说，对 1950 年代早期的中文档案与文件、报告等，比以后的时期要更容易看到。"这些地方档案能为"研究共产党接管城市机构与重组城市社会提供多得多的细节"。① 像西方的

义与资本主义能在中国并存的信仰可能是正确的。"见 Cochran Sherman，"Capitalists Choosing Communist China：The Liu Family of Shanghai，1948 - 1956，"in Jeremy Brown and Paul G. Pickowicz, eds.，*Dilemmas of Victory*：*The Early Years of the People's Republic of China*，pp. 380，385。

① "The Early Years of the People's Republic of China：An Introduction，"in Jeremy Brown and Paul G. Pickowicz, eds.，*Dilemmas of Victory*：*The Early Years of the People's Republic of China*，pp. 5 - 6. 例如高铮（James Gao）关于共产党接管杭州的著作便是以市政档案中的资料为基础，通过考察诸如城市政策的发展、干部、朝鲜战争与城市以及"三反"和"五反"运动等问题来探索从国民党政府到社会主义国家的转变（James Gao，*The Communist Takeover of Hangzhou*：*The Transformation of City and Cadre，1949 - 1954*. Honolulu：University of Hawaii Press，2004）。2012 年，《中国历史学前沿》（*Frontiers of History in China*）出版了一期专辑，即《重塑中国社会：1950 和 1960 年代的人民、干部以及群众运动》，其中大多数文章都是基于档案资料的研究。除了我自己的关于成都研究的文章，其他文章涉及上海贫民区、宗教组织与古董收藏者。在 2011 年，这个刊物还发表了安东篱（Antonia Finnane）关于 1950 年代早期北京裁缝的文章。参见 Christian Henriot，"Slums，Squats，or Hutments？Constructing and Deconstructing an in-between Space in Modern Shanghai（1926 - 1965），"*Frontiers of History in China*，No. 4（2012）：499 - 528；Di Wang，"Reorganization of Guilds and State Control of Small Business：A Case Study of the Teahouse Guild in Early 1950s Chengdu，"*Frontiers of History in China*，No. 4（2012）：529 - 550；Jessup J. Brooks，"Beyond Ideological Conflict：Political Incorporation of Buddhist Youth in the Early PRC，"*Frontiers of History in China*，No. 4（2012）：551 - 581；Joseph Tse-Hei Lee，"Co-optation and its Discontents：Seventh-Day Adventism in 1950s China，"*Frontiers of History in China*，No. 4（2012）：582 - 607；Denise Y. Ho，"Reforming Connoisseurship：State and Collectors in Shanghai in the 1950s and 1960s，"*Frontiers of History in China*，No. 4（2012）：608 - 637；Finnane Antonia，"Tailors in 1950s Beijing：Private Enterprise，Career Trajectories，and Historical Turning Points in the Early PRC，"*Frontiers of History in China*，No. 6（2011）：117 - 137. 此外，最近有两本关于文化生活与社会主义城市的专著，但它们主要还是关注上海城市。如姜进关于社会主义初期文化转型的开拓性研究《女扮男装》，通过越剧探索共产党政权对艺术表演与大众娱乐的影响。1949 年后，政府把越剧改造成为社会主义娱乐的一个工具。她对国家的这种干涉持积极态度，她指出，"毫无疑问，

汉学家一样，中国大陆的学者基本是从 2000 年以后开始研究社会主义城市。尽管受各种政治因素的限制，在过去的十年里，大陆仍然出现了一些重要且值得我们关注的成果，特别是新材料的发现和新主题的开拓。但是，大部分新出版的作品都是政治史，很少研究城市史，当然，上海是一个例外。①

第三种取向代表了近来关于后毛泽东时代城市和城市生活的研究，多是由人类学家、政治学家和社会学家所完成的。他们考察了城市人口的变

中华人民共和国与共产党的改革对女演员从下层社会成员转变为完整的社会成员有着积极的影响"（Jin Jiang, *Women Playing Men: Yue Opera and Social Change in Twentieth-Century Shanghai*. Seattle and London: University of Washington Press, 2009, p. 257）。的确，国家把表演团体纳入它的体系，促进了许多当地娱乐形式的发展，并给表演者提供了工作机会。然而，整个大众娱乐付出了深远的代价。一方面，国家确保了表演者的生存，但那些不被包括在社会主义娱乐内的艺术形式却迅速衰落，大量艺人则失去了生计。另一方面，任何民间艺人（以及他们的表演）都被包含在社会主义体系之中成为"为工农兵服务"口号下的宣传工具，所有的表演都围绕着政治。何亮（Qiliang He）最近一本关于江南地区如上海、苏州评弹的著作，给我们展示了很不同于姜进关于越剧的画面，从中我们可以看到更多的关于社会主义国家对表演艺术影响的细节，发现评弹艺术与说书、清音以及其他成都的民间曲艺形式有着类似的经历。就像他所指出的，当共产党与社会主义国家是表演艺术的"唯一受众与仲裁人"，"政治权力取代市场成为评弹艺术变革与创新的动力"。见 Qiliang He, *Gilded Voices: Economics, Politics, and Storytelling in the Yangzi Delta since 1949*. Leiden: Brill, 2011, pp. 14-15。

① 《当代中国史研究》已经出版了三辑，其中有若干关于城市社会和文化的文章，代表了中国城市史研究领域的最新成果。包括张济顺关于上海私营报纸体制变化的研究，特别是指出其从私有到党控制的转变；阮清华关于 1950 年代早期上海对城市基层社区的清理与重组的研究；王海光关于中国城乡户籍制度的建立与共产党治理的研究；冯筱才关于上海商人公私合营的进程与 1956 年后街头小贩的社会主义转变的研究；林超超关于共产党的接管与城市转型的研究；等等。参见华东师范大学中国当代史研究中心编《中国当代史研究》第 1 辑（九州出版社，2009），文章包括：杨奎松《建国初期中共干部任用政策考察》，杨奎松《新中国新闻报刊统制机制的形成经过——以建国前后王芸生的"投降"与〈大公报〉改造为例》，张济顺《从民办到党管：上海私营报业体制变革中的思想改造运动》，王笛《国家控制与社会主义娱乐的形成——1950 年代前期对成都茶馆中的曲艺和曲艺艺人的改造和处理》，阮清华《"割瘤"：1950 年代初期上海都市基层社会的清理与改造》，等等。第 2 辑（九州出版社，2011）的有关文章有：王海光《从政治控制到社会控制：中国城乡二元户籍制度的建立》，冯筱才《政治生存与经济生存：上海商人如何走上公私合营之路？》。第 3 辑包括：冯筱才《社会主义的边缘人：1956 年前后的小商小贩改造问题》；林超超《中共对城市的接管和改造：一个初步的研究回顾与思考》。此外，张济顺对 1950 年代上海居民社区的研究较为出彩，让我们看到了国家对城市控制力的延伸（张济顺：《上海里弄：基层政治动员与国家社会一体化走向（1950~1955）》，《中国社会科学》2004 年第 2 期）。一本关于 1950 年代对成都城市基层政权的建立的书已经出版，讨论的问题包括共产党接管和改造、单位制度的形成、居委会等。参见高中伟《新中国成立初期城市基层社会组织的重构研究：以成都为中心的考察，1949~1957》，四川大学出版社，2011。

化、从计划经济到市场经济的转型以及从社会主义的理想主义到社会契约论。他们关注工人、公务员、知识分子以及女性，探索女性的工作和生活经历与他们对经济、性别不平等的回应，劳资关系，政治参与，公众对变化的反应，女性的工作机会与女性在城市和农村家庭中的地位，等等。① 此种取向的另一个重要的主题是：他们发现改革开放后的中国最突出的变化是出现了大量的流动人口与城市的拆迁和重建。② 他们用"商业革命"（commercial revolution）与"城市革命"（urban revolution）来描述改革的中国，这可以从社会学家戴慧思（Deborah Davis）所编辑的论文集《城市中国的消费革命》中清楚看到。中国的消费革命和快速的商业化带来了许多结果，这些结果都影响了经济的发展、私有成分的增长、传统生活的改变、婚姻和家庭的构造以及个人主义与集体主义冲突的出现。③

　　在以上所讨论的一些研究中，有一些观点值得我们的关注。第一，共产党政权建立了一个高效的甚至可以触及城市社会最底层的控制机器。第

---

① Wenfang Tang and William L. Parish, *Chinese Urban Life under Reform*. Cambridge：Cambridge University Press, 2000.

② 张鹂观察了改革后大量的人口流动与移民社区的形成，例如北京的"浙江村"。国家的控制力被每年一亿多的"流动人口"所逐渐削弱，加上经济文化与社会网络的飞速发展以及"私有化"的空间与权力（Li Zhang, *Strangers in the City：Reconfigurations of Space, Power, and Social Networks within China's Floating Population*）。说到流动人口，也可参见 Michael Robert Dutton, *Streetlife China*. New York：Cambridge University Press, 1998；John Friedmann, *China's Urban Transition*. Minneapolis：University of Minnesota Press, 2005. 邵勤（Qin Shao）的《上海的消失》便是关于上海拆迁和重建的最新研究成果，这本书探索了上海拆迁运动中的个人苦难（Qin Shao, *Shanghai Gone：Domicide and Defiance in a Chinese Megacity*. Lanham：Rowman & Littlefield Publishers, Inc, 2013）。

③ Deborah Davis, *The Consumer Revolution in Urban China*. Berkeley：University of California Press, 2000。戴慧思在一篇文章中指出城市居民经历了一个"多层次的消费革命"，因为城市消费文化与居民生活水平的提高引起了更多的物质需求。然而，因为贫富差距的扩大，一些人把这种新的消费文化认为"无非是一种资本主义的策略或是后社会主义城市生活所有消极面的标志"［Deborah Davis, "Urban Consumer Culture," *China Quarterly*, No.183 (2005)：692 - 709］。吴凯堂（Thomas J. Campanella）把现在的中国定义为一条"混凝土龙"，因为整个中国城市的大规模重建与房地产业引擎导致了"中国的城市革命"（Thomas J. Campanella, *The Concrete Dragon：China's Urban Revolution and What It Means for the World*. New York：Princeton Architectural Press, 2008）。同时，快餐店与连锁零售店的出现对中国的城市生活与消费文化产生了重要影响（Judith Farquhar, *Appetites：Food and Sex in Postsocialist China*. Durham：Duke University Press, 2002）。阎云翔对北京麦当劳的研究探索了西方快餐是怎样使中国城市的消费文化扩大化，为适应中国人的口味，麦当劳是怎样在"麦当劳化"与本地化中调整自我以获得平衡的（Yunxiang Yan, "McDonalds in Beijing：The Localization of Americana," in James L. Watson, ed., *Golden Arches East：McDonald's in East Asia*. Stanford：Stanford University Press, 2006, pp. 39 - 76）。

二，在后毛泽东时代，大量的"流动人口"弱化了国家对城市社会的控制。第三，自 20 世纪末以来，中国经历了城市与商业革命，这不可避免地改变了城市的公共生活。第四，从以上这些研究中我们可以发现研究方法的改变。1970 年代和 1980 年代的研究一般是为政治体系、政策、控制和管理提供一个全国层面上的视角。而世纪之交时，关注点转向了城市生活与具体的城市问题，并着重研究人们在城市中的经历。

关于中国社会主义时期城市史的研究有如下一些特点：研究文化生活者很少，更多是研究政治、政策和机构。尽管一些研究也涉及以后的时期，但是大都局限在 1950 年代，因为这段时期相对而言有更多的资料。新开放且可靠的资料大大提升了我们对共和国的历史及其城市的了解。他们研究的主题主要是共产党从暴力革命到城市管理的转型，这种转型是怎么发生的，它的机制是什么，等等。不过，大部分的研究都集中于上海，因此，中国城市史面临着一个挑战，那就是要对上海以外的城市进行个案研究，这些研究将帮助我们建构中国城市的完整图像。

本书是一部城市的微观史，结合了第二与第三种研究取向。依赖档案资料与笔者的田野调查，这样可以进入一个内地城市——比较典型的"中国城市"——的更微观的层面。尽管之前的研究为考察城市公共生活提供了基础，但笔者的这项研究从以下三个方面将中国城市史的研究引向新层面的思考。首先，中国在 1949 年以后经历了许多社会与文化转型，我们已经看到不少关于中国社会变化的研究，特别是对沿海地区，但历史学家相对来说较少地去考察社会与文化的延续性。而这项研究则同时关注了公共生活的改变与延续以及两者的互动。笔者用具体的证据去判断在中国的一个内陆城市中，其公共空间、公共生活、大众文化，哪些发生了改变，哪些仍保持了原状或者变化非常之小。其次，通过考察 1949 年以来的公共生活，这项研究揭示了共产党的革命与其他政治运动是怎样影响普通人民、党和国家机器之间的关系的。这本书描述了空前历史剧变时期的公共生活，从社会主义早期开始，经历了激进的"大跃进"、"文化大革命"，到后毛泽东时代的改革开放。茶馆一直是街坊交流与社会互动的中心，是社会各阶层的人施加影响和竭力占领的公共空间。茶馆作为一个微观世界，为我们观察社会、文化和政治转型提供了一个理想的视角。

最后，笔者关注的是茶馆在日常生活中的重要性：茶馆一直都是街坊邻居间的社交中心，因此是一个政治权力发挥作用的绝佳地点。作为一个微观世界的茶馆，给我们提供了一个理想的视角去观察社会、文化和政治转型。因此，想要完全了解一个城市如成都，需要我们深入它的最底层，去考察城市社会生活中最基本的单位。茶馆就是最重要的公共空间之一，为社会经济活动提供了一个极为方便的场所。笔者的研究兴趣是社会主义政治文化是怎样被施加到公共空间特别是茶馆之中的，怎样导致了公共生活的改变。随着1949年社会主义制度的建立，中国的日常生活经历了一个根本的变革。尽管我们知道这场变革的重要性，但我们对具体的细节，尤其是关于城市社会底层的生活却知之甚少。这项研究便提供了关于日常社会生活中最基本的层面。

四　文献资料的评价与利用

新资料的再发现与分析是研究1949年以后中国所面临的重大挑战。M.奥克森伯格（Michel Oksenberg）在1969年列举出五种主要的研究共和国史的资料：内地出版物，例如书籍、杂志、报纸；移居国外人士的访谈录；来华人员的记录；小说；中文文档和其他材料。这里，奥克森伯格并没有提及档案，因为在那个时期，学者们还不能接触到中国大陆的档案资料，他承认要接触到这些档案是非常困难的，因此必须"确定每一种材料所展示的趋向"是很重要的。与1950年代和1960年代的学者们相比，我们现在从事研究要有利得多。尽管仍然有所限制，但我们能够接触到一些档案材料了。然而，资料的分布是不均匀的。例如，我们可以看到1950年代与1960年代的档案，但1970年代及以后的却很难接触到。因此，奥克森伯格指出："研究中国必须在面对着明显的资料中断的情况下进行。"①

在本书中，读者会发现当笔者在讨论1950年代与1960年代早期的公共生活时，主要依靠的是档案资料。不过，在1960年代与1970年代，因为茶馆的数量大量地减少，茶馆在日常生活中不再像过去那样重要。这个时期档案中关于茶馆的资料极少。不过，茶馆在成都幸存下来，笔者仍然从大量的其他记录、日记、回忆录中得到关乎茶馆生活的大量线索，甚至包括一些档案资料中所难以看到的细节。然而，1950年代关于茶馆的资料反映

---

① Michel Oksenberg, "Sources and Methodological Problems in the Study of Contemporary China," in Doak A. Barnett, ed., *Chinese Communist Politics in Action.* Seattle: University of Washington Press, 1969, p. 580.

出从国民党政府到共产党政府的政权转移对茶馆生活与商业运营的方方面面的影响，涉及国家控制、雇佣、薪资以及茶馆衰落的原因。茶馆在"文化大革命"时期处于最低谷，基本没有什么东西可供我们研究，更为糟糕的是，"这个时期国家的出版物更多的是宣传而非信息"。①

本书大量依赖成都市档案馆的资料，这些资料的来源和具体情况，笔者都列于征引资料之中。1990 年代后期，笔者从成都市档案馆中所收藏的零散地分布在公安局、各种行业组织、工商局、商业登记、工商联、商会、文化局以及统战部的档案，内容丰富，这些资料很少被历史学家使用。1990 年代，档案资料比现在的中国更为开放，所以笔者可以接触到的不仅是 1950 年代，还有 1960 年代前期的资料，尽管其数量和质量皆不如以往。

本书除了大量使用成都市档案馆的资料，还借助于报纸、笔者自己的实地调查，以及其他文献。报纸资料如《成都日报》、《人民日报》等，都是党和政府的官方日报，前者是城市层面，而后者是国家层面的。但这些报纸很少提到茶馆，它们经常起的是宣传作用，但也并非毫无用处。笔者从历史学与人类学的角度利用这些资料去考察茶馆、茶馆文化和社会主义下的公共生活。关于 1950 年代茶馆的丰富的资料，为研究从国民党政府到共产党政权转变对茶馆与茶馆生活的影响呈现了详细的过程。档案资料清晰地呈现了茶馆的许多方面，包括国家控制的手段、就业以及它们衰落的原因。从 1950 年代到 1970 年代，地方报纸很少有关于茶馆的报道，与民国时期丰富多彩的信息形成了鲜明的对比。尽管茶馆仍然被许可存在，但是它们却被认为是"落后的"，不能被纳入"积极的公共场合"。此外，政府加强了现代工业城市的建设工作，而休闲活动却被认为与这样的目标格格不入。因此，人们大大减少了对茶馆的光顾。在本书中，"文化大革命"时期的茶馆与茶馆生活只是作为一个过渡时期的样本进行简单的介绍。

本书的另外一个关注点是 1970 年代后期的改革与开放之后茶馆的复苏与转型。研究改革开放时代的茶馆与公共生活有有利也有不利的因素。不利的是档案资料的缺乏，例如，甚至连最基本的关于茶馆的数量都不能确切地得知。在中国现在的政治环境下，查阅档案资料有越来越困难的趋势，档案不是作为机密就是不对公众开放。但是有利的是，改革开放后茶馆的复苏和媒体的逐渐开放，地方报纸增加了对茶馆的报道。加上笔者对茶馆

---

① Michel Oksenberg, "Sources and Methodological Problems in the Study of Contemporary China," in Doak A. Barnett, ed., *Chinese Communist Politics in Action*, p. 581.

进行了实地调查，得到了许多的一手资料。

另外，我们面临着怎样使用社会主义时期文献资料的挑战，因为无论是档案还是媒体报道，它们本身是服务于政治、政治运动以及思想观念的。那些通过报纸保存和传播的信息，特别是在毛泽东时代的中国，报纸的内容主要是政治宣传，这使我们不得不怀疑内容的真实性，尽管不同的时期，材料的真实程度有所区别。从1950年代到1970年代，党与政府紧密控制着信息的传播，这使得利用这个时代的材料相当困难。例如，我们必须把那些报纸的报道放到大的政治环境中去进行分析。有时笔者并不把这些新闻当作对事实的描述，而是去探明它是怎样并且为什么要以这样的形式进行报道，然后从字里行间筛选出事实。

改革后的新闻报道有很大的不同。虽然党和政府仍然控制着媒体，但是许多非党报（例如晚报、早报、商报等）的出版给媒体带来了某些自由，基本能够对日常生活进行准确地反映，它们对休闲生活也有着特殊的关注。因此报纸对茶馆与公共生活的报道频繁了许多，为我们提供了更多有价值的资料。当然，这些新闻报道与民国时有一些相似之处，经常以精英的角度对茶馆进行批评，也不可避免地对大众文化怀有偏见。因此，我们在运用这些材料的时候应当持有怀疑的眼光。但是，这些报道依然为我们通过茶馆去了解城市公共生活提供了相当丰富与有价值的资料。

除了档案资料和报纸媒体，本书第二部分很大程度上依赖于实地考察。在1990年代后期和2000年代前期，笔者在成都茶馆中开展了大量的实地调查，也目睹了成都城市景观、文化和日常生活的翻天覆地的变化。笔者考察了不同类型的茶馆，从气派的多层茶楼，到简陋的街角茶铺，笔者与茶馆中各种各样的人进行了交流，有顾客、老板、员工、服务员、算命先生、擦鞋匠和掏耳朵匠等等。当考察茶馆时，笔者并没有分发调查问卷，做笔记或记录对话，而是更倾向于随意地交谈，谈话的主题并不是事先准备好的，而是随意的。这样，笔者力图得到被调查对象的最真实的表达。每天的考察结束后，笔者把自己当天的所见所闻写入田野调查记录。

因此，笔者在茶馆中的所见所闻并非有选择性的：我更容易从平常的对话而非标准化的调查中，收集到现实的故事与真实的信息。在传统的街角茶馆，顾客们并没有什么隐私意识，这对笔者的考察是有帮助的。但另一方面，对某些问题，笔者却不能得到系统的资料，因为经常我所获得的信息是随机的。再者，在使用这类调查记录的时候，笔者尽力去保持资料的最初风格，希望我讲述的故事，不要太受到我主观意识的干扰，而保存其中最自然的东西。应该指出的是，尽管笔者像人类学家一样开展实地考察，但笔者是从历史学的视角去对待自己所收集的资料，即不试图去建立一种人们行为的一般分析模式，而是去回答在经济与政治变化过程中，公共生活是怎样改变的等相关的历史问题。

在笔者对成都进行考察的不到十年时间中，旧的城市几乎从我们眼前消失，至少这个城市的外观已经被新城市所取代。在当今中国，古代城市中富有特色的大众文化和地方文化正在快速地消失，城市变得越来越同一化。因此，恢复与重建中国城市的历史，对社会史、文化史和城市史学家来说，将是一项重要而艰巨的任务。

五　新著的结构与要点

除去导言与结论，新著包括六章，分为两个部分。

第一部分为"公共生活的衰落，1950～1976"。这部分包括第一、二、三章，主要讨论国家对茶馆业的控制、大众娱乐以及茶馆后来的转型。第一章探索 1950 年代早期地方经济组织的命运。通过考察茶社业公会的改造与终结，我揭示了国家是怎样操纵传统的经济组织来达到全面控制城市小商业的目的。国家一旦重组并利用这些组织得到了对某一个行业的全方位控制，就很容易取消这个组织，犹如它摧毁其他独立于国家之外的社会组织一样。在这种过程中，我们可以看出国家权力的扩张，伴随的是社会的一步步萎缩。通过削弱行会的影响，国家防止了任何可能挑战国家权力的社会组织的形成。茶社业公会 1949 年以后的命运就是"社会"死亡的一个反映，公共领域在 1950 年代以后也被摒弃了。在城市中，各个层面的组织，从街道到单位，都成为国家管理的一个部分，社会生活由各级政府官员主导。从 1950 年代到 1970 年代，自发的、独立的社会组织几乎不存在。通过1950 年代初期共产党发动的集体化运动，私有的成都茶馆被强制纳入集体所有制。这一章还探索了小商业的经营主是怎样回应这些国家政策的，小商业所有权的转变在多大程度上影响了每一个社会阶层以及改变了整个经济与社会结构，以及怎样反映了国家的未来走向。

第二章描述的是当人民解放军进入成都后，国家控制文化生活的组织是怎样被建立起来的，这些组织在一段时间内改变了主要的茶馆戏园以及所属的演出班子，其目的是使"社会主义娱乐"代替传统演艺（特别是打围鼓活动）。这一章还讨论了1950年代中期为了削弱各种形式的传统娱乐和减少民间艺人的演出，地方政府进行了一项关于曲艺的综合调查。这一章也揭示了新政府是怎样试图利用这些传统的公共空间为政治宣传服务的，茶馆是怎样变成了一个政治舞台，共产党创造了什么样的政治文化。从1950年到1956年，中国经历了从"新民主主义"到社会主义的重要转型。最初，传统与革命的娱乐形式并存，但随着时间的推移，传统娱乐日益被改造，社会主义娱乐逐渐占据了主导地位。这个过程反映了传统娱乐形式与社会主义娱乐之间的矛盾，而前者在国家主导的革命文化和娱乐全面政治化的趋势下而日渐衰落下去。

第三章关注的是茶馆的微观世界，描述了1950年代至1970年代人们的日常生活，其中包括人们在何种程度上进行公共生活，社会主义背景下的政治与政治运动在何种程度上介入公共生活，这段时期是茶馆历史上的最低谷。公共场所的言论和活动会受到政治上的极大影响，茶馆里日常的谈话，也有可能产生始料未及的后果。但茶馆生活还是经常处于政府的控制范围之外，人们还是像之前那样在茶馆里闲聊、散播"谣言"。茶馆可能提供给人们一个日常辛劳之外的暂时松弛场所，让他们回味一点先前的生活方式，哪怕只是短暂的一会儿。"文化大革命"进一步剥夺了茶馆的生存空间。在"破四旧"（旧思想、旧文化、旧风俗、旧习惯）运动后，那些曾经星罗棋布在街道和小巷里的茶馆被彻底关闭了。成都的茶馆与公共生活，像整个中国的其他地区一样，到达了它们的最低谷。

第二部分为"公共生活的恢复，1977～2000"。这部分包括第四、五、六章，展示了成都茶馆从临近消失到改革开放后空前发展的历程。政治变化也大大改变了经济与公共生活，因为国家放松了对工业与经济私有部分的控制。由此导致私营商业包括茶馆雨后春笋般地开始复苏，深刻改变了公共生活的广度。第四章展示的是"文化大革命"后期的茶馆并没有完全灭绝，但是遭受了严重的打击，对日常生活失去了影响。就像"文化大革命"时期成都的最后一部分老城墙最终被拆毁了，许多传统的文化艺术形式，包括传统大众空间和一些民间娱乐，都永远地消失了。这剥夺了人们所珍惜的传统以及他们的文化认同。如果我们认为茶馆也遭受了相似的被毁灭的命运，那么就完全错了。茶馆走向低谷，但并未消亡，并且一旦条件具备，它们就迅速复苏了，街角茶馆再度流行，与高档茶楼共存。从

1970 年代晚期和 1980 年代初期开始，茶馆重新出现在城市的每个角落并且获得了前所未有的兴盛。茶馆再次灵活高效地适应并继续服务着各个阶层的人们。

第五章关注的是茶馆的各种顾客，在茶馆中营生的人们，以及与茶馆相关的人们，特别是从乡村来的农民工。后毛泽东时代的改革减少了国家的控制，茶馆可以在一个相对自由的环境中生存。茶馆为有共同爱好的人们及日常社交提供了一个聚集的场所，无论社会地位、阶层、性别和年龄情况如何，都可以在茶馆中活动；茶馆尤其是退休者和老年人的天堂。实际上，这种社交互动与娱乐活动公共空间的缺失几乎是不可想象的，茶馆作为商业和文化载体都获得了前所未有的成功与影响力。此外，随着当地市场的发展与管理经验的提升，人们再次开始在茶馆中谋生计。

第六章考察茶馆中最流行的一种娱乐活动——打麻将，从街坊之间由于打麻将发生的冲突开始，考察居民委员会在邻里中扮演的角色，观察市政府与官方媒体对城市形象的回应，揭示出社会主义国家面临麻将所带来的一系列喧闹和腐败等问题时的困境。本章以打麻将为例，直观地展示了世纪之交日常生活和大众文化的变化。这些改变也反映了更广泛的政治、经济、社会与文化转型，在此过程中，个人权利与集体利益的冲突变得越来越突出。通过打麻将这种娱乐，我们可以看到当今中国的市场经济是怎样与传统生活方式共存的。此外，本章描述了个人与政府是如何回应"健康生活方式"的新标准以及怎样提升城市形象的问题。

结论部分把社会转型、文化延续性与间断性、国家文化与地方文化的冲突、国家权力与公共生活、公共领域和现代性等这些大的主题交织在一起。茶馆作为中国传统文化与日常生活的一部分，已经存在了许多个世纪，但是从未经历过像 20 世纪下半叶那样的剧烈变迁。但它终究幸存下来并得到复兴，促进了城市公共生活的发展。观察茶馆从 1950 年到 2000 年的变化，我们可以看到 20 世纪下半叶的一个明显的趋势就是强大国家与衰弱社会的对立。透过茶馆这个窗户，我们可以了解社会主义国家机器对娱乐的控制、传统文化与生活方式的连续性与断裂性、社会主义娱乐的兴起以及国家与地方文化的冲突。公共生活的复苏扩展了社会与政治空间并改变了城市的公共生活，再次强调了以茶馆为代表的地方文化的生命力。

结论部分还展示了传统茶馆和茶馆文化是怎样为商业革命和城市革命所影响的。流动人口为城市注入了活力并给茶馆带来了新的顾客群体。另外，生活水平的提高使人们有更多的时间去进行休闲追求，包括在茶馆打发时间。在过去，人们局限在单位中，但公共生活的回归，重新引入了茶馆这个最基本且越来越重要的社会单位。中国城市的城市革命与重建对茶馆产生了深刻影响。在成都，以街头文化为代表的传统生活方式已经消失了，同时茶馆也面临前所未有的挑战。传统茶馆所依赖的小巷与街坊几乎都被拆了，这改变了城市面貌，并最终带来从街角茶馆到更精致茶楼的过渡。此外，科技的发展也使得人们的日常生活节奏越来越快，在现代城市中，茶馆将会再次寻找一条生存和发展的途径，并继续成为公共生活的重要组成部分。

我与中国人民大学国际共产主义
运动史学科建设*

高　放 撰　耿化敏　吴起民 整理**

摘　要　国际共产主义运动史是中国人民大学历史上在全国首先创建的一门新学科。长期以来，它和马克思主义哲学、政治经济学、中共党史、科学社会主义等特色学科反映中国人民大学的光荣历史和发展轨迹，为新中国马克思主义理论的宣传教育研究和人才培养做出了重要贡献，为新中国政治学、马克思主义理论两个一级学科的孵化和发展发挥了重要支撑作用。作为这门学科的倡议者、建设者和见证者之一，作者依据自己亲身经历的 60 多年往事，记录了这门学科由中国人民大学创建并走向全国的发展历程和经验教训，以纪念中国人民大学成立 80 周年，为促进马克思主义理论特色学科发展史研究、构建中国特色哲学社会科学学科体系提供参考。

关键词　中国人民大学　国际共产主义运动史　科学社会主义　学科发展史

引　言

北京市社会科学界联合会于 1999 年出版一套"中国学术百年丛书"。

---

　*　本文系中国人民大学宣传思想工作研究重大课题"中国共产党马克思主义理论教育的历史考察和历史经验研究——以中国人民大学为例"（2016—2017RUCSZH005）、国家社科基金项目"中共党史学学科发展史研究"（16BDJ014）的成果。

**　高放，中国人民大学国际关系学院教授、荣誉一级教授；耿化敏，中国人民大学马克思主义学院、中共党史党建研究院副教授；吴起民，中国人民大学马克思主义学院中共党史专业博士生。

其中有一本《国际共运史学》，由北京市社科联、北京市国际共运史学会组织 13 位本专业中青年学者合作撰稿，由中国人民大学李景治教授主编，有 6 位老学者担任顾问，我名列第一，可以说是首席顾问。可惜，我没有尽到责任，没有参与该书的定稿工作。到 2000 年春天，我读到新出版的这本全景式综述百年来我国对国际共运史研究的近 22 万字的专著，只是分为 7 个阶段分述评析各个阶段有代表性的作品，没有具体说明国际共运史作为一门学科在我国是何时开始建立的、何时开始在高校开设国际共运史课程、何时开始招收本科生和研究生、何时开始设立博士点、何时成立中国国际共运史学会并创办《国际共运》期刊等。这些问题理应在这本百年学术论著中加以说明。

在我国，国际共产主义运动史作为一门学科，首先在 1956 年秋后由中国人民大学历史系马列主义教研室带头创立，1958 年后其他几所重点大学紧步跟上。在当时"左"的路线影响下，这门新兴学科建设在曲折中发展，不断出现偏向。1978 年改革开放以来，这门学科迅速恢复和发展。1979 年，教育部规定国际共运史为全国高校文科公共政治理论必修课。1980 年，北京市首先成立国际共运史学会，并且创办《国际共运教研参考》刊物。1981 年，中国人民大学成立第一个国际共运史专业博士点。1982 年，中国国际共运史学会成立，并把《国际共运教研参考》改名为《国际共运》，作为全国学会的学术期刊。从 1986 年起，中国人民大学出版社开始出版《国际共产主义运动史文献》，至 1997 年出版 21 卷。苏联东欧剧变后，1990 年代这门学科趋于衰落。在积极构建中国特色哲学社会科学学科体系、学术话语体系的当今，这门学科亟待重新振兴。

国际共产主义运动史是中国人民大学在全国首先创建的一门新学科，反映着中国人民大学的光荣历史、发展轨迹和学科特色，为新中国马克思主义理论的宣传教育研究、人才培养和政治学学科建设做出了重要贡献。我曾是中国人民大学前身之一华北大学的研究生，1950 年中国人民大学成立后一直在学校工作，从 1956 年起一直参与国际共产主义运动史学科建设，迄今已经整整一个甲子年，可谓这门学科的建设者和见证人。如今，与我一起参与这门学科建设的多位老同事、老朋友都已经先我辞世了！在 2017 年校庆 80 周年之际，我感到很有必要把我亲身经历的往事笔录下来，供后人研究参考，以展现中国人民大学的不凡历史，并促进这门学科的新发展。

一　课程始设：从苏共党史到国际共运史（1950～1956）

1950 年中国人民大学组建伊始，学习苏联经验，要在全校开设一个公共政治理论课，课程名称是马克思列宁主义基础，课程内容是苏联共产党党史，基本教材是 1938 年由联共（布）中央特设委员会编、联共（布）中央审定的《联共（布）党史简明教程》。实际上，这本教程是联共（布）中央总书记斯大林主编的，目的是统一全党思想，最后由斯大林修改定稿。书的内容是从 1883 年建立俄国第一个马克思主义团体"劳动解放社"写起，至 1937 年苏联新宪法的实施。为什么把苏共党史教程称为"马列主义基础"呢？当时它有"百科全书"和"百年总结"的"二百"经典著作的说法。这本教程于 1938 年 10 月 1 日出版后，共产国际 1939 年当即发布决定，把这本教程定性为"马克思列宁主义的百科全书"，要求各国共产党组织学习。毛泽东于 1941 年在《改造我们的学习》中说，这本教程"是一百年来全世界共产主义运动的最高的综合和总结"。① 实际上这本教程只写了苏联共产党一个党的历史，远不够马列主义的百科全书，而且只写了苏共从 1883 年到 1937 年 54 年的历史，远不是一百年来全世界共产主义运动的历史。

我是 1947 年在北京大学学习时，暑假期间从参加革命的同学处第一次借读到这本教程。1948 年初，我投奔解放区参加革命。同年秋，我在河北正定华北解放区华北大学历史研究室读研究生时，在何干之老师指导下，又细读此书和其他多本马列主义经典著作。1949 年 3 月，我跟随华北大学迁到刚和平解放的北平后，结束了华大研究生学习生活，担任华大学习助理员（相当于助教），帮助新入学的学员学习社会发展史、新民主主义论等课程。1950 年，中共中央以华北大学为基础创建中国人民大学后，我在中国人民大学马列主义基础教研室执教，讲授马列主义基础课程。由于我有一定的理论基础，又担任过近一年半助教工作，所以我开始从事苏共党史教研工作后，得心应手，成绩较为突出。1951 年，为配合国内的镇压反革命运动，我在全国科学讨论会上发表《从巴黎公社和十月革命汲取镇压反革命的经验教训》，受到好评。随后，我每年都发表理论联系实际的论文。

---

① 《毛泽东选集》第 3 卷，人民出版社，1991，第 802 页。

在讲解俄国社会民主党的特点时，我联系国际共运史上共产主义者同盟和德国社会民主党等加以比较。当时，我就感到要深入观察苏共党史，就必须熟悉国际共运史。

1956年2月苏共二十大召开，赫鲁晓夫在秘密报告中揭发批判了斯大林搞个人崇拜、个人专断的严重错误，与会代表也在会上披露了《联共（布）党史简明教程》中许多违反事实的严重错误。这样从1956年春天起，我们教研室内部就在酝酿马列主义基础课程内容如何改革的问题。高等教育部主管高校政治理论课的同志也来听取我们的意见。在20世纪五六十年代首都的大学排名榜中，媒体报道时一直是人（人大）、北（北大）、清（清华）、师（北师大）的顺序。因为当时中国人民大学是新中国成立后党中央和中央人民政府创办的第一所文科综合大学，又是第一个全面学习苏联先进经验的新型大学，更是第一个按照苏联模式开设公共政治理论课的大学。当时，马列主义基础教研室在讨论马列主义基础课程改革时，约有三种意见。

第一种意见主张把原来的苏共党史扩大为国际共产主义运动史。理由是原来我们讲苏共党史时就已经涉及国际共运史上的诸多问题，当今发现苏共的一些历史性错误时更要从一百年来国际共运史的发展中来认清其根源，中国的革命与建设仍然要全面吸取国际共运史的经验教训。

第二种意见主张改设科学社会主义概论。理由是哲学、经济学和科学社会主义是马克思主义的三个组成部分，分别开设这三门课，便于大学生全面掌握马克思主义理论，国际共运史依然偏重于历史，它比苏共党史内容更丰富，大学生不宜花更多时间去学历史。

第三种意见是我提出的文理科大学生要分别对待。文科大学生要开设国际共运史，国际共运史固然是世界近现代历史的一个重要内容，但是我们不是把国际共运史作为历史课来开设，而是作为一门重要的政治理论课，主要是总结一百多年来国际共产主义运动的历史经验教训，说明国际共运的理论、纲领、路线、方针和政策及其变化；理、工、医、农科大学生则要开设科学社会主义概论，可以用较少时间让大学生掌握科学社会主义基本原理。我的意见得到许多人赞同，高等教育部也采纳我的意见。

1956年5月22日，中国人民大学成立历史系，把原直属校部的马列主义基础教研室和中国革命史教研室合并为历史系，分设苏共党史和中国革命史两个专业。这时传来了国家副主席刘少奇的批示，他主张文科大学生开设世界社会主义运动史。于是，高等教育部责成中国人民大学准备开设世界社会主义运动史课程，同时组织教师编写科学社会主义概论教学大纲，由我校历史系马列主义基础教研室主任云光负责领导编写组，另抽调几所高校的有关教师参加（我校参加的有刚从马列主义研究班毕业留校任教的曾汉祥同志）。马列主义教研室的老教师大多主张把历史系的苏共党史专业扩大为国际共运史专业，同时筹备开设国际共运史课程。大家在讨论中认为，如果开设世界社会主义运动史，内容将更为广泛，除共产党领导的共产主义运动外，还要包括社会党领导的社会主义运动。

我积极主张按照文科与理科有别，分别开设国际共运史和科学社会主义课程，并且由我带头在我担任班主任的 1956 年秋后入学的马列主义基础研究班首先开设这门课程。中国人民大学从 1952 年起就承担教育部领导的为全国高校培养四门政治理论课教师的任务。为此，中国人民大学设置了马列主义研究班，下设马列主义基础、哲学、政治经济学和中国革命史四个分班。这个马列主义研究班起初是一年制，随后改为二年制、三年制。1956 年招收的马列主义基础研究班就是三年制，共有 83 个研究生。既然马列主义基础课的内容要从苏共党史改变为国际共产主义运动史和科学社会主义，这两门课要同时开设，以使他们毕业后分配到各类高校，这两门都能讲授。

1956 年秋，马列主义基础教研室还由国家为我们聘请来最后一位苏联专家，他是苏联历史学副博士、副教授冈察洛夫。马列主义基础研究班的科学社会主义和国际共产主义运动史课程主要由他主讲。他每周或隔周讲授一次，共讲 28 次。1958 年 8 月，中国人民大学正式出版了他的讲稿中译本《科学社会主义史》，其内容是科学社会主义与国际共产主义运动史交叉组合的。我至今还收藏一本作为纪念。苏联专家讲完课后，每个专题都由我进而做辅导报告，还要主持课堂讨论、解答问题，期末还负责考试、评卷事宜。1956～1957 年这一年，我边学边教，总算把国际共运史和科学社会主义这两门课的内容都掌握了。

二　学科初建：国际共运史的教学（1956～1958）

国际共运史作为课程开设后，首先面临的就是教学研究参考资料的奇缺。1956 年秋，马列主义基础教研室领导要我负责选编一套国际共产主义运动史教研参考资料，供本校和全国高校开设国际共运史课程使用。这套丛书是我悉心指导资料室曹德成、张心绪等几位资料员选编的，从 1957 年 8 月至 1958 年 8 月先后出版 13 本。我至今完整保存，现在除本校图书馆外，其他单位很难保存齐全。这套书定名为《国际共产主义运动史资料汇编》，以中国人民大学马克思列宁主义教研室名义编，由中国人民大学出版，32 开本，封面封底为黄底红字，统一规格，有统一书号，每种为十几万至二十多万字，都只印 1000 多册。这 13 本资料依序是：《科学共产主义理论的诞生及其基本思想》《欧洲 1848 年革命》《第一国际》《巴黎公社》《第二国际》《俄国资产阶级民主革命》《1905～1914 年国际共产主义运动》《伟大的十月社会主义革命》《第三国际》《20～30 年代国际工人运动和殖民地民族解放运动》《各国共产主义政党的诞生和发展》《战后资本主义国家的工人运动和殖民地民族解放运动》《共产党和工人党的党纲和党章》。

每本书前说明这套资料是依据本教研室草拟的"国际共产主义运动史纲目"分册整编的，每册的资料都分为两个部分，第一部分是资料索引，第二部分是资料选印。以《第一国际》这一册为例，资料索引这个部分列入马克思、恩格斯、列宁有关著作，第一国际历次代表会议和代表大会已译成中文的文件，有关第一国际的中外论著和论文，共有 75 条。资料选印部分收入马克思关于第一国际和爱尔兰问题的五封信，第一国际五次代表大会和两次代表会议的主要文件，第一国际末期的几个文件，还有李大钊 1922 年写的《马克思与第一国际》，柯柏年 1943 年写的《第一国际奠定了工人阶级国际组织的基础》，赵毅敏 1940 年写的《第一国际》；还有苏联洛佐夫斯基《马克思主义与工会》一书中选印《第一国际与工人运动》和《马克思反对蒲鲁东主义和巴枯宁主义》两个部分。另由我们教研室翻译黄良平从苏联《历史问题》1955 年第 11 期翻译一篇 A. M. 谢皮洛写的《卡尔·马克思与第一国际中的英国工联》。由上述可见，每册选印的资料既有历史文献、经典著作，又有书刊、中外作者的论著，有的增添我们新译的文稿。资料室的几位同志在选编中遇到困难或者需要加以注释和说明时，都由我给予帮助。

这 13 本资料汇编计有 200 多万字，为国际共运史这门学科的建立做了基础性的准备。这套资料汇编虽然书后印有"校内用书，仅供参考"，实际上为全国其他高等院校国际共运史新课提供了基础性资料。现在看来，我参与编辑的这套资料汇编，选题还有欠缺。国际共运史的研究对象理应是共产主义政党领导以工人运动为主的人民群众为掌握政权、逐步建设社会主义和共产主义的历史，所以还应该增加共产主义者同盟、苏联社会主义建设、社会主义阵营等选题。

1957 年反右派斗争后，全国高校政治理论课停开一年，全改为"社会主义思想教育"。1958 年"大跃进"、人民公社化运动掀起后，许多高校师生下乡参加人民公社化运动。1958 年 7 月 1 日，我校历史系的马列主义基础和中共党史两个专业分别成立马列主义基础系和中共党史系。马列主义基础系由原马列主义教研室主任云光担任系主任，在系之下分设国际共运史教研室、科学社会主义教研室。

在全国"大跃进"的背景下，新成立的马列主义基础系决定上马两个向"大跃进"献礼的大项目，即编写两卷本《国际共产主义运动史》；动员全系师生编《列宁全集》注释。后者涉及众多历史事件、人物、典籍、典故，本科一、二年级学生 300 多人参与这项编写工作，他们入学不久，学习过的课程不多，不熟悉怎样去查找有关资料。教研室就要我每天坐镇资料室，为学生们排忧解难。我没有参加两卷本《国际共产主义运动史》的编写，但教研室近 60 个师生在 20 天之内分工赶写出来的 120 多万字的初稿因为赶送人大出版社付梓，要我连续几天不分昼夜为之统修定稿。由于时间紧迫，我只能在统一规格体例、统一名词术语（如有人写普鲁东，有人写蒲鲁东）、统一引文出处、改正错别字、改正欠通顺之句、改正不准确史料等方面尽力而为，对于各章内容的短缺就来不及去填补了。

这两卷本《国际共产主义运动史》由中国人民大学出版社 1958 年 9 月、11 月赶印出来，作为国庆节科学"大跃进"的献礼。第 1 卷 51.5 万字，第 2 卷 71.5 万字，各印 1000 册。除印出少数精装本向上报送外，在社会发行的全是平装本。我个人至今保存的两套精装本，可以说是稀世善本了。① 该书注以中国人民大学马克思列宁主义基础系编，突出了新成立的系的名称，没有署名国际共运史教研室，更没有署任何个人的姓名，以致各章由谁执笔现在都说不清了。该书在编者前言中说明："本书是在科学大跃进的形势下，改变过去少数人执笔的状况，破除迷信，打破原来的计划，采取师生大协作的办法，加快速度，苦战二十昼夜写成的。前后参加这一工作的，共计有教员 15 人，研究生 45 人，并得到本校出版社的大力支援。"

---

① 该书平装本现在中国人民大学图书馆没有藏书，只有中国政法大学图书馆有第 1 卷，北京邮电大学图书馆有第 2 卷，精装本连国家图书馆都未收藏。

"写作本书的目的是为了供教学需要和今后进一步研究国际共产主义运动史创造条件。"

全书把120多年国际共运史分为4个阶段，即分为4编：第1编自19世纪三四十年代至1871年，即从西欧工人运动兴起和马克思主义诞生至1871年巴黎公社革命；第2编1872～1905年，即从巴黎公社的失败至俄国1905年革命；第3编1907～1917年，即俄国十月革命；第4编1918～1945年（因校对不周，误排为1908～1945年），即讲第二次世界大战；第5编为以苏联为首的社会主义世界体系形成后。全书共分18章，一直写到1958年我国的人民公社化运动。它是由人大师生在20天之中作为科学"大跃进"的产物赶写出来的，较为粗糙，缺少广度和深度，但是毕竟第一次把国际共运史学科的基本框架构建起来了，内容涵盖了国际共运史的五大国际组织（共产主义者同盟、第一国际、第二国际、第三国际和共产党工人党情报局）、五大革命（欧洲1848年革命、1871年巴黎公社革命、1905年俄国革命、1917年俄国十月革命和中国革命）和三大政党（德国社会民主党、苏联共产党和中国共产党）。中共从建党起各个时期的重大活动在该书中都有部分反映。总之，这是中国学者集体创作的首部国际共产主义运动史教材。

从1956年至1958年，短短三年时间内，中国人民大学马列主义教研室带头把国际共产主义运动史这门学科在全国初步建立起来了。标志着这门学科初步建立的大事有三件：第一，是编辑出版了13本200多万字的《国际共产主义运动史资料汇编》；第二，编写出版了两卷本120多万字的《国际共产主义运动史》；第三，从1956年开始招收国际共产主义运动史专业的研究生和本科生，合计600多人，1956年开始在研究班开设国际共运史新课，本科生从1958年也开设国际共运史课程。这三年培养的研究生和本科生后来大多成为全国各级各类学校国际共运史专业的教学研究骨干，如北京大学曹长盛教授、浙江大学边鹏飞教授、广西师大曾道宏教授、中共中央党校张中云教授、中央社会主义学院高敬增教授、山东大学赵明义教授、河南大学姜大为教授等等。

三 国际共运史学科的曲折发展（1958～1966）

1958年后，中国共产党的指导思想和基本路线逐渐转向"左"的方向，对国际共产主义运动史学科建设产生了影响。最明显的例子，就是1958年编写的首部《国际共产主义运动史》在编者前言中强调国际共运史是在掌握"史料的基础上，围绕两条路线的斗争，着重阐明国际共产主义运动的理论和经验，指示国际共产主义运动的规律的政治理论书籍"。由于全书以两条路线为中心来阐发国际共运的理论和经验，所以最后一章就把"各国共产党反对铁托集团修正主义的斗争"单独作为一个节来撰写。1960年，中苏两党的分歧与争论公开化。这年，为纪念列宁诞辰90周年，中共中央发表了3篇重要文章，即以《红旗》杂志编辑部名义发表的《列宁主义万岁》，以《人民日报》编辑部为名义发表的《沿着伟大列宁的道路前进》和中共中央宣传部部长陆定一于1960年4月22日在纪念列宁诞辰九十周年大会上的报告《在列宁的革命旗帜下团结起来》。这三篇重要文章实际上公开了中苏两党在意识形态方面的严重分歧，实际上已经把反对现代修正主义的斗争从南斯拉夫铁托集团转向苏联共产党的赫鲁晓夫集团。此后，中国反对苏联修正主义的斗争越来越加剧。这不能不影响到刚刚创立的国际共产主义运动史学科。

1960年9月，学校决定把刚成立两年多的马克思列宁主义基础系改名为马克思列宁主义政治学系。因为马列主义基础这个名称内容广泛，改名后就明确集中研究政治学。在系之下，除了国际共运史教研室外，把科学社会主义教研室改名为政治学教研室，另建立了西方政治思想史教研室。从这时起到1966年5月"文化大革命"爆发前，这5年多时间内系的名称、系的专业设置和系领导以及国际共运史学科建设都发生过重要变化。

1962年原系主任云光调离后，人大法律系主任杨化南转任马列主义政治学系主任。他走马上任后，调研系的专业设置问题，广泛听取教师们的意见。当时，系里的教师提出了不同的意见。有人认为，既然我们系已经改名为马列主义政治学系，就应该设国际共产主义运动史专业。有人认为，国际共运史与中共党史应该划归世界近现代史专业，中共党史应该划归中国近现代史专业，政治学系除政治学专业外，还要增设世界政治专业和中国政治专业。

1963年6月27日，杨化南主任就政治学系专业设置问题向校领导写出书面报告。他认为，国际共运史必须作为一门独立的专业和课程来开设，不能归并到世界近现代史专业课程中去。国际共运史是通过100多年国际无产阶级解放斗争的历史实践来总结并阐述马列主义基本原理以及马克思、恩格斯、列宁、斯大林、毛泽东思想的发展。虽然也要讲历史，但据其基本性质来说是政治理论课，而不是历史课。如果过多地讲国际共运历史过程，势必影响到重大理论问题的阐述，那样就会改变国际共运史课程的性质，即把国际共运史这门政治理论课改为世界历史课的一部分。一般说来，当然也可以把国际共运史作为世界近现代史的一个重要组成部分来开设和研究，但是在我们学校从 1956 年秋后起已经把国际共运史作为一门独立的政治理论课来开设，已经编写出教学大纲，出版了成套资料，两大厚本国际共运史教材，已经有 7 年教学实践经验。当今在反对现代修正主义的斗争中理应加强国际共运史这门专业和课程，作为全国培养国际共运史课程教师的重要基地。当今全国各个综合性大学、政法财经院校、师范院校都开设国际共运史教程，大有增长的趋势。现在我校学生要求学习国际共运史的呼声也愈来愈高。1958 年，除本系外，全校只有中共党史系一个系开设国际共运史。1963 年，开设国际共运史课程的系在全校已增到七个系，下学期要增至八个系。总之，从课程的性质、学习理论的方法、反对现代修正主义斗争的需要、校内外的需要以及现有的基础来看，国际共运史不能归并到世界近现代史中，不能削弱，必须大大加强。这份写给校领导的报告，说实话，当时采纳了我提出的意见和提供的具体信息。

1963 年 6 月，南京大学校长郭影秋调到中国人民大学担任副校长、党委书记，协助吴玉章老校长办好中国人民大学。郭影秋主持校政后，采纳了杨化南系主任在上述报告中提出的意见。8 月 12 日，中共中国人民大学委员会办公室于 8 月 12 日发出《会议简报》第 22 期，其中说："从当前国际、国内阶级斗争来看，政治学系应该在方案（指中国人民大学改进工作的方案——引者）的最前头，其次是党史系、政治经济学系、哲学系。当前反对修正主义是重要认识、重要任务，学校应考虑政治理论系重点之一。"

正在学校新领导非常重视政治学系、非常重视加强国际共运史专业之时，到 1964 年又有新的变化。中共中央为加强加快培养国际政治人才，决定在中国人民大学、北京大学和复旦大学设立国际政治系，分工重点研究三类国家。人大管苏联东欧国家，北大管亚非国家，复旦管欧美国家。1964 年 5 月，人大马列主义政治学系又改名为国际政治系，杨化南已调离人大，由本系老教师、三八式老干部徐景秋担任系主任。国际共运史仍然是本系重点学科，另增设民族解放运动教研室和帝国主义教研室。1965 年，学校又另建苏联东欧研究所。

为配合形势发展和国际共运史学科建设的需要，1958～1959年我独自编出《论共产主义公社》、《圣西门、傅立叶和欧文空想社会主义批判》、《无政府主义批判》（上下册）之外，还同系资料室同志合编出马克思主义经典作家论无产阶级革命、论无产阶级专政、论不断革命、论无产阶级政党等多本资料。1959年秋后，我下放我校设在北京市南部的一个农场劳动锻炼。

1960年初，我又被调到京郊黄土岗公社参加整社工作。这一年多时间参与整社工作，使我了解到人民公社制度在发展中存在的诸多问题。例如，在农村是否要解散1958年人民公社建立的公共食堂，这在农民中引起很大的争议。我们原来以为农村办起公共食堂，便于农民不要自己每天都做三顿饭，这是社会主义优越性的表现。可是广大农民群众都主张解散公共食堂，因为食堂吃不好、吃不饱。可是生产队的干部和食堂工作人员却坚持要办食堂。生产队的领导人认为这是党的决策，不能听群众意见随意解散，不能做群众的尾巴，要说服群众，而在食堂工作的农民显然是由于他们有利可图，所以不愿意解散食堂。作为整社工作组人员，我感到绝大多数群众不愿意吃食堂，讲得有道理，在经营和供应条件十分困难的条件下的确难以办好公共食堂，满足农民的需要。但是我怕犯盲目跟随群众的右倾机会主义错误，在农民大讨论中我不敢表态，只是冠冕堂皇地说："我们会把大多数群众的意见向上级党政领导反映。"不久后，北京市委下达文件，同意解散公共食堂，农民皆大欢喜。我从中受到深刻教育，看到人民公社发展中"左"的过急做法，看到党的领导人是在走群众路线，认真总结经验教训，切实改正错误。

1961年初，大概是学校领导了解到我一年多来在农场劳动和农村整社中表现良好，进步较快，所以就把我调回学校，要我参加编写全国国际共运史教材工作。原来，1961年教育部决定高校文科要使用中国教师自己编写的教材（1950年代文科多是采用苏联教材），教育部为此还成立文科教材办公室，负责组织落实这项重要决定。国际共运史教材交给中国人民大学国际共运史教研室组织编写，由中国人民大学党委书记、副校长胡锡奎负责此事。胡锡奎知道我下放锻炼的情况后，在整社工作尚未结束之时就把我调回学校，参加国际共运史教材编写组的工作。

从1961年5月到1963年2月，历经一年又九个月，人大国际共运史教研室共有20个新老教师参加这项编写工作，另外北京大学、北京师范大学和河北大学各有一位教师参加编写。最后，由理夫和我负责统修定稿，然后交胡锡奎审阅。1963 年暑假，他调我到北戴河人民大学休养所，提出修改意见，然后由我统修，于 1964 年 2 月铅印出一部完整的送审稿送教育部、中共中央宣传部、中共中央对外联络部、外交部、人民出版社（预定由该社出版）和一些高等院校。

1966 年"文化大革命"爆发后，这部书稿被造反派认为是"反党反社会主义反毛泽东思想的大毒草"，我因系两次负责统修者而遭到猛烈批判。1976 年粉碎"四人帮"后，人民出版社找到我，要我组织一个班子为之修订，到 1977 年夏天修订完毕，最后又由我统修一遍，于 1977 年 12 月 2 日定稿，到 1978 年 4 月由人民出版社正式公开出版。全书 54 万字，先是分上下两册印刷，后又并为一厚本，还出版过精装本。该书署名是《国际共产主义运动史》编写组，只是在书末最后一页《编后记》中写前后参与编写者 25 个人的姓名，其中只有理夫和我两个人出现两次，因为我们两个人在 1960 年代参与编写，1970 年代又参与修订。在改革开放前后，全国都迫切需要国际共运史教材，所以此书到 1979 年 10 月又第 2 次印刷。两次计印数 15 万册。这本书为满足国际共运史教学和学科建设起了较大的历史作用，可以说是以中国人民大学为主编写的、经教育部审定的、由人民出版社正式公开出版发行的全国首部国际共运史专著。从 1961 年至 1977 年，该书历经 16 年之久，我既参与初稿编写，又先后 3 次负责统修全书。

1961 年初，我给本系本科生和研究班研究生讲授一些国际共运史课程。这年，系里开始招收导师指导的 3 年制正规研究生，最初是确定为硕士研究生，后因为 1964 年"左"的形势影响又改为不授予硕士学位，而且要他们延长一年毕业，与全系师生一起到陕西省长安县参加农村社会主义教育运动，直到 1966 年 1 月才毕业离校参加工作。1961 年第一次招收的导师制正规研究生，是在 1961 年本系本科国际共运史专业的 30 个学生中挑选的 5 位优秀学生，系里要我负责指导三位，杨光远老师指导两位。在当时开展世界范围的反对现代修正主义斗争的背景下，我指导的这三位研究生，被确定为批判第二国际的三个修正主义理论家，即肖如川批判考茨基的修正主义，蔡金培批判伯恩斯坦的修正主义，高敬增批判普列汉诺夫的修正主义。杨光远老师指导马德太写 1919 年匈牙利革命，重点论证不是和平过渡而是暴力革命夺取政权，关园为批判王明在抗日统一战线中的修正主义。

1963 年，我被学校评为国际共运史学科的副教授，上报教育部审批。

早在 1956 年秋，我就已由学校评为副教授上报教育部，结果因名额限制，教育部没有批准。1963 年 3 月 16 日，中国人民大学校务委员会讨论并通过了提升 5 人为教授、53 人为副教授的名单。这次校委会讨论会前，系领导早已要我写学术成果材料。除了 1958～1959 年我新编多本上述有关材料外，1960 年我下乡参加农村人民公社整社工作期间写了两篇有关工农联盟和城乡关系的调查报告上报，受到北京市委调研室的表扬。1962 年在《教学与研究》发表《欧洲联邦口号的反动本质》，1963 年在《人民日报》发表《被压迫民族的革命是世界风暴的新源泉》，1963 年在《新建设》杂志刊出《十月革命是通过暴力革命取得胜利的》。这三篇紧密配合当时国际反对修正主义斗争的颇有影响的文章，显然足以有力地把我提升为我们系的副教授。

1963 年初，经过学校人事处批准，我还被任命为马列主义政治学系资料室主任。实际上从 1951 年起，教研室领导就责成我兼任资料室工作。资料室有三五个专职的资料员，十多年来在我指导下，编辑出版过二三十种很有社会影响的资料汇编。头几年在讲授苏共党史时，编出了《〈联共（布）党史简明教程〉名称解释》，在我校主办的《教学与研究》上分期连载，1954 年 7 月由中国人民大学出版社正式出版，1955 年 7 月又出版增订本，字数 17 万字。截至 1955 年 7 月先后印刷 8 次，累计 413236 册，在全国发挥了很大作用。资料室几位同志在编注中，从选定名词到查找资料来源、到文字上修改定稿，我自始至终都尽力帮助。1956～1957 年，如前所述，我还指导他们选编出 13 本《国际共产主义运动史资料汇编》。1958 年，我还亲自选编了多套材料。

我担任系资料室主任后，为配合国际共运史教学和国际上反修斗争的形势，主编了《第二国际修正主义言论摘录》一书，于 1963 年 10 月 19 日编完复印，以中国人民大学马克思列宁主义基础系资料室编的名义，由中国人民大学出版社出版，写明"校内使用，不得外传"，实际上在高等院校广泛流传，封底标明定价 1.2 元，各院校纷纷来采购。当时我还请中国人民大学编译室翻译第一国际、第二国际和第三国际的文件，增加补充我们所掌握的资料，分编 3 本三个国际的文件集。当我们基本上编好时，人民出版社历史组的负责人张玉兰亲自找我，要求把这三本书交人民出版社出版。她说由国家出版社出版，比起中国人民大学出版社出版，规格更高，影响更大。可是我把这三部书稿交去后，人民出版社就把我们增补的文件都删去，只作为 3 本纯粹翻译的书出版。这就是人民出版社于 1964 年 2 月以生活·读书·新知三联书店名义出版的《第一国际第二国际历史资料》，署名伊·斯拉夫斯基编，分为第一国际和第二国际两册，另于 1965 年 3 月出版《共产国际文件汇编》3 册，署名贝恩·库拉编。这 5 册都是由中国人民大学编辑室译。我倡议策划的这套三个国际的文件集终于正式出版，总算为国际共运史学科的发展提供了重要的历史文献。

1963 ~ 1964 年，中共与苏共两党的分歧与矛盾激烈化、公开化。1963 年 6 月 14 日，中共中央对苏共中央发表《关于国际共产主义运动总路线的建议》，随后从同年 9 月 6 日起至 1964 年 7 月 14 日中共中央的《人民日报》编辑部和《红旗》杂志编辑部连续发表 9 篇评论苏共中央公开信的重头论战文章，反对现代修正主义的斗争白热化。当时我们按照党中央的要求，在课堂上大力宣讲反对现代修正主义的各个问题，个人不发表批判现代修正主义的文章，但是要借批判历史上第二国际的修正主义来论证批判现代修正主义的必要性和紧迫性。我除了在校内课堂上讲解外，还应约在北京市历史学会、解放军政治学院等单位做反对第二国际修正主义的报告。1965 年，我写的长文《第二国际的修正主义从产生到破产》发表于《历史教学》。

根据毛泽东 1964 年 8 月关于文科师生要下乡的指示，国际政治系师生于 1964 年 10 月初到达陕西省长安县参加农村社会主义教育运动，当时简称为"四清"运动，即人民公社要清经济、清政治、清组织、清思想。我带领本科三、四年级学生被分配在西窑大队，在那里蹲点半年多。我深感当时当地山区农村落后、农业不振、农民困苦，农民连年交完公粮后，吃不饱，还要吃政府的返销粮。当时"四清"运动的重点是整"党内走资本主义道路的当权派"。村干部多吃多占的现象是有的，但是"走资派"是走不出来的。我与山西省里派来的干部组成"四清"运动工作组，我担任副组长，并当选为工作组党支部宣传委员，负责向农民宣讲国内外形势和党的方针政策。我又不会说当地土话，这对我来说是艰巨的磨炼。到 1965 年 6 月学生们都返校去了，我还留下，在长安县委帮助撰写整社工作总结报告，直到 8 月才撤回。9 月学校开学，我忙于开设国际共运史课程，还要负责我指导的三个导师制研究生的毕业论文。1966 年初，我继续讲国际共运史课程，坚持以批判历史和现代修正主义为重点。

1966 年 5 月，"文化大革命"风暴席卷全国，开始我还带头批判"三家村"的"反党反社会主义"的修正主义言论。6 月中旬开始，校内大字报铺天盖地，要揪出校内的"走资本主义道路当权派"、"反动学术权威"。6

月底，国际政治系学生造反派贴出大字报，指明我是中宣部"阎王殿"的"黑线"人物，是"反动学术权威"、"反革命修正主义分子"，并且把我揪到学生食堂批斗，还到我家抄去我自 1949 年以来在报刊上发表的文章和我十多年来编写的各种资料与积存的大量讲稿。实际上我只是在 1956 年 6 月的《教学与研究》上发表过《列宁在十月革命前后关于和平过渡到社会主义的设想》，我在文末写道："尚未取得革命胜利的某些国家，将来在特定的历史条件下，也是可能创造出和平过渡到社会主义的新范例的。"早在 1957 年反右派斗争时，教研室内部就已经批判过我的上述观点是深受苏共二十大赫鲁晓夫和平过渡错误观点的影响，我自己早已做过深刻检查。随后从 1958 年"大跃进"运动起，我一直紧跟党中央的部署，站在反对现代修正主义斗争的前列，1959～1960 年和 1964～1965 年两次下乡劳动锻炼和参与整社工作都表现良好，经受锻炼和考验，在教学与研究中表现出色。

1966 年我作为"反革命修正主义分子"挨批斗时才 39 岁，尽管发表过二三十篇文章，但是没有出版过一部有分量的著作，够不上"反动学术权威"的格，况且我是老解放区华北大学培养的研究生，更不反动。我这样申辩之后，造反派转向审查我参与写作和负责统修的厚达 50 多万字的《国际共产主义运动史》教材。他们查不出书中有什么修正主义观点，只查出书稿引用《毛主席语录》只有一条，即在第 8 章第 3 节写到俄国 1905～1907 年革命的国际影响时，引用毛泽东在《新民主主义论》中说的辛亥革命"是在比较更完全的意义上开始了"资产阶级民主革命。他们硬说我是贬低毛泽东思想。我申辩说："这一节正是我写的，你们可以向编写组的其他老师查证。当时编写组集体讨论后有规定：凡是毛主席直接论述某一事件的要引用，间接从理论上阐述的不引用。如果说我只引用一条语录是贬低毛泽东思想，那别人都没有引用该如何评定呢？"总之，造反派查不出我有什么修正主义反动观点，所谓"反动学术权威"的帽子就戴不上。"文化大革命"中，我经受了批斗和审查，没有查出问题，终于 1969 年底恢复党的组织生活。

1970～1972 年，人大全校教职工都全家下放到江西余江县五七干校劳动锻炼与改造。当时许多教师举家下放离开北京前，都把身边的图书资料处理掉，因为大家都不知道将来会干什么工作。我坚信将来还会有机会讲授国际共运史，所以就把长期收藏的国际共运史书籍打包 20 个箱子寄存在学校留守处。后来，很多人都赞扬我有眼力。

1971 年 1 月，中国人民大学被决定撤销。1972 年 12 月，北京市委决定撤销中国人民大学在江西余江的五七干校，全部教职工返京等待重新分配工作。1973 年 5 月，中国人民大学各系所按建制成块分配到北大、北师大、北京师范学院等院校。6 月，原人大国际政治系合并到北大国政系。9 月，我开始在北大国政系讲授国际共运史。

从 1973 年到 1978 年在北大执教的这 5 年，前 3 年我们心情非常复杂、难过。给工农兵学员讲国际共运史，不能不紧跟形势，小心翼翼，避免犯错误，同时有不少异常现象，思想深处不理解。为了紧跟形势，我们讲国际共运史就以两条路线斗争史为中心。当时，中共党史课讲党内从反对陈独秀右倾机会主义起到反刘少奇、邓小平修正主义路线前后 10 次路线斗争。国际共运史照例也讲 10 次路线斗争，在教研室讨论中大家列举出 10 个机会主义头子，即魏特林、蒲鲁东、拉萨尔、伯恩斯坦、考茨基、普列汉诺夫、托洛茨基、布哈林、赫鲁晓夫、勃列日涅夫，逐一加以批判。《北京大学学报》还刊登过好多篇我参与写作的批判托洛茨基、布哈林等人的文章，都是以国际政治系大批判的名义发表的。我当时还跟着本科生法语班学一点法语。讲巴黎公社这个专题时，我还以初学的法语去查法文百科全书，弄清凡尔赛究竟离巴黎有多远，孰料当即受到教研室一些同志非议，认为我还是走"白专"道路，去考证这些细微枝节问题没有意义，重点要讲巴黎公社内部反对蒲鲁东主义和布朗基主义的斗争。

1974～1975 年，全国掀起批林（彪）批孔（孔子）和评论《红楼梦》高潮，传言批林批孔实为批周公（周总理）。我不明内情，深感国际共运史课程难讲，曾向系领导提出调到中文系去。我想我在中学时期喜欢甚至醉心文学，评论《红楼梦》、《水浒传》有功底，到中文系就可以开《中国文学史》课程。特别是当时国政系曾有一位李培浩老师调到历史系去，已有先例，当可仿行。系领导极力慰留我，说我是国内最早开设国际共运史课程的老师，现在正可以发挥作用。我只能无可奈何地照本宣科，但是我心中有数，不讲过头话和心里话。

当时在北大，要带工农兵学员开门办学，即到农村、工厂边劳动边上课。我们有限当老师的几个人，不仅讲授国际共运史，还要讲授哲学、政治经济学。我讲授哲学的"个人在历史上的作用"专题时，巧妙地说法国皇帝路易十五在七年战争中之所以打了败仗，是由于他宠爱虚荣成性的彭帕杜尔夫人，而她却支持庸碌无能的苏俾支将军，以致指挥不力，军心涣散，可见贪图虚荣的普通个人在历史上能起这么重大的消极作用，是由于皇帝对她的宠爱。1976 年 9 月 9 日毛主席逝世，我在悲痛之外深感中国一定会发生重大变化。10 月 6 日，粉碎"四人帮"，我喜出望外，满腔热忱加入批判"四人帮"的思想斗争。到这时候，有的工农兵学员才对我说："现在我们才明白去年你对我们讲彭帕杜尔夫人故事的深刻含义。"

1978 年，北大召开纪念五四学术讨论会，我在相隔 12 年后第一次以个人署名提交论文，题为"巴黎公社的原则和'四人帮'的篡改"，受到好评。7 月后，新华社发布长篇消息："经党中央国务院批准，受林彪、'四人帮'干扰破坏停办八年之久的中国人民大学正式恢复。"于是，我们国际政治系教工回到了人大，开始了国际共运史学科拨乱反正、重新振兴的新时期。

四　改革开放与国际共运史学科的振兴和繁荣

1978 年 12 月中共十一届三中全会端正了党的指导思想和基本路线，我以沸腾的思想解放和炽热的政治激情迎来了第二个教研青春。这时我已是经历过"知天命"（51 岁）的中年人了。痛定思痛，痛定思改，我想应该重新总结国际共运的历史经验，以新认识、新理念来推进改革开放，来重新振兴国际共运史学科。改革开放以来的头 22 年间，我为重新振兴和繁荣国际共运史学科，大体上做了 10 件新事。

第一件大事是 1979 年、1984 年两次主持编写《国际共产主义运动史教学大纲》。1979 年初，教育部规定高等院校恢复开设国际共产主义运动史课程。3 月间，教育部政治思想教育司负责人李正文找到我，责成我牵头，联合北大曹长盛、天津师大许可成、华南师大赵育生、东北师大何宝骥和吉林大学赵邺方，共 6 位教师集体合作编写《国际共产主义运动史教学大纲（征求意见稿）》，印发各高等院校使用，并且要求提出修改意见。我为这个教学大纲写了《编写国际共产主义运动史教学大纲中的几个问题》一文，连同大纲一起在《天津师院学报》1979 年第 1 期（8 月出版）首先发表。我在文中提出了国际共运史的研究对象、主线和历史经验三大问题。教学大纲把国际共运史的研究对象表述为各国无产阶级解放斗争的一般历史进程的规律；国际共运史的主线是无产阶级政党领导的无产阶级解放斗争，国际共运的历史经验主要是纠"左"防右，历史上德国社会民主党是被右倾机会主义葬送的，后来苏联共产党长期执行"左"的路线，只讲阶级斗争，忽视发展生产力，只讲专政，忽视民主。

1979年暑假，教育部在上海举办高等院校政治理论课教师讲习班，对4门政治理论课的改革进行研讨。我应邀到会就"国际共产主义运动史教学中的几个问题"做专题报告。我讲了两个问题：第一，国际共运史与其他几门政治理论课的关系；第二，国际共运史教学中如何拨乱反正，肃清林彪、"四人帮"的流毒。

在第一个问题中，我特别讲到国际共运史与中共党史这两个学科、两门课程的关系。当时我这样说："哲学和政治经济学这两门是属于理论科学，是按照理论逻辑来建立科学体系，国际共运史和中共党史这两门理论课具有不同特点，他们不是理论科学，而是历史科学。国际共运史和中共党史，这'二史'为什么说是历史科学呢？因为这'二史'是按照历史顺序来建立它的科学体系。……那么这'二史'为什么要作为公共政治理论课来开设，而不是作为历史文化课来开设呢？因为这两门历史科学不是一般的历史科学，而是无产阶级和劳动人民解放斗争的历史科学。国际共运史是国际无产阶级解放斗争史，中共党史是中国无产阶级解放斗争史，这'二史'性质是一样的。中共党史可以说是在中国共产党领导下的中国无产阶级和人民大众的解放斗争史，在某种意义上可以说中共党史是中国共产主义运动史。国际共产主义运动史是国际无产阶级解放斗争史，在某种意义上可以说是国际党史，是国际无产阶级政党领导各国无产阶级进行解放斗争的历史。……按理说，中共党史是国际共运史很重要的一个组成部分，但是，考虑到中国的青年学生有必要更深入地了解中国共产主义运动史、中国共产党历史，因此单独作为一门课开设。……这'二史'不仅仅是讲历史过程，而且是要从无产阶级解放斗争历史中总结历史经验，总结出正面的、反面的历史经验，进而上升为规律……用这样的历史规律来武装我们的青年学生。历史规律是不可抗拒的，掌握了历史规律，就有助于了解现实斗争，使我们心明眼亮，少走弯路，明确解放斗争的目标和道路。"

1979年时，教育部规定，对文科大学生开设哲学、政治经济学、国际共运史和中共党史4门政治理论课，而对理、工、医、农各科大学生只开设哲学、政治经济学和中共党史3门政治理论课。针对这个规定，我在大会上的讲话中还特别强调了广东省对理科大学生开设中共党史课的经验，即在讲中共党史之前，用6~8周时间先讲国际共运史，同时把国际共运史教材发给学生读，广东好多高校已经试验了好几年，这个好经验非常值得重视和推广。的确，大学生们如果不知道世界上共产党是怎么兴起的，如果不知道第一国际、第二国际、第三国际的历史，如果不知道历史上的巴黎公社革命和俄国的三次革命以及苏维埃国家的由来，就难以深入理解中国共产党是怎样应运而生的，就难以深入理解中国共产党怎么会在 1927 年成立上海公社和广州公社，怎会随后又创立了中华苏维埃共和国，就难以深入理解中国共产党在领导中国无产阶级和人民大众解放斗争中的许多崭新创造的独特贡献。

我在上海高校政治理论课教师讲习班上讲的第二个问题是在国际共运史教学中要如何拨乱反正，肃清林彪、"四人帮"的流毒。这些流毒集中表现为他们鼓吹"三突出"的原则，即过分突出路线斗争、领袖作用和领袖著作。受这种过左的"三突出"指导思想的影响，我们在 1958 年组织 15 名教师和 45 名研究生合写第一部《国际共产主义运动史》教材起，就已经有所表现。在 1961 年我参与编写和统稿的全国文科教材《国际共产主义运动史》的前言中也强调指出："国际共产主义运动史是一部马克思主义同各种社会主义流派和各种机会主义思想作斗争，并在斗争中获得胜利的历史。"到 1973～1976 年，我在北大讲授国际共运史这几年，如上所述，受当时极左思潮影响，更是把国际共运史简化为国际共运 10 次路线斗争史。既是过分突出路线斗争，就必然过分突出在路线斗争中起重要决定作用的马克思、恩格斯、列宁、斯大林等几位领袖及其代表作，例如《共产党宣言》《法兰西内战》《哥达纲领批判》《反杜林论》《怎么办》《国家与革命》《论列宁主义之基础》《苏联社会主义经济问题》等。国际共运史首先理应突出各国无产阶级和人民群众在无产阶级政党领导下为实现社会主义、共产主义而斗争的历史。而无产阶级政党及其领袖在领导无产阶级和人民群众的斗争中并非一贯正确，对政党和领袖犯过的错误也应该实事求是地讲清楚，并且从中总结出经验教训。

我在大会的讲话中，特别讲到应该如何评价斯大林的功过。我认为，毛主席所说斯大林是"三七"开的功大于过的伟大领袖的评价还是对的。只是对斯大林的"三分"错误做了较为具体的分析。我这样说："斯大林这个'三'，最重要之点是违背了马列主义的革命原理，所以他在实际工作中，在实际上才犯了错误。"① 斯大林违背马列主义之基本原理之处，我从

① 参见高放《高放文集》之四《国际共产主义运动别史》，中国书籍出版社，2002，第 162 页。

哲学、经济学、社会主义学这三个马列主义主要组成部分来展开分析。哲学方面，他晚年思想僵化，严重脱离实际和群众，大搞个人迷信；经济学方面，他忽视了重工业、轻工业和农业的正常比例，忽视了价值规律和市场的作用，忽视了在管理中的经济规律，热衷于中央行政命令；在社会主义学方面，他个人权力过大，干部特权过多，官僚主义、大国主义思想严重，违背了社会主义民主原则，违背了干部是人民公仆的原则，违背了无产阶级国际主义原则。我还说："斯大林的错误，从表现形式上看固然有右的，但主要是'左'的。从思想性质上看主要是教条主义和封建主义影响。"我还讲到对机会主义头子，如蒲鲁东、巴枯宁、伯恩斯坦、考茨基、普列汉诺夫等都要对每个人进行具体分析，不能简单地认定他们一辈子都是干坏事。

总之，1979年我主持编写的《国际共产主义运动史教学大纲（征求意见稿）》和我在上海高校马列主义政治理论课教师讲习班上的讲话，在改革开放初期对于国际共运史教学的拨乱反正，是起了较大积极作用的。事隔4年之后，即1983年教育部政治思想教育司又责成我主编供全国高校使用的《国际共产主义运动史教学大纲（修订本）》，这个修订本还有中国人民大学洪肇龙、北京大学曹长盛、北京师范大学张伟垣、天津师大许可成、华南师大赵育生，共6个人参与集体合作。大纲于1984年11月由中国人民大学出版社出版，共5.7万字，首次就印刷72500册，一直使用到1988年高校停开这个课程为止。

我为这份教学大纲修订本又写了《对〈国际共产主义运动史教学大纲（修订本）〉的几点说明》，发表于指导政治理论课的专刊《教学与研究》1985年第6期。主要说明两个问题：第一个问题，大纲按照4个原则进行修订。①力求反映近几年来国际共运、国内社会主义建设的新成就和新经验；②贯彻新时期的新要求，即加强对青年大学生的共产主义信念教育，加强科学社会主义原理和经典著作的学习；③吸取理论研究的新成果，即各国共产党对国际共运的新看法和学术理论界的新研究成果；④采纳教学实践中的新意见，提出原大纲（征求意见稿）内容过多，要求删繁就简，突出重点。

第二个问题，我讲到新大纲比之原大纲有4个明显变化。①原大纲分8章22节50目，新大纲废除原来的章节，设立8个专题，即马克思主义的创立，第一国际与巴黎公社，欧美各国社会主义政党的建立与第二国际，列宁主义的形成和俄国十月革命的胜利，共产党在六大洲的成长和第三国际，苏联一国社会主义建设的胜利，世界人民反法西斯战争的胜利和欧亚人民民主国家的诞生，社会主义国家的巩固和发展（到1956年）。这样的8个专题，纲举目张，涵盖了100多年国际共运史的主要内容。②内容上的变化，即增加、删节、压缩、修改4个方面的变化。原大纲只讲到1949年，新大纲扩展到1956年。各专题前增加对学生的思想教育和理论创新的内容；删节、压缩了一些共运史的细节，改变了一些结构。③提法上的变化，如把国际共运史研究对象改为研究无产阶级为实现共产主义、解放全人类而斗争的历史进程的规律。列宁主义的讲义原大纲说到列宁主义是帝国主义和无产阶级革命时代的马克思主义，新大纲改变为："列宁把马克思主义的普遍真理同帝国主义时代世界形势的最新发展、同俄国的具体实际结合起来，发展了马克思主义，列宁主义经过产生、发展的过程，逐步形成了科学体系。"④学时上的变化，原大纲规定，国际共运史课程一个学期讲完80个学时，新大纲改变为两个学期讲完105个学时，新大纲还把教学重点改变为1917年十月革命胜利以后，其比重由原大纲的37.5%，增加到56.9%。

　　总之，1979年和1984年教育部政治思想教育司责成我负责主编的这两个《国际共产主义运动史教学大纲》和我撰写的两篇关于这两个教学大纲的说明，从1979年到1988年对高等院校的国际共运史教学起了重要的指导作用，同时也为重新振兴国际共运史学科做了有益的贡献。当然，这是参与集体编写的几位教师集体合作的成果，并非我一人之功。

　　第二件大事是1979年10月底教育部政治思想教育司李政文又交给我一项任务，要我出面召集北京各院校国际共运史的教师，在内部讨论一下现在该如何看待1963～1964年中苏两党关于国际共运总路线大论战的问题，尤其是该如何评价当时以《人民日报》、《红旗》杂志编辑部名义发表的9篇评论苏共中央来信的文章。他说这是中央宣传部下达的任务，因为各地宣传部门向中宣部提出这个问题，而这也正是国际共运史教学的重大问题。他还要求我们把讨论情况整理出来上报。这个内部研讨会经过我与北大曹长盛、北师大张伟垣筹备联络，从1979年11月10日至1980年2月6日，先后召开过12次研讨会，基本上是每周或隔一周讨论一次，对"九评"文章逐篇讨论9次。总共有首都24个单位约30个人参加，主要是人大、北大、北师大、北师院、政法学院、民族学院、外国语学院、第二外国语学院等首都的10所院校教师，还有《人民时报》、《红旗》杂志、中国社会科学院、苏联东欧研究所等单位的同志参加。

每次会议讨论一个专题。首先回顾国际共运历史上的历次重大路线斗争，再讨论当代国际共运的路线分歧是否有必要开展这场史无前例的大规模的路线斗争，接着讨论内容就变成评论文章，最后在对这场路线斗争及其后果做出总评价。每次讨论，事先都布置一二人做重点发言，要求大家能解放思想，实事求是，畅所欲言，各抒己见。会上有不同看法也适当展开争论，每次会议都事先责成两位同志做记录，会后要整理出二三千字的简报。每次简报都由我最后修改定稿，交给《人民日报》有关负责人，由他们负责印出，上报中宣部、中联部、教育部等单位的领导人，提供参考。

北京各院校得知我们曾经内部讨论如何重新评价"九评"的消息后，都很想探知我们讨论的具体情况。正好1980年2月1日，北京市国际共产主义运动史学会召开成立大会，中国人民大学校长成仿吾被推举为第一任学会会长，我是常务理事之一。大家要我在成立大会上综述一下内部讨论的看法。消息传到外地后，1980年3月18日，河北省史学会与河北师范大学联合举办关于国际共运史学术报告会，又请我到石家庄讲了一次。会后他们根据录音形成文稿，经我修饰，并加上引文出处，后印发给听讲者。我这份讲话以"关于国际共产主义运动总路线大论战的历史回顾"为题，全文约3万字。当时关于国际共运总路线大论战的历史问题，党中央还没有一个说法，我们学者讨论的看法只能上报领导机关提供参考，不能公开发表。我的讲话，可能大家以为综合得还比较得体，所以内部广为传印散发，可能对国际共运史的教学和国际共运史学科的发展起了积极作用。事隔21年之后，即到2001年，我自己整理出版《高放文集》之五《纵览世界风云》时，才把我的讲话收进本书。

简而言之，国际共运史上确有因总路线不同而导致国际共运分裂的先例。例如19世纪末20世纪初反对第二国际修正主义的斗争就导致第二国际的破产、第三国际的诞生。但是当代国际共运已发展到没有统一的国际组织，各党独立自主探索本国社会主义之路的新阶段，未必要制定统一的总路线，即便苏共挑起论战，我们给予简要回复即可，双方分歧等待新的实践来做出判断。中共大规模的应战，结果造成国际共运史无前例的大分裂。实践结果表明：苏共虽有一些右倾观点，我们则是"左"倾观点。这场大论战涉及的问题很多，主要是四大问题。第一，已经取得政权的国家究竟应该怎样搞社会主义？第二，尚未取得政权的国家究竟要如何取得政权？

第三，各国党如何对待国际斗争中的一些重大问题？第四，各国党如何对待彼此的意见分歧。对这四大问题，苏共主张要实现全民党、全民国家。资本主义国家可以和平过渡到社会主义，在国际斗争中要与资本主义国家和平共处、和平竞赛，各国党要听从苏共的统一指挥。对这四大问题，中共主张与苏共对立。中共反对苏共的大党主义、大国主义是必要的正确的，但是大论战中非要各国共产党接受我们的一些"左"的观点，如社会主义国家阶级斗争的长期性和尖锐性，暴力革命是普遍规律等，也是做不到的。1977 年 8～9 月，南斯拉夫总统铁托应邀来中国访问，恢复了中南两国关系，这表明中共已开始自觉地纠正在国际共运总路线大论战中的"左"的错误。

　　第三件新事是由我主编出版了 3 本国际共运史教材。1979 年、1984 年教育部颁发的两本《国际共产主义运动史教学大纲》下达后，各高等院校迫切需要给授课学生发教材。所以在 1980～1990 年代，全国各地涌现了自编的二三十种国际共运史教材，这既满足学生的需求，又为各地教师评职称提供成果。没有条件自编教材的院校都希望我们教学大纲编写组的教师能够合编一本教材。于是由我主编的《国际共产主义运动史教本》于 1986 年 4 月出版，1987 年 2 月第 2 次印刷，累计印数为 25600 册。我们按照教学大纲分工撰写，我只写导言、结束语，全书 8 章分别由华南师大赵育生、中国人民大学洪肇龙、北京大学曹长盛、北京师范大学张伟垣、天津师范大学许可成执笔，全书由我统修定稿，共 34 万字。这个教本出版后颇受各院校欢迎。当时各地出版社的二三十种国际共运史教材都是由院校教师以国际共运史编写组名义出版的，印数通常一两千册或者更多一些。按教学大纲规定，我主编的这个教本，也是只写到 1956 年为止。到 1990 年代末天津人民出版社考虑到社会需要，约请我们再增加 1956 年以后的国际共运内容。我们又增写了两章，即社会主义国家之间的分歧和国际共运总路线大论战，以及苏联东欧社会主义国家的剧变及其经验教训。由于这时国内思想理论界"左"的思想上升，出版社担心我们客观、公正的观点会遭到"左"的势力打压，所以不敢出版增订本。实在令人深感遗憾！我又一次感受到"左"的思想对国际共运史学科发展的干扰。

　　我主编的第二本教材为《国际共产主义运动史概要》，是华东地区六省一市八家出版社策划的"初中进修用书"的一种，由福建人民出版社请我撰写。我因教研工作实在繁重，只好另请我指导的 4 位博士生和硕士生合写。由我设计了全书分为 14 章的框架，并且提出了具体要求，要深入浅出、突出重点，少引用文献，通俗易懂，便于初中教师自学进修。全书 14 章由倪力亚、蓝蔚基、赵树海、李景治 4 人分工写成。我只写了导言（国际共产主义运动史的研究对象、学习目的和学习方法）和结束语（主要写国际共运的曲折历程进而总结基本经验，内分两个小题：其一，国际共运史上的 7 个高潮和伟大成就；其二，国际共运 7 条主要历史经验和前景）。全书由我统修定稿，共 26.8 万字，福建人民出版社 1985 年 12 月出版，印数 11240 册。本书可以说是国际共运史大众化的第一本读物。福建人民出版社本来还计划约请我主编供高中教师进修用的《国际共产主义运动史便览》，后因华东地区六省一市八家出版社的这套出书计划有变化，没有再写。

我主编的第三本教材为《国际共产主义运动通史教程》，是应北京师范大学、河南大学等校的国际共运史教师请求，由我出力主编一本供高等师范院校政教系（或政治系）使用的较有分量、有深度的教材。北京师范大学出版社当即于 1984 年 4 月约定，此书由该社出版，并协助组织编写班子。没有料到，全国竟有 19 所大学的 30 位专业教师，包括华东师大的姜琦教授、张月明教授、周肖文教授等著名学者都来信、来电话表示愿意参与这项教材工程。1984 年 11 月，我约请了全国东西南北中 19 所院校的老中青三代学者在北师大聚会讨论如何写好本书。由我提出编书的指导思想、具体要求、章节划分和写作规程，提交大家讨论、补充和修改。会上还着重讨论了一些疑难问题该如何认识和写作。最后集体拟定了全书 20 章的章节目标题。本着详近略远的原则，全书分上下两册，上册从 1830 ~ 1840 年代欧洲工人运动的崛起和科学共产主义理论的形成写到 1945 年世界人民反法西斯战争的胜利，下册从战后 1945 年写到 1985 年。

由于本书贯通今昔近 140 年的历史，所以我把它定名为《国际共产主义通史教程》。我专门写了一篇颇有新意的长稿导论，内分 3 节。第 1 节为国际共运史科学的形成和发展。我认为：1850 ~ 1880 年代开始形成国际共运的"断代史"，如共产主义者同盟史、第一国际史、巴黎公社史等；到 19 世纪末 20 世纪初，初步建立综合性的国际共运史；1917 年十月革命后国际共运史科学进一步发展；1956 年以来国际共运史科学重新获得深入研究和百家争鸣。第 2 节为国际共运史的研究对象、历史分期和主要内容。我提出：国际共运史实质上是国际共产党党史，1847 年 6 月 2 日共产主义者同盟第一次代表大会的召开日是国际共运的诞生日，100 多年来国际共运的发展可以划分为四个时期，即1847年建党至1871年巴黎公社革命，1871年巴黎公社失败后至1917年俄国十月革命胜利，1917年十月革命胜利后至1945年世界人民反法西斯战争胜利，1945～1985年社会主义从一国到多国的发展。我还简略地指出：建党、夺取政权和开展建设是国际共运三部曲。第3节为学习国际共运史的目的和方法。我形象地提出：学习国际共运史要把自己培养成什么样的人——人才、庸才、奴才或狂才？学习国际共运史要遵循马克思主义思想路线，善于运用逻辑学、马克思主义科学和自然科学的方法论。

前10章初稿完成收齐后，我立即请周敝、孟全生、余汉照3位同志先分工统修一遍，最后由我对全书10章又统修一遍。我们在统修中尽力统一了规格，平衡了布局，修饰了文句，改变了一些提法，订正了一些史实，补充了一些史料，增加了一些注释，尽力使全书成为协调一致的浑然整体。我还请老革命家、中共中央宣传部原部长陆定一同志为本书书名惠赐墨宝。就这样，《国际共产主义运动通史教程》上册于1986年9月由北京师范大学出版社出版，约41万字，至1988年4月，先后印刷3次，累计18100册，颇为畅销。1990年，出版社还发现有盗印本。本书上册写到1945年世界人民反法西斯战争胜利。

非常遗憾的是，本书下册未能出版。我们本来已经在1988年底把完成的下册书稿交给出版社，只因1989～1991年苏联东欧国家发生剧变，出版社要求我们增写一章，并且对书中肯定苏联东欧国家建设与改革成就的部分进行修改。我还是尽力组织北师大的孟全生、华东师大的张月明和我一起修订增写完毕。然而北师大出版社鉴于1988年以后高校国际共运史课程已经改为"世界经济与政治"，还考虑1990年代意识形态领域"左"的思潮上升，我们对苏联东欧剧变进程、原因及其经验教训的公正看法会遭到非议，终于做退稿处理。我国国际共运史学科的发展，又一次受到"左"的干扰。

1980年代，我除了主编3本教材外，还参与了国家社会科学基金赞助的《国际共产主义运动史》4卷本专著的撰写工作。这个国家项目由当时中共中央宣传部副部长王惠德担任主编。本书1986年就上马，还在江苏扬州召开过全体参编人员30人的研讨会。本来我只是负责第2卷的主编（从1871年巴黎公社失败到1917年俄国十月革命胜利），后来因王惠德同志太忙，又把我推举为全书4卷的副主编。后来，这套国家社会科学重点项目也流产了！

第四件新事是参与编辑出版国际共运史文献资料。研究历史，首先要掌握丰富的可信史料，尤其是原文献。1978年人大复校后，系改名为科学社会主义系，我不再兼资料室主任，老资料员曹德成、张心绪分别提升为资料室正副主任，他们十分重视听取我对选编新资料的意见。

为配合全国国际共运史的教学和学科建设，我提出新编一套《国际共产主义运动史文献史料选编》。他们要我领衔主编，我联合他们二人共同主编，参与编辑工作的还有资料室的4位年轻大学毕业生林甦、胡瑛、王鹤杰、韩忠英。这套文献史料选编总共设计从马克思主义诞生到二战后欧亚人民民主国家诞生，分为19个大题，每个大题除收录部分常见重要史料外，主要请中国人民大学编译室和校内外专家从俄文、德文、英文、法文及塞尔维亚文新译出950件原始文献。这套资料选编分为5卷，由中国人民大学出版社从1983年11月到1986年6月出齐，共计220万字。内容包括马克思主义的诞生，共产主义者同盟，第一国际，第二国际，第三国际和欧洲共产党情报局，欧洲1848年革命中的无产阶级革命斗争，巴黎公社，德国社会民主党，俄国社会民主党，俄国1905年革命，第一次世界大战中的国际共运，俄国十月革命，十月革命后欧亚革命运动的高潮，苏联社会主义建设的胜利，第二次世界大战期间的国际共运，欧亚人民民主国家的建立。关于马列主义经典著作只列出目录（因已有《马克思恩格斯全集》、《列宁全集》、《斯大林全集》），收入全书的绝大部分是新译过来的党纲、党章、会议决议、宣言，以及有关统计数字、革命传单、调查报告等原始材料，弥足珍贵，对国际共运史教学与研究工作很有助益。

1981年12月27~29日，北京召开中国国际共产主义运动史学会筹备委员会，我参加这次会议。中宣部副部长王惠德首先提出，加强国际共运史的研究首先要加强资料建设，要有计划地翻译出版马、恩、列、斯和其他共产主义活动家的著作，以及国际共运史上的重要文献和记录等。他要求学会推动制订资料建设计划。经过半年多时间筹备，中国国际共产主义运动史学会于1982年8月2~8日在北京市委党校召开成立大会暨第一次学术讨论会，全国28个省区市国际共运史学者167人与会，规模盛大，热气腾腾。会上通过了学会章程并选举产生了第一届理事会。会长王惠德，副会长有教育部、中国社会科学院马列研究所、中央编译局、人民出版社、中国人民大学、北京大学等单位的领导人，常务理事有各地国际共运史学者 11 人，我列为常务理事第一人。中国国际共运史学会成立后，在第一次常务理事会会议上，就讨论决定组织翻译出版国际共运史上共产主义者同盟、第一国际、第二国际、第三国际和欧洲共产党情报局这五个国际组织的原始会议文献。

1984 年春，由中国国际共运史学会发起，联络中国社会科学院马列主义毛泽东思想研究所、中国近代史研究所、中共中央编译局、中共中央党校和中国人民大学 5 个单位，成立《国际共运史文献》编委会，由社科院马列所、中央编译局和人大三个单位的领导人担任名义上的主编，由人大出版社副总编王颖和共运史学会秘书长校纪英担任常务副主编，另由 7 个专家担任编委。一方面申请国家社科基金资助，另一方面分头约请专人翻译。各卷译稿收齐后再由各个编委分工负责审定编好，然后交中国人民大学出版社出版。先译完先编好的先出版。从 1986 年 7 月开始先出版《第一国际总委员会记录》5 卷，接着出版《共产主义者同盟》4 卷，再分别出版第一国际、第二国际和第三国际一部分代表大会文献。最后是 1997 年 5 月出版《第一国际海牙代表大会文件》。最早出版的各卷印刷 1 万册，随后减为 5000 册，再减至 3000 册，甚至 1000 册。先后历经一年，只出版了 20 卷，全是精装本，白色封面，印上红色书名，印制精美。原计划出版 40 卷，后因缺少经费，印数锐减，只好半途而废，没有全部出完。我亲身经历并参与了编辑、出版的全过程。本来编委会还责成我主编最后一卷，即《欧洲九国共产党情报局文件》，新译稿已由中国人民大学编译室许立言等人译出 20 多万字交给我，我另加上 1940 年代末已译成中文出版的情报局三次会议的文件和苏南两党已公布的关于苏联与南斯拉夫冲突的双方来往信件，共 30 多万字，作为单独一卷出版。结果也未能出版，实在深感遗憾！

第五件新事是我坚持在教学第一线，年年为本科生和研究生讲授国际共运史课程，每学期都要重写教案，尽力讲出新意。由于国际共运史内容涵盖 140 多年历史，一个人难以从头讲到底，所以当时教研室把教师讲授分为两大段，即一部分教师从马克思主义诞生讲到 1917 年十月革命胜利，另一部分教师讲 1917 年十月革命以后近 70 年。前一部分比较好讲，后一部分难题较多。大家都要我讲后一部分。当时我还应邀为中国社会科学院马列主义研究所、世界史研究所、苏联东欧研究所和拉丁美洲研究所招收的硕士生和博士生讲一些国际共运史的专题。特别是中国社会科学院拉丁美洲研究所 1979 年夏天招收 10 多名硕士研究生，该所就设在我家所在的铁狮子胡同大院的东侧，拉美所领导人之一沙汀是我的老朋友，诚约我校国际共运史教师为这第一批研究生开设国际共运史课程，讲 1 学期 80 个学时，每周讲半天。我们教研室的教师因校内教学任务重，不愿意每周从海淀西部跑到东城区来授课，所以最后只好由我一个人从头到尾地讲国际共运史课程。我分为 20 个专题讲，时有哈尔滨师大、东北师大、武汉师院、华中师院、河南大学、西北师大等外地外校的聂运麟、陈兵、胡素华、齐同春、顾文鼎等 12 位年轻教师被选派到中国人民大学、北京大学和北京师范大学进修。他们得知我一个人要通讲国际共运史的信息后，每周三清早就从西部赶坐公共汽车辗转来到位于市区东城的拉美研究所来听我的课。他们都感到我讲的内容纲举目张，简明扼要，史论结合，很有新意，所以自觉分工整理我的课堂记录（当时没有录音机），然后互相传抄。这也促使我每堂课更加认真细致地写出讲稿。同时我也给他们统一的每页 500 字的大张稿纸，请他们再抄一份给我。

到 1980 年初，国际共运史 20 个专题的课程记录稿收齐后，我在寒假中立即抓紧时间对每个专题做了增删和修改，主要是增加了课堂上因时间有限未能多讲的史实与史料，删了在课堂上对理论原理的讲解和联系现实的发挥。另加上绪论和结语，总有 20 多万字。中国人民大学出版社愿意出版我这本定名为《国际共产主义运动史略》的书，作为 1980 年秋后向中国人民大学建校 30 周年校庆的献礼。没有料到，这个消息竟在我们教研室内部遇到阻力。古有明训："木秀于林，风必摧之。"（见三国魏·李康《运命论》）有几位有权势的老教师到系主任徐景秋处"告状"，说我笔头快，把教研室集体编写国际共运史新教材中掌握的新史料用于自己讲课，并且写成书要先出版个人专著。徐景秋（她现在 95 岁高龄，身体健康）当即反问他们："你们集体编写的书稿还没有写成，高放怎么能用你们掌握的新史料讲课和写书呢？"这个实事求是的诘问，令他们无言以对。系主任把这个信息告诉我之后，我心中明白，实际上他们是害怕我个人专著出版后，显得我个人声望超过他们太多，所以借故阻挠。我当即向系主任表明："国际共运史这个专著我已修改定稿，目前可以不出版，如果我另外写一本专著，他们就没有任何借口可以阻挠了吧！"

正好 1979 年 11 月我的老战友高原带领华中师院科学社会主义专业徐勇、程又中等 10 多个研究生和进修生从武汉来北京游学。高原是 1950 年人大马列主义教研室创建时与我一起共事的老战友。他盛情约请我为研究生、进修生讲社会主义专题。尽管我当时正在给拉美研究所的研究生通讲国际共运史，还是硬挤出时间，为华中师院的来京游学者讲了5个专题：社会主义思潮的演变，社会主义运动的发展，社会主义制度的摸索，社会主义派别的划分，社会主义事业的展望。听讲者认为我所讲内容既有系统又有新意，所以把课堂记录全部整理出来，要我加工增补后在华中师院创办的《社会主义研究》刊物上分期连载，并且于1980年3月以"什么是社会主义？"为题铅印成16开的一个本子，约78000字，多加散发。既然我的《国际共产主义运动史略》不便立即出版，于是我在1980年下半年把原来五个专题扩充为近23万字的专著，定名为《社会主义的过去、现在和未来》，由北京出版社于1982年1月出版，印数为35000册，颇受读者欢迎。1995年，这本书被北京市哲学社会科学界联合会评为北京市哲学社会科学优秀读物。1998年1月春节前夕，我还收到上海解放军空军政治学院（现南京解放军政治学院上海分院）韦定广教授寄来的贺年卡，上面这样写着："深深感谢老师《社会主义的过去、现在和未来》一书的启蒙，对毕业论文的指导及以后不断的奖掖和帮助。借此机会衷心祝愿老师节日愉快，身体健康。"本来北京出版社还要我修订再版此书，后因世界社会主义形势大变化未能如愿。

　　1982年春，中国社会科学院马列研究所一位研究员约请我为他招收的两名科学社会主义专业博士研究生郭树清（现为中共十八届中央委员会委员、曾任山东省省长，现任银监会主席）和王逸舟（现为北京大学国际关系学院副院长，曾任中国社会科学院世界经济与政治研究所副所长），主讲"社会主义思想史"课程。还有几位其他研究所的研究生也来旁听。我每周讲一次，从1516年乌托邦社会主义创始人莫尔讲起。我把社会主义思想史分为四大部分，即空想社会主义史、科学社会主义史、各种社会主义流派史和中国社会主义思想史。重点讲空想社会主义史3个时期。有了这次教学实践，我就想主编一本《社会主义思想史》，为这个新兴学科助力。当时我们科学社会主义系副主任黄达强尚未评上高级职称，我想为他提升教授创造条件，就与他共同主编此书。1982年7月1日，我拟就了全书分为4编12章50节的编写大纲，经他稍做修改后约请15位教师和研究生分工写作。1985年秋后，我们一起统修。我另写了长篇导论，说明社会主义思想史的研究对象、学科性质和体系结构，评析了中外学者关于社会主义思想起点的8种不同看法后，我指出：把1516年莫尔的《乌托邦》"看作社会主义的起源是正确的"。导论中把空想社会主义作为社会主义思想的低级形态，把科学社会主义作为社会主义思想的高级形态。全书以人物为中心论述了社会主义思想演进的历程和规律，共写了 50 多位人物的思想。

1986 年 3 月，学校决定出版"中国人民大学丛书"，把我校教授的优秀科研成果推向社会。7 月成立"中国人民大学丛书"编委会，我是编委之一。正好把我领衔主编的《社会主义思想史》作为丛书之一，于 1987 年 9 月由中国人民大学出版社分上下两册出版，全书共约 75 万字，1995 年 12 月 15 日荣获国家教委颁发的人文社会科学优秀著作二等奖。

1983 年，校领导要我们系开讲"当代世界社会主义"新课，增设当代社会主义教研室，经校人事处审批，把我从国际共运教研室副主任调任为当代世界社会主义教研室主任。1985 年又任命我为中国人民大学国际政治和国际共运研究所所长（1988 年后改为国际事务研究所）。我在主讲当代世界社会主义新课时又联合教研室张泽森、牛景敏、齐昭山 3 位教师合著《当代世界社会主义概论》一书，由我负责主编，大家按照我设计的把当代世界社会主义划分为三大家、三中家和三小家的大纲，分工合作，最后由我统修定稿，于 1986 年初先印出初稿征求意见，同年 7 月 7 日我们邀请多位专家提出意见后加以修订，《当代世界社会主义概论》于 1989 年 2 月由中国人民大学出版社出版。本书由于体系新、观点新、资料新，出版后广受读者欢迎。

1989～1991 年苏联东欧国家发生剧变后，出版社要求我们增补新内容。当时理论界有人大骂戈尔巴乔夫等人是"国际共产主义运动大叛徒"。我不同意这种肤浅、片面的观点。我在统修新书稿时对苏联东欧国家剧变的深层原因做了客观、公正、全面的分析。不料，人大出版社编审不同意我的观点，随后我把书名改为"当代世界社会主义新论"，改由云南人民出版社于 1998 年出版，到 2002 年 10 月又出版修订后的第 2 版，再度脱销后，于 2004 年 8 月又第 3 次印刷发行修订本。我在主讲"当代世界社会主义"新课中，除了主编《当代世界社会主义概论》和《当代世界社会主义新论》外，还领衔并联合教研室副主任张泽森和资料室主任曹德成共同主编《当代世界社会主义文献选编》，包括各国共产党以及一些社会党和第三世界社会主义政党的文献共 275 件，约 70 万字，由中国人民大学出版社于 1990 年 6 月出版。

1988 年初，国家教育委员会依据中共中央有关通知，规定要在全国高校硕士研究生中开设一门新课"科学社会主义的理论与实践",并且责成中国人民大学编写出教学大纲供全国使用。当时我们国际政治系的科学社会主义教研室的力量不够充足,于是学校和系领导决定把我所在的当代社会主义教研室合并到科学社会主义教研室,大家一致推举我为科学社会主义教研室主任。我因家住东城,如果担任行政领导职务要时常到西部校本部开会,实在不方便,所以坚决婉辞。但是编写《科学社会主义的理论与实践教学要点》的任务还是要我牵头完成。

1988年2~7月,国家教委政治思想教育司组织部分高校教师编写这门新课的教学要点。我精心设计了一个把科学社会主义与国际共运史、当代世界社会主义三者融合在一起的新体系,得到编写组同仁的赞许,大家又补充了一些好建议。最后由我统修定稿,教学要点得到国家教委政教司批准,印发全国高校试用。1988年秋后,我们教研室同仁即按这个教学要点向全校硕士生授课。在教学实践的基础上由我主编,并由邝文陵、向美清、洪肇龙、牛继升、张泽森5位同仁合编的一本《科学社会主义的理论与实践》新教材,由中国人民大学出版社于1990年7月出版,共约32万字。1993年4月,我们根据苏联东欧国家发生剧变的新情况,又对全书做了补充,扩充到约37万字,再出修订本。本书由于体系新、观点新、资料新,广受读者欢迎,并被多所高校作为教材使用,所以在近十年间多次重印,总印数近十万册。

1993年,学校又要科学社会主义教研室对全校本科生开设"建设有中国特色社会主义理论"新课。大家要我草拟一份包括章节结构的教学大纲。我以建设有中国特色社会主义旨在中国这样的东方大国探索不发达国家建设社会主义的特殊规律、实现社会主义思想的飞跃为主线,重点阐发这一理论形成的国内外历史条件,这一理论的精髓和依据,这一理论的主要内容及其与当代世界社会主义的关系,最后落脚到这一理论如何发展马克思主义、科学社会主义,如何推进世界社会主义。我设计了包括导论、终论以及5章24节的教学大纲。经大家肯定和补充后,由我和邝文陵、向美清、牛继升、张泽森5个人分工合作,最后由我统修定稿,1994年7月15日交中国人民大学出版社。由我主编的这本《建设有中国特色社会主义理论(教学纲要)》比之当时国内已出版的多种同类书,确有新体系、新内容、新观点,所以出版社于当年12月正式出版。本来我们还想在全校开讲这门新课一年后再进而合编一本新教材,但是1995年后这门课程学校改由中共党史系的教师主讲，所以我们没有再编写教材。

由上述可见，改革开放以来，我作为一名老教师，尽力尽责，勤于讲课，而且每讲一门课就形成一本专著或主编一本教材。1979年以来的10余年间，我在课堂记录基础上写成的专著有两本：《国际共产主义运动史略》（未出版）和《社会主义的过去、现在和未来》；我主编的教学纲要有3种：《国际共产主义运动史教学要点》、《科学社会主义的理论与实践教学要点》和《建设有中国特色社会主义理论（教学纲要）》；我主编的教材有7种：《国际共产主义运动史教本》《国际共产主义运动史概要》《国际共产主义运动通史教程》《社会主义思想史》《当代世界社会主义概论》《当代世界社会主义新论》《科学社会主义的理论与实践》。

第六件新事是连续指导、培养硕士研究生和博士研究生。我从1961年就开始招收硕士生，后来受"左"的路线干扰，不给硕士学位。1979年，科学社会主义系择优录取了倪力亚、李景治、赵树海、范建中、郭鑫泰、郎文斗6名国际共运史专业的硕士研究生。我与黄安淼、杨光远、杜康传4位教师给他们开讲国际共运史、马列主义经典著作选读等课程。我重点指导倪力亚、李景治，吸收他们参加我主编的《社会主义思想史》部分章节的编写工作，指导他们研究意大利共产党从葛兰西到陶里亚蒂和贝林格三代领导人对社会主义的探索。

我为李景治从俄文翻译的意共总书记陶里亚蒂遗书《雅尔达备忘录》做了校译，改正了一些不当之处，发表在《国际共运教研参考》1982年第2期。倪力亚从英文翻译的《意大利共产党1926年给苏共中央的信》，我也推荐发表在《国际共运教研参考》1981年第5期。他们在硕士学位论文的基础上合写一本《意大利共产党人对社会主义道路的探索》，约24万字，我为之写序并推荐给上海的学林出版社于1990年10月出版。我还指导过几个硕士研究生，其中南京师院送来在人大研究班学习的徐曜新写的硕士学位论文。随后他在硕士学位论文基础上写成《共产主义者同盟史研究》，于1990年由南京大学出版社出版。他在书的"后记"中写道："不能忘记的是我的硕士论文导师高放教授和我国知名的同盟史专家胡文建教授，对我的研究给予了经常的指导和帮助，他们不仅无私地向我提供珍贵史料，而且经常对我的论文提出指导意见。"徐曜新学习成绩优秀，本来我已经报请校领导同意，他可以免试硕博连读，即在取得硕士学位后可以不必再经过考试，连续由我指导攻读博士学位。后来由于南京师院工作需要，他取得硕士学位后即调回母校执教。1996年他又转去从政，先担任中共南京市委宣传部副部长，现任江苏省文化厅厅长。

我从1979年招收硕士生，到1981年被评定为全国首个国际共运史专业的博士生导师，真是具有传奇色彩。从我的亲身经历可知，1956年我国要按照苏联模式培养副博士，1961年我国又改变为按照英美模式培养硕士。这两次尝试都因受"左"的指导思想干扰而夭折。那时认为培养副博士或硕士是培养"精神贵族"，背离社会主义平等原则，所以都半途而废。1978年中共十一届三中全会后，党中央认识到不能把社会主义平等误解为知识平均主义，在落后国家建设社会主义尤须培养高级知识人才才能全面振兴社会主义。从1979年起，国家开始招收硕士研究生，到1981年开始要培养博士研究生。这在我国历史上是开天辟地的创举（新中国成立前在我国某些大学也只是培养过硕士生）。党中央和国家机关非常严肃、严格、严密地对待建立学位制度问题。1980年2月12日，第5届全国人大常委会第5次会议通过了《中华人民共和国学位条例》，把我国学位分为学士、硕士、博士。国务院成立学位委员会负责学位授予工作后，1981年2月24日，进而批准公布了《国务院学位委员会关于审定学位授予单位的原则和办法》，其中规定能够授予博士学位的单位、学科及其专业，主要着眼于全国重点高等学校和国务院有关部门主管的科研机构。

按照上述条例，1981年我国评定的第一批博士生导师的程序是"三关"评定。第一关是各重点高校和科研单位组成学术委员会，向学位委员会呈报本单位的博士生导师名单，各单位只能从教授或研究员中挑选出最有学术成就者；第二关，学位委员会按照理、工、医、农、文、史、哲、经、教、法十个学科聘请各学科的几位一流专家组成学科评议组，对各单位上报的博士生导师名单逐个进行评议、筛选；第三关，各学科评议组通过的博士生导师再由学位委员会审议、通过，上报国务院总理批准公布。按照这些规定，中国人民大学学术委员会通过上报我校第一批博士生导师共有哲学、政治经济学、中共党史、世界经济、行政学、统计学等8个学科的8位教授。我当时还只是副教授，所以上报名单中并没有国际共运史这个学科，并没有我。非常奇怪的是学科评议组居然一致同意把我评定为国际共运史学科的博导，并且通知人大领导立即把我评定为教授上报教育部批准（当时高校评定的教授必须经过教育部批准才算数）。可是中国人民大学领导认为人大1978年秋季才复校，百事待兴，还来不及评定新的教授，任何人都不能例外。然而学科评议组已把通过的第一批博导名单上报学位委员会，学位委员会也同意我虽然是副教授，但可以作为第一批博导。最后，国务院总理于 1981 年 11 月 3 日签发的我国第一批博导名单中，北京市高校文科的博导共有 24 人，其中只有我一个人是副教授。中国人民大学上报的 8 位博导全获通过，批准下来时意外地另加上我，共有 9 个。

为什么发生这种奇怪、奇特、奇异、奇妙的现象呢？好多熟人问我，我一时也弄不清其中奥秘。事隔一两年之后，我参加社会学术活动时，遇到于光远、雷洁琼，他们不约而同地告诉我：他们读过我 1979 年和 1980 年先后在中国人民大学科学讨论会上发表的两篇文章，一篇是《反对个人迷信是国际共运的优良传统》（其中谈到马克思、恩格斯和列宁都反对个人迷信，对领袖的个人迷信起源于斯大林时期，中国更有过之而无不及，所造成危害极大，应汲取历史教训，防止个人迷信），另一篇是《社会主义国家政体问题研究》（其中谈到社会主义国家政体是民主共和制而不是君主专制，斯大林带头实行的个人集权制、职务终身制和指定接班制这"三制"违背民主共和原则，带有浓厚的沙皇君主专制色彩，亟待改革）。于光远首先在学科评议组讨论中提出国际共运史这个学科很重要，要尽快培养博士生，高放新近发表的这两篇文章是总结国际共运历史经验，按照马克思主义理论推进改革的好文章，完全够国际共运史专业博导的水平。雷洁琼是著名社会学家，1973～1978 年我在北大国际政治系执教时，与她同在一座楼内，办公室相邻，几乎天天见面，我时常向她请教，非常熟悉。她也读过我这两篇文章，所以当即表示同意于光远的意见。随后学科评议组中柯柏年、吴文藻等也都认可，就这样破例通过了。

既然国家审批我为第一批博导，又是国际共运史专业的第一个博导，我就认真准备招收博士研究生。1982 年 8 月 17 日，教育部印发《关于招收博士学位研究生的暂行规定》，要求严格掌握标准，坚持质量第一，依据德智体全面发展原则择优录取，指明培养博士生是我国教育科学事业的一件大事，对培养我国现代化事业所需的高级科学人才、扭转"文化大革命"造成的学术领导力量青黄不接的局面将起积极作用。1982 年中国人民大学上报教育部的新一批教授名单于 1983 年 5 月得到教育部批准。这样我从 1984 年起就以教授名义招收博士研究生。从 1984 年至 1994 年这 11 年间，我总共招收 14 名博士研究生，到 1997 年我年满 70 周岁就主动光荣离休。我除了给博士生讲马列主义经典著作和一些国际共运史专题以及读书、治学方法外，主要指导他们撰写博士学位论文。这14位博士生的基本情况如下：

序号	姓名	毕业时间	博士学位论文题目	毕业后或现在工作单位
1	倪力亚	1987.6.30	现代资本主义社会的阶级结构问题	中共中央政治研究室
2	刘书林	1987.6.30	麦克唐纳的社会主义理论和实践	清华大学
3	肖庆平	1988.6.30	陵谷之变——战后美国共产主义运动历史述评（1945~1958）	美国加州大学
4	薛刚	1989.6.30	从多元主义到民主社会主义——拉斯基政治观研究	中国旅行总社
5	于洪君	1989.6.30	戈尔巴乔夫主义论析	中共中央对外联络部
6	张小劲	1989.6.30	社会党国际——变化中的组织、思想和政策（1944~1987）	清华大学政治学系
7	刘光慧	1991.6.30	勃列日涅夫执政年代	中共黑龙江省委宣传部
8	赵俊杰	1991.6.30	论德国的分裂与统一	中国社会科学院欧洲研究所
9	黄进	1992.6.30	从国际共运看罗斯福"新政"——试论资本主义需求积累模式的建构和作用	国务院对外贸易部
10	胡昊	1994.6.30	第二次世界大战前后的苏联外交与莫洛托夫	中共中央对外联络部
11	王友群	1994.6.30	九国共产党情报局研究	中共中央纪律检查委员会
12	薛晓岗	1995.6.30	新科技革命与当代共运	国务院国防部
13	刘通午	1996.6.30	列宁关于社会主义民主的理论与实践	天津人民银行
14	李国平	1997.6.30	西班牙战争及其国际地位	中央财经大学

从1990年起按照学校研究生院规定，我还提名本系洪肇龙教授作为我指导的博士生的副导师，协助我共同指导。上述14位博士生的学位论文选题，我都尊重他们独立自主的选题（他们有的是与其以前的硕士学位论文相连接），也有人依照我长期思考的问题和积累的资料选定题目（《列宁关于社会主义民主的理论与实践》、《西班牙战争及其国际地位》、《九国共产党情报局研究》）。以上这些选题涉及历史与当代，苏、美、英、德、西诸国。我在指导中深感力不从心，多有欠缺。好在他们刻苦努力，个个都优秀，取得博士学位。

以上14篇博士学位论文，倪力亚的《现代资本主义社会的阶级结构问题》和刘书林的《麦克唐纳的社会主义理论和实践》，由中国人民大学出版社于 1989 年 5 月纳入"中国人民大学博士文库"出版；刘光慧的《勃列日涅夫执政年代》由黑龙江教育出版社于 2010 年出版。这 3 本书我都写了序言，给予肯定评价。张小劲的《社会党国际——变化中的组织、思想和政策（1944～1987）》，由国家行政学院出版社于 2014 年 3 月出版。作者在后记中这样写道："谨向我当年的指导教授、我现在指导的博士生李岩，表示深深的感谢"，"现在的这本小书竟容纳了三代学者的共同努力"。在博士生学习期间，我还指导倪力亚、刘书林选编《中外名人论〈共产党宣言〉》，指导于洪君、薛刚编纂《〈共产党宣言〉辞典》，可惜至今未见出版。

此外，我在指导头两届博士生和一位进修班教师时，正值国内广大党政干部响应国务院总理号召，广泛阅读美国未来学家新出版的《第三次浪潮》这部新译为中文的名著。于是我紧跟形势，指导他们逐章逐节研读并评论这部有世界影响的新书，并且分工合著《评〈第三次浪潮〉》一书，由我负责统修定稿，由光明日报出版社于 1986 年 7 月出版。我们既肯定托夫勒此书的成就，又批评了书中的种种非马克思主义甚至反马克思主义的错误观点，还对中译本译文不当之处提出意见，并且把中译本有意编译的部分章节补译出来附在书后。此书当时在思想理论界起了引导大家如何正确对待西方思潮的积极作用，到 1988 年 11 月又第二次印刷。又写了重版跋语，说明我为什么要选择《第三次浪潮》一书与博士生共同研读并且加以评论，同时也回应此书初版问世后一些专家学者的反应。随后，我又指导肖庆平、张小劲、于洪君、薛刚四名博士生共同研讨，并且分工合写当时热门的社会主义民主和政治体制改革问题，遗憾的是这部书稿因形势变化，未能统修完稿，更无法出版。

1985 年 2 月国务院学位委员会召开第六次会议，选聘我校 9 位教授为相关学科评议组第二届成员，我是代表国际共运史学科被聘为学科评议组成员的，直到 1991 年才卸任换届。我在担任学科评议组成员期间，参与评定了第三批、第四批博士生导师，争取通过了我校许征帆、黄安森，北大的张汉清、曹长盛，华东师大的姜琦，华中师大杨宏禹，中共中央党校赵曜的评定。到 1990 年代中期以后，凡是有博士点的单位可自行评定博导。这样，我们国际共运史学科和科学社会主义学科博导的队伍就进一步壮大了。

还有一件事要提到。1980 年代我在指导博士生的过程中，还与我 60 年代指导的研究生高敬增合作完成了两本专著，即《普列汉诺夫评传》、《普列汉诺夫年谱》。如前所述，1961～1965年高敬增在我校当研究生期间，我曾指导他撰写《普列汉诺夫在俄国1905年革命时期是怎样背叛无产阶级革命学说的》一文。从1979年春天起我们合著上述二书。《普列汉诺夫评传》一书约60万字，中国人民大学出版社1985年6月出版，《普列汉诺夫年谱》近16万字，也是人大出版社1986年10月出版。据我所知，苏联和当今俄罗斯也未出版有关普列汉诺夫这样厚重的传记和年谱。前几年俄罗斯有关学者来华访问时，还托人向我要这两本书。这也算是我们师生合作的科研成果。

　　第七件新事是我负责主编中国国际共运史学会等主办的刊物《国际共产主义运动》季刊7年之久。从1980年11月起，北京市国际共运史学会、北京市国际共运史协会和中国人民大学科学社会主义系几位教师负责编印，到1981年12月，出版过5期。到1981年12月中国国际共运史学会筹备委员会成立后就进一步使这个刊物成为中国国际共运史学会和原来三个单位合办的刊物。学会秘书长校纪英同我是1950年起就在人大马列主义基础教研室长期共事的老战友，他对我的历史十分了解。我早在1944年福州英华中学上高中一年级时就创办过《成渊通讯》，1945年创办《英华消息》，1946年上北京大学时又创办过《十二月》壁报，1948年在解放区华北大学参与编辑《华大青年》，1956年任人大历史系工会学习委员时又创办过《社会主义科学简讯（文摘）》。正是他推荐由我从1982年开始主编中国国际共运史学会会刊。我对创办刊物是有些经验和浓厚兴趣的。所以我乐意在教研工作十分繁重的条件下主编全国学会的会刊。要在业余时间办好这个刊物，一定要靠同行同仁集体力量，通力合作。我立即决定约请我校洪肇龙和北京第二外国语学院王兴斌为杂志副主编，同时在全国开设国际共运史课程的高校教师中聘请特约通讯员，为我们刊物时常供稿并报道各校各地国际共运史学会活动和教学中提出的问题，以使在刊物上展开讨论和争鸣。刊物决定在北京第二外国语学院印刷厂印刷并组织发行工作，具体事务由王兴斌副主编负责。

　　我担任主编后，首先拜访中共中央对外联络部研究室主任李骥，他是我1948年上半年在晋冀鲁豫解放区北方大学的同学，又是现任中国国际共运史学会副会长之一，要他请中联部副部长李一氓为刊物题名，并且要他为刊物赐稿并约请中联部其他有关同志赐稿。后来李骥本人和曾任中联部副部长又是我们学会顾问的叶蠖生老同志就给我们刊物写过多篇重要文稿。

这本会刊在七年之中曾经两次改名。1982 年我开始主编时沿用原来刊名《国际共运教研参考》，1983 年就改名为《国际共运》，我另请中共中央原中宣部部长陆定一老革命家为刊物题写刊名。为什么要改变刊名呢？我在 1983 年第 1 期中以本刊编辑部名义特别发表声明：由于 1982 年中共十二大提出了开创我国社会主义现代化建设的伟大纲领和我党在国际共运活动中的原则（即党与党之间关系的四大原则），"新的历史任务需要国际共运史的教学与研究工作开创一个新局面"，即"面向我国社会主义现代化建设的实际，面向当代国际共运在各党独立自主原则下蓬勃发展的实际，深入系统地开展工作。当前尤其要加强对国际共运现状的研究，加强对社会主义各国现状的研究，加强对当代各种社会主义流派的研究"，改变刊名是"为了使本刊适合广大干部理论学习的需要，使刊物不仅具有专业性，而且带有群众性，为广大关心国际共运发展的同志提供新的资料和动态。作者和各地特约通讯员来稿时也请注意本刊要求的变化。我们将努力把本刊办成全国国际共运史教研工作者和爱好者探讨问题、交流成果和互通情报的学术园地"。同时本刊从 1983 年起成立一个出版委员会，由 4 个主办单位和编辑部 3 位主编和副主编组成，编辑部还聘请北大黄宗良、北师大张伟垣和人大李景治 3 人为特约编辑，其中北大黄宗良负责编辑学术动态专栏。总之，编辑部的队伍大为加强，大家都自觉自愿地为办好学会的刊物而尽义务。

到 1987 年，《国际共运》改名为《国际共产主义运动》，原因是《国际共运》这个名称在社会上和邮寄中容易引起误会，人们误以为这是研究国际共同运输或共同运动的。我又另请老革命家为刊物新名称题字，同时从 1987 年起又进一步加强了编辑出版工作。主办单位增加了中国社科院马列主义毛泽东思想研究所，而且编辑部原设在中国人民大学国际政治系，从 1987 年起改为设在社科院马列所，由马列所的杨双同志作为常委编委，发行也由第二外国语学院改为马列所。编委会编委又增加了杨双、孟全生、黄宗良、张中云、张泽森、许可成、周肖文。应该说，刊物越办越生动活泼，来稿和订户也越来越多，最多时每期发行 2000 册。刊物除了发布学会活动外，分设重要论文和重点文章、学术研讨与争鸣、文献资料、书讯与书评、学术通讯、读者信箱、文海拾贝等众多栏目。作为刊物主编，我对每期组稿、编稿和最后定稿都尽力关注。1985 年 2 月 16 日，国务院学位委员会选聘我为第二届学科评议组成员后，学校为我安装了座机，这样就便于我时常与诸位编委沟通如何编好每一期刊物。

　　然而好景不长，正当国际共运史专业到 1980 年代末达到繁荣高峰时，1988 年教育部为适应对外开放需要，决定把高校的国际共运史课程改为当代世界经济与政治。这样，高校国际共运史的教师大多改行去教新课，本刊订户急剧下降，所以只好停刊。编辑部在《国际共产主义运动》1988 年第 6 期即最后一期刊登《鸣谢》启事："为了集中力量办好专业刊物，本刊从明年起与中共中央马列编译局主办的《国际共运史研究》合并，竭诚欢迎广大读者继续赐稿、订阅。我们谨向八年来热诚爱护和支持本刊的广大作者、读者致以深切的谢意！"我还把 8 年的刊物精装为 4 大本，后 3 本还加印上"高放主编收藏"字样，留作纪念。有时我还查阅这些旧刊寻找有用资料。我在教研工作十分繁重的情况下，尽心尽力主编这个刊物 7 年，为推进国际共运史学科发展是尽了绵力。可能是我为主编会刊出过力，1995 年中国国际共运史学会在郑州开年会举行第四届理事会换届选举时，我在连任 3 届第一常务理事之后，还被推举为副会长。老骥驽马，自当奋蹄效力。

　　第八件新事是 1984～1995 年担任北京市国际共运史学会两届会长。北京市国际共运史学会早在 1980 年初就建立，大家推举中国人民大学校长成仿吾为会长。由于他肩负我校校长兼党委书记的重任，主要工作由副会长张汉清、我和秘书长校纪英负责。4 年间，我为召开学会一年一度的年会和创办《国际共运教研参考》出过力。到 1984 年 2 月学会举行年会，进行理事会换届改造时，大家把我推举为会长，而且是连任两届会长，到 1995 年 1 月我才卸任。

　　我担任第二届会长时，副会长是张汉清、李宗禹，秘书长是曹长盛，我担任第三届会长时，副会长是曹长盛、宋洪训，秘书长是张伟垣。我担任会长的 11 年间，依靠副会长和秘书长以及全体理事的鼎力相助，在北京市社会科学界联合会的领导下，为开展学会工作尽心尽力。主要从事下列几项活动。

　　第一，举办各种类型的学术讨论会和报告会。例如，在 1984 年的年会上我专门介绍了国家社会科学基金资助的 4 卷本《国际共产主义运动史》重点工程进展的情况，说明了我对编纂这部厚重专著的十点设想。同年 9 月 19～20 日，我主持召开了北京市国际共运史学会与北京市历史学会联合举办的纪念第一国际成立 120 周年盛大学术研讨会；随后 9 月 28 日北京市国际共运史学会又举办纪念第一国际成立 120 周年和中华人民共和国成立 35

周年学术报告会，中央编译局张文焕报告《关于第一国际研究的若干问题》。我在会上做了《国际共运史研究迎来了科学的春天》的专题报告。我把新中国成立以来国际共运史的研究划分为四个阶段，即1949~1956年的初步研究，1956~1966年开始形成独立学科，1966~1978年国际共运史研究被极大歪曲，1978年以来国际共运史研究真正迎来了科学的春天。

第二，举办各种类型的研讨班和讲习班。例如，1985年7月学会在中共中央党校举办"战后国际共产主义运动和工人运动"研讨班，全国各地与会者有150多人。这次研讨会发挥北京优势，约请中共中央对外联络部、中华全国总工会、中国社会科学院、新华社等中央单位的专家主讲各有关专题。我在会上首次讲《战后国际共运的曲折发展及其提出的若干重大问题》，讲了个人崇拜、个人集权、世界革命中心转移和党与党之间关系四个重大问题。1987年8月2~11日，北京市国际共运史学会又在中共中央党校举办"当代世界经济政治和国际工会与共运"研讨会，全国除台湾以外的各省区市的国际共运史学者有近250人与会。同样请中央各有关单位专家做专题讲演。我首先在会上讲的主题为"当代世界经济政治和国际工会与共运"。我讲了当代世界经济政治发展的新特点和当代工运共运面临的新形势和新问题。此外，北京市国际共运史学会还与江苏连云港教育学院联合举办过"世界近代史和国际共运史"讲习班，使广大青年学生对世界近代史和国际共运史上的最重大事件及其经验教训有所了解。

第三，及时编辑出版文集，供全国国际共运史教师使用。例如，1985年7月的研讨会刚结束，9月就印出《战后国际共产主义运动和工人运动论丛》，收入研讨会上的15篇讲话稿，近30万字，内部发行，只收成本费3元，寄往全国各地。1988年8月举办的研讨班结束后，10月就编印出《当代世界经济政治与国际共运工运论丛》一书，收入国务院国际问题研究中心总干事宦乡的《我们的时代》等12篇讲演。全书约25万字，也是内部发行，只收成本费3.2元，寄到全国28个省区市。1985年和1988年出版的这两本论丛，被全国各地国际共运史教师称为"及时雨"。

第四，重视培养新一代青年学者。1988年5月20日，学会举办"青年国际共产主义运动史论文演讲比赛"，共收到论文15篇，每个人按其论文要点发表不超过15分钟的讲演。学会组成了11个人的评委会，大家一定要我担任评委会主任，国家教委政教司司长李正文等4人担任副主任。当场我们评选出9篇获奖论文和演讲，分为一、二、三、四等奖。随后我还精选了

3 篇在《国际共产主义运动》1988 年第 4 期上发表，即北师大马列所向太胜的《重评"工人反对派"》、中国人民大学国际政治系陈邦来的《试论苏俄实行租让制的意义》、王凤鸣的《对国际共运史研究的几点思考》。这次论文讲演比赛给青年学者以很大鼓舞。

　　第五，重视地区间的协作。例如，1992 年 6 月在北京召开华北地区国际共运史学会联席会议，我亲自出席讲话，与大家共同讨论苏联东欧国家剧变后国际共运的新形势和我们国际共运史学者要如何坚定信念，认真总结历史经验教训，既要纠"左"，又要防右，重新推进国际共运史的研究。联席会议上还交流了学会工作的经验，研讨了在新形势下如何加强地区间的协作。北京市社会科学界联合会专职秘书常润华于 2007 年 9 月 1 日中国人民大学国际政治系举办"高放教授八十华诞学术研讨会"时，专门送来他撰写的《高放与北京市国际共运史学会》一文。他在文中说："在高放教授八十华诞之际，不会忘记他对北京市国际共产主义运动史学会在组织和团结国际共产主义教学和研究方面的力量，对开展国际共运历史和现状研究诸多方面给予学会的支持和帮助。""十余年间学会在高放同志的关怀和支持下，开展了多种形式的活动，取得的成绩是多方面的，受到学会会员的好评，也得到北京市社科联领导的肯定。""总之，北京市国际共运史学会在高放同志任会长的第二、第三届理事长期间，由于全体理事的共同努力，学会在各方面都取得很好的成绩。"① 这是对我的过奖和鞭策。（未完待续）

---

① 中国人民大学国际关系学院编《高放学术思想评论集》，黑龙江人民出版社，2007，第 198 ～ 199 页。

在理性与文化之间[*]

——政治社会化过程与当代中国公众民主观念的形成

王　衡[**]

摘　要　关于当代中国公众民主观念的成因，目前学术界存在理性主义与文化主义两条大相径庭的解释路径。前者采取"增量"视角，强调作为观念变迁动力机制的现代化的重要性；后者采取"存量"视角，聚焦政治文化延续性对于观念的制约功能。长期以来，泾渭分明的"理性—文化"二分法带来了研究路径的分野，但事实上经济增长、社会变迁、政治发展所代表的"理性增量"与传统政治文化所代表的"文化存量"共同构成了当代中国公众民主观念生成和演变的宏观结构，问题的关键在于寻找其背后的中观机制。本文认为，理性与文化因素均需借助社会学习、政治传播等政治社会化机制才能对公众施加影响，因此以学校教育和大众媒介为核心的政治社会化过程至关重要。对人教版第十一套中小学政治教科书和2002～2014年《人民日报》的分析表明，当代中国政治社会化过程中"理性增量"和"文化存量"并存，两者的相互对冲塑造着转型期政治文化的基本面貌，当代中国公众民主观念的形成归根结底是一种介于"理性与文化之间"的发生学。

关键词　民主观念　现代化　政治文化　政治社会化

---

* 本文以笔者的北京大学博士学位论文《转型期中国公众的民主观念——基于全国代表性样本的实证分析（2002～2014）》（导师：沈明明教授；答辩日期：2016年6月）部分章节为基础增补而成，系中国人民大学科学研究基金（中央高校基本科研业务费专项资金资助）项目成果（项目批准号：17XNF019）。

** 中国人民大学马克思主义学院讲师。

一　问题的提出

民主是社会主义核心价值体系的重要组成部分，发展更加广泛、充分和健全的人民民主是我国政治发展的必然战略选择。值得注意的是，民主的有效运转不仅需要构建一套科学、合理与完善的制度体系，还需要培育与之相配套、相适应的价值观念。如果把前者比喻为民主政治的"硬件"基础设施，那么后者则是驱动硬件有效运转的"软件"。作为民主政治的民意基础，公众对民主的认知、理解与诉求关系到中国特色社会主义民主政治建设的目标、定位与方向。由此可见，对公众民主观念的考察具有重要理论价值与现实意义。

目前，学术界已有不少实证研究揭示了当代中国公众的民主观念鲜明的国别特点与时代特征。比如，在内容结构（content structure）方面，有学者指出当代中国公众的民主观念呈现出"多维与复合"的特点，即公众对民主内涵的理解是丰富的、多维的、复杂化的，其中既包含竞争性选举、政治自由、政治权利等"程序"（procedural）维度的内容，[①] 也包含经济保障、社会平等、政治秩序等"实质"（substantial）维度的内容，[②] 两者参差交错、相伴相生，呈现复合形态，这与西方国家普遍流行的自由民主观念有所区别；[③] 在变化趋势（changing trend）方面，一些研究指出当代中国公众民主观念既呈现出"实质内容与程序内容此消彼长"的嬗递性，[④] 同时也

[①] Michael Bratton, Robert Mattes, "Support for Democracy in Africa: Intrinsic or Instrumental?," *British Journal of Political Science*, 31 (3), 2001, pp. 447 – 474; Christian Welzel, "The Asian Values Thesis Revisited: Evidence From the World Value Survey," *Japanese Journal of Political Science*, 12 (1), 2011, pp. 1 – 31; Richard Rose, William Mishler and Christian Haerpfer, *Democracy and its Alternatives: Understanding Post-Communist Societies*. Baltimore: Johns Hopkins University Press.

[②] Andrew J. Nathan and Tianjian Shi, "Cultural Requisites for Democracy in China: Findings from a Survey," *China in Transformation*, 122 (2), 1998, pp. 95 – 123; Yutzung Chang, Yunhan Chu, Frank Tsai, "Confucianism and Democratic Values in Three Chinese Societies," *Issues and Studies*, 41 (4), 2005, pp. 1 – 33; Yunhan Chu, Minhua Huang, and Jie Lu, "Understanding of Democracy in East Asian Societies," *Asian Barometer Working Paper Series*, 2013.

[③] 张明澍：《中国人想要什么样的民主：中国"政治人"》，社会科学文献出版社，2013，第 295 ~ 296 页。

[④] 肖唐镖等：《农民政治价值观的变迁及其影响因素：五省（市）60 村的跟踪研究（1999 ~ 2011）》，《华中师范大学学报》（人文社会科学版）2014 年第 1 期；池上新：《市场化、政治价值观与中国居民的政府信任》，《社会》2015 年第 2 期；赵孟营等：《现代公民意识的觉醒：北京市公民的政治价值观报告》，《中国特色社会主义研究》2009 年第 2 期。

呈现出"实质取向始终占据主导地位"的传承性,[①] 这与经典现代化理论"从传统到现代"的文化变迁观点存在出入;在社会分布(social distribution)方面,大量研究表明当代中国公众民主观念基于个体的性别、年龄、世代、阶层、职业、城乡、教育、政治面貌、地域等身份差异分化为形形色色的"亚类型",[②] 从而挑战了政治文化研究中流行的"同质性"假定。

　　仔细分析不难发现,上述研究均聚焦事实层面的问题,试图通过描述性研究(descriptive research)勾勒当代中国公众民主观念的基本面貌,厘清"当我们谈论民主时,我们在谈论什么"的问题。然而,对中国公众民主观念的完整把握不仅需要解决"是什么"的事实层面问题,还必须涉及"为什么"的因果层面问题,后者属于解释性研究(explanatory research)的范畴。换言之,研究者在对当代中国公众民主观念形成轮廓式、素描式、全景式的基本认识之后,需要继续探寻其背后的形成机制。那么,作为因变量的中国公众民主观念受到哪些因素的影响?具体而言,究竟哪些因素决定着当代中国公众民主观念的基本特征?哪些因素导致了公众民主观念的个体间差异?哪些因素带来了公众民主观念的历时性变化?要回答这些问题,显然不能仅仅依靠书斋里的想象和阐释,而要在理论建构的基础上,运用科学的社会研究方法,在严谨的实证研究中揭示答案。

---

① 李路路、钟智锋:《分化的后权威主义:转型期中国社会的政治价值观及其变迁分析》,《开放时代》,2015 年第 2 期;Tianjiam Shi, *The Cultural Logic of Politics in Mainland China and Taiwan*. New York: Cambridge University Press, 2015。

② 比如对中产阶级的研究参见 Jie Chen, *A Middle Class Without Democracy: Economic Growth and the Prospects for Democratization in China*. New York: Oxford University Press;卢春龙《中国新兴中产阶级的政治态度与行为》,知识产权出版社,2011。对大学生群体的研究参见马岭《当代大学生民主观念之透视——一次关于民主的"模拟实验"》,《中国青年政治学院学报》2002 年第 1 期;吴鲁平《我国大学生对民主看法的研究:对北京市 1295 名大学生的调查分析》,《中国青年政治学院学报》2013 年第 1 期。对农民群体的研究参见郭正林《当代中国农民政治态度的定量研究》,《学术研究》2005 年第 5 期;Yang Zhong, *Political Culture and Participation in Rural China*. New York: Routledge, 2012。对城市居民的研究参见孙龙《公民参与:北京城市居民态度与行为实证研究》,中国社会科学出版社,2011;马丹、袁浩《城市居民的政治信任、民主观念与政治绩效:一项基于社会的因果模型分析》,《社会学》2011 年第 4 期。对"80 后"、"千禧世代"等政治世代的研究参见范雷《80 后的政治态度:目前中国人政治态度的代际比较》,《江苏社会科学》2012 年第 3 期;Yun-han Chu and Bridget Welsh, "Millennials and East Asia's Democratic Future," *Journal of Democracy*, 26 (2), pp. 151 – 164。

二 宏观结构：理性增量与文化存量

在公众民主观念的成因问题上，目前已有的学术研究可以归纳为理性主义（rationalism）与文化主义（culturalism）两条大相径庭的解释路径。

理性主义路径依托现代化（modernization）理论范式，它将人类社会发展视为全方位变迁过程，包括从传统经济向以工业化、市场化、专业化为主要特征的现代经济，从传统社会向以城市化、流动化、平等化为主要特征的现代社会，从传统政治向以民主化、法治化、制度化为主要特征的现代政治，以及从传统文化向以世俗化、理性化、自由化为主要特征的现代文化的变迁。[①] 因此，从理性主义的观点来看，经济领域、社会领域和政治领域的现代化对文化领域的民主观念具有线性的、不可逆转的支配性影响。

首先，理性主义认为经济现代化奠定着民主观念生成与演变的物质基础。在理性主义者看来，离开了经济基础，民主观念会成为"无源之水"、"无本之木"，不可能生成和存续。李普塞特曾通过对欧洲和拉丁美洲的比较，指出一个国家的经济发展水平与民主密切相关，经济发展水平越高的社会不仅实现民主转型（democratic transition）的概率更高，而且民主观念

---

① 20 世纪五六十年代见证了经典现代化理论的"黄金时代"，代表性研究包括勒纳的《传统社会的消逝：中东现代化》、帕森斯的《现代社会的结构和过程》、罗斯托的《经济成长的阶段：非共产主义宣言》、阿尔蒙德和科尔曼的《发展中地区的政治》、英克尔斯的《人的现代化》、阿普特的《现代化的政治》、列维的《现代化和社会结构》、布莱克的《现代化的动力：比较历史研究》、埃森斯塔特的《现代化：抗拒与变迁》以及亨廷顿的《变化社会中的政治秩序》。参见 Danniel Lerner, *The Passing of Traditional Society：Modernizing the Middle East.* New York：Free Press, 1958；Talcott Parsons and I. Jones, *Structure and Process in Modern Societies.* New York：Free Press, 1960；Walt Whitman Rostow, *The Stages of Growth：A Non-communist Manifesto.* Cambridge University Press, 1960；Gabriel A. Almond, and James S. Coleman, *The Politics of the Developing Areas.* Princeton：Princeton University Press, 1960；Alex Inkeles, *The Modernization of Man：Center for International Affairs.* Harvard University, 1966；David Ernest Apter, *The Politics of Modernization.* Chicago：University of Chicago Press, 1967；Marion Joseph Levy, *Modernization and the Structure of Societies.* Princeton：Princeton University Press, 1966；Cyril Edwin Black, *The Dynamics of Modernization：A Study in Comparative History.* New York：Harper & Row, 1967；Eisenstadt, Shmuel Noah, *Modernization：Protest and Change.* Englewood Cliffs：Prentice-Hall, 1966；Samuel P. Huntington, *Political Order in Changing Societies.* New Haven：Yale University Press, 1968。

更有可能深入人心，从而更容易实现民主巩固（democratic consolidation）。[1]
"李普塞特命题"一经提出便受到了许多研究者的追捧，[2] 循着"经济现代化带来民主"的理论逻辑，一个必然的推论是：民主观念也会随着经济现代化程度的消长而演变。在《寂静的革命：变化中的西方公众价值和政治方式》《发达工业社会的文化转型》《现代化与后现代化：43个国家的文化、经济与政治变迁》《现代化、文化变迁与民主：人类发展时序》等一系列著作中，英格尔哈特等学者揭示了工业化、经济发展是如何导致文化转型的。[3] 在他们看来，经济增长带来的物质富足为人类文化实现由"物质主义价值观"向"后物质主义价值观"，由"生存价值"（survival values）向"自我表达价值"（self-expression values）、"解放价值"（emancipative values）的转型奠定了物质基础，而文化的转型则构成了"现代"民主观念的心理条件。此外，经济发展往往带来中产阶级的扩大和教育水平的提高，社会中涌现出更多具备独立思想和权利意识的"批判性公民"（critical citizens），他们对政府往往持批判和怀疑立场，重视民主制度对个人自由及政治权利的保障功能。[4] 总之，理性主义将经济现代化视为公众民主观念的物质基础，对后者而言具有本源性、决定性。

其次，理性主义认为社会现代化塑造着民主观念生成与演变的利益结构。现代化进程中社会结构的变迁、社会利益调整必然反映到人们的观念之中。帕森斯指出，现代社会与传统社会在特殊性与普遍性、广泛性与专一性、先赋性与自致性、情感性与感情中立性、集体倾向性与自我倾向性等五组"模

① S. M. Lipset, "Some Social Requisites of Democracy: Economic Development and Political Legitimacy," *American Political Science Review*, No. 53, pp. 69 – 105.

② 参见 Robert W. Jackman, "On the Relation of Economic Development to Democratic Performance," *American Journal of Political Science*, 17 (3), 1973, pp. 611 – 621; Kenneth A. Bollen, "Political Democracy and the Timing of Development," *American Sociological Review*, 44 (4), 1979, pp. 572 – 587; Robert J. Barro, "Determinants of Democracy," *Journal of Political Economy*, 107 (6), 1999, pp. 158 – 183。

③ Ronald Ingerlhart, *The Silent Revolution: Changing Values and Political Styles among Western Publics*. Princeton: Princeton University Press, 1977; Ronald Ingerlhart, *Culture Shift in Advanced Industrial Society*. Princeton: Princeton University Press, 1990; Ronald Ingerlhart, *Modernization and Postmodernization*. Princeton: Princeton University Press, 1997; Ronald Inglehart and Christian Welzel, *Modernization, Cultural Change, and Democracy: The Human Development Sequence*. Cambridge: Cambridge University Press, 2005.

④ Pippa Norris, ed., *Critical Citizens: Global Support for Democratic Government*, Oxford: Oxford University Press, 1999.

式变项"（pattern variables）上具有显著区别，现代社会人们的价值取向是普遍性、专一性、自致性、感情中立性和自我倾向性的组合。① 在具体机制上，理性主义认为经济现代化通过改变国家 – 社会关系、社会阶级关系等方式调整社会利益结构，进而影响人们的民主观念。国家 – 社会关系方面，社会现代化理论强调"公民社会"（civil society）的发育对于民主观念的影响，尤其是社团、非政府组织、社区组织、专业协会构成公众民主观念得以生根发芽的社会土壤；② 在阶级关系方面，鲁施迈耶等学者指出，利益决定着人们对民主的态度，在民主化过程中受益的阶级将成为民主的推动者和捍卫者，利益受损的阶级则会反对民主。③

最后，理性主义认为政治现代化构成了民主观念生成和演变的制度空间。在理性主义者看来，民主观念与一般社会观念的最大区别在于其政治属性，既然民主本身是政治现代化所追求的重要目标，那么公众民主观念的生成和演变自然离不开政治现代化所释放的制度空间。阿尔蒙德等学者强调政治结构分化的重要性，认为政治权力分散化、部门分工精细化以及政治子系统自主性的增加都会促进政治文化朝向理性化发展；④ 艾森斯塔特将政治现代化归纳为国家最高权力的合法性从神的庇护逐渐向世俗力量转变、政治权力由少数人控制不断向广大的社会集团扩散、政治领域的扩大以及政治决策对象和政策受益者覆盖全体公民；⑤ 亨廷顿指出权威的理性化、政治功能专门化和社会各阶层广泛的政治参与是政治现代化的基本要素，以适应性、复杂性、自主性和凝聚性为衡量标准的政治制度化（political institutionalization）对于政治发展具有的关键意义。⑥ 总之，理性主义认为政治现代化不仅塑造着公众政治参与的场所和方式，同时也影响着公众对政治体系的认知和态度，从而构造着公众民主观念生成和演变的制度空间。

---

① Talcott Parsons, *Essays in Sociological Theory*. New York：The Free Press，1964.

② A. Hadenius and F. Uggla, "Making Civil Society Work, Promoting Democratic Development：What can States and Donors do?" *World Development*，24（10），1996，pp. 1621 – 1639.

③ Dietrich Rueschemeyer, Evelyne Huber Stephens, and John D. Stephens, *Capitalist Development and Democracy*. Cambridge：Cambeidge University Press，1992.

④ Gabriel A. Almond, and James S. Coleman, *The Politics of the Developing Areas*. Princeton：Princeton University Press，1960.

⑤ Shmuel Noah Eisenstadt, *Modernization：Protest and Change*. Englewood Cliffs：Prentice-Hall，1996.

⑥ Samuel P. Huntington, *Political Order in Changing Societies*. New Haven：Yale University Press，1968.

　　与理性主义对现代化因素的强调不同，文化主义路径重视政治文化对公众民主观念的结构性制约。在文化主义的倡导者看来，政治文化是寻找政治因果关系时必须考虑的解释变量，是公众民主观念的决定性因素。作为政治学最富实践意义、研究成果最丰富的分支学科之一，政治文化研究源远流长，从亚里士多德、孟德斯鸠、托克维尔到拉斯韦尔，政治文化始终是政治学研究的核心议题。在政治文化研究谱系的演变过程中，形成了阐释主义和实证主义两大研究范式和法国社会学、德国文化哲学、美国政治科学等三大理论流派。法国社会学流派强调从社会宏观背景的差异去理解各国政治文化的差异，进而理解各国政治制度的差异；德国文化哲学流派则强调政治文化是一个国家历史、文化象征、图腾长期积累的产物，政治文化研究的任务在于理解特定国家政治文化的历史由来；美国的政治科学流派则强调以政治心理、政治观念的调查为基础对各国政治文化进行精确、科学的测量，这也是当代政治文化研究的主流谱系。[①] 20 世纪 60、70年代，政治文化研究曾受到来自马克思主义和行为主义革命两方面的批评和挑战，并一度被边缘化：一方面，左翼学者认为文化视角具有保守性、静止性，政治文化研究本身存在文化偏见和文化决定主义倾向；另一方面，行为主义认为政治文化是"残余变量"（residual virable），只能为现代化、理性选择等"主流理论"所不能解释的部分内容提供注解，它本身并不具有单独的解释力。到了 20 世纪 80 年代，由于西方物质主义和个人主义政治学的衰退以及社会学、文学评论和历史学等学科在文化研究方面的新进展，政治文化再次成为政治科学研究的重要议题，[②] 政治文化决定政治主体的行为准则和支配其政治活动的功能受到了重新重视和挖掘，理解政治文化对于理解正式制度框架下的政治行为以及特定国家的政治发展模式被认为具有不可替代的价值，尤其在民主研究上，政治文化与经济发展、公民社会、国际环境、政治精英、利益博弈、策略选择等因素共同构成了民主化的重要解释变量，政治文化研究迎来了强势"复兴"。[③]

　　对于中国政治研究来说，文化主义视角具有更加独特的意义。作为世

---

① 〔美〕迈克尔·布林特：《政治文化的谱系》，卢春龙等译，社会科学文献出版社，2013，第 3~9 页。

② 徐湘林：《把政治文化找回来："公民文化"的理论与经验反思》，《政治学研究》2012 年第 1 期。

③ Ronald Inglehart, "The Renaissance of Political Culture," *American Political Science Review*, 82 (4), 1988, pp. 1203 - 1230.

界上最古老、规模最大、延续时间最久的政治体系之一，中国有着悠久的政治文明，经过长期历史积淀形成的独特民族性格和政治文化是研究中国政治不容忽视的因素。不少学者认为，政治宽容、社会信任、对公共事务的参与意愿等公民文化是现代民主观念得以形成的心理基础，但这些恰恰是中国传统政治文化中所缺乏的内容。比如杜维明将儒家传统文化的核心特征概括为集体相对于个人的优先性、家庭本位、重视道德、追求和谐；[①]魏昂德认为中国传统政治文化的基本面向是以君臣、父子、夫妇、兄弟、朋友等五类社会关系作为社会基本架构的儒家思想，其核心特征包括"重视道德，不相信制度"、"强调秩序与和谐，反对混乱与竞争"、"强调群体利益、反对个人主义"、"推崇父权政治和家长统治，主张国家统治者像爱护子女一样爱护老百姓"，等等，[②] 这与现代民主观念存在巨大的张力；派伊在《中国政治的精神》一书中用文化分析的视角解释了中国近代以来民主化历程的悖论与困境，他认为建立在儒家信仰体系之上、基于儒家伦理规范衍生的中国传统政治文化具有强烈的道德主义特征，对集体利益、社会秩序的强调在一定程度上抑制了中国人对个体权利与自由的追求，也使中国人很难建立一套复杂的法律和制度；[③] 史天健尝试从文化规范的角度提出中国公众民主观念的广义理论，在《中国大陆和台湾政治的文化逻辑》一书中，他将政治文化操作化为"对权威的定位"和"对自我利益的定义"两个测量指标，发现"科层型权威定位"、"非自我中心型利益定义"的人将民主理解为提供物质利益的"好政府"，而"互惠型权威定位"、"自我中心型利益定义"的人更倾向于将民主的内容理解为自由、参与权、选举、权力制衡等政治程序。[④]

　　当然，与此同时也有一些文化主义的研究者认为，尽管中国传统政治文化与现代民主观念之间差别显著，但其实也存在贯通和融合的空间。比如美国学者狄百瑞以"社学"和"乡约"为例说明儒家在加强社群组织生活、建设齐心协力的信约制度方面做出的各种努力，他认为尽管儒家对价

---

① Weiming Tu, *Confucian Traditions in East Asian Modernity*. Cambridge：Harvard University Press，1996.

② Andrew Walder, *Communist Neo-traditionalism：Work and Authority in Chinese Industry*. Berkeley：University of California Press，1986.

③ Lucian W. Pye, *The Spirit of Chinese Politics*. Cambridge：Harvard University Press，1992.

④ Tianjiam Shi, *The Cultural Logic of Politics in Mainland China and Taiwan*. New York：Cambridge University Press，2015.

值的理解在某些方面不同于西方"自由至上"的个人概念，但儒学与人权并非水火不容，甚至"儒家本身就是一种无须受益于融汇外来文化的潮流和影响就可以产生维护人权的自由传统"。① 还有学者认为中国传统政治文化中的和谐理念、忧患意识、人格尊严、以民为本、求贤纳谏、义利之辩、政统与道统、道德契约、政治合法性、教化之道、孝亲伦理、官民合治、义务对等、修身自持、宽容仁智、以德治国、公利优先、公平正义等内容都蕴含穿越时空的永恒性价值，与现代民主的政治理念并不相互冲突，经过改造与转化后可以与现代民主观念相容。②

"冲突论"也好，"融合论"也罢，文化主义研究的基本共识在于承认传统政治文化对当代公众政治观念至深至远的影响。在文化主义者看来，即便经历了一系列旨在破除儒家社会等级思想的革命，当代中国的政治文化仍然经常反映儒家伦理文化的延续性。③ 鉴于此，只有对中国政治文化"存量"了然于胸，才能准确把握转型期中国社会文化心理、政治态度和价值观念，并找寻当代中国公众民主观念形成的文化逻辑、评估政治文化"存量"对当代中国公众民主观念的影响。

如果说理性主义秉持的是"增量"（increment）视角，那么文化主义秉持的则是"存量"（stock）视角。理性增量强调现代化水平在原有基础之上新的发展，文化存量则强调历史传承和文化遗产的重要性。在"理性－文化"二分法中秉持一端的学者看来，两条研究路径是泾渭分明的，横亘在研究路径之间的"楚河汉界"似乎不可逾越，但他们没有意识到，现实中理性因素与文化因素往往同时对公众民主观念发挥作用。比如，尽管文化主义路径强调传统的重要性，但它也承认政治文化的演进。有研究表明，理性主义路径所强调的现代化因素恰恰是导致政治文化变迁的关键动力。④从宏观结构来看，经济增长、社会变迁、政治发展所代表的"理性增量"与传统政治文化所代表的"文化存量"对于公众民主观念均具有一定程度

---

① 〔美〕狄百瑞：《亚洲价值与人权：儒家社群主义的视角》，尹钛译，社会科学文献出版社，2012，第150页。

② 江荣海主编《传统的拷问：中国传统政治文化的现代化研究》，北京大学出版社，2011，第9～16页。

③ 〔美〕唐文方：《中国民意与公民社会》，胡赣栋等译，中山大学出版社，2008，第2页。

④ 参见 Yutzung Chang, Yunhan Chu, Frank Tsai, "Confucianism and Democratic Values in Three Chinese Societies," *Issues and Studies*, 41（4），2005, pp. 1-33; Jie Lu, Tianjian Shi, "The Battle of Ideas and Discourses Before Democratic Transition: Different Democratic Conceptions in Authoritarian China," *International Political Science Review*, 36（1），2015, pp. 20-41。

的解释力，因此，对公众民主观念形成原因的科学解释不应该在理性主义路径与文化主义路径之间人为设置藩篱，而应当根据特定语境具体分析，尤其是寻找理性因素和文化因素影响公众民主观念的共同中观机制。

三　中观机制：政治社会化过程

笔者认为，政治社会化是理性路径与文化路径的联结点。所谓政治社会化（political socialization），即人们获得稳定的政治态度和政治价值观的过程。从个体角度看，政治社会化是社会成员在政治实践活动中逐步获取有关政治体系的知识、规则、价值、规范并转变为具有一定政治认知、情感、态度和信仰的"政治人"的过程；从整体角度讲，政治社会化则是政治文化形成、变迁和广泛传播的过程，也是政治体系得以维系的重要机制。①

政治社会化研究的兴起与政治学的行为主义革命密切相关，其学理资源包含政治系统理论和马克思主义理论。从政治系统理论的"结构－功能主义"视角来看，政治社会化承担着政治系统的稳定化功能，因此具有建设性；而从马克思主义的批判性视角来看，政治社会化的本质是阶级统治的工具和手段，统治者为了维护自身的利益和统治地位会塑造一套信念和价值体系，然后通过教育、宣传、奖惩等方式诱导被统治者接受这套价值符号系统，因此具有强烈的保守性。无论基于哪种视角，政治社会化的过程都被看作理性路径和文化路径的联结点，是因为无论理性主义因素还是文化主义因素都属于宏观层次、客观领域的内容，而公众的民主观念属于微观层次、主观领域的内容，前者对后者影响作用的发挥归根结底需要通过两种层次、两种领域的互动，而社会学习（social learning）和政治传播（political dissemination）作为政治社会化的主要媒介则为这种互动提供了可能。

一方面，社会学习理论认为人总是生活在特定的社会情境当中，人们的认知、行为与环境因素具有交互影响，② 因此观察、模仿、参与、实践等社会学习因素对于塑造人们的民主观念具有重要作用。由于童年至青少年

---

① Herbert Hiram Hyman, *Political Socialization: A Study in the Psychology of Political Behavior.* New York: Free Press, 1969.

② Albert Bandura, "Social-learning Theory of Identificatory Processes," *Handbook of Socialization Theory and Research*, No. 43, 1969, pp. 213 – 262; Robert Rohrschneider, *Learning Democracy: Democratic and Economic Values in Unified Germany.* Oxford: Oxford University Press, 1999.

阶段是人们价值观念和政治倾向从萌发到定型的关键时期，同时也是社会学习过程的逻辑起点，因此社会学习理论特别强调家庭教育、学校教育在政治社会化过程中所占据的重要地位。[①] 完整的家庭教育能够帮助儿童实现对政治机构的人格化、理想化、制度化，基本完成政治意识和政治概念化的建构；[②] 学校教育则进一步强化了这些政治观念，为青少年转变为“政治人”打下基础。在阿尔都塞看来，学校本身就属于“意识形态的国家机器”（ideological state apparatus），学校教育是当局向社会成员传达观念、价值和意图的重要途径，教学的内容则是“政治渗透”（political penetration）的载体。瑞德里等通过对 1964 ~ 1965 年中国大陆小学语文教材内容的分析，探讨了中国是如何通过教育塑造“模范”公民。[③] 他们把教科书内容分为知识、行为、政治三个类别，发现小学教育力图把学生塑造成为具有共产主义政治倾向和行为模式的“新人”。马丁依据 36 项指标对中国大陆与台湾地区的小学语文教科书进行比较，结果发现台湾当局致力于复兴儒家的价值观与行为规范，强调孝道与爱国主义的联系；而大陆则极力摆脱儒家的传统文化尤其是家庭观，从而在个人和国家之间建立直接联系。[④]

　　另一方面，在政治传播理论者看来，政治精英生产的主导话语是公众社会学习的主要内容，[⑤] 鉴于大众媒介承担着传播主导话语的功能，因此媒介接触是公众民主观念的重要来源。首先，媒介接触的可选择性意味着信息受众所接触的内容会对其民主观念构成显著影响。穆勒等学者的分析表明，以时政新闻为主的媒体接触导致青少年形成要求政治权利和政治自由的“消费者政治”（consumer politics）观念，而以娱乐内容为主的媒体接触则与政治冷漠（political apathy）、政治犬儒主义（political cynicism）密切相关。[⑥] 其

① David Easton, and Jack Dennis, *Children in The Political System: Origins of Political Legitimacy.* New York: McGraw-Hill Book Company, 1980.

② Robert Daniel Hess, and Judith V. Torney-Purta, *The Development of Political Attitudes in Children.* Livingston: Transaction Publishers, 2005.

③ Charles Price Ridley, Paul H. B. Godwin, and Dennis J. Doolin, *The Making of a Model Citizen in Communist China.* Stanford: Hoover Institution Press, 1971.

④ Roberta Martin, "The Socialization of Children in China and on Taiwan: An Analysis of Elementary School Textbooks," *The China Quarterly*, No. 62, 1975, pp. 242 – 262.

⑤ Barbara Geddes, and John Zaller, "Sources of Popular Support for Authoritarian Regimes," *American Journal of Political Science*, 33 (2), 1989, pp. 319 – 347; Herbert McClosky, "Consensus and Ideology in American Politics," *American Political Science Review*, 58 (2), 1964, pp. 361 – 382.

⑥ Judith Moeller, and Claes de Vreese, "The Differential Role of the Media as an Agent of Political Socialization in Europe," *European Journal of Communication*, 28 (3), 2013, pp. 309 – 325.

次，媒介背后的"国家－社会"关系在一定程度上决定着信息传播的价值导向。斯托克曼等认为威权国家可以通过媒体操控公民的政治信息、政治认知和政治情感，从而在心理层面获得持续性政治支持;[①] 吕杰等人的研究则揭示出中国公众对外国媒体的接触并没有明显地削弱"监护话语"（guardianship discourse）的影响，因为官方在运用媒体进行教化时除了采取直接的政治宣传策略，还通过间接培育集体主义、家长主义、贤能主义等深层次价值规范潜移默化地塑造着人们的政治观念，这在一定程度上解释了为什么在当代中国公众的媒体接触越多，其民主观念就越偏向"实质取向"。[②]

　　基于上述讨论，我们提出当代中国公众民主观念成因的分析框架（见图1）。在该分析框架中，经济、社会和政治发展所代表的现代化因素对于公众民主观念的影响属于理性主义路径;传统政治文化对于公众民主观念的影响代表文化主义路径。从宏观结构看，理性主义和文化主义对于公众民主观念的成因均具有解释力，但从中观机制来看，二者影响力的发挥均需要借助社会学习、政治传播等政治社会化路径。作为联结理性主义路径与文化主义路径的中观机制，政治社会化的内容、目标、方式、机制和作用等要素都在不断更新变化，作为结果，公众民主观念呈现出与政治社会化内容相一致的特点。

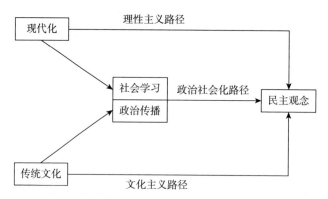

图1　当代中国公众民主观念成因的分析框架

①　Daniela Stockmann, and Mary E. Gallagher, "Remote Control: How the Media Sustain Authoritarian Rule in China," *Comparative Political Studies*, 44 (4), 2001, pp. 436 – 467.

②　Jie Lu, John Aldrich, Tianjian Shi, "Revisiting Media Effects in Authoritarian Societies: Democratic Conceptions, Collectivistic Norms, and Media Access in Urban China," *Politics and Society*, 42 (2), 2014, pp. 253 – 283.

纳入政治社会化变量的民主观念成因分析框架超越了"理性－文化"二分法，为更加深入的成因解释奠定了理论基础。政治社会化包含主体、客体和媒介三个基本要素，其中主体通常为当局（authority），客体通常为公共舆论（public opinion），两者皆是固定的，因此分析的重点应放在媒介即政治社会化过程上。一般来说，家庭、共同体、社区、同侪、教会、学校系统、工作场所、社会组织、大众传播工具、利益集团、政党、立法机关、行政机构和法院等都是政治社会化场所，其中学校教育和大众媒介是最为重要的两条途径。

四　学校教育与民主观念：基于中小学政治教科书的分析

作为最系统、最正规的教育机构，学校在政治社会化过程中扮演着关键的角色。尤其是在现代社会，无论政治决策还是经济发展对知识的依赖程度均日益加深，学校教育的地位和作用受到越来越多的重视。学校教育一方面承担向学生传授知识的"教书"功能，另一方面还肩负着"育人"功能，即根据统治者的需要向学生灌输特定的政治观念、政治态度、政治技能、政治价值、政治信念，将学生培养成为符合政治体系规范的公民，从而使政治体系得以维持稳定，政治文化得以延续和发展。[①] 无论东方国家还是西方国家，无论发达地区还是发展中地区，无论资本主义社会还是社会主义社会，无论是"公民教育"还是"思想政治教育"，学校教育在维护政治基本价值体系上的目的性都十分明确。

在中国，学校教育作为政治社会化的重要环节具有根深蒂固的历史传统。从儒家学说创立之初，政治和教育就紧密联系在一起，正所谓"学而优则仕"，儒家认为教育的目标就是培养能够经世致用的从政者，因此在教育内容上除了"礼、乐、射、御、书、数"等"六艺"，还包括忠、孝、仁、义等道德教化。在宗教传统薄弱、世俗理性昌盛的中国古代，学教教育不仅承担着合法性基础的论证和宣教功能，还肩负着为官僚体系选拔人才的政治吸纳责任，尤其科举制发明之后，中国传统社会逐渐形成了以维护政治统治为目的、以儒家思想为教义、以学校教育和科举考试为主要机

---

① 董雅华：《知识、信仰、现代化：中国政治社会化中的高等教育》，复旦大学出版社，2005，第55页。

制的政治社会化体系①。

新中国成立后，学校教育的政治社会化功能非但没有弱化，其重要性反而得以进一步凸显。新生的社会主义政权是建立在半殖民地半封建社会的基础之上的，旧的上层建筑比旧的生产关系的改造更困难、更长期，因此尤其需要受到社会主义思想灌输和现代文化知识教育、"又红又专"的"新人"作为社会主义事业的建设者和接班人。新政权与旧政权、新社会与旧社会之间的天壤之别决定了新中国的学校政治社会化在基本导向、实施手段和核心内容上均发生了巨大变化。

在基本导向方面，新中国的学校教育形成了以实现共产主义为最高理想、以建设社会主义为现实目标、以爱国主义为民族的凝聚力量的教育目标；在教育方式方面，思想政治教育被认为是经济工作和其他一切工作的生命线。在 1945 年 4 月 24 日的《论联合政府》中，毛泽东就指出"掌握思想政治教育是团结全党进行伟大政治斗争的中心环节。如果这个任务不解决，党的一切政治任务是不能完成的"。② 1950～1952 年国家先后制定并颁布包括学前教育、初等教育、中等教育和高等教育在内的各级各类学校规程，把思想政治教育工作摆在重要位置，建立政治教育工作制度。根据该制度，各级各类学校学校实行"教导合一"原则，既要负责教学又要负责对学生进行思想政治教育，二者不可偏废。作为必修课程，思想政治课程必须在教学计划中达到一定比重，此外各级学校还要对学生进行经常性的时事政策教育并组织学生参加政治运动和社会运动。在核心内容方面，思想政治教育主要围绕马克思列宁主义，毛泽东思想，中国特色社会主义理论体系，思想道德修养和法律基础，党的路线、方针、政策等开展。

在"目标－手段－内容"所组成的学校教育政治社会化基本体系中，内容直接反映着思想政治教育的方向和重点，而且往往与一定历史时期党的基本路线和中心任务相一致，因此居于核心地位。革命时期党的中心任务是夺取全国政权，思想政治教育主要围绕革命斗争进行；从新中国成立到改革开放之前，党和国家发动的历次政治运动严重干扰了正常的社会主义建设，到了"文化大革命"甚至发展出"以阶级斗争为纲"的极左路线，这一历史阶段思想政治教育带有浓厚的革命意识形态色彩；改革开放之后党的中心工作迅速转移到经济建设上来，思想政治教育自然要围绕现代化

① 董雅华：《知识、信仰、现代化：中国政治社会化中的高等教育》，第 58 页。
② 《毛泽东选集》第 3 卷，人民出版社，1991，第 1094 页。

建设这一中心任务展开。与此同时，改革开放以来经济成分和社会利益急剧分化、国内和国际思潮复杂交错，出于巩固国家政权和社会主义基本制度的目的，党和国家都强调充分发挥思想政治教育在引导公众"坚持四项基本原则"、"反对资产阶级自由化"、"保证改革的社会主义方向"等方面的作用。

据此，我们一方面认为改革开放以来政治、经济、社会的理性增量会带来思想政治教育与时俱进的内容创新，另一方面也有理由相信这种创新归根结底受到文化存量的制约。作为政治社会化过程的"一体两面"，理性增量和文化存量均发挥着重要的作用。为了检验理性因素和文化因素在政治社会化过程中的作用及其权重，我们以中小学政治教科书为研究对象，①从文本的角度解读学校教育是如何塑造转型期中国公众民主观念的。

在各种版本的中小学教科书中，以人民教育出版社出版的教材（简称"人教版"）的覆盖范围最广、影响力最大。新中国成立以来，人教版政治教科书历经《政治课本》、《政治常识》、《道德品质教育》、《社会发展简史》、《公民》、《中国社会主义建设常识》等沿革（见表1），现行的第十一套教科书（又称"义务教育课程标准实验教科书"）的政治课程主要由小学低年级（1~2年级）的《思想与生活》、小学中高年级（3~6年级）的《思想与品德》、初中《思想品德》和高中《思想政治》等课程构成。其中直接涉及"民主"的主要包括小学《品德与社会》（五年级上册）、初中《思想品德》（八年级下册、九年级全一册）和高中《思想政治·政治生活》（必修2）等四册教材。

表1 人教版十一套中小学政治教科书

名　称	使用时间	政治教科书
第一套	1951~1956年	《政治课本》
第二套	1956~1961年	《政治常识》
第三套	1961~1963年	《道德品质教育》
第四套	1963~1978年	《政治》
第五套	1978~1982年	《科学社会主义》、《社会发展简史》

① 高校也设置了以马克思主义理论课和思想政治教育课（通常简称"两课"）为核心的思想政治教育课程体系，从本科到博士阶段都有相应的必修课程。但鉴于中小学是青少年身心迅速发展和学习参与社会公共生活的重要阶段，处于思想品德和价值观念形成的关键时期，因此我们将分析重点放在中小学教科书上。

续表

名　　称	使用时间	政治教科书
第六套	1982～1987 年	《青少年修养》、《法律常识》、《社会发展简史》
第七套	1987～1990 年	《公民》、《中国社会主义建设常识》、《社会发展简史》
第八套	1990～1993 年	《思想政治》
第九套	1993～2006 年	《思想政治》
第十套	2006～2011 年	《思想品德》、《思想政治》
第十一套	2012 年至今	《品德与生活》、《品德与社会》、《思想品德》、《思想政治》

　　《品德与社会》（五年级上册）是小学生首次正式接触"民主"的教科书。在 2011 年教育部制定的课程标准中，这门课程的定位是"旨在培养学生的良好品德，促进学生的社会性发展，为学生认识社会、参与社会、适应社会，成为具有爱心、责任心、良好行为习惯和个性品质的公民奠定基础"，其中明确指出"引导和帮助学生初步形成规则意识和民主、法制观念，崇尚公平与公正"是课程的重要目标。《品德与社会》（五年级上册）由五个单元组成，其中第二单元题为"我们的民主生活"，包括"我们的班队干部选举"、"集体的事情谁说了算"、"我是参与者"、"社会生活中的民主"等四节课。在"怎样选干部"中，教科书指出"每个少先队员都是少先队组织的主人，在队里都有选举权和被选举权，队干部的任职要充分尊重广大少先队员的意愿，严格实行队干部的民主选举，禁止由成人指定或变相指定队干部"，并提出了"个人自荐—队员推荐—全体队员无记名投票选举—监票员统计票数—公布选举结果"的选举步骤。① 在"有事大家商量"中，教科书强调做出一个让大家满意的决定应该在征求大家意见的基础上"由队委会商量决定"或"选举代表举行少代会"，并指出"少先队代表大会有商讨、决定一个时期队的重大事务，选举产生队工作领导委员会的权力……少先队代表大会是队组织实施民主集中制领导和管理方法的具体体现，是少先队员实施民主权利、当家作主的保证，是队员学习民主、发扬民主、培养民主能力和主人翁意识的重要形式"。② 在"我是参与者"中，教科书强调民主权利和义务的对等，"集体讨论的时候，我们有积极发表自己意见的权利和义务，经过民主决策定出的行动计划，我们也有遵照

---

① 课程教材研究所等编《品德与社会》五年级上册，人民教育出版社，2013，第 22～23 页。
② 课程教材研究所等编《品德与社会》五年级上册，第 28～29 页。

执行的责任"。① 前三节课主要从学校生活的角度出发帮助学生理解"什么是民主",第四节课则从社会生活的角度出发简要介绍了我国的村民委员会选举、居委会选举、人民代表选举、国家主要领导人选举等民主制度,并指出"民主选举可以充分体现大多数人的利益和选择,每个年满18周岁的公民都有选举权和被选举权"。② 由此可见,作为小学政治教科书的《品德与社会》在介绍民主时重点强调了"选举"、"协商"、"参与"三个维度,尤其是将"选举"摆到了重中之重的位置。

在对小学生进行民主观念启蒙的基础上,初中阶段的《思想品德》则旨在促进初中生道德品质、法律意识和公民意识的进一步发展,从而引导他们树立正确的世界观、人生观、价值观。其中,与民主观念密切相关的包括八年级下册和九年级全一册。八年级下册主要介绍了公民的权利和义务,其中第一单元"权利义务伴我行"包括"国家主人广泛的权利"和"我们应尽的义务"两节课,主要向学生传递"我国是人民当家作主的国家,人民作为国家和社会的主人在享有广泛公民权利的同时应该忠实地履行法定义务"的观念;③ 第二单元"我们的人身权利"、第三单元"我们的文化、经济权利"分别介绍了平等权,政治权利和自由,宗教信仰自由,人身自由权利,对国家机关和国家工作人员的批评、建议、申诉、控告、检举、取得赔偿的权利,社会经济权利,教育、科学、文化权利,以及自由等基本公民权利。④ 九年级全一册则在介绍基本国情、基本国策和发展战略的基础上引导学生"参与政治生活",其中第二单元第三课介绍了社会主义国家的性质和党的基本路线,指出"我国是工人阶级领导的、以工农联盟为基础的人民民主专政的社会主义国家,社会主义民主的本质是人民当家作主";⑤ 第三单元第六课则强调我国是"人民当家作主的法治国家",因此必须"依法参与政治生活"。教科书指出"宪法是我国的根本大法和全国各族人民、一切国家机关和武装力量、各政党和各社会团体、各企业事业组织的根本活动的准则,依法治国就是依照宪法和法律的规定管理国家",强调"依法治国基本方略的实施有赖于每个公民的参与,是全体公民的共

① 课程教材研究所等编《品德与社会》五年级上册,第34~35页。
② 课程教材研究所等编《品德与社会》五年级上册,第40~45页。
③ 课程教材研究所等编《思想品德》八年级下册,人民教育出版社,2013,第4~9页。
④ 课程教材研究所等编《思想品德》八年级下册,第23~97页。
⑤ 课程教材研究所等编《思想品德》九年级全一册,人民教育出版社,2013,第30~41页。

同责任"，"公民的政治权利是宪法和法律规定的公民参加国家管理、参政议政的民主权利"，每个人都要"增强公民意识，学会行使自己享有的知情权、参与权、表达权、监督权"。① 由此可见，作为初中政治教科书的《思想品德》引导学生从"基本权利保障"、"法治"等角度认识民主。

与小学和初中的政治教科书相比，高中《思想政治》的教学内容与民主观念之间的关联则更为直接。2004 年 3 月 2 日，教育部在教基〔2004〕5 号文件中指出，"高中思想政治课进行马克思列宁主义、毛泽东思想、邓小平理论和'三个代表'重要思想的基本观点教育，以社会主义物质文明、政治文明、精神文明建设常识为基本内容，引导学生紧密结合与自己息息相关的经济、政治、文化生活经历，探究学习和社会实践的过程，领悟辩证唯物主义和历史唯物主义的基本观点和方法，切实提高参与现代社会生活的能力，逐步树立建设中国特色社会主义的共同理想，初步形成正确的世界观、人生观、价值观，为终身发展奠定思想政治素质基础。高中思想政治课与初中思想品德课和高校政治理论课相互衔接，与时事政策教育相互补充，与高中相关科目的教学和其他德育工作相互配合，共同完成思想政治教育的任务"。② 《思想政治·政治生活》（必修 2）以三个单元的篇幅介绍了人民民主专政、公民的政治权利和义务、民主选举、民主决策、民主管理和民主监督、政治参与、政府的职责、政府的权力、人民代表大会制度、政党制度以及民族区域自治制度和宗教政策，并引导学生思考社会主义民主政治的特点和优势（见表 2）。

表 2　高中《思想政治·政治生活》（必修 2）部分目录

	第一课 人民当家作主的国家	人民民主专政：本质是人民当家作主 政治权利与义务：参与政治生活的准则
第一单元 公民的政治生活	第二课 我国公民的政治参与	民主选举：投出理性一票 民主决策：作出最佳选择 民主管理：共创幸福生活 民主监督：守望公共家园 综合探究：有序与无序的政治参与

① 课程教材研究所等编《思想品德》九年级全一册，第 74～88 页。
② 《教育部关于印发〈普通高中思想政治课程标准（实验）〉的通知》，人民教育出版社课程教材研究所网站，网址：http://old.pep.com.cn/sxzz/js/tbjx/kb/kb/kcbz/201008/t20100830_831025.htm（访问日期：2016 年 12 月 6 日）。

第二单元 为人民服务的政府	第三课 我国政府是人民的政府	政府的职能：管理与服务 政府的责任：对人民负责
	第四课 我国政府受人民的监督	政府的权力：依法行使 权力的行使：需要监督 统合探究：政府的权威从何而来
第三单元 建设社会主义 政治文明	第五课 我国的人民代表大会制度	人民代表大会：国家权力机关 人民代表大会制度：我国的根本政治制度
	第六课 我国的政党制度	中国共产党执政：历史和人民的选择 中国共产党：以人为本、执政为民 共产党领导的多党合作和政治协商制度：中国特色的政党制度
	第七课 我国的民族区域 自治制度及宗教政策	处理民族关系的原则：平等、团结、共同繁荣 民族区域自治制度：适合国情的基本政治制度 统合探究：社会主义民主政治的特点和优势

注：第四单元"当代国际社会"与民主无关，此处略去。

　　教育部制定的《普通高中思想政治课程标准（实验）》指出，《思想政治·政治生活》（必修2）的课程宗旨在于"帮助学生认识中国共产党始终代表中国最广大人民的根本利益，是中国特色社会主义事业的领导核心；了解中国特色社会主义政治制度，懂得建设社会主义政治文明，最根本的是把党的领导、人民当家作主和依法治国有机统一起来；了解公民在政治生活中依法行使权利，履行义务，参与民主选举、民主决策、民主管理、民主监督的意义、途径和方式"。①　其中，第一单元"公民的政治生活"的教学目标包括"引述宪法对公民政治权利和义务的有关规定，说明公民有序参与政治生活的意义；评述具体事例，比较不同选举方式的特点；表达公民依法行使民主选举权利的正确态度；列举公民依法行使民主监督权利的渠道和方式，体会公民参与民主监督的责任和价值；列举当前公民参与决策的民主形式；对照村民自治和城市居民自治的有关制度和法规，理解公民行使民主决策与管理权利的途径和方式"；第二单元"为人民服务的政府"的教学目标包括"列举生活中的实例，评议政府履行职责的表现；说明政府部门和公职人员依法行使职权对我们生活的影响和作用；评价一项

---

① 《普通高中思想政治课程标准（实验）》，人民教育出版社课程教材研究所网站，网址：http：//old. pep. com. cn/rjqk/sjtx/sxzz/pg2004_ 3z3/201101/t20110106 _ 1006355. htm（访问日期：2016 年 12 月 6 日）。

加强对政府权力进行监督的改革措施，说明政府的权力不能滥用，行使权力要反映人民的利益和愿望"；第三单元"建设社会主义政治文明"的教学目标包括"引述宪法规定，明确我国是人民民主专政的社会主义国家；说明人民代表大会制度是我国的根本政治制度；阐释中国共产党始终代表中国最广大人民的根本利益，共产党的执政地位是历史和人民的选择；明确中国共产党领导的多党合作和政治协商制度是具有中国特色的政党制度；阐明立党为公、执政为民是'三个代表'重要思想的本质，理解把'三个代表'重要思想确立为党的指导思想的深远意义；阐述民族区域自治制度是符合我国国情的一项基本政治制度；了解我国的基本宗教政策；概述发展社会主义民主政治，建设社会主义政治文明，最根本的是要把党的领导、人民当家作主、依法治国有机统一起来"。①

通过对人教版第十一套中小学政治教科书的分析，我们发现在学校教育的过程中，官方一方面围绕"选举"、"协商"、"参与"、"法治"、"基本公民权利"等关键概念，培育中小学生程序取向、权利取向的现代民主观念，另一方面也反复强调社会主义民主必须在中国共产党领导、人民当家作主、依法治国所构成的基本制度结构中得到发展和完善。以学校教育为代表的政治社会化过程既体现了与时俱进的"理性增量"，也蕴含着薪火相传的"文化存量"。

五　大众媒介与民主观念：基于《人民日报》的分析

与学校教育并列，大众媒介也是政治社会化的重要途径。大众媒介也被称为大众传播媒介（mass media of communication），一般指专门从事收集、复制及传播信息的机构。在相当长的一段时期内，政治社会化研究的重点在家庭和学校，对大众媒介的研究相对匮乏。随着现代化的发展特别是教育的普及、识字率的提高以及信息传播方式的变化，大众媒介作为人们的主要信息来源重要性日益凸显。在佩克农看来，传媒技术和大众媒体在现代社会制造和销售各种政治想象、政治符号中扮演着重要角色，并进而塑

---

① 《普通高中思想政治课程标准（实验）》，人民教育出版社课程教材研究所网站，网址：http://old.pep.com.cn/rjqk/sjtx/sxzz/pg2004_3z3/201101/t20110106_1006355.htm（访问日期：2016 年 12 月 6 日）。

造着大众的政治知识和政治行为。① 大众媒介在政治社会化过程中的作用主要包括以下几方面：一是提供政治信息。从政治传播的角度看，政治信息是人们认识政治的基本素材，尤其是在信息爆炸时代，政治信息的选择直接影响人们的政治判断。作为信息的"滤芯"，大众媒介实际上充当着公众的"耳目"，为其接触政治信息打开了窗口。不少实证研究发现，大众媒介的发达程度、普及率与人们的政治意识、政治参与能力呈现正相关，经常接触大众媒介的人对政治事务的了解和政治知识、政治技能往往高于不接触或接触较少的人。二是表达政治意见。从"国家－社会"关系的角度看，大众媒介是公共领域的重要组成部分，是展现各种社会意见的广场。透过大众媒介，公众可以接触到关于政治现象、政治问题的各种意见和态度，在此基础上形成自己的独立判断。三是宣传执政党、政府的路线、方针、政策。从马克思主义阶级分析的立场来看，大众媒介的实质是统治阶级掌握的政治宣传和教化的工具，统治阶级借助大众媒体表达的主要是占支配地位的意识形态。在社会主义国家，大众媒介更是被认为扮演着"党的喉舌"的角色。列宁曾一针见血地指出，"我们不打算把我们的机关报变成形形色色的观点的简单堆砌。相反地，我们将本着严正的明确方针办报。一言以蔽之，这个方针就是马克思主义"。② 布雷迪认为中国共产党熟练地利用传播工具和宣传技巧成功地加强了自身的合法性，在社会经济转型过程中中共不断更新意识形态并吸收了许多新的宣传方法、技术手段，缔造了强大而具有现代性的宣传系统，为中共合法性的延续提供稳定因素。③ 总之，官方民主观念通过大众媒介才能实现常态化传播，这意味着大众媒介在政治社会化过程中通过信息提供、意见表达、宣传引导等方式影响个体政治知识的获取、政治价值观的建构、政治态度的型塑、政治技能的强化和政治行为的选择，从而承担着重要的政治社会化功能。④

现代大众媒介系统由报纸、杂志、广播、电视、互联网等构成，其中以报纸的历史最久、影响最深远。作为以刊载新闻报道、时事评论为主的

① Kyösti Pekonen, "Symbols and Politics as Culture in the Modern Situation: The Problem and Prospects of the 'New'," *Contemporary Political Culture: Politics in a Postmodern World*. Londres: Sage Publiction, 1989, pp. 56 – 72.

② 《列宁全集》第4卷，人民出版社，1958，第316页。

③ Anne-Marie Brady, "State Confucianism, Chineseness, and Tradition in CCP Propaganda," *China's Thought Management*. New York: Routledge, pp. 57 – 75.

④ 张昆：《大众媒介的政治社会化功能》，武汉大学出版社，2003，第47～53页。

面向公众的、定期的、连续发行的印刷品，报纸的"新闻属性"讲求信息的真实性、立场的客观性和价值取向的公正性，但与此同时报纸也是一种"可控制的政治社会化工具"，它在信息传播的过程中往往受到特定观念的支配。当代中国影响力最大的报纸非《人民日报》莫属，[①] 作为中国的第一大报和"世界十大报纸"之一，《人民日报》目前日均发行量超过 200 万份，是中国最权威、政治影响力最大的综合性报纸。在 20 个常规版面中，1～5 版为要闻版，6 版为视点新闻版，7 版为理论版，9～16 版为新闻版，17～20 版为周刊、专版和副刊。评论和理论宣传是《人民日报》的重点和优势，除社论、评论外，《人民日报》还设有"人民论坛"、"人民时评"、"声音"、"思想纵横"、"今日谈"等一批言论栏目，通过深入宣传中国特色社会主义理论体系、党的路线方针政策和中央重大决策部署、改革开放和社会主义现代化建设的巨大成就、广大干部群众团结奋进的先进事迹激励全党全国各族人民积极投身改革开放伟大事业。[②]

为了探究大众媒介对转型期中国公众民主观念的影响，我们对 2002～2014 年"人民日报社论、言论数据库"和"人民日报图文数据库"进行了对比检索（见表3）。"民主"用法的词频统计结果表明：在价值理念方面，《人民日报》既充分强调民主的实质维度，也强调民主的程序维度。在《人民日报》社论、言论提到"民主"时，"人民当家作主"、"社会主义民主"等词出现频次高于"人民民主专政"、"中国特色社会主义民主"等意识形态色彩更加鲜明的词语；在"民主"与其他主要价值理念的搭配上，社论、言论中位居前列的包括"参与"（1272 次）、"和谐"（1040 次）、"权利"（873 次）、"法治"（805 次）、"治理"（767 次）、"自由"（673 次）、"平等"（652 次）、"公正"（644 次），可见在《人民日报》所传播的民主观念中，"程序取向"与"实质取向"的内容以"多维复合"的形式存在。然而，在制度途径方面，转型期《人民日报》呈现出明显的"实质取向"。从《人民日报》社论、言论来看，在民主的四种主要制度实践中，"党内民主"（144 次）、"基层民主"（132 次）、"协商民主"（132 次）等出现的频率均高于"选举民主"（24 次），而如果将统计口径更换为《人民日报》的全部

---

① 该报于 1948 年 6 月 15 日在河北省平山县里庄村创刊，由《晋察冀日报》和晋冀鲁豫《人民日报》合并而成。1949 年《人民日报》随中央机关迁入北平，成为中国共产党中央委员会机关报。

② 胡锦涛：《在人民日报社考察工作时的讲话》，《人民日报》2008 年 6 月 21 日。

版面，"选举民主"（74 次）与"党内民主"（1128 次）、"基层民主"（1211 次）、"协商民主"（3685 次）之间的鸿沟则更加明显。与之类似，从全部版面来看，在民主的四种主要功能上"民主决策"（1869 次）、"民主管理"（1546 次）、"民主监督"（2278 次）出现的频率均高于"民主选举"（882 次）。此外，作为中国共产党的根本组织原则和领导制度，"民主集中制"在《人民日报》社论、言论中的出现频率高达 257 次，不仅远远高于"民主程序"（27 次），甚至高于耳熟能详的"民主法制"（186 次）。由此可见，以《人民日报》为代表的大众媒介在民主的价值理念上日趋开放、包容和复合的同时，在民主制度途径上有意识地强调"实质取向"、淡化"程序取向"，民主观念的双重性反映了转型期中国政治社会化过程中"理性因素"与"文化因素"影响的并存。

表 3　《人民日报》中的"民主"（2002～2014）

单位：次

领域	用法	词频	
		社论、言论	全部版面
价值理念	人民当家作主	295	1683
	人民民主专政	41	329
	社会主义民主	508	3113
	中国特色社会主义民主	55	317
	民主＋参与	1272	8847
	民主＋团结	838	6236
	民主＋秩序	482	2785
	民主＋和谐	1040	7967
	民主＋平等	652	3810
	民主＋公正	644	3932
	民主＋民生	552	4130
	民主＋治理	767	4075
	民主＋富强	366	1859
	民主＋自由	673	3395
	民主＋法治	805	3853
	民主＋权利	873	4759
	民主＋竞争	432	3125

续表

领　域	用法	词频	
		社论、言论	全部版面
制度途径	党内民主	144	1128
	基层民主	132	1211
	协商民主	132	3685
	选举民主	24	74
	民主集中制	257	1440
	民主选举	89	882
	民主决策	246	1869
	民主管理	128	1546
	民主监督	278	2278
	民主程序	27	188
	民主法制	186	1673

政治社会化的本质是政治文化的再生产。作为政治精英、知识精英生产的政治话语，民主观念在学校教育、大众媒介等政治社会化过程中向公众传播并内化于公共舆论，最终实现官方民主观念与公众民主观念的耦合。官方民主观念在某种程度上决定着公众民主观念，前者的变迁构成了后者演进的关键动力。对"中国共产党思想理论资源数据库·党和国家重要文献库"① 的检索结果表明，改革开放以来"实质取向"和"程序取向"的民主观念在官方文件中的比重均大幅提升（见表 4），官方民主观念既蕴含与时俱进的理性因素，也强调历久弥新的文化因素，这与公众民主观念"多维复合"的内容特征和"嬗递传承"的变化趋势相一致。

表 4　官方文件中的"民主"（1949～2014）

单位：次

领　域	用法	词频	
		改革开放之前	改革开放以来
价值理念	人民当家作主	5	1080
	人民民主专政	355	724

---

① 该数据库包括中国共产党在各个历史时期的各类重要文献选编、专题汇编、单行本，中国政府发布的白皮书及其他重要文件等，参见中国共产党思想理论资源数据库（党和国家重要文献库）网站，网址：http://www.wxyjs.org.cn/cggl_537/ddlswxjhddwxj（访问日期：2016 年 12 月 6 日）。

续表

领域	用法	词频	
		改革开放之前	改革开放以来
	社会主义民主	31	3309
	中国特色社会主义民主	0	235
	民主 + 参与	0	46
	民主 + 团结	18	118
	民主 + 和谐	0	28
	民主 + 治理	0	7
	民主 + 自由	19	17
	民主 + 法治	0	303
	民主 + 权利	96	1167
制度途径	党内民主	99	767
	基层民主	2	690
	民主协商	18	246
	选举民主	0	23
	民主集中制	364	1510
	民主选举	64	452
	民主决策	0	800
	民主管理	173	948
	民主监督	6	1649
	民主程序	4	69
	民主法制	21	1188

　　值得注意的是，在官方与公众民主观念的耦合过程中，学术界发挥着重要的中介作用。一方面，知识分子是塑造政治文化的核心角色，在安东尼·史密斯看来，知识分子充当着统治者和被统治者之间文化差异的调节者，在形成诸如符号、仪式、想象等政治话语的社会化过程中至关重要;[1]另一方面，尽管学术研究秉承价值中立，但实际上很难摆脱官方的影响，以"解决问题"为导向的社会科学研究更是如此。以"国家社科基金"[2]

---

[1]　Anthony D. Smith, *National Identity*. Harmondsworth, Midx: Penguin, 1991, pp. 91 – 92.

[2]　国家社科基金设立于 1991 年，由全国哲学社会科学规划办公室负责管理，主要用于支持关系经济社会发展全局的重大理论和现实问题研究，中央财政将国家社科基金的经费列入预算。

为例，1991～2015 年共有 301 项以"民主"为研究主题的国家社科基金项目，其中关于"协商民主"的课题有 42 项、"党内民主" 28 项、"基层民主" 25 项、"社会主义民主" 27 项、"民主集中制" 9 项，远远高于"法制"（5 项）、"权利"（6 项）、"程序"（6 项）、"选举"（2 项）的课题。[①] 类似地，对中文社会科学引文索引（CSSCI）数据库的分析同样发现，2002～2014 年关于以"民主"为关键词的论文有 10665 篇，其中"选举民主" 133 篇，而"协商民主" 501 篇且呈现逐年递增趋势，2014 年共有 813 篇关于民主的论文，其中研究协商民主的就有 136 篇，占 16.7%。[②] 由此可见，学术界对"民主"的研究以官方民主观念为导向的特征明显。

综上所述，通过对中小学政治教科书内容的分析和对《人民日报》的词频分析，本文从政治社会化过程的视角揭示了"学校教育"和"大众媒介"对公众民主观念的影响。研究表明，日益增长的理性因素和一脉相承的文化因素同时存在于政治社会化过程当中，在转型期中国，官方、学术界和公众通过政治社会化的互动过程实现民主观念的耦合，政治社会化是公众民主观念的重要来源。

六 结论

本文将"学校教育"和"大众媒介"等政治社会化过程纳入公众民主观念的分析框架，从"理性增量－文化存量－政治社会化过程"的视角提出了对转型期中国公众民主观念形成及演变原因的系统性解释，基本结论有三点：

第一，"理性增量"深刻影响着转型期中国公众的民主观念。改革开放以来的经济现代化、社会现代化和政治现代化，分别构成了转型期中国公众民主观念的物质基础、利益结构和制度空间。首先，表现为经济总量高速增长、经济结构深刻调整、物质供给能力大大增强、基础设施日趋完善、人民生活水平显著改善等五个方面的经济现代化，不仅改变了公众民主观念的能力维度，实现了民主观念"从无到有"的变化，同时也改变了公众民主观念的内容维度，导致民主观念"实质"取向与"程序"取向的此消

[①] 根据"国家社科基金项目数据库"（http://fz.people.com.cn/skygb/sk）检索，关键词＝"民主"。检索日期：2016 年 7 月 4 日。

[②] 根据"国家社科基金项目数据库"检索，关键词为"民主"。

彼长，换句话说，"经济理性增量"是人们形成明确的民主观念以及民主观念内容结构走向"多维复合"的物质基础；其次，表现为城市化高速推进、基本公共服务体系日益完善、社会保障体系覆盖面逐步扩大、民生导向的公共政策完善、社会组织迅速发展等五个方面的社会现代化，在本质上是改革开放所带来的巨大制度红利重新分配和不断调整的过程，它带来的"社会理性增量"构成了转型期中国公众民主观念得以生成和演变的基本利益结构；最后，表现为党的建设、民主政治建设、法治建设、人权建设、行政管理体制改革等五个方面的政治现代化，丰富了公众民主政治参与的亲身经历，增进了公众对民主的具体感知，"五位一体"的"政治理性增量"构成了转型期中国公众民主观念得以形成并发生"巨变"的制度空间。总之，观念世界是对现实世界的反馈和抽象，改革开放以来市场经济的兴起、社会生活的丰富和民主政治的建设，即转型期中国的现代化格局从根本上决定着公众民主观念的内容特征和整体走向。

第二，"文化存量"同样对转型期中国公众的民主观念产生关键影响。以"治理绩效"为核心的古代民本观念、以"救亡图存"为核心的近代民主观念和以"人民民主专政"为核心的中国共产党人的民主观念，分别构成了政治文化存量的"1.0"、"2.0"和"3.0"版本。首先，在中国古代历史长河中形成的"民本"观念是中国政治文化传统中举足轻重的组成部分，其所具有的民主精神内涵建构起了中国人认识民主、接受民主、追求民主的思想传统资源；其次，在近代半殖民地半封建社会的时代背景下，民主观念的构建和传播从根本上服务于"救亡图存"的目标，民主理论的"先天不足、后天失调"导致近代中国许多引领社会思潮的思想家在介绍西方民主思想与制度时不得不借助于本土文化资源，尤其是以源远流长的中国古代"民本"思想作为参照物，对古代"民本"观念承接和对近代民族危亡"情景"的回应，使得近代民主观念成为连接传统与现代的重要的政治文化纽带；最后，从1921年宣告成立到1949年夺取全国政权，中国共产党在28年的革命历程中逐渐形成的以"人民民主专政"为核心的民主观念，不仅是马克思列宁主义中国化的重要理论成果，而且在实践中与中国共产党政治力量的上升相互交织、共同促进，既深刻地影响了中国的革命进程，也对1949年新中国成立后的政治发展发挥着很大影响，它构成了当代中国人认识民主的重要文化根源。

第三，无论是"理性增量"，还是"文化存量"，都需要通过"政治社会化过程"对转型期中国公众的民主观念发挥作用。尽管理性因素与文化因素皆为公众民主观念的决定性因素，但二者的影响仍然停留在宏观层面。理性选择主义因为过分强调人们的政治观念、态度和行为受到个体理性的支配而忽视了国家、政治文化等结构性变量的作用，而"把国家找回来"、"把政治文化找回来"等针对理性主义的理论反思也不能解释民主观念的全部内容，因为文化因素本身也处于动态的变化过程，往往随着理性因素影响的扩散而更迭。在这种背景下，作为中介机制的政治社会化的重要性得以凸显。本文的分析表明，政治社会化具有赋予个体理性行动以文化背景的功能，在学校教育、大众媒介等政治社会化过程中，现代化催生的"理性增量"和传统政治文化构成的"文化存量"并存，二者的互相对冲从根本上塑造着转型期中国公众民主观念的基本面貌。

　　总之，转型期中国公众民主观念的复杂成因是简单的"理性－文化"二分法难以解释的，它归根结底是一种介于"理性与文化之间"的发生学。如果说理性主义视角下的现代化"增量"是民主观念形成与变迁的动力机制，文化主义视角下的政治文化"存量"充当着民主观念的约束条件，那么政治社会化因素则在理性增量与文化存量此消彼长的过程中发挥着中介作用。从理性增量、文化存量到政治社会化过程，宏观结构向中观机制的视阈转换不仅有助于深入解释公众民主观念的成因，而且广泛适用于对当代中国公众政治价值观成因的分析。当然，本文只是应用"理性－文化－政治社会化"分析框架的一种初步尝试，该框架需要在更多的研究应用中得到进一步检验与完善。

日本人眼中的"日中战争"（1945～2015）[*]

〔日〕石岛纪之 撰 郑浩澜 李秉奎 译校^{**}

摘　要　日本民众对"日中战争"的认识并不清晰，与战后对日本战争罪责的审判有密切关系。远东国际军事法庭对战争的最高指挥者给予严厉处罚，但是关于日本对亚洲，特别是对中国的责任问题审理得不够，因此日本国民对战争时期在中国犯下的罪行认识不够。1950～1970 年代，日本国内围绕战争责任问题存在着承认和否定两方面的意见。1980 年代，以教科书审定问题为契机，日本人的战争观出现变化。受到中国和韩国的严厉批判，日本政府修正了过去的政策，在某种程度上承认日本侵略行为的罪责。日本国民承认侵略行为的人数不断增加。目前，日本国内受到两种方向相反的潮流的共同影响，一是要求调查、追究日本战争责任的研究和运动深入开展，二是否定战争责任的历史修正主义仍有市场。这两种潮流的对立将对日本人的战争观带来相当大的影响。

关键词　"日中战争"　战争史观　历史教科书　历史修正主义

引　言

为改善中日关系，首先需要解决的是历史问题。大概中国读者有疑问，为什么日本政府或日本人不能解决历史问题呢？为理解这个问题，我们应

＊　本文系 2015 年 9 月 22 日作者应邀在北京大学医学部进行演讲的部分内容，由日本庆应义塾大学郑浩澜副教授翻译、北京大学李秉奎副教授校订，为中国人民大学中国共产党历史与理论研究院"海外中国（共）研究汉译学术计划"的阶段性成果。

＊＊　石岛纪之，日本菲莉斯女学院大学名誉教授，研究领域为中国近代史，尤其以研究中国抗日战争史而著名。代表作有《中国抗日战争史》、《抗日战争时期的中国民众》等。

该知晓第二次世界大战以后日本人的"日中战争"史观的变迁和需要解决的问题。在这篇文章里我讨论战后日本怎样面对侵略战争与战争责任的问题，包括以下两个方面：什么原因妨碍了日本人对"日中战争"的正确理解？进步的日本人为纠正日本人的战争观做了什么样的努力？

首先，我们看 2014 年中日关系舆论调查的结果。关于对中日关系重要性的认识，认为重要或比较重要的，在中国的普通公众中占 65%，在精英和高校师生中占 71.9%；在日本为 70.6%，同样维持较高水平。但是在 2014 年，这一数值在双边均创下 10 年来的新低。关于对双方国家的印象，在中国，印象不好或相对不好的占 86.8%；在日本，占 93.6%。双边都非常高。关于日中关系和历史问题的质询，日中之间有很大的差异。中国人乐观的看法比较多。①

可以说，在对历史问题的认识方面，日中之间存在很大的分歧。另外，2012 年日本广岛大学实施的舆论调查中，关于二战时期的"日中战争"是否为侵略战争的问题，接受调查者回答"是这样"的占 55.7%，回答"不认为是这样"的占 10.8%，回答"不能说哪个对"的占 33.5%。② 那些认为战争是侵略性质的超过半数的人，对过去的这场战争有没有明确的认识呢？我们需要思考这个问题。因此，有必要探讨从二战到现在日本人战争观（特别是"日中战争"观）的变迁及其问题点。

一　从二战结束到 1970 年代

在"日中战争"时期，有不少日本人对中国保有很强的轻视观。尽管新闻工作者石桥湛山主张放弃满洲，东京帝国大学经济学部教授失内原忠雄对国民政府统一中国的进展给予公正的评价并反对侵略中国的战争，新闻工作者尾崎秀美主张重视中国民族的抗战力量，鹿地亘在重庆、野坂参三在延安教育日本人俘虏并把他们变成反战兵士；但他们只是例外。"日中战争"时期日本人对中国保持根深蒂固的优越意识和轻视意识。美国国务院调查分析局 1945 年 12 月对在北京的日本军人、民间人士进行调查。结果

---

① 《2014 中日关系舆论调查》，chttp：//world，chinadaily，com，on/2014～09/conte；『第 10 回日中共同世論調査』，http：//www. genron-ngo. net/world/archives/5311。

② 広島大学大学院総合科学研究科『広島市民の平和意識調査結果報告書』2012，http：//www. hirosima-u. ac. jp/upload/85/soukain。

显示，对"即使没有美国的援助，中国也能打赢战争"的问题，回答"不是"的占87%；对"日本国民优于其他远东国民"的问题，回答"是"的占86%。[1] 应该考虑战争中住在朝鲜和中国的日本人有特别浓厚的帝国意识，但是可以认为这个调查在相当程度上反映了战争时期日本人的意识。为了让日本人正确理解"日中战争"的性质，要纠正这样错误的意识。

二战后，占领日本的美国当局禁止使用"大东亚战争"这样的提法，并提出了"太平洋战争"的称法。从1945年12月8日至17日，联合国军总司令部（GHQ）在日本全国的报纸上刊登《太平洋战争——神话军国日本的崩坏》，这给不太了解战争真实情况的日本人带来了很大的冲击。从此，"太平洋战争"的称呼在日本社会扎了根。但是"太平洋战争"是从美国的角度来看的。这是将战区限定在太平洋，因此完全无视或轻视中国战场的意义。

1946年5月3日，远东国际军事审判（即"东京审判"）开庭。东京审判对日本保守势力采取了一种政治选择，即把全部责任推给以陆军为中心的势力，力图避免对天皇起诉。GHQ当局为了顺利地实行占领，采取了利用天皇权威的政策。两种打算的结果完全一致。在审判中，无论是对天皇的起诉，还是天皇作为证人的传唤，都没有实现。并且国际形势向冷战的转变给东京审判带来很大的影响。不但天皇被免除了责任，从事细菌战研究和开发的731部队也被免除了责任。另外，在11名法官组成的审判团中，代表亚洲国家的法官仅3名而已。这个事实象征性地显示东京审判不重视亚洲的观点，没有把受到战争伤害的亚洲国家放在重要位置上。总的说来，东京审判明确了日本发动并扩大侵略战争的犯罪性，把战争的领导者作为战争罪犯进行了审判，这具有重大的历史意义。但是，东京审判仅以不充分的形式提出了日本对亚洲，特别是对中国的责任问题。这存在很大的问题。

在日本国民方面，随着战争的真实情况被披露出来，认为领导者对战争应该负有责任的观点传播开来。但是这种"领导者责任观"与国民认为自己被领导者"欺骗"的受害者意识是表里一体的关系。这种"受骗"意识使国民顺利地接受了战后民主主义的新价值观，也使得日本国民对战争的合作及自身的战争责任问题置之不问。而随着重建国家成为最优先的任

---

[1] 吉田裕『日本人の戦争観——戦後史のなかの変容』岩波書店、2005、頁57；吉田裕：《日本人的战争观——历史与现实的纠葛》，刘建平译，新华书店，2000，第53页。

务，国民对东京审判的关心也逐渐冷却下来。但是，这并不意味着国民承认免除领导者的责任，国民只是消极地接受了东京审判的结果。

1951 年 9 月 8 日签署的《旧金山对日和约》具有很大的问题。南斯拉夫、印度和缅甸拒绝参加会议，日本侵略战争的最大牺牲者，中华人民共和国和所谓的中华民国都没有收到会议邀请。苏联、波兰和捷克斯洛伐克反对条约的内容，拒绝在条约上签字。在《旧金山对日和约》中，完全没有提及日本的战争责任。关于赔偿问题，只要求日本赔付可能支付的赔偿额，并且由于受到美国的强大压力，大部分联合国家都放弃了要求赔偿的权利。结果，得到日本政府战争赔偿的只有菲律宾、印度尼西亚、缅甸、南越四个国家。对日本宽大议和的实现，是由冷战形势下美国对日宥和政策这种现实理论占优越地位引起的。与议和条约同时缔结的《日美安全保障条约》，将日本紧密地编入美国的世界战略。

著名的日本现代史研究者吉田裕教授指出，在这样的内外状况之下，"关于战争责任问题的某种双重标准于这一时期形成了"。这一双重标准是指，"对外在对日和约中以所谓接受东京审判判决的形式承认必要的最小限度的战争责任，以获得作为美国同盟者的地位。而在国内则事实上否定、不追究战争责任问题。这是一种区分对外的态度与国内的处理而分别使用不同的问题处理方式的做法"。[①]

从 1950 年代后半期开始，日本迎来经济高度增长的时期，并出现了两种战争观对立的局面。一个是"战记读物"出版热潮的涌起，这表明议和实现、占领结束后被解放的民族主义潮流的复兴。其中，旧幕僚军官著作的特点是，作者完全缺乏对自己的战争责任问题的自觉与反省。关于无名官兵记述的战争经历的战记，其内容的大部分只是强调一般官兵如何勇敢地战斗。另外，在这一时期，与"战记读物"完全对立的知识分子的著作和主张也出现了。其代表之一是远山茂树、今井清一、藤原彰合著的《昭和史》。这本书结构性地阐明了为什么发生战争和国民为什么没有能够阻止战争等问题，它与"战记读物"相对抗的姿态是鲜明的。另外的代表，是哲学家、思想家鹤见俊辅（1922 ~ 2015 年）提出的"十五年战争论"。关于这一观点，后文详细展开。

---

① 吉田裕『日本人の戦争観——戦後史のなかの変容』、頁 91；吉田裕：《日本人的战争观——历史与现实的纠葛》，第 81 页。

1960年，发生了反对《日美安全保障条约》修订的日本战后最大的民众运动（即安保斗争）。当时，我是大学二年级学生，积极参加了这一斗争。至今我仍清楚地记得，当时在北京举办的支援日本安保斗争的大集会，给了我很大的鼓励。参加安保斗争的很多人，对中国人民及亚洲诸民族抱有一种连带感。

1960、1970年代，围绕战争责任问题存在着完全相反的两个观点。其中一个是否定日本发动并扩大战争的侵略性，尤其是将太平洋战争作为解放亚洲民族的战争而给予积极的正当化的评价。代表这一观点的是作家林房雄的《大东亚战争肯定论》（在综合杂志《中央公论》上从1963年连载至1964年）。他认为："大东亚战争形式上看起来好像是侵略战争，但在本质上是解放战争。"他批判东京审判的判决，说不应该丢弃"日本民族的自尊心"，表达出强烈而露骨的民族主义情绪。

另外一个潮流则是对过去战争侵略性和加害性的讨论。其契机之一是越南战争的发生。特别是1965年以后，美军正式开始轰炸越南北方，而更多的美军地面部队也被直接投入战争。于是，日本作为美军的进攻基地、兵站的作用，即日本也是越南战争的加害者的事实受到关注。由此自觉参加反对越南战争运动的人们开始意识到需要重新探讨日本人的战争观。关于日本对中国加害的问题，从1971年8月到12月，《朝日新闻》连载记者本多胜一的"中国之旅"，这是控告日本军队在中国战线所犯战争罪行的报告文学，它给日本社会带来很大的冲击。

那么1972年9月实现的中日邦交正常化对日本人的"日中战争"观带来怎么样的影响呢？同年4月，日本共同通讯社就关于中国的战争问题进行了相关的舆论调查。这个调查显示，认为对中国的战争是自卫战争的人不过1/4，但回答"不得已而为之"、"没什么可在乎"、"不知道"的人，即没有明确的加害者认识和战争责任认识的约占2/3。认为"做了坏事"，承认加害性和侵略性的大约只有1/4。与1967年的调查回答（占17.1%）相比有所增加。但是关于日本人怎么样认识战争的结构大体上没有变化。吉田裕认为，"双重标准的厚壁依然还坚固"，越南战争也好，中日邦交也好，"都没有具备能够打破它的冲击力"。①

---

① 吉田裕『日本人の戦争観——戦後史のなかの変容』、頁140、149；吉田裕：《日本人的战争观——历史与现实的纠葛》，第124、133页。

二　从 1980 年代至今

1980 年代，日本人的战争观出现了很大的变化，其契机是 1982 年发生的教科书审定问题。同年 6 月，文部省公布了次年 4 月开始使用的高中教科书的审定结果。由于各报纸的报道，文部省把日本的对外侵略改为“进入”，把朝鲜的“三一”独立运动改为“暴动”。由此，引起中国、韩国掀起的对日严厉的批判运动，教科书审定问题成为国际问题。

日本政府了解到，中国和韩国方面的态度出乎预料地强硬，便下决心修改过去的政策。结果，宫泽喜一官房长官于 8 月 26 日发表政府的见解，称“深刻认识到我国的行为给包括韩国、中国在内的亚洲各国国民造成了重大的痛苦和损失”，并对发生问题的教科书记述发表政府见解，表示“由政府负责改正”。收到这个指示，文部省修改教科书的审定标准，重新附加“关于处理对近邻亚洲诸国之间的近现代史问题，从国际理解和国际协商的观点来看应该进行适当的考虑”内容。这就是所谓的“近邻诸国条款”。①

1982 年 11 月成立的中曾根康弘内阁决心修正过去的政策。他从来都是作为右派的政治家而出名的，指斥承认战争的侵略性和加害性的观点为“东京审判战争史观”、“马克思主义战争史观”，并呼吁抛弃“自虐性的思潮”。1985 年 8 月 15 日，他作为战后的首相首次正式参拜靖国神社，招致亚洲各国特别是中国的强烈批评。

在这样的情况下，1986 年 8 月 14 日，中曾根内阁的官房长官后藤田正晴发表谈话，表示“必须重视国际关系，并适当照顾近邻各国国民的感情”，从而表明不再考虑首相正式参拜靖国神社。并且，1986 年 9 月 3 日，中曾根首相在新闻记者会上的讲演中提到，“合祀 A 级战犯刺激了遭到侵略方的国民感情，我认为那场战争是侵略战争”。吉田裕解释，发生这样转变的背景是：日本为了在亚洲地区发挥更大的政治领导作用，战争责任问题成了巨大的障碍。而有了这样的现实主义认识，中曾根首相开始明确采取优先照顾对外影响的政策转变。②

中曾根内阁进行的政策调整，基本上被其后的自民党内阁继承了下来，

---

① http://www.mext_go.jp/b_menu/shingi/tosho/00.

② 吉田裕『日本人の戦争観——戦後史のなかの変容』、頁 188 – 192；吉田裕：《日本人的战争观——历史与现实的纠葛》，第 164 ~ 167 页。

但是相对明确地承认日本的战争责任和殖民地统治责任的，是 1993 年 8 月成立的非自民联合政权的细川护熙内阁。8 月 23 日，细川首相在施政演说中对"过去我国的侵略行为和殖民地统治"表示"深刻的反省和歉意"。这份施政演说中用了"侵略行为"一词，与在 8 月 10 日会见记者时，所明言的"侵略战争"一词相比，是后退了。这是因为"侵略战争"这一措辞受到自民党和遗族会的强烈反对。细川内阁之后成立的羽田孜内阁也使用了"侵略行为"的措辞。

1994 年 6 月 30 日，自民党、社会党等三党的联合政权村山富市内阁成立。村山首相是社会党的领袖，但也反映了联合政权内部的力量关系，并基本上继承了前内阁的政策。他在 7 月 18 日首次发表施政演说时，使用了"侵略行为"的措辞。不过，同一年 8 月 15 日，村山首相在"战争结束 50 周年纪念日"的谈话中指出，"我国在不久的过去一段时期，国策有错误，走了战争的道路，使国民陷入存亡的危机，殖民统治和侵略给许多国家，特别是亚洲各国人民带来了巨大的损害和痛苦。……谨此再次表示深刻的反省和由衷的歉意"。① 这就是"村山谈话"。

在日本国民的意识方面，1980 年代以后，发生了比较大的变化。1982 年、1987 年、1994 年，NHK 广播进行了关于"日本人的和平观"的舆论调查。这个调查表明，认为明治以后日本的对外扩张是"侵略的历史"的人，1982 年达到一半以上，以后也占 50% 左右。由此可以看出，日本人的战争观是进步的。同时，认为"不得已而为之"的人逐渐减少，但还占百分之三四十；认为是"侵略的历史"而不是"不得已的行为"的人不过占 1/4 左右而已。这种情况从 80 年代到 90 年代没有发生变化。并且，值得注意的是在 1982 年的调查中，认为"太平洋战争使深受欧美国家压制的亚洲国家各国早日恢复了独立，对此应给予评价"的人达 45.5% 之多。这表示，当时日本人对战争的意识还是模糊的。②

另外，更应注意的是，1990 年代中期后出现了对 1980 年代后战争认识变化的逆流，即历史修正主义的抬头。历史修正主义是这样一种反动历史观，即把指出日本发动的战争是侵略战争、对屠杀等残忍行为进行批判的看法抨击为"自虐史观"。教科书问题是历史修正主义者攻击的最主要对象

---

① http://www.mpfa.go.jp/motaj/press/danwa/07/c.

② 吉田裕『日本人の戦争観——戦後史のなかの変容』、頁 13、245；吉田裕：《日本人的战争观——历史与现实的纠葛》，第 16、211 页。

之一。1997 年他们组织了"成立新历史教科书之会",此后正式出现攻击现行历史教科书、采纳该会制作的教科书的运动。

历史修正主义在 1990 年代中旬后成为潮流的背景。第一,由于村山内阁的成立,围绕处理战后问题的轨道修正达到了高峰。1995 年 8 月村山谈话的发表,便是其具体的体现。而且,由于教科书中"近邻诸国条款"的内容被改善,关于加害责任的记述增加了。这些都强化了右派势力的危机感。第二,出现原"慰安妇"等亚洲的战争受害者告发日本战后处理问题的活动。第三,在这一时期,阐明日本战争犯罪的实际情况的研究取得急速进展。其结果是,在日本人中形成了作为加害者的自我认识,特别是追求民众作为战争犯罪执行者的责任,这些动向引起了"庶民层"的抗拒。第四,新民族主义抬头。新民族主义主张通过恢复传统和秩序来重建由于急速发展的全球化带来的社会整合的破绽。①

三 批判日本侵略战争的思想和运动

下面谈谈关于批判日本侵略战争的思想和运动。首先,介绍和批判"太平洋战争史观",包括上文提及的"十五年战争史观"和"亚洲太平洋战争史观"。

"十五年战争"这一名称,是 1956 年鹤见俊辅率先提出的。鹤见认为,在那时候的日本,由于对中国的战争与对美国的战争是分开认识的,认为对美国的战争是"糟糕的",而另一方面,对中国的"战争责任就被弄得模糊了"。对这一状况的存在,他认为是有问题的。② 总之,鹤见试图通过"十五年战争"的框架,明确日本对中国的战争责任。

1960 年代末至 1970 年代初,由于家永三郎《太平洋战争》和历史学研究会《太平洋战争史》的出版,"十五年战争"这一名称的重要性被重新认识,并引起关注。到 1980 年代中期,由于日本现代史研究者江口圭一《十五年战争史》的出版,这一名称不仅在历史学界受到关注,而且普及于一般民众。

另外,1980 年代中期,日本历史学界开始提倡"亚洲太平洋战争",这一名称代替了"大东亚战争"和"太平洋战争"的名称。首先提倡这一名

---

① 吉田裕「歴史責任論の現在」倉沢愛子等編『岩波講座アジア・太平洋戦争』第 1 巻、岩波書店、2005、頁 104 – 106。

② 鶴見俊輔「日本知識人のアメリカ観」『中央公論』1956 年 7 月号。

称的是中国近代史研究者副岛昭一。他认为，第二次世界大战由欧洲战线和亚洲·太平洋战线构成，其中亚洲·太平洋战线还可以区分为中国战场、东南亚战场、太平洋战场。由此，作为统一亚洲战场和太平洋战场的名称，他提倡用"亚洲太平洋战争"的名称。他同时说到，"用十五年战争史观，来作为对包括中国在内的亚洲全体的战争责任的基础，是勉强的"。不仅是对中国，而且从明确对全体的战争责任的必要性出发，副岛重新主张提倡"亚洲太平洋战争"这一名称及意义。①

这一名称获得日本现代史研究者木坂顺一郎的支持，以后在历史学界及一般读者中普及。比如吉田裕《亚洲太平洋战争》（岩波新书，2007）等冠以这一名称的著作也出现。而且这一名称，还成为《岩波讲座亚洲太平洋战争》（全8卷，岩波书店，2005～2006）的标题。关于这一名称的使用，我希望在中国也能得到讨论。

下面，让我们看看调查和指控日本战争责任的研究活动和运动。

首先来看看日本从中国归国者联络会（简称"中归联"）的活动。中华人民共和国成立后，在抚顺战犯管理所监禁了伪满洲国和关东军的有关人员969名，在太原战犯管理所监禁了山西省等地逮捕的140名战犯。中国政府宽大地对待他们，通过思想教育让他们意识到自己犯下的罪行。最后，他们逐一进行了自供。1956年，被免除起诉的人回到日本。45名战犯被审判，分别被判为从12到20年的徒刑不等。但是到1964年3月，全体人员被释放了。回国的人受到警察局的监视，而且被攻击为"共产主义者、被洗脑的人"等，就职也存在很多困难。但是他们不屈服，1957年9月，结成了以保障归国者的生活和"日中友好，反战和平"为目标的中归联。

中归联对调查清楚侵略战争的实际情况做了大量努力。1957年，他们编辑了在战犯管理所写的手记，并以《三光——在中国日本人的战争犯罪之坦白》（光文社）的书名得到出版。这本书引起了很大反响，出版后的20天内便把初版5万册卖完了。这本书受到右翼势力的顽固攻击，被迫绝版。但是中归联不怕孤立，翌年7月，又出版了《侵略——在中国日本战犯的坦白》。1997年，它创办《季刊中归联》，对抗历史修正主义的言论。但那时候，由于会员的高龄化和去世，会员锐减，中归联的存续面临危机。在这样的状况下，继承该会精神的年轻一代结成"继承抚顺的奇迹之会"，这

---

① 副岛昭一「日中戦争とアジア太平洋戦争」『歴史科学』第102号，1985年11月；副岛昭一「"アジア太平洋戦争"その後」『近きに在りて』第20号，1991年11月。

一组织从此继承了中归联的活动。[①]

此外，还有一些调查研究日本战争犯罪的组织和支援中国人要求的战后赔偿活动的组织。下面介绍一下我自己参加的三个组织。

第一是 1984 年结成的南京事件调查研究会。这个组织以在日本研究南京大屠杀事件的先驱者洞富雄和著名的日本现代史学者藤原彰、江口圭一为中心，也有比较年轻的历史研究者，新闻记者，律师等成员参加。这个组织成立的契机是 1982 年发生的教科书问题。南京事件调查研究会多次访问南京，和南京的学者交流，并出版了《思索南京事件》 （大月书店，1987）、《调查南京事件的现场》（朝日新闻社，1988）、《南京大屠杀的研究》（晚声社，1992）、《南京事件的资料集》（全 2 卷，青木书店，1992）。还有许多会员发表了自己的研究成果。这个组织还培养了一些研究战争责任问题的学者，如笠原十九司、吉见义明、井上久士、吉田裕、林博史等，这些学者后来都在这个研究领域的发展中扮演了重要的角色。

第二是 "查明驻山西日军性暴力事情共进会"（简称 "山西省查明会"）的活动。这个会是支援性暴力的受害者控告日本政府的组织。"性暴力的受害者"，她们在山西省盂县受到了日军的组织性性暴力。1992 年 12 月，在东京召开的 "关于日本的战后补偿国际意见听取会" 上，万爱花女士证实了受害的实际情况。听取她证言受到震撼的历史学者、高中教师、律师、妇女解放论者结成了这个组织。此后，这个组织每年都访问山西省，对受害者进行采访等调查活动，并出版了石田米子、内田知之编《黄土村落的性暴力》（创土社，2004），并且在武乡县等地举办二战时期日军性暴力展览会，给很多中国人带来了强烈的震撼。虽然在东京的上诉以败诉告终，这个组织至今仍在继续活动。

第三是支援重庆等四川省轰炸受害者发起的上诉抗争等活动。1990 年代，在重庆、乐山、自贡结成了要求对轰炸受害者个人给予补偿的组织。2006 年 3 月，这些受害者向东京地方审判所提起了诉讼。为了支援这一审判，2005 年末，二战史研究者荒井信一、介绍重庆大轰炸真相的《战略轰炸的思想》的著者前田哲男、一濑敬一郎律师等结成了 "战争和轰炸问题研究会"，并出版了启蒙书《重庆轰炸是怎么回事》（高文研，2009），支援受害者的上诉抗争。我也在 2014 年 6 月，在东京地方审判所作为原告方面

---

① 岡部牧夫等编『中国侵略の証言者たち──"認罪"の記録を読む』岩波書店、2010。

的证人陈述证词，指责了重庆大轰炸的无差别性和残酷性。此外，一般市民还组织了"和重庆大轰炸受害者合作之会"，继续支援审判活动。

余　论

2015 年 8 月 14 日，日本安倍首相发表了战后 70 周年的谈话。在这一谈话中，他使用"殖民统治"、"侵略"、"深刻的反省"、"由衷的歉意"等语言。安倍首相本来抱有历史修正主义的看法，所以他一直称，"侵略的定义在学问上或国际上还没确定"。虽然他不得不使用"侵略"等语言，因为内外存在要求对过去的战争表示真挚反省的强大压力；但是，这些语言中引用历届内阁的方针等间接的表述很多，他的谈话内容不是出于他的真心。他还称，"我们不能让与战争毫无关系的子孙担负起继续道歉的宿命"。这句话明确地表示他有这样一种想法，即今后要结束对战争的道歉。总之，安倍这次谈话是主张对侵略战争需要反省的进步势力与否定侵略战争事实的历史修正主义者之间妥协的产物。

在日本国内，历史修正主义者依然活跃着。特别让我们担心的是他们围绕教科书的举动。他们编辑的教科书有育鹏社版和自由社版两种。其中育鹏社版不承认日中战争是侵略战争，把太平洋战争作为"自存自卫"的战争、"解放亚洲"的战争记述。现在在日本，公立小学、中学教科书的选定，是由地方自治体教育委员会决定的。自民党等保守势力要求选定这些反动教科书并取得了相当的成功。用这些肯定战争的教科书使孩子受教育的弊病是非常大的。

但是，日本人希求和平而拥护宪法第 9 条的意识很坚强。9 月 19 日，在国会通过的《安全保障关联法案》是承认集团自卫权，去除宪法第 9 条，让日本成为可以进行战争的国家恶法。反对这一法案的运动以学生、市民、知识分子为中心空前地发展。1960 年代的反战运动是以政党、工会、学生自治会为中心的运动。这次反对安保法案的运动，不是既存组织推动的运动，而是更具有市民性的运动。比如学生们的"为自由和民主学生紧急行动"（SEALDs），是那些和学生组织从来没有关系的学生们通过网络缔结的自主组织。在这次运动中，我们可以预见日本新的和平运动和民主运动的到来。我希望这些带有市民性质的运动在否定侵略战争的意识和思想方面获得成长。

林育南革命活动口述史料几则

张金保　刘仁静　等　口述　李良明[*]　采访整理

　　[**采访整理者辑注**] 本文是笔者根据当年访问记录整理的。这次访问的背景：一是纪念五四运动 60 周年，刚刚恢复不久的湖北省社联向华中师范学院（1985 年改称华中师范大学）下达了"五四运动在武汉"研究课题，指定笔者为执笔人。在完成这个课题后，笔者被恽代英、林育南的思想和人格魅力深深感动，便选定他俩为研究对象，开始从编写其传记入手。二是中共党史学科是"文化大革命"时期的重灾区，该学科的拨乱反正工作，就是从编辑出版中共党史人物传记工作开始的。1979 年 3 月 15 日，中国人民大学、郑州大学、华中师范学院、华南师范学院等全国 18 所高校的党史教师代表在郑州大学召开中共党史人物研究会筹备会议，决定编辑出版"中共党史人物传"大型丛书。这正好与笔者的意愿相一致。5 月 8 日，笔者初次访问林育南女儿林光秀同志，向她表明了想写林育南传记的心愿，得到林光秀和她丈夫魏清澄的大力支持。林光秀当即还拿出邓小平和李先念的重要批示给笔者看。邓小平 1977 年 11 月 5 日的批示为："林育南是党的最老一批同志之一，是很好的同志，毛主席很了解他，是烈士，同林彪是近亲，但毫不相干。"同日，李先念也批示："林育南是革命烈士，不能因为林彪的问题影响到林育南烈士的后代，党的政策历来是社会关系看本人。"看了这两件重要批示，更激发了笔者的积极性。于是，笔者与中南财经学院（现为中南财经政法大学）的廖鑫初讲师商定，利用当年暑假，到北京、上海等地去进行一次调研。林光秀为我们提供了调研线索，魏清澄自告奋勇，决定为我们当向导，一同前往。由于有林育南亲属的大力支持，

---

　　[*] 华中师范大学马克思主义学院中共党史学科教授。

这次调研十分顺利。

整理这份口述史料，笔者有如下体会：

第一，对林育南革命活动的调研工作距今已38年，当年记录的300字格稿纸已经发黄。采访的对象，都是熟知林育南烈士的同学和战友，其时林育南牺牲已48年。每一位口述者年龄都在七八十岁以上，不带任何功利，他们都对林育南无比怀念和崇敬。这种心情笔者认为是真诚的。在当时拨乱反正、强调实事求是研究中共党史的历史条件下，他们的口述应该是比较客观真实的。

第二，这份口述史料，对笔者撰写《林育南传记》，把握林育南的革命精神、情操极有助益。他的同学郑南宣（时为湖北省政协常委）说，林育南"在五四运动中勇往直前，具有烈士性格"。他的战友张金保（中共六届中央委员）说，林育南、何孟雄等二十几个人"是炸弹式的人，敌人怕，王明他们也怕"。他的好友吴化之（1930年代初为中共北京市委秘书长）说，林育南给他写信，批评立三路线，"认为飞行集会不是一个好办法"，"他说王明是'挂羊头，卖狗肉'，中国革命如果让王明这伙'挂羊头，卖狗肉'的人来领导，前途将不堪设想"。这些言简意赅的语言，形象生动地反映了林育南勇猛的革命斗志和坚定的革命立场。

第三，这份口述史料，丰富了中共党史的研究内容。例如，张金保关于武汉工人收回汉口英租界的口述、关于她对中共六届四中全会前后党内斗争的切身体验，尤其是她在延安整风学习期间毛泽东接见她、请她吃饭谈话情景的回忆，以她个人的视角观察，讲出了新的状味。毛泽东与她的谈话，反映了党的领袖与工农干部的深厚感情。这些内容对于研究相关中共党史具有重要的参考价值。

最后还要强调一句，笔者现已年过古稀，仍在中共党史教学与研究的岗位上服务，这份史料是忠实于被访问者当年口述内容的实录，文责由笔者自负。当年与笔者一同采访的廖鑫初、魏清澄以及采访的对象张金保、郑南宣、刘仁静、吴化之、林肖硖、罗章龙等皆已作古。笔者现在整理刊发这篇史料，既是希望为党史学者提供一些史料，也希望借此深表对他们的怀念之情。

1. 访问张金保记录

时间：1979年8月11日下午、13日下午、14日上午

地点：全国总工会家属宿舍楼张金保家中
同访人：魏清澄、廖鑫初

11 日下午谈：

林育南牺牲快五十年了，我一直怀念他。与林育南的接触分三个阶段。

第一个阶段是武汉时期。

北伐军攻克武汉后，武汉人民革命情绪高涨，大革命轰轰烈烈。1927年 1 月，省总工会成立。有一次在华商总工会开报告大会时，林育南坐在主席台上。他是总工会的秘书长，我是武汉三十万产业工人的代表。这个会由林育南主持。我记得有两个报告，一个是报告林祥谦牺牲后，他母亲、妻室儿女生活困难，靠拾煤渣生活，工人们听了很同情，大家捐款；再一个是码头工人报告其如何受帝国主义的压迫，巡捕打码头工人几棍子是家常便饭。做报告的工人问大家："我们中国工人不能在自己国家的路上走，这是什么道理？租界是租给别人的，到底租到什么时候为止？我们哪里是中国人啦，受别人的侮辱！"工人讲得痛哭流涕，代表们也跟着掉泪。这时突然有人来报告，英租界收回来了，沉闷、悲哀的空气突然被打破了。林育南宣布大会停止，各代表团去慰问工人纠察队（也叫杠子队，当时没有枪，纠察队一人一根杠子）。我们买了面包、罐头去慰问。给我印象最深的是，工人最守纪律、守秩序，英国领事馆的玻璃一块都没损失，收回来了，就是我们工人自己的了。工人走起路来也很整齐。

第二个阶段是上海时期（六届三中全会、四中全会阶段）。

立三路线时期。李立三搞行动委员会，把一切都合并。当时，我脱产在湖北省委工作，是执行了立三路线的，搞得乱七八糟，革命受到很大损失，国民党在汉口六渡桥杀人不眨眼，牺牲了许多人。1930 年 8 月 1 日，我到上海，又遇到林育南，和他一起工作。林育南是全国苏维埃区域代表大会筹备会议的秘书长。他化装成南洋华侨，和张文秋假扮夫妻。筹备会分两组，林育南带一部分人搞宣传，起草苏维埃宪法。我们每星期到林育南那里去一次，吃顿晚饭，这实际上是个碰头会，由林育南向我们汇报起草情况。林育南是知识分子，我们都是工人，他讲得很耐心，知识分子应该向他学习。再一组就是护送代表到苏区。李立三说何孟雄是取消派的暗探，开除了何孟雄的党籍，我不同意，没签字。在 1930 年 9 月召开的六届三中全会上，开除了李立三和李维汉的常委（李维汉当时还兼江苏省委常委）。但路线问题没解决。王明一伙又拿何孟雄做拨火棍，说何孟雄是布尔什维克，说立三路线政治上是托洛茨基，组织上是家长制，说瞿秋白是调和主义。他们是想夺权。立三路线对革命造成的损失我们亲眼得见，不能让他们来搞。这样，我们要求开紧急会议，准备七大。他们用 96 号通告骗我们，通知我们到上海开会。接到 96 号通告后，我就到上海，住上旅馆，由韩连惠（后叛变）带我去开会，到会上一看，有问题。通知是说开紧急会议，怎么突然改为六届四中全会呢？再说，开四中全会，应该通知六届中委参加，但很多中委没让参加，扩大也没有扩我们的人。向忠发和国际代表米夫坐在一起，我们两派的人坐在两边。张闻天和罗章龙两个知识分子吵起嘴来了，相互挖苦。罗章龙说张闻天的文章如天，张闻天说罗章龙的文章如虎（罗章龙曾用笔名"文虎"）。宣布开会时，说是四中全会，我们反对。后来混合一起来表决，我们糊涂了，上了当。当时没有想到审查代表资格，有无表决权，他们那些人，中委都不是，怎么能表决呢？我们在这点上吃了亏。我们到底错在哪里？这个问题我一直想不通。在延安住党校时，毛主席请我去吃了一顿晚饭。我问毛主席：我们错在哪里？毛主席说：反立三路线要适可而止。"适可而止"，我也琢磨了很久。我想毛主席这四个字的意思是不是说让王明借了风。"适可而止"，我也是半通不通。他们是拿了共产国际这块牌子。毛主席说，斯大林在中国放了三把火，鲍罗廷是把火，王明是把火，解放战争也是一把火。共产国际解散得好，孩子大了就要独立，老是用保姆，孩子没有主动性，那不行。（待续）

13 日下午续谈：

……

米夫是犹太人，国际东方部部长，任过东方大学副校长，扩大四中全会的操纵者，是无耻吹捧二十八个半布尔什维克为天才的吹鼓手，本来共产国际要派别人来，米夫怕垮台，就赤膊上阵，说一定要帮王明他们打赢，不打赢他就要垮台。米夫后来在斯大林肃反时被枪毙。

向忠发在四中全会上不大讲话，只是讲国际有权批准召开四中全会，拿共产国际这张虎头牌吓人，压制大家，没有民主。王明那时才是宣传部的一个干事，没有资格参加四中全会。他的品质也恶劣，喜欢吹牛拍马，千方百计拉拢人抬高自己打击别人。毛主席 1941 年 5 月在《改造我们的学习》一文中写了一副对联，"墙上芦苇头重脚轻根底浅，山间竹笋嘴尖皮厚腹中空"，就是给王明画的像。1930 年底，王明在英租界被捕过，结果就引发巡捕到机关来，惊动了机关，全部要搬家。上海旧时有个规矩，六月和腊月不搬家，因此当时影响很坏。

四中全会是个吵架会、分裂会，主要是不民主，会前说是紧急会议，开会宣布却是扩大的四中全会，表面是反立三路线，实际上是拥护王明上台。会议休息时，我对瞿秋白说，这个会不能解决路线问题，拥护的拥护，反对的反对，只能把问题弄大。瞿秋白说，你解释解释做做工作吧！我心想：我自己都想不通。我认为，作为一个党员要胸怀坦荡，脚踏实地地干。我以前认为，党是冰清玉洁的，哪晓得还有这些不纯分子呢？毛主席说党外有党，党内有派，真是千真万确。我只知道幕前，哪知道幕后是怎么搞的呢？六大我没参加，被选为中委，还是史文彬告诉我的。我对向忠发说，我是一个织布女工，没文化，咋够格？向忠发说：你在武汉搞得不错嘛。如果我不是中委，不参加这个会，眼不见、耳不听，不晓得那些事，就算了。但是，我当了中央委员，亲眼看见同志们牺牲，革命不是开玩笑，怎么能让他们上台？最后表决是否同意开扩大的四中全会。四中全会的决议不是 1 月 7 日写的，在以前就拟好了，搞了个"笼子"让我们钻。

1944 年下半年，我到延安党校学习。彭真问我住哪个部（一部是高干，二部是搞经济研究的，三部是抢救的，四部是工农干部，五、六部是新党员），我选了四部，多学习一点理论。当时思想自由，知无不言，言者无罪，把我启发了。我到延安一事轰动一时，都说反王明的人来了，不是中央保王明，他选不到七大中委。一次毛主席请我到他家吃饭，主席和江青对坐，彭真和我对坐。主席说，我们还有这么一个老同志，问我：王明打你怎么没打走？我说：家鸡打得团团转，野鸡不打自己飞。毛主席听了哈哈大笑。我说：蜂子朝王，没有王就乱哄哄，二十四人中就剩我，我当时不住院开刀，也一起牺牲了。毛主席说：不是有个王吗？我反问：谁？毛主席说：米夫。我说这个王把家里的蜜偷着吃光了。主席又哈哈大笑。这次谈话很愉快，毛主席真有水平，诱导你讲话，让你一点拘束也没有，像吸铁石一样吸住了你。谈了那次话，几天睡不着，没想到还有这么个谈话，没想到毛主席还亲自找我谈话，心一直不能平静。中央七人小组研究后恢复了我的党籍。

（六届四中全会）决议案是怎么通过的，我不清楚了，反对派弃了权。我认为，这个决议是自欺欺人、掩耳盗铃。会后由交通员将代表一个个送走。我回去后就准备搬家，雇了一部车子，正在搬时，林育南找来了。我问他：你怎么来了？林说：我不会问。我说：我在搬家，没地方坐。林开门见山就问：昨天的会是怎么开的？我说：别说了，一肚子气。林说：别说了，搬了家到东方饭店。搬家后，我到东方饭店，看见何孟雄、罗章龙、徐锡根等人都在林育南那里。林育南问：昨天的会是怎么开的？我说：他们是多数，我们是少数，少数服从多数。林育南说：你们真是傻瓜，什么你们少数，他们多数，王明他们不是中央委员，根本没有表决权，有什么资格争多数？听林育南一讲，我就恍然大悟了。林育南接着说：金保呀，你是中央委员，受党和人民的委托，那个会怎么能这样开呢？我的心这时开朗了。我说：那怎么办呢？林育南说，会是开过了，但中国革命决不能让王明糟蹋。我们要团结党内同志，坚持斗争。最后大家商议，发一个联合声明，告同志书，谁执的笔不知道，我签了名。告同志书有三个内容：①揭露王明破坏党的纪律和民主；②反对他们阴谋篡党夺权；③反对扩大四中全会的所谓合法性。一共十八人签名（十七人开会，陈郁也来了，所以十八人签名）。为什么在四中全会的第二天发告同志书呢？就是要顶王明他们，否认他们。林育南、何孟雄等二十几个人是炸弹式的人，敌人怕，王明他们也怕。

……

14日上午续谈：

五次劳大是在林育南那里开的，先开苏维埃区域代表大会，接着开劳大，是在卡特路口一个三层楼的房子里，旁边有个汽车加油站。代表一个个地进去，只准进，不允出，会开完了出来也是一个个地出。我是自己去的，史文彬告诉的地点。五次劳大李立三、向忠发都去了，余飞也参加了，我和张文秋住在一起。孙仲毅是全总常委，陇海铁路的。项英做了报告。林育南是一个很有修养的人，是一位很正派的同志，我们只在会上讲话，会下没说什么。全总秘书长是一个姓吴的，叛变了。林育南在江苏省委的那次斗争中和何孟雄是一致的，是受压的。他的担子很重，召开"苏代会"很危险，搞宪法是相当艰苦的，每星期要和我们谈一次。不怕不识货，就怕货比货，在实践中比，林育南难道不及王明吗？这个地方你们要好好写，为我出口气。他嘴很严，沉住气做工作，把他放在哪里就在哪里，从不讲挑拨话。

……

王明上台后，大讲对不拥护四中全会的人要严肃处理，无情打击。会后我到过沪西，下面很乱，基层干部生活很艰苦，没得棉衣穿，大家一条围巾围着脖子，冻得像猴子。王明不管，残酷斗争，还要搞组织制裁。一个新加坡华侨在我们这里搞统计工作，因同我们观点一致，王明就制裁他，将他赶到了新加坡。他不是华侨资本家，到外边是谋碗饭吃，帮别人洗碗。本来下面都有区委，王明用他的人又成立了一个区委，就这么干，造成不少同志革命失业。我听了王明讲的那些话，心里像猫抓，难过。我找向忠发，正好周恩来也在，王明也在。我要求讲话，向忠发说我没资格。周恩来说：就让金保同志讲讲吧。我就讲了，大不了暴露自己的思想。我说：袁世凯当了总统不过瘾，又想当皇帝，搞了个出卖中国的二十一条，不要像袁世凯当皇帝，不拥护四中全会就制裁，就残酷打击。这不行，还是要说服教育，别人明白了道理就不反对。不能像袁世凯做皇帝，自起洪宪一百天。王明听了很生气。向忠发找我谈话，要我无条件拥护四中全会，写政治意见书。我说我服从组织，保留自己的意见，到七大再说，最后逼得没法，我说不会写，他就叫赵君陶（赵世炎的妹妹——笔者）来帮我。我说：我想想，现在有病，要看病，向忠发批了，我到了红十字会医院看病，不然，我也被逮捕了，和林育南他们一起牺牲了。

2. 访问郑南宣记录

时间：1979 年 7 月 26 日下午
地点：武昌粮道街郑南宣家中

1917 年 10 月，恽代英、黄负生、梁绍文、冼震在中华大学成立了互助社。不久，林育南、刘仁静、萧鸿举等人也加入了互助社。林育南看上去很严肃，字写得很好，他是恽代英的主要助手。余家菊也参加了互助社，但很少参加活动。

林育南与萧鸿举都是中学部四班的，同住一个房间。萧鸿举数学成绩很好，喜欢读《西厢记》，林育南不同意他读。

林育南办事坚决，在五四运动中勇往直前，具有烈士性格。他是武汉学生联合会的代表，负责管理财务。恽代英总是提醒他要把账管好，不要出差错。这在恽代英的日记中有记载。1919 年秋，林育南于中学部毕业，考入北京医学专科学校。1920 年春，林育南与恽代英、李伯刚等人创办了利群书社，地址在武昌横街头 18 号。林育南对北京医学专科学校很不满意，没有念完，大概学了不到一年。刘仁静于 1918 年考入北京大学，高林育南一级。他参加了李大钊创办的马克思主义研究会。林育南常到北京大学会晤刘仁静，他俩既是校友，又都是互助社的，关系十分密切。林育南在北京的情况，可以找刘仁静去了解。

3. 访问刘仁静记录

时间：1979 年 8 月 10 日下午

地点：北京刘仁静家中

同访人：魏清澄、廖鑫初

我于 1918 年夏在武昌中华大学中学部毕业，考入北京大学物理系预科，学满二年转哲学系，后又转英文系。在北大我参加了华俄研究社，主要是从国内主要报纸上找出重要消息翻译成英文，再由同社懂俄文的同志翻译成俄文送到苏联。待遇是不少的，每月 80 元。这是民国九年（1920）的时候。

林育南是 1919 年下半年来北京的，考入北京医学专科学校。这所学校在北京前门外，校长叫汤尔和。林育南对这所学校的教学很不满意，老师上课念讲义，索然无味。我和他同为中华大学中学部校友，又都是互助社的，彼此十分了解。他常到北京大学来与我们一起讨论社会主义。他还把我们讨论的情况写信告诉恽代英。利群书社有一个内部刊物《互助》，主要刊登互助社、利群书社社员、社友之间的通信。有来访者告诉我，三联书店刚出版了一本书——《五四时期的社团》，里面刊登了互助社、利群书社的原始资料，包括这些通信。你们可以去看这本书。

林育南入党的具体时间我不清楚。1922 年春，他作为青年代表去苏联参加了远东劳动者代表大会。这个会议是对抗美国华盛顿会议的。1922 年 8 月在南京召开社会主义青年团第二次全国代表大会。参加会议的有瞿秋白、恽代英、贺昌、阮啸仙等人，是在南京高师开的。林育南管组织，恽代英负责宣传。选我当书记，因为瞿秋白对我印象好，他做的工作，要大家选我。

4. 访问吴化之记录

时间：1979 年 8 月 11 日下午
地点：北京吴化之家中
同访人：魏清澄、廖鑫初

利群毛巾厂是恽代英、林育南创办的，张浩负责经营。魏以新没参加共存社的活动。林育南于中华大学中学部毕业后，到北京医学专科学校读书，没有毕业，大概读了不到两年。当时北京有一批以李大钊为首的马克思主义研究会的成员，如邓中夏、罗章龙等。林育南参加了这一时期的活动。越飞来到中国，组织劳动组合书记部，林育南参加了，这个情况罗章龙是知道的。

林育南、许白昊是 1922 年去赤塔开会的。我是 1923 年到长沙、安源的。我和李求实是跟恽代英到安徽附学的。

五四运动时期，提倡要爱国，提倡民主和科学，青年们组织互助社，开始限于个人修养，以中华大学为中心，写日记、开会，认为救国先要救自己。1920 年以后，青年们的思想进步了，明白要自助助人，所以有了利群书社。这时林育南已在北京了。利群书社卖的进步书报刊有：《共产党宣言》、上海《时事新报》（这个报纸介绍各种社会主义）、《民国日报》、《少年中国》、《少年世界》、《向导》、《新青年》。那时各种思想都有，很混乱。利群书社开始和董必武、陈潭秋没关系，通过送报接触了。到共存社时思想又进步了，有"共存"刊物（应为《我们的》——笔者），有明确的改造社会的理想。这就是"企求阶级斗争，劳农政治的实现，以实现圆满的人类共存为目的"。共存社成立后，还有互助社，有向外扩展的形势，到处办书店、工厂、学校。1921 年，共存社派陈启天到安徽宣城、芜湖，雷纪堂在河南柳林办柳林学校；王尚德在陕西赤水办赤水职业学校；黄陂也办了学校。1922 年，恽代英到四川泸州带了卢斌和李求实附学。萧楚女到宣城教过书，后来到四川办报。利群书社成立，林育南参加了，没见他卖过报。

武汉那一段，钱亦石要提；黄负生也要提，他一个星期上二十几节课，又有肺病。学生工读在当时是很进步的。

利群书社和新民学会有联系。成立共存社，湖南派易礼容参加。1923 年后湘鄂区派陈潭秋、李求实、卢斌、我、吴景钟（晚一些）、张浩，都到过湖南。几十人去了湖南。1923年，张浩在安源办合作社。我没到四川附学，就是准备到安徽发展社会主义青年团。

共存社中最早入党的是林育南。恽代英到四川去以前应该入了党。到苏联开会前，林育南就入了党，可能是在北京入的党。1922年秋林育南回武汉，已经和董必武、陈潭秋这些党员在一起了。林育南负责武汉的工人运动。"二七"以后，林育南转入地下活动，1924年大概就到全国总工会了，北伐以后又在武汉负全国工运的责任。

1929年，林育南在全国总工会，牺牲时是全苏准备会秘书长。1929年以后，我就到北方了。1927年、1928年、1929年三年，我们在上海常见面。1928年，我到上海去，还住在他家里。我是中共六大前5~6个月去的上海，还是搞全总工作。

写林育南要反映他的特点。

1927年，他反对缴枪。立三路线时，经常搞飞行集会。林育南给我写过信，认为飞行集会不是一个好的办法。他说王明是"挂羊头，卖狗肉"，中国革命如果让王明这个"挂羊头，卖狗肉"的人来领导，前途将不堪设想。

5. 访问林肖硖记录

时间：1979年8月12日上午

地点：北京林肖硖家中

同访人：魏清澄、廖鑫初

林育南牺牲后不久，我13岁，在上海也被捕了，戴上了脚镣，正好也被关在龙华监狱。当时墙壁上还留着二十三烈士（实为二十四烈士——笔者）画的一面红旗，二十三人的名字都写在红旗上。

他们牺牲得很英勇，听同牢的讲，他们牺牲时，除穿了一套衣服外，剩下的遗物都送给难友了。不管是政治犯还是刑事犯，都很感动。有的刑事犯说："他们是好人，没杀过人，抢过东西；我杀了人，抢了人家的东西。让我去代替他们死吧！"说明林育南他们在狱中做了许多宣传工作。

他们是傍晚牺牲的，就在龙华监狱的一个院子里挖了坑，用机枪扫射的。他们牺牲前高唱《国际歌》，高呼中国共产党万岁！敌人很害怕，将他们像码柴火那样埋的。

Contents

Chinese Revolution

Abstracts: Conventional Marxist scholars tend to understand and explain class struggle through a determinist view of materialist historical outlook, emphasizing the consistency between the historical outlook of class struggle and that of materialist. In reality, class struggle also refers to a kind of ethical claim with strong man's subjective will. Whether this claim is of reality and legitimacy still remains unchecked and unbalanced by historical facts. As the social physical principle of Marxism, materialist historical outlook could be viewed as the physical dimension of the historical outlook of class struggle, while Marxist ethics principle as the ethical dimension. And in the practice of proletarian revolution, both dimensions must be considered simultaneously and integrated finally. During the revolutionized modern Chinese history, early Chinese Communists like Li Dazhao, Chen Duxiu, and Mao Zedong have left us an abundance of lessons and experience in dealing with the integration of the above mentioned two dimensions.

Keywords: class struggle, materialist historical outlook, ethical dimension

*Farewell to Revolution v. s. Revisiting Revolutionary History: With an
Additional Focus on the Probability of New Revolutionary History*

by Libing Chang / 20

Abstracts: Revolutions are big events in the history of human being of 20th century; as a result, the phenomena have been scholars' focus for a long while. To some extent, China in 20th century is a country in a series of revolutions. Recently, some new trends have occurred in the writing of Chinese revolutionary history. They not only seek to go beyond the conventional structure of Chinese revolution historical outlook, but also intend to link revolution with social change and to re-explain Chinese revolutionary history from a different view. This paper reviews the most recent work in the study of Chinese revolutionary history, re-examines the theme of "farewell to revolution" initiated by Li Zehou, and then argues that the study of revolutionary history still matters a lot to the understanding of China by proposing some thoughts on new revolutionary history study

Keywords: "farewell to revolution", new historical study, new revolutionary history study

Party History & Party Construction

*A History of the Communist Party of the Soviet Union (Bolsheviks) and
the Rectification Campaign in Yen'an*

by Yeyang Wang / 53

Abstracts: After *The History of the Communist Party of the Soviet Union (Bolsheviks)* was introduced to China, it had exerted a great deal of impact upon the Chinese Communist Party and its ideology. This paper examines this impact by looking at the relation between the book's introduction and the Rectification Campaign in Yen'an. From the making of guide line, the content of the campaign, and the methods of discussing and studying Party history, to ending the campaign by discovering anti-revolutionaries in the process of mind struggle and the CCP central committee ratifying the famous *Resolution on Some Historical Issues*, the influence and impact of *The History of the Communist Party of the Soviet Union (Bo lsheviks)* is observable and palpable.

287

Keywords: *The History of the Communist Party of the Soviet Union（Bolsheviks），Rectification Campaign in Yen'en, Mao Zedong, Wang Ming*

Understanding "Lvxiang Model" of Permanent Tenure Office System in Township Party Congress in Shanghai: *An Empirical Study on the Four Conditions of the 18-year Grassroots Political Democracy Progress in Lvxiang, Shanghai*   *by Gongnong Gao / 70*

Abstracts: The practice of the Chinese Communist Party's grassroots democracy has its own regularity. This paper examines the practice and experience of Lvxiang, Shanghai, the first piloting site for permanent tenure office system in township, and finds out four principle conditions for grassroots democracy. Firstly, certain extent of economic foundation, political foundation, and social-cultural foundation, as the macro-structural condition, provide the time-spatial basis for the running of the system. Secondly, the need for economic development, current status of grassroots Party construction, and proposal from superior organizations, as the direct driving force, prepare practical basis for the system. Thirdly, previous conditions of mass movement, leadership strategy, and operational policy, as the behaviour condition, guarantee the practicability for the system. Fourthly, regional cooperation, integration of resource, and internalization of subject conscious, as deepening condition, promote generality of the system. By pointing out the concern and confusion caused by Lvxiang practice objectively, this paper analyzes why the permanent tenure office system has encountered obstacles in theory and in practice and forms some visions for future development of grassroots democracy.

Keywords: permanent tenure office system; grassroots democracy; township

Contemporary Chinese History

Reconsidering Five Choices of Socialist Path in Contemporary China   *by Donglian Xiao / 91*

Abstracts: This paper is a concise and brief version of the author's book

Enduring Hardship in Pioneer Work: On Five Choices of Socialist Paths in Contemporary China and further elaborate the main arguments by responding to scholars' different opinions. Combining the ruling Party's state-building schemes, developing modes, and basic policies, and basing on historical facts, the author proposes an analytical framework of five choices of socialist paths in contemporary China, namely implementing new democracy system, adopting Soviet Union model, pursuing catch-up path, launching continuous revolution, and changing to reform and open-up. Among these five choices, two trends are observable and palpable, namely entering the conventional socialist system (Soviet Union model) and exiting the very system. No matter how we define it, the current socialism with Chinese characteristics is quite different from conventional one. The author argues that all these choices are conditioned to multiple factors including conceptual, historical, institutional, international, and individual ones. As researchers, we should be aware of the complexity of historical facts, trying to do more objective and calm analysis rather than simple moral judge. This paper seeks to offer a discussion platform for scholarship by mining real historical logics and analyzing all the factors for each and every choice made by the Party.

Keywords: choices of socialism path, new democracy, Soviet Union model, reform and open-up

A Historical Study on Organizational and Personal Issues of Department of Foreign Affairs in Early PRC   *by Nuo Zhao /* 120

Abstracts: The diplomacy of the People's Republic of China, in contrast to its counterparts in Republic era, has undoubtedly experienced significant changes, which could be seen in both diplomatic strategies and policies and foreign affairs management system. One of the major points of that system is the organizational design and personal arrangement of Department of Foreign Affairs (DFA) in early PRC era. Based on the historical review of the origin and development of the Chinese Communist Party's foreign affair apparatus and personnel, this article seeks to examine the organizational and personal issues through three aspects, namely the

DFA's establishment and basic situation of foreign affair apparatus in early PRC, the high-level personal issue in early DFA, and the basic situation of foreign embassies and consulates. It argues that the basic structural features of the PRC's DFA is generally consistent with the dual trends of radicalization and centralization in foreign affair apparatus in modern Chinese states, thus we should avoid overestimating the extent of imitating Soviet Union. However, the institutional design of DFA is so overturning that it has suspended the professional tradition in foreign affair management system. Meanwhile, the DFA is of certain specialty in the entire Chinese Party-state system, but foreign affair cadres generally locates in peripheral status among all the Party cadres.

Keywords: PRC, CCP, DFA, organizationl and personal issue

The Situation and Value of the Record of Minor Third-Front Construction Movement in China's Local and Enterprise Archives　　by Youwei Xu / 156

Abstracts: The Minor Third-Front Construction Movement (MTF) was an important component to the Major Third-Front Construction Movement spanning from 1960s to 1980s, which concentrated more on war preparation, military and transportational construction in local area. Enterprises and supporting units belonging to the MTF were distributed mainly over hinterland of the First-and-Second-Front provinces, basically relying upon local financial support. As of the end of 1985, the MTF enterprises has had an amount of 229. Study on the MTF movement is new to contemporary Chinese history, and this article basically introduces the general situation of the archival records related to the MTF in local and enterprise archives and evaluates the indispensable roles of these records in future studies. It argues that comprehensive and objective research on the MTF and related issues are possible and doable only under the condition of enough archival records are fully collected and rightly employed, and in so doing can it become a significant field to contemporary Chinese history. Meanwhile, the author also calls on archive management units at all levels to keep up with the times and to publicize certain kinds of archival records as possible as they could.

Keywords: Minor Third-Front Construction Movement, local and enterprise
archives, contemporary Chinese history

Abstracts: This article examines the studies on public life in socialist China in
a general way, covering such following issues as public life in a socialist state,
public life and political culture, socialist politics and culture, and evaluation and
employment of archival records. As is shown in the article, public life since 1949
has experienced a changing trend from prosperity to declination and then to
resurgence. Regime change from the KMT domination to the CCP leadership has
exerted significant influence upon public life, making ordinary people's daily life
inevitably involved into different sorts of political movements. Reform and open-
up in 1978 has made great opportunities for the resurrection of public life, in
which Teahouse has been brought back to ordinary people's life and become major
field to public life. In addition, when students try to employ local records to study
public life in socialist China, they should pay attention to the clarification and
categorization of records in order to reveal distorted and covered history.

Keywords: Teahouse in Chengdu, socialism, public life, political culture

Oral History of the Discipline

Abstracts: International Communist Movement History has been founded as
a new discipline at Renmin University of China for the first time in the higher
education in PRC. Along with such disciplines with Chinese characteristics as
Marxism Philosophy, Political Economy, History of Communist Party of China,

and Scientific Socialism, its founding and development has reflected the glorious history of RUC, has made significant contribution to the publicity, teaching, and research of Marxism theory and related elites cultivation, and has provided powerful buttress to the birth and development of political science and Marxism theory in PRC. As one of the proposers, founders, and witnesses, Prof. Gao looks back into the historical process of the founding and further development of International Communist Movement History at RUC based on his personal experience and memory, and dedicates this to the incoming 80 anniversary of the establishment of RUC. And this oral history could also be used as important reference to the study on disciplines of philosophy and social sciences with Chinese characteristics.

Keywords: RUC, international communist movement history, scientific socialism, history of discipline

Selected Excerpt of Dissertations

Between Rationality and Culture: Political Socialization and the Making of the Idea of Democracy in Contemporary China　　　　　*by Heng Wang / 237*

Abstracts: Scholars in political science has made great efforts in revealing the reasons and causes to the formation of the idea of democracy among Chinese people. Two approaches could be identified among most achievements, with the one being rationalism while the other culturalism. More specifically, rationalist approach takes an "incremental" perspective, focusing on modernization's dynamism to the change of idea; while the latter takes a "stock" perspective, concentrating on the continuity of political culture and its restriction to public ideas and opinions. For a long period, this "rationalism-culturalism" dichotomous analytical framework has hindered the further and comprehensive understanding of the real question. In fact, incremental rationality like economy growth, social change, political development as well as stock culture like traditional political cultural jointly constitute the macro structure for the birth and development of public opinions and ideas about democracy in contemporary China, but the question is to find the mid-range mechanism. This article argues that both rationality and culture could not influence public without certain sort of political communication and socialisation mechanisms. Based on text analysis on the 11th edition of standardized politics textbook for elementary and junior high school students and article in *People's Daily* from 2002 to 2014, the study finds out that incremental rationality and stock culture coexist in the political socialization process, what's more, the hedging effect between the two jointly form the basic profile of the political culture during the transition period. In short, we may say that the making of idea of democracy in contemporary China is a joint result of both rationality and culture.

Keywords: idea of democracy, modernization, political culture, political socialization

Overseas Achievements

"Sino-Japanese War" within Japanese Perspective, 1945 −2015
by Noriyuki Ishijima, translated by Haolan Zheng & Bingkui Li / 265

Abstracts: Japanese public's unclear sense and conception of "Sino-Japanese War" largely result from the trial on war criminal in the post-war era. International Military Tribunal for the Far East has made severe punishment upon supreme commanders of the was initiated by Japanese empire, however, it has not done enough effort in considering Japan's responsibility to Asia in general and China in particular. As a result, ordinary Japanese people don't have clear conception of Japan's war responsibility. During the period from 1950 to 1970, there even existed two different opinions toward the war responsibility among Japanese people. In 1980, when Japanese history textbook was under review, there's been a changing trend of how to think of the invasion during the war among ordinary Japanese people. In addition, under severe criticism from Chinese and Korean governments, Japanese government has modified its previous policies, acknowledging the responsibility to some extent. Nowadays, more and more people have realized that Japan should take the responsibility. Yet there still are two major trends opposing each other in terms of the issue, with one proposing deep investigations into the war responsibility while the other totally negating the responsibility. This kind of antagonist situation will exert significant impact upon the outlook of war among Japanese people.

Keywords: "Sino-Japanese War", outlook of war history, history textbook, historical revisionism

Selected Historical Documents

稿　约

一、《中共历史与理论研究》由中国人民大学中共党史党建研究院（原中国共产党历史与理论研究院）主办，中国人民大学中共党史系编辑，社会科学文献出版社出版。2015 年创刊，每年出版两辑。

二、本刊为中共党史党建、中国现当代史、马克思主义中国化研究的专业学术刊物，主要刊载中共历史与理论研究领域的原创性学术成果。内容涵盖中国共产党与现当代中国范围内的政治、经济、社会、文化、外交、军事、理论、历史人物、海外中国研究等各方面。体裁包括专题研究论文、历史考证、理论阐释、治学札记、学术动态、书评、史料文献等。设有本刊特稿、主题讨论、专题研究、他山之石、书评等栏目，并适当刊载一些珍稀文献和口述史料。

三、本刊坚持以马克思主义为指导，力行"百花齐放、百家争鸣"方针，倡导原创性、实证性研究，鼓励学术争鸣，践行学术创新。热忱欢迎国内外学者赐稿，欢迎读者提出批评和建议。

四、来稿字数不限，提倡言简意赅，详略得体。来稿务请遵守学术规范，遵守国家有关著作权、文字、标点符号和数字使用的法律和技术规范以及本刊的有关规定。投稿以电子邮件或纸质打印稿形式均可。来稿请附英文题目及 300 字左右的中英文内容摘要和 3 ~ 5 个关键词。

五、来稿请注明作者姓名、职称、工作单位、通信地址及邮政编码、电话、传真、电子信箱等信息。

六、稿件寄出 3 个月后未收到采用通知者，请自行处理。来稿一律不退，请自留底稿。来稿发表后赠送两册样刊，并付稿酬。

联系人：耿化敏

电话：010 - 62514539

投稿电子信箱：modernchina@ 126. com

　　纸质稿请寄：北京市海淀区中关村大街 59 号中国人民大学马克思主义学院中共党史系《中共历史与理论研究》编辑部（人文楼 828），邮编 100872。

图书在版编目（CIP）数据

中共历史与理论研究 . 2017 年 . 第 1 辑：总第 5 辑 /
杨凤城主编. —— 北京：社会科学文献出版社，2017.8
ISBN 978 - 7 - 5201 - 1291 - 8

Ⅰ.①中… Ⅱ.①杨… Ⅲ.①中国共产党 - 党史 - 研
究②中国共产党 - 党的建设 - 理论研究 Ⅳ.①D23
②D26

中国版本图书馆 CIP 数据核字（2017）第 202929 号

中共历史与理论研究 2017 年第 1 辑［总第 5 辑］

主　　编／杨凤城
执行主编／耿化敏

出 版 人／谢寿光
项目统筹／宋荣欣
责任编辑／李期耀　陆　彬

出　　版／社会科学文献出版社·近代史编辑室（010）59367256
　　　　　　地址：北京市北三环中路甲 29 号院华龙大厦　邮编：100029
　　　　　　网址：www.ssap.com.cn
发　　行／市场营销中心（010）59367081　59367018
印　　装／三河市东方印刷有限公司

规　　格／开本：787mm × 1092mm　1/16
　　　　　　印张：19.25　字数：321 千字
版　　次／2017 年 8 月第 1 版　2017 年 8 月第 1 次印刷
书　　号／ISBN 978 - 7 - 5201 - 1291 - 8
定　　价／69.00 元